U0719754

普通高等教育"十三五"应用型本科系列规划教材

管理学

GUANLIXUE

主 编 蔡世刚

西安交通大学出版社
XI'AN JIAOTONG UNIVERSITY PRESS

内 容 提 要

　　本书充分考虑经济管理类专业学生的特点和教学要求，系统地介绍管理学基本原理及其应用，以管理的四大基本职能（计划、组织、领导、控制）为主线来组织内容体系；同时融入管理应用和管理创新的内容，以培养学生懂得管理原理、树立现代管理理念、熟悉管理的发展趋势、提高管理实践技能为目的，由浅入深、循序渐进地介绍了管理学的核心内容，便于读者对管理学与管理工作有深刻的理解。

　　本书不仅适合作为高校相关专业"管理学"课程教材，也可作为从事各类管理工作的从业人员的培训或自学用书。

前 言
Foreword

现代社会需要大批合格的有现代管理知识的管理人才。管理学是一门科学性与艺术性相结合、实践性很强的应用学科,百余年来对社会经济发展影响深远,同时也是一门与人类社会活动紧密相联的科学。

全书充分考虑经济管理类专业学生的特点和教学要求,系统地介绍了管理学基本原理及其应用,以管理的四大基本职能(计划、组织、领导、控制)为主线来组织内容体系;同时融入管理应用和管理创新的内容,以培养学生懂得管理原理、树立现代管理理念、熟悉管理的发展趋势、提高管理实践技能为目的。

本书体系完整、重点突出、条理清晰。教材由浅入深、循序渐进地介绍了管理学的核心内容,便于读者对管理学与管理工作有深刻的理解。

本书将管理理论与实践有机地结合起来,可读性强。编写时不作泛泛而谈或作空洞的描述,不仅全面、系统、准确地介绍现代管理知识,而且将大量与企业管理紧密相关的实际案例贯穿每个章节。从案例入手,启发学生积极思考,培养学生独立分析问题和解决问题的能力。

本书不仅适合作为高校相关专业"管理学"课程教材,也为从事各类管理工作的从业人员提供了一本通俗易懂、有效实用的管理学培训或自学用书,让读者在轻松的阅读中领悟管理的真谛。

本书由三峡大学科技学院蔡世刚编写,在编写过程中,参考了许多同类教材与资料,在此对相关文献的作者表示诚挚的谢意!同时也感谢西安交通大学出版社对本书出版的大力支持。

因编者水平有限,本教材难免存在缺点、错误和不足,为此,真诚欢迎广大专家、学者对本教材提出宝贵的意见,以期教后期的进一步完善。

编者

2017 年 1 月

前言
Foreword

目 录
Contents

第一篇

管理基础篇

第一章

管理与管理者

本章要点

◇管理的定义

◇管理学的研究对象、内容与方法

◇管理的性质,尤其是对管理二重性的理解

◇管理职能的构成、发展及各职能之间的关系

◇管理者的角色和技能

案例导入

恩与威——从古罗马军威到现代管理

在第一次服役时,古罗马的士兵要在庄严的仪式中宣誓,保证永不背离规范,服从上级指挥,为皇帝和帝国的安全而牺牲自己的生命。宗教信仰和荣誉感的双重影响使罗马军队遵守规范。队伍金光闪闪的金鹰徽是他们最愿意为之献身的动力;在危险的时刻抛弃神圣的金鹰徽既是邪恶的又是可鄙的。某种更有实质内容的敬畏和希望加强了这种力量来源于想象的动机,在指定的服役期满之后享有固定的军饷、不定期的赏赐以及一定的酬报等减轻了军队生活的困苦程度;当然,另一方面,由于懦怯或不服从命令而企图逃避最严厉的处罚,那也是办不到的。军团百人队队长有权用拳打作惩罚,司令官则有权处决死刑。古罗马军队的一句固定不变的格言是,好的士兵害怕长官的程度应该远远超过害怕敌人的程度。在西方,这种管理方法终于总结为一句格言:"胡萝卜加大棒。"拿破仑说得更形象:"我有时像狮子,有时像绵羊。我的全部成功秘密在于:我知道什么时候我应当是前者,什么时候是后者。"在东方,则有"滴水之恩,涌泉相报""视卒如爱子,可与之俱死"等说法。又说:"将使士卒赴汤蹈火而不违者,是威使然也。""爱设于先,威严在后,不可反是也。"孙子兵法总结说:"故令之以文,齐之以武,是为必取。"总之是一句话:"软硬兼施,恩威并济。"

思考:

1.在现代管理中,这些说法是否还有意义? 该不该使用这些手段? 譬如大棒、胡萝卜、施恩、威慑等。

2.如果你当领导,用不用这些手法? 或者你还有更高明的替代办法?

第一节 管理学的研究对象、内容与方法

管理作为一种社会行为,是与人类共始终的。人所从事的生产活动和社会活动是以群体

的形式进行的,而要组织和协调这种群体活动,就需要有管理。如原始人在狩猎时,往往是由许多人一起配合行动来捕杀凶猛野兽的。一些人拿着木棒追赶,一些人抛掷石块……他们意识到单个人的力量有限,只有许多人同时从事这一活动,才能既保全自己,又捕获猎物。组织协调这种相互配合的集体狩猎活动,实际上就是管理活动。管理活动在人类现实的社会生活中广泛存在,政府机关、企业、学校、医院等社会组织都离不开管理,都需要通过管理活动来指导、组织、协调人们的活动并实现共同的组织目标。因此,我们有必要对管理这一普遍存在的社会活动的内涵、性质、职能、任务等进行理论研究,以便提高这一社会活动的水平与效率。本章主要诠释管理的概念、性质、职能和任务,阐明管理学的特点、研究对象、内容与方法。

一、管理的定义

虽然管理活动源远流长,长期而广泛地存在,但究竟什么是管理? 至今仍众说纷纭。从字面上看,管理有"管辖""处理""管人""理事"等意,即对一定范围的人员和事务进行安排和处理。当然这种单纯字面上的解释是不可能严格地揭示出管理本身所具有的完整含义的。

古今中外对"管理"一词的定义一直众说纷纭,不同历史时期、不同学派的学者从不同角度提出了自己对管理的见解:

被称为科学管理之父的泰罗(Frederick W. Taylor)认为,管理就是要"确切地知道要别人干什么,并促使他们用最好、最经济的方法去干"。他是从管理的目标性来阐述的,并授予被管理者工作方法,以求更好地达到目标。

管理过程理论的创始人法约尔(Henri Fayol)认为,管理只是经营的六种职能活动之一(六种职能活动是指技术活动、商业活动、财务活动、安全活动、会计活动和管理活动)。而管理活动"就是实行计划、组织、指挥、协调和控制"。他是从一般意义上来概括管理的,他区别经营与管理这两个容易混淆的概念,并从管理的基本职能出发,说明什么是管理,同时也显示管理是一个过程。

诺贝尔经济学奖获得者西蒙(Herbert A. Simon)认为,决策贯穿管理的全过程,"管理就是决策"。他的这一定义虽然未能全面反映管理的内容,但突出了决策在管理中的主导地位,并强调决策贯穿于管理全过程,揭示了决策和管理的内在联系。

我国的管理学家周三多认为,管理就是"社会组织中,为了实现预期的目标,以人为中心进行的协调活动"。他是从管理的目的、管理的本质、管理的中心来阐述这一定义的。他认为管理的目的是为了实现预期目标,管理的本质是协调,管理的中心是人。

综合国内外学者关于管理概念的种种代表性表述并结合组织的实践活动,我们认为要给管理下一个既科学又完整的定义,必须明确如下五个问题:

(1)管理的载体,即管理的存在空间或归属问题。任何管理都以组织的存在为前提,任何管理都是组织的管理,组织是管理的载体。管理是基于组织的形成、存在、运行并实现目标的需要而产生的一种必不可少的活动过程。离开组织,就无所谓管理。

(2)管理的主体,即由谁来管理的问题。管理是组织中的主管人员单独或集体通过行使职能和利用各种资源来达成组织目标的活动。因此,管理的主体是人,是组织中对资源的使用进行分配和监督的人员,即组织中的主管人员。不能简单地用是否拥有领导职位作为衡量是否是管理者的标准。

(3)管理的目的,即为什么需要管理的问题。管理既然以组织作为载体,因此,任何管理都是为了实现既定的组织目标,这种组织目标依组织的不同性质而异,它是仅凭单个人的力量所无法实现的。

(4)管理的对象,即管理什么的问题。管理学的研究对象就是各种组织、单位或项目的管理活动和管理过程。管理者为了实现本单位的既定目标,通过决策、组织、领导、控制、创新等职能进行任务、资源、职责、权力和利益的分配,协调人们之间的相互关系。

(5)怎样管理,即管理的职能问题。怎样管理的问题事实上就是对管理过程或管理活动中包括的职能进行揭示与描述,如计划、组织、领导、控制等。

综合以上分析,我们认为管理的定义可概括为:管理是一定组织中的主管人员,为了实现组织目标,对该组织的人、财、物、时间、信息、技术等资源以及组织的各项活动所进行的计划、组织、领导、控制、创新等一系列职能的总称。

二、管理学的特点

管理学是一门从管理实践中形成和发展起来的、系统地研究管理活动及其基本规律和一般方法的科学。它具有以下特点:

(一)管理学的一般性

管理学是从一般原理、一般情况的角度对管理活动和管理规律进行研究,不涉及管理分支学科的业务和方法的研究;管理学是研究所有管理活动中的共性原理的基础理论科学,无论是"宏观原理"还是"微观原理",都需要管理学的原理作基础来加以学习和研究,管理学是各门具体的或专门的管理学科的共同基础。

(二)管理学是一门综合性的科学

管理学的综合性特点可从三个方面来分析:①从管理学自身的知识体系构成来看,它具有综合性。管理学的整个知识体系可分为三个层次,即管理的基本理论知识;管理技术、管理方法等工具性知识;专门领域的专业性管理知识。②从管理学的学科体系结构分析,管理学是一个包括有许多分支学科的综合性学科。因为在整个人类社会活动中,人们会按照专业化分工的原则从事各种各样的工作,社会也因此形成各种各样的部门或行业,这样也就有各个部门或行业的管理活动,也就形成了不同部门或行业的专业管理,包括经济、技术、教育、行政、军事等许多方面的专业管理,因而形成了众多分支学科,而每个分支学科又可以细分,如经济管理又可细分为宏观经济管理、中观经济管理和微观经济管理。③从管理的知识来源和构成方面分析,它吸收了许多自然科学和社会科学的知识,如数学、政治经济学、哲学、生产技术学、社会学、心理学、行为科学、信息学、仿真学等。也就是说管理学与社会科学、自然科学两大领域的多种学科有着广泛而密切的联系,并且它需要综合利用社会科学和自然科学的成果,才能发挥自身的作用,它具有社会科学与自然科学相互渗透、相互交叉的特点。因此,可以得出这样的结论:管理学是一门综合性学科,或称为综合性边缘学科。管理学的综合性特征,要求管理者要掌握广博的知识,但并不一定是某个学科的专家。

(三)管理学具有历史发展性

任何科学的发展,都是在人类思想遗产和前人研究成果的基础上坚持探索、坚持创新而实现的。同样,管理学的产生和发展,有其深刻的历史渊源。管理学发展到今天,已经历了许多不同的历史发展阶段,在每一个历史阶段,由于历史背景不同,产生了各种管理理论。但管理学作为一门现代科学来研究还只不过几十年时间,它还是一门非常年轻的学科,其理论还处于新旧更迭的大发展之中;同时作为一门与社会经济发展紧密关联的学科,也必将随着经济的发展和科技的进步而发展。

(四)管理学是一门应用性、实践性都很强的科学

管理学来源于实践又应用于实践,其目的是为人们提供高效率的管理。由于管理对象的复杂性和管理环境的多变性,使有的管理知识在运用时要注意技巧性、灵活性和创造性,不能用陈规旧矩或思维定势把它禁锢起来,需要在实践中不断创新。须知,学校是培养不出"合格"的直接管用的管理者的。

三、管理学的研究对象

管理学是一门系统研究管理活动基本规律和一般方法的科学。虽然各种组织(如营利性组织的工厂、商店、银行等,非营利性组织的学校、政府等)的具体工作内容千差万别,但从管理者的管理工作来看则有一些共性的东西。即管理者为了实现本单位的既定目标,通过决策、组织、领导、控制、创新等职能进行任务、资源、职责、权力和利益的分配,协调人们之间的相互关系。所以,管理学的研究对象就是各种组织、单位或项目的管理活动和管理过程。

四、管理学的研究内容

(一)生产力方面

生产力方面主要研究生产力各要素之间的关系,即研究如何合理配置组织中的人、财、物等各种要素,使其充分发挥作用的问题;研究如何根据组织目标、社会需求,合理使用资源,以获得最佳经济效益和社会效益的问题。

(二)生产关系方面

生产关系方面主要研究如何正确处理组织中的人际关系问题;研究如何建立与完善组织机构以及各种管理体制、运行机制等问题;研究如何有效地激励组织成员,从而最大限度地调动各方面的积极性和创造性,为实现组织目标而作出最大努力的问题。

(三)上层建筑方面

上层建筑方面主要研究如何结合实际,贯彻执行党和国家的方针、政策、法令等问题;研究如何使组织的各项规章制度、劳动纪律与社会的政治、经济、法律、哲学、道德等上层建筑保持一致的问题;研究如何进行社会主义精神文明建设等工作,从而维持正常的生产关系,促进生产力发展的问题。

从历史的角度来看,管理学要研究管理实践、管理思想、管理理论的形成与演变过程以及管理的新动向和新趋势。从管理者的角度来看,管理学要系统研究管理过程,揭示管理活动的客观规律、基本原理和一般方法。具体内容包括:管理活动中管理者有哪些职能;管理者执行管理职能要涉及组织中的哪些要素;在执行管理职能中应遵循哪些原理,采用哪些方法、程序、技术;执行管理职能过程中会遇到哪些障碍、阻力及影响因素;如何克服各种障碍、阻力,处理好各种因素之间的关系。

五、管理学的研究方法

(一)唯物辩证法是学习和研究管理学的方法论基础

管理学源于管理的实践活动,在长期的管理实践中,人们运用历史的、全面的、发展的观点去观察和分析各种管理现象和管理问题,通过感性积累的经验进行加工上升为理性认识,即管理理论;反过来又能动地运用有关管理理论去指导管理实践,验证管理理论的正确性和有效性,并进一步发展和完善管理理论。因此,学习和研究管理学,必须以唯物辩证法为总的方法论基础,坚持实事求是的科学态度,深入管理实践,进行调查研究,总结管理实践经验并运用判断和推理的方法,使管理实践经验上升为管理理论。在学习和研究中还要认识到一切现象都是相互联系和相互制约的,一切事物也都是不断发展变化的。因此,必须用全面的、联系的、历史的、发展的观点,去观察和分析管理问题,重视管理学的历史,考察它的过去、现状及其发展趋势,不能固定不变地看待组织及组织的管理活动。

(二)系统方法是学习和研究管理学的主要思维方法

所谓系统方法,是指用系统的观点和方法来研究和分析管理活动的全过程。系统是由相互作用和相互依赖的若干组成部分结合而成的具有某种特定功能的有机整体。系统本身又是它所从属的一个更大系统的子系统。

从管理的角度看,系统有两层含义:第一层含义指系统是一种实体,如组织系统。作为实体系统的组织,一般具有整体性、目的性、动态性、层次性、开放性、功能性、结构性等特征。既然组织是系统,为了更好地研究组织与组织管理,人们就必须用系统理论来理解、分析和研究组织。第二层含义指系统是一种方法或手段,它要求在组织管理中,必须运用整体观、过程观、"开放"与相对"封闭"观、反馈观、分级观等有关系统的基本观点,去研究和解决问题。

尽管在现代管理科学领域,各学派在管理系统的定义、系统的具体特征等问题上,还不是很统一,存在较大的理论分歧。但没有一个管理学派不运用系统理论来研究组织与组织管理,系统原理也是公认的管理的基本原理,几乎每一本管理学著作,都离不开系统概念。

因此,研究管理学必须用系统方法作为主要的思维方法。人们在学习与研究管理理论和管理活动时,应首先把组织与组织管理活动看做一个系统,对影响管理过程的各种因素及其相互之间的关系进行总体的、系统的分析研究,对管理的概念、职能、原理、方法等管理理论作系统的分析和思考。唯有如此,才能形成科学的管理理论和有效的管理活动。

(三)理论联系实际的方法

管理学是一门应用性、实践性很强的科学,它是科学性与艺术性的统一。这决定了管理学应更多地采用理论联系实际的学习和研究方法。通过这种方法,有助于提高学习者运用管理的基本理论和方法去发现问题、分析问题和解决问题的能力。同时,由于管理学是一门生命力很强的建设中的年轻学科,因而还应以探索研究的态度来学习,通过理论与实践的结合,使管理理论在管理实践中不断地加以检验,同时,通过对管理实践经验的总结和提升,不断丰富、深化和发展管理理论。

(四)学习和研究管理学的具体方法

1.观察总结法

观察总结法就是按照理论联系实际的要求,去观察管理实践,总结管理经验,并进行提炼概括,使其上升为理论的方法。人们的管理实践,特别是众多优秀管理者的管理经验,蕴藏着深刻的管理哲理、原理和方法,因此有必要运用综合、抽象等逻辑方法,总结人们的管理实践经验,从而形成系统的管理理论来进一步指导管理实践。这样研究和学习管理学,就会收到事半功倍的效果。

2.比较研究法

当代世界各国都十分重视管理和管理学的研究,各自形成了有特色的管理科学。学习和研究管理学时,既要吸收发达国家管理中科学性的东西,又要去其糟粕;既要避免盲目照搬,又要克服全盘否定;要从我国国情出发有分析、有选择地学习和吸收西方管理的理论和实践经验。在学习和研究外国的管理经验时,至少要考虑到四个不同:社会制度的不同;生产力发展水平的不同;自然条件的不同;民族习惯和传统文化的不同。这就要求我们学会用比较研究的方法对世界上先进的管理理论和实践进行比较研究。分辨出一般性的东西和特殊性的东西,辨别出我们要借鉴的东西和不可借鉴的东西。真正做到兼收并蓄,丰富我国管理学的内容,建立具有中国特色的管理科学体系。

3.历史研究法

历史研究法就是指要研究管理发展演变的历史,考察管理的起源、历史演变、管理思想和管理理论的发展历程、重要的管理案例,从中揭示管理规律和管理学的发展趋势,寻求具有普遍意义的管理原理、管理原则、管理方式和管理方法。无论是中国还是外国,都有大量关于管理方面的文化典籍,有许多值得研究的管理事例。只要我们深入地研究前人留下的管理思想精华,通过细致的工作方法,就会有所收获,有所创新,有所发展。

4.案例研究法

案例研究法是指对有代表性的案例进行剖析,从中发现可以借鉴的经验、方法和原则,从而加强对管理理论的理解与方法的运用。这是管理学研究和学习的重要方法。哈佛商学院因其成功的案例教学,培养出了大批的优秀企业家。管理的案例研究法,是当代管理科学比较发达的国家在管理学教学中广为推行的学习研究方法。学习研究管理学,必须掌握案例教学法、案例研究法,将自己置身于模拟的管理情景中,学会运用所学的管理原理、原则和方法去指导管理实践。

5.试验研究法

试验研究法是指有目的地在设定的环境下认真观察研究对象的行为特征,并有计划地变动试验条件,反复考察管理对象的行为特征,从而揭示出管理的规律、原则和艺术的方法。试验研究不同于案例分析,后者是将自己置于已发生过的管理情景中,一切都是模拟的,而前者则是在真实的管理环境中对管理的规律进行探讨。例如,在管理学发展史上,泰罗的科学管理原理就是以"时间—动作"的实验性研究为基础的;著名的"霍桑试验"也是运用试验研究法研究管理学的。因此,试验研究法是管理学研究的一种重要方法。

总之,研究和学习管理学,要以马克思主义唯物辩证法为指导,同时综合运用各种方法,吸收和采用多学科的知识,从系统的观点出发,理论联系实际,实事求是,这样才能真正掌握和发展管理科学,为提高我国的管理水平作出有益的贡献。

第二节　管理的性质

管理来源于人类社会的共同劳动,而共同劳动存在于一定的社会生产方式之中,管理要受制于一定社会条件下的生产力和生产关系。因此,管理具有同社会化生产相联系的自然属性和同社会制度相联系的社会属性。

观察长期管理实践活动,我们可以发现,管理过程中有其客观规律,人们认识并遵循规律,去解决管理问题,就可以产生良好的效果,否则,管理的效果将大打折扣。同时管理存在较强的艺术性,即仅凭书本上的理论知识,或背诵原理来进行管理活动是不能保证其成功的。这就是管理所具有的科学性和艺术性。

一、管理的二重性

(一)管理二重性的概念

管理的二重性是指:管理是人类共同劳动的产物,具有同生产力和社会化大生产相联系的自然属性;同时管理离不开一定的社会生产关系,又具有同生产关系、社会制度相联系的社会属性。

管理的二重性是马克思主义关于管理问题的基本思想。马克思在《资本论》中指出:"凡是直接生产过程,具有社会结合过程的形态,而不是表现为独立生产者孤立劳动的地方,都必然会产生监督劳动和指挥劳动。"(《资本论》第三卷)

"一方面,凡是有许多人进行协作的劳动,过程的联系和统一都必然要表现在一个指挥的意志上,就像一个乐队要有一个指挥一样。"(《资本论》第三卷)

"另一方面,完全撇开商业部门不说,凡是建立在作为直接生产者的劳动者和生产资料所有者之间的对立上的生产方式中,都必然会产生监督劳动。"(《资本论》第三卷)

列宁在《苏维埃政权的当前任务》一文中指出:资本主义的泰罗制应该从两方面看,一方面是资本家剥削的手段;另一方面,它用科学方法来分析人在劳动中的机械动作,省去多余的笨拙动作,实行完善的监督制度。

毛泽东在《论十大关系》中也谈到管理二重性问题,他认为,我们要坚决抵制外国资产阶级的腐败制度和思想。但是我们要有原则地学习外国资本主义国家先进的科学技术和管理方法。

马克思、列宁、毛泽东三人的论述说明了这样一个思想:管理的二重性是由生产过程的二重性决定。生产过程是生产力和生产关系组成的统一体,对于资本主义生产过程来讲,一方面它是劳动的过程,是社会产品生产的过程;另一方面它也是资本增值的过程,即生产关系的再生产过程。

就社会产品的生产与再生产过程来说,资本主义社会通过资本主义生产过程生产社会所需的各种物质产品,因此,它要求能以最少的投入获得最大的产出,使投入的社会资源得到有效利用,这就产生了生产力相联系的管理的自然属性。这是社会化生产对管理的客观要求。

就资本主义生产关系的再生产过程来说,资本家通过资本主义的生产过程来榨取工人创造的剩余价值,使资本价值实现增值。在这个过程中,由于工人与资产阶级之间的对立,生产资料所有者就必然要通过管理来榨取更多的剩余价值。列宁关于泰罗制的论述就是例证。同样道理,社会主义的管理也具有二重性,这是因为社会主义生产过程也存在着二重性。

管理的自然属性是与生产力的发展相联系的,它反映了社会化大生产对管理的客观要求。无论是资本主义的生产管理还是社会主义的生产管理,都要对人、财、物等资源进行合理配置,对生产经营活动进行协调,以实现社会生产要素的科学组合,以最少的成本获得最大的效益。因此,从管理的自然属性来看,社会主义的管理与资本主义管理具有共通之处,二者之间可以相互学习和借鉴。例如,一些资本主义企业所采用的现代化管理方法,在社会主义企业管理中,只要适合,是可以应用的;相反,社会主义先进的管理技术也可以应用到资本主义企业管理中。

管理的社会属性是与生产关系相联系的。管理存在于一定的社会制度条件下,必然要反映一定社会制度中的统治阶段的利益要求,要维护统治阶级的利益。资本主义的管理要维护资产阶级利益,社会主义的管理要反映无产阶级和广大劳动人民群众的利益。因此,从管理的社会属性来看,资本主义的管理与社会主义的管理存在着根本的区别,前者是为了维护资本主义生产关系,是资本家榨取工人创造的剩余价值的一种手段;后者则是为了维护社会主义生产关系,充分发挥职工的积极性、主动性和创造性,提高生产效益,满足人民群众日益增长的物质文化需求。

(二)学习和掌握管理二重性的理论的重要意义

学习和掌握管理二重性理论,对我们学习管理学,深刻认识我国的管理问题,探索适合我国国情的企业管理模式,都具有非常重大的现实意义。

1.为学习和研究管理学提供了行为准则

管理二重性反映了生产力和生产关系的辩证统一关系。管理是人类社会的一项基本活动,存在于一定的社会生产条件下,社会生产方式是由社会生产力和生产关系构成的统一体,因此,管理二重性与社会生产力和生产关系有十分密切的联系。长期以来,我们在管理二重性问题上存在着片面的错误认识,我国的管理科学经历了漫长的探索过程,严重制约了我国管理实践的发展和生产力的进步。

认真总结我国历史上尤其是新中国成立六十多年来管理的经验与教训,我们在今后的管理理论研究和管理实践过程中,必须从我国的实际出发,坚持管理的自然属性和社会属性相统一的原则,不可偏废其中之一。

2.有助于正确评价西方资本主义国家的管理理论、管理技术和管理方法

一方面,管理具有自然属性,与社会生产力相联系。西方资本主义国家的管理理论、管理技术和管理方法是西方资本主义经过上百年的发展并积累下来的,在实践中应用是行之有效的,这是值得我们社会主义国家借鉴的。因此,我们要在继承和发展我国过去的科学管理经验和管理理论的基础上,注意学习和引进西方发达国家先进的管理理论、管理技术和管理方法,根据我国的实际情况,博采众长,融合吸收,为我所用,逐渐使其成为我国社会主义管理科学体系的有机组成部分。另一方面,管理具有社会属性,与社会生产关系、社会经济制度相联系,体现着一定生产关系下统治阶级的意志。西方资本主义管理存在于资本主义生产关系条件下,体现资本主义资产阶级的意志,维护着资本主义的生产关系和资产阶级的整体利益。所以,我们在学习和引进西方先进管理经验的同时,要注意资本主义与社会主义之间意识形态的差别。

首先,必须认清资本主义管理的剥削本质。西方管理宣扬所谓"劳资合作""以人为本""民主管理""工人参与管理"等,都是资本主义资产阶级维护其根本利益的变相剥削手段,只要资本主义生产关系存在,那么资本主义管理的剥削本质就不会改变。其次,我们要学会科学地鉴别管理的社会属性,对待资本主义的管理经验、管理理论,要判断哪些内容与社会制度相联系,哪些内容是纯科学技术东西,决不能简单地照搬照抄西方资本主义的一切。

3.要求我们要结合实际,因地制宜地学习和运用管理理论

任何一种管理理论、管理技术和管理方法都出现在一定的社会生产方式之中,它是同当时的社会生产力和其他情况相适应的,也就是说,任何管理方法都有其适用的条件和环境。不同的管理只能由相应素质的人来实现;适当的管理需要素质适当的人来操作。市场经济体制要求下的管理不同于计划经济体制的管理;商品经济时代要求的管理不同于自然经济时代。时代变化,激发观念变化;观念变化又影响管理变化。管理与时代和观念的关系是:时代和观念决定管理,管理为时代和观念服务,管理使时代和观念稳固,促进时代和观念进步。所以,在学习和运用管理理论、管理技术和管理方法时,必须结合本组织的实际情况,随机制宜,只有这样,才能取得预期的管理效果。

二、管理是科学性与艺术性的统一

(一)管理的科学性

管理的科学性主要是指管理的客观规律性。如果不承认管理是一门科学,不按照客观规律办事,违背管理原则,在实践中,随心所欲地进行管理,必然会遭到惩罚,最终导致管理效果不佳或失败。

凡是科学都具有共同的特点,即客观规律性、系统性和实践指导性等。管理是一门科学,是因为它具有科学的特点。管理是人类不可或缺的社会实践活动,在此过程中存在着不以人的意志为转移的客观规律。人类经过漫长的社会生产实践活动,经过无数次的成功与失败,在管理实践中发现、归纳出一系列反映管理活动过程中客观规律的管理理论和管理方法,逐步建立了系统化的管理理论体系。人们又把这些理论应用到管理实践中去,指导自己的管理实践,再以管理活动的效果来衡量管理过程所用的理论和方法是否行之有效,是否正确,从而使管理理论和方法得到不断丰富与发展。

(二)管理的艺术性

管理的艺术性是指管理者在管理实践过程中因地制宜地、创造性地运用管理技术和方法来解决管理问题的技艺或技巧。所谓艺术就是以个人的经验和熟练程度为基础的技艺和技巧。管理活动是处理和协调人与人之间关系的社会活动,管理主体是人,管理主体之中最重要也是人,人是有思想、有意识的高级社会动物。虽然管理活动必须遵循客观规律办事,但是管理者在应用管理理论指导管理实践时,不可能像自然科学应用其定理和公式去指导自然科学实践那么"刻板"和"一丝不苟",而是要求管理者在管理实践中灵活多变地运用管理理论进行具体问题具体分析。

管理是一门艺术,主要强调其实践性和灵活性。这就是说,仅仅凭借书本上的管理理论和管理原则来进行管理,无异于"纸上谈兵",是不能保证其成功的。

(三)管理的科学性与艺术性的关系

管理既是一门科学,又是一门艺术。富有成效的管理,既离不开扎实的管理理论知识,又离不开管理者自身主观能动性和创造性的充分发挥。对管理理论的深刻理解是学好管理学的前提和基础,高超的管理艺术是最终实现管理目标的有力保障,二者之间不是互相排斥、互相矛盾的,而是互相补充、互相依存的。采取"背诵原理"的方式来进行管理活动,必然是脱离或忽视现实情况的无效活动。而没有掌握管理理论的管理者进行管理活动时,必然是靠经验、凭直觉办事,很难找到能够解决管理问题的可行方案。美国一位著名的管理学教授曾经通过对大量获得 MBA 的人在实际管理工作中的表现进行调查并得出结论:他们在实际工作所取得的管理业绩与他们在学校里的学习成绩之间并无直接关系。他认为,如果一个人的学习成绩能与事业上的成功画等号,那么这个受过良好教育的经理的确是一位神话人物。

因此,管理是科学性与艺术性的有机统一体。这一点对于学习管理学的专业人士和从事管理工作的管理者来讲,具有十分重要的意义,它有助于促进我们既重视管理理论知识的学习,又不忽视在管理实践中随机制宜地灵活运用。

第三节　管理的职能

一、管理职能的多种提法

管理职能是指管理的职责和功能,是管理者在管理活动中应当承担的职责和任务,是管理活动内容的理论概括。

最早系统提出管理职能的是法国的法约尔。他提出管理的职能包括计划、组织、指挥、协调、控制五个职能,其中计划职能为他所重点强调。他认为,组织一个企业,就是为企业的经营提供所有必要的原料、设备、资本、人员。指挥的任务就是要分配给企业的各种不同的领导人任务和职责,每个领导人都承担各自单位的任务和职责。协调是指企业的一切工作都要和谐地配合,以便于企业经营的顺利进行,并且有利于企业取得成功。控制就是要证实一下是否各项工作都与已定计划相符合,是否与下达的指示及已定的原则相符合。

在法约尔之后,许多学者根据社会环境的新变化,对管理的职能进行了进一步的探究,有了许多新的认识。但当代管理学家们对管理职能的划分,大体上没有超出法约尔的范围。

古利克和厄威克就管理职能的划分,提出了著名的管理七职能。他们认为,管理的职能是:计划、组织、人事、指挥、协调、报告、预算。

哈罗德·孔茨和西里尔·奥唐奈里奇把管理的职能划分为:计划、组织、人事、领导和控制。人事职能意味着管理者应当重视利用人才,注重人才的发展以及协调人们活动。这说明当时管理学家已经注意到了人的管理在管理行为中的重要性。

20 世纪 60 年代以来,随着系统论、控制论和信息论的产生以及现代技术手段的发展,管理决策学派的形成,使得决策问题在管理中的作用日益突出。西蒙等人在解释管理职能时,突出了决策职能。他认为,组织活动的中心就是决策;制订计划、选择计划方案需要决策;设计组织结构、人事管理等也需要决策;选择控制手段还需要决策;决策贯穿于管理过程的各个方面,管理的核心是决策。

管理职能的变化和社会环境的变化有密切的关系。在法约尔时期,企业的外部环境变化不大,市场竞争并不激烈,管理者的主要工作是做好计划、组织和领导工作,让工人把产品生产出来就万事大吉。在行为科学出现之前,人们往往对管理的活动侧重于对技术因素及物的因素的管理,管理工作中强调实行严密的计划、指挥和控制。但自霍桑实验之后,一些学者在划分管理职能时,对有关人的因素的管理开始重视起来,人事、信息沟通、激励职能开始被提出。这些职能的提出,体现了对管理职能的划分开始侧重于对人的行为激励方面,人事管理被提到比较重要的地位上来。20世纪50年代以后,特别是60年代以来,由于现代科学技术的发展和诸多新兴学科的出现,管理学家又在管理职能中加进了创新和决策职能。决策理论学派的代表人物西蒙提出了决策职能,决策职能从计划职能中分化出来。他认为,决策贯彻于管理的全过程,管理的核心是决策。管理的决策职能不仅各个层次的管理者都有,并且分布在各项管理活动中。创新职能源于20世纪70年代后的世界环境的剧变。创新职能的提出,也恰恰反映了这一时代的历史背景。可以预见,随着科学技术的不断发展和社会生产力水平的提高,管理职能的内容和重点仍会有新的变化。

计划、组织、领导、控制这四种管理职能是一切管理活动最基本的职能。

(一)计划职能(planning)

计划职能是管理的首要职能,是一个组织为实现一定目标而进行事先筹划和安排的一种管理活动。其中心任务是确定组织的目标和实现目标的具体方案。组织中所有的管理者都必须从事计划活动。

法约尔认为管理意味着展望未来,预见是管理的一个基本要素,预见的目的就是制订行动计划。一个好的计划有如下几个特点:

(1)统一性。每个活动不仅要有总体的计划,还要有具体的计划,不仅要有前面的计划,还要有后续的计划。

(2)连续性。不仅有长期计划,还有短期计划。

(3)灵活性。能应付意外事件的发生。

(4)精确性。尽量使计划具有客观性,不具有主观随意性。

管理人员在制订计划时,要对企业的经营状况有整体的了解,要有积极参与的观念,并且对企业每天、每月、五年、十年等的经营状况进行预测。企业的各个部门的负责人都要对自己的部门总结和预测,对自己部门的计划负责,根据实践的推移和情况的变化适当地改变以前的计划。高层管理人员主要负责制订计划,而基层管理人员主要负责执行计划。

(二)组织职能(organizing)

组织职能是管理的重要职能。管理者制订出切实可行的计划之后,就要组织必要的人力和其他资源去执行既定的计划,这就是组织职能。组织职能具体包括组织设计、组织运行和组织变革。根据工作的要求与人员的特点,设计岗位;通过授权和分工,将适当的人员安排在适当的岗位上;用制度规定各个岗位的职责和上下左右的相互关系,形成一个有机的组织结构,使整个组织协调运转等都反映的是组织的职能。

(三)领导职能(directing)

领导职能就是要带领和指挥该组织的所有员工同心协力地执行组织的计划,实现组织的目标。领导是通过对组织成员进行引导,增强人们的相互理解,统一人们的思想和行动,激励每个成员自觉地为实现组织目标而共同努力,从而保证组织目标的顺利实现。管理者通过通过激励下属,指导他们的活动,选择最有效的沟通渠道,解决组织成员间的冲突等,使组织中的全体成员以高昂的士气、饱满的热情投身到组织活动中去。

(四)控制职能(controlling)

控制职能是管理过程的关键职能,是通过信息反馈和绩效评估,对组织的活动进行监督、检查、纠正偏差的过程,是连续不断、反复进行的过程,贯穿于整个活动的始终。控制的实质就是使实践活动符合计划,计划是控制的标准。法约尔认为,控制就是要证实企业的各项工作是否已经和计划相符,其目的在于指出工作中的缺点和错误,以便纠正并避免重犯。

控制适合于任何不同的工作,所以控制的方法也有很多种,有事前控制、事中控制、事后控制等。当某些控制工作显得太多、太复杂、涉及面太大、不易由部门的一般人员来承担时,就应该让一些专业人员来做,即设立专门的检查员、监督员或专门的监督机构。

控制在整个管理活动中起着承上启下的连接作用,控制也是一门艺术。

二、管理职能的相互关系

计划、组织、领导和控制是最基本的管理职能,它们分别回答了一个组织要做什么、怎么做、靠什么做、如何做得更好以及做得怎么样等基本问题。

没有计划便无法控制,没有控制也就无法积累制订计划的经验。人们往往在进行控制工作的同时,又需要编制新的计划或对原计划进行修改。同样,没有组织架构,便无法实施领导,而在实施领导的过程中,又可能反过来对组织进行调整。管理过程是一个各职能活动周而复始的循环过程,而且在大循环中套着小循环。

从管理职能在时间上的关系看,它们通常按照一定的先后顺序发生,即先计划,继而组织,然后领导,最后控制。对于一个新创建的企业往往更是如此。然而,这种前后工作逻辑在实践中并不是绝对的,没有哪个管理者是周一制订计划,周二展开组织工作,周三实施领导工作,周四采取控制活动……这些管理职能往往相互融合,相互渗透,同时进行。

归纳起来,管理职能的相互关系可以概括如下:

(1)管理的四大职能相互联系、相互制约、交叉渗透,不可偏废。

(2)计划是管理的首要职能,是组织、领导、控制职能的依据。

(3)组织、领导、控制职能是有效管理的重要手段,是计划及其目标得以实现的保障。

(4)每一项管理工作一般都是从计划开始,经过组织、领导到控制结束。可能又导致新的计划,开始又一轮新的管理循环。

管理的各项职能的相互关系如图1-1所示。

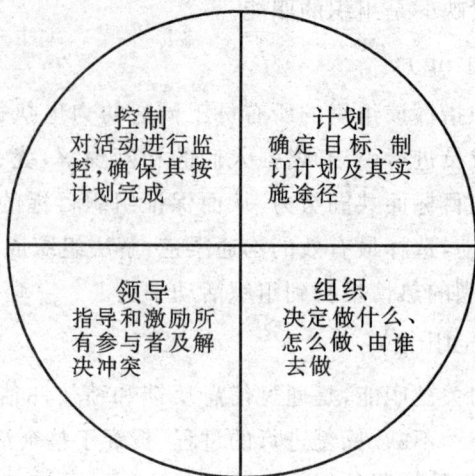

图 1-1　管理职能的相互关系

三、管理职能的发展

如前所述,对于计划、组织、领导和控制这四个基本职能,早在 20 世纪初管理界就已有认识。时至今日,这种认识也未发生根本性的变化,只是随着管理理论研究的深化和客观环境对管理工作要求的变化,人们对管理职能有了进一步的认识。

从 20 世纪下半叶开始,决策和创新职能受到了管理界的普遍重视。管理者从某种意义上可以被看做是决策者,从另一种意义上以被看做是创新者,或者是具有企业家精神的管理者。

1.决策

决策职能从 20 世纪 50 年代开始受到人们的重视。管理就是决策,决策贯穿于管理过程的始终。因为无论是计划、组织、领导还是控制,其工作过程说到底都是由决策的制定和执行两大部分活动所组成的。决策渗透到管理的所有职能中,所以管理者在某种程度上也被称为决策者。

2.创新

所谓创新,顾名思义,就是使组织的作业工作和管理工作不断有所革新、有所变化。管理界对于创新职能的重视始于 20 世纪 60 年代。因为当时的市场正面临着急剧的变化,竞争日益加剧,许多企业感到不创新就难以生存下去,所以有不少管理学者主张将创新看成管理的一项新职能。

创新是组织活力之源泉,创新关系到组织的兴衰成败。美国有位著名的管理学家曾说过,如果管理人员只限于继续做那些过去已经做过的事情,那么即使外部条件和各种资源都得到充分利用,它的组织充其量也不过是一个墨守成规的组织。这样下去,组织很可能衰退,而不仅是停滞不前,在竞争情况下尤其是这样。在传统管理中,组织环境变化比较缓慢,问题多是重复的,创新并不显得十分突出。现代管理面临的是动荡的环境和崭新的问题,创新是保持组织立于不败之地的法宝。

在管理循环中,创新处于轴心的地位,成为推动管理循环的原动力。

3.协调

除了决策和创新之外,现代管理对协调职能也十分看重。实际上,法约尔早就将协调列为管理的五大职能之一,今天更多人认为把协调看做是管理的核心似乎更为确切。

所谓协调,就是指组织的一切要素、工作或活动都要和谐地配合,以便于组织的整体目标得到顺利的实现。

协调是管理活动所力图实现的根本要旨。管理者的任务,归根到底就是协调组织的各个部分以及组织与环境的关系,以便更好地实现组织的目标。

协调包括组织内部各方面的协调,组织与外部环境的协调以及组织的现实需要与未来需要之间的协调。因此可以说,每一项管理职能的开展,都是为了更好地促进协调。有了协调,组织就可以收到个人单独活动所不能收到的良好效果,这就是通常所说的"1+1>2"的协同效应。

第四节 管理者

一、管理者的概念

在一个组织中,管理者处于操作者之上的组织层次中。管理者是在正式组织内拥有正式职位,运用组织授予的制度权力作出决策,负责指挥别人活动并承担对组织实现预期目的作出贡献的责任的各类主管人员。管理者区别于领导,管理者注重战术性、局部性和职能性;而后者注重战略性、全局性、综合性。

二、管理者的类型

管理者是组织的心脏,其工作绩效的好坏直接关系着组织的兴衰成败。所以,美国管理大师德鲁克曾这样说:"如果一个企业运转不动了,我们当然是要去找一个新的总经理,而不是另雇一批工人。"管理者对组织的生存发展起着至关重要的作用。那么,究竟有什么标准来划分管理者与非管理者? 不同类型的管理者的职责内涵是怎样的呢?

(一)按管理者的层次分类

我们可以从组织的不同角度来分辨各种类型的管理者,按其在组织中所处的层次可以分为以下几类:

1.高层管理人员

高层管理人员,即对整个组织的管理负有全面责任的人。高层管理人员处于组织的最高层,其主要职责是制定组织的总目标、总战略,掌握组织的大政方针并评价整个组织的绩效,并在对外交往中代表组织的"官方"身份出面。这些高层管理者的头衔有如公司董事会主席、首席执行官、总裁或总经理及其他高级资深经理人员,以及高校的校长、副校长和其他处在或接近组织最高层位置的管理人员。

2. 中层管理人员

中层管理人员是直接负责或者协助管理基层管理人员及其工作的人,这些人主要负责日常管理工作,在组织中起承上启下的作用。他们的主要职责是贯彻执行高层管理人员所制定的重大决策,监督和协调基层管理人员的工作。中层管理人员,通常享有部门或办事处主任、科室主管、项目经理、地区经理、产品事业部经理或分公司经理等头衔。

3. 基层管理人员

基层管理人员亦称第一线管理者,他们处于作业人员之上的组织层次中。他们的主要职责是给下属作业人员分派具体工作任务,直接指挥和监督现场作业活动,保证各项任务的有效完成。在制造工厂中,基层管理者可能被称为领班、工头或者工段长;在运动队中,这项职务是由教练担任的;而学校则由教研室主任来担任。

组织中的人员层次如图1-2所示。

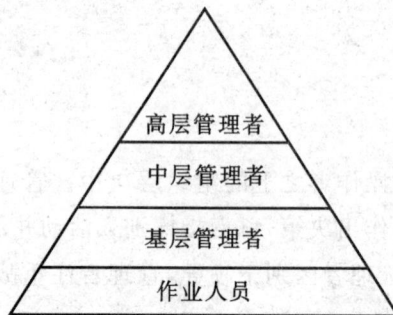

图1-2　组织中人员的层次

管理者所处的具体组织层次各不一样,但他们的工作具有一个共同的特征,即都是同别人一起并通过别人使组织活动得以更有效完成。也就是说不论管理者在组织哪一层次上承担管理职责,其工作的性质和内容应该基本上是一样的,都包括计划、组织、领导和控制几个方面。不同层次的管理者工作上的差别,不是职能本身不同,而在于各项管理职能履行的程度和重点不同。高层管理人员花在计划、组织和控制职能上的时间要比基层管理人员的多些,而基层管理人员花在领导职能上的时间要比高层管理人员的多些,如图1-3所示。即便是就同一管理职能来说,不同层次的管理者所从事的具体管理工作的内涵也并不完全相同。例如,就计划工作而言,高层管理人员关心的是组织整体的、长期的战略规划,中层管理人员偏重的是中期、内部的管理性计划,基层管理人员则更侧重于短期的业务和作业计划。

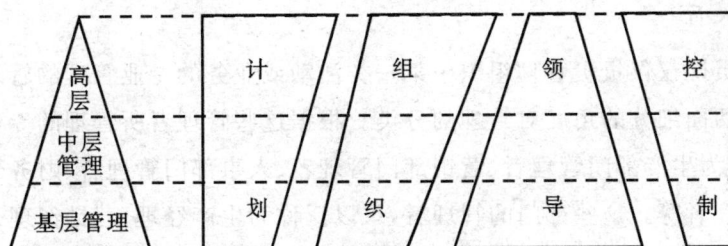

图1-3 不同管理者管理职能侧重点

在企业管理中,特别是大型现代企业的管理中,层次感更是非常重要的。管理上没有层次,必然会打乱仗;管理上层次分明,工作才能有条不紊,事半功倍,游刃有余,举重若轻。西汉有一个丞相叫丙吉,有一天他到长安城外去视察民情,走到半路就有人拦轿喊冤,查问之下原来是有人打架斗殴致死,家属来告状。丙吉回答说:"不要理会,绕道而行。"走了没多远,发现有一头牛躺在路上直喘气,丙吉下轿围着牛查看了很久,问了很多问题。人们议论纷纷,觉得这个丞相不称职,死了人不管,对一头生病的牛却那么关心。皇帝听到传言之后就问丙吉为什么这么做,丙吉回答:"这很简单,打架斗殴是地方官员该管的事情,他自会按法律处置,如果他渎职不办,再由我来查办他,我绕道而行没有错。丞相管天下大事,现在天气还不热,牛就躺在地上喘气,我怀疑今年天时不利,可能有瘟疫要流行。要是瘟疫流行,我没有及时察觉就是我丞相的失职。所以,我必须了解清楚这头牛生病是因为吃坏了东西还是因为天时不利的原因。"一番话说得皇帝非常赞赏。这个故事寓意着管理者应该清楚自己的职责,明白什么该管、什么不该管,有所为,而有所不为。

对于同一个问题,同一个事物和现象,不同层级的管理者,所管理的方面不同,绝对不能交叉重叠,也不能留有空挡;管理者所处的层次不同,关注的事情、思考的问题就应有所不同。比如员工违纪,基层管理者(班长),关注的是"谁违纪了,有什么违纪行为",思考是"如何处理"。中层管理者(部门主管)关注的是"违纪行为被处理了吗?处理后的方式、效果及影响",思考的是"外界对员工的影响,本部门对外界的影响"。作为一名管理者,只有牢记自己的职责,明白自己的管理层面,才有可能正确行使管理职能。

(二)从工作的专业性质划分

1.综合管理人员

综合管理人员,即负责管理整个组织或组织中某个事业部的全部活动的管理者。对于小型组织来说,可能只有一个综合管理者,那就是总经理,他要统管该组织中包括生产、营销、人事、财务和研发等在内的全部活动。对于大型组织来说,可能会按产品类别设立几个产品分部,或按地区设立若干地区分部。此时,该公司的综合管理人员就包括公司总经理和每个产品或地区分部的总经理,每个分部经理都要统管该分部包括生产、营销、人事、财务和研发等在内的全部活动,因此也是全面管理者。

2. 专业管理人员

专业管理人员即仅仅负责管理组织中某一类活动或业务的专业管理的管理者。专业管理人员是从组织纵切面细分的角度对管理的分类。根据这些管理者所管理的专业领域性质的不同,可以具体划分为生产部门管理者、营销部门管理者、人事部门管理者、财务部门管理者以及研究开发部门管理者等。这些部门的管理者,可以泛称为生产经理、营销经理、人事经理、财务经理和研究开发经理等。不同专业领域的管理者,他们在履行管理职能中可能会产生具体工作内容侧重点上的差别。例如,同样开展计划工作,营销部门做的是产品定价、推销方式、销售渠道等的计划安排,人事部门做的是人员招募、培训、晋升等的计划安排,财务部门做的则是筹资规划和收支预算,他们在各自的目标及其实现途径的规定上都表现出很不相同的特点。

不同管理者的专业分类如图 1-4 所示。

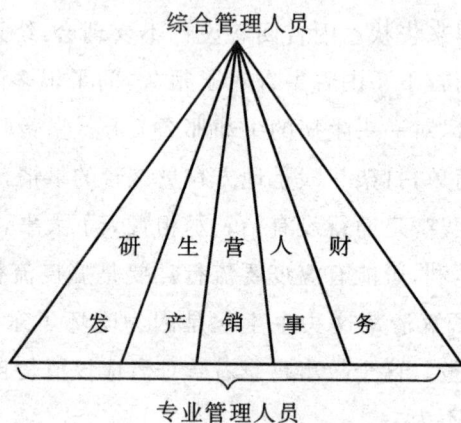

综合管理人员

研 生 营 人 财
发 产 销 事 务

专业管理人员

图 1-4 管理者的专业分类

三、管理者的角色

(一)明茨伯格的管理角色理论

明茨伯格是经理角色学派的创始人。经理角色学派是 20 世纪 70 年代在西方出现的一个管理学派,它是以对经理所担任的角色分析为中心来考察经理的职务和工作的。明茨伯格认为,对于管理者而言,从经理的角色出发,才能够找出管理学的基本原理并将其应用于经理的具体实践中去。在大量观察的基础上,明茨伯格将管理者在计划、组织、领导、控制组织资源过程中所要履行的职责简化为 10 种角色。管理者扮演各种角色来影响组织内外个人和群体的行为。明茨伯格把这 10 种角色组合为表 1-1 中描述的三大类,即决策角色、信息角色和人际关系角色。

表 1-1 决策角色、信息角色和人际关系角色

角色类型	具体角色	角色描述
决策角色	企业家	利用组织资源开发创新产品和服务制定战略;决定国际化扩张,为组织产品获取新顾客
	混乱应对者	迅速行动,采取正确措施应对组织面临的来自外部环境的突发事件(如石油危机)和来自内部环境的突发事件(生产了劣质的产品和服务)
	资源分配者	在组织的不同职能和部门之间分配资源,为中层和基层管理者设定预算和薪资计划
	谈判者	在重大的谈判中代表组织与供应商、分销商、工会就投入品的质量和价格、技术、人力资源等达成一致,与其他组织就合作项目的资源筹集达成协议
信息角色	监控者	监控者评估承担不同职能的管理者的工作成果,采取正确的措施提高绩效;监控可能在未来对组织产生影响的内外环境的变化,成为组织的神经中枢
	传播者	告知员工发生在内外部环境中可能对他们及组织产生影响的变动,就组织的前景和目标与员工进行沟通
	发言人	发起全国性的广告宣传活动,提高新产品和新服务的知名度;在当地社区宣讲组织未来的发展意向
人际角色	挂名首脑	象征性的首脑,在公司会议上向员工阐述未来的组织目标,阐述组织的道德原则和员工在与顾客、供应商交往时应遵循的行为准则
	领导者	为员工树立学习的榜样,向下属发布直接的命令和指示,就人力和技术资源的使用作出决策,动员员工支持特定的组织目标
	联络者	协调不同部门管理者的工作;与不同的组织建立联盟关系,以共享资源,生产新的产品和服务

1.决策角色

管理要进行决策,并需要分配相关资源以保证决策方案的顺利实施。

在企业家角色中,管理者要把握企业经营方向,寻求组织和环境中的机会,发起变革,制定战略,利用资源来提高组织绩效。

在混乱应对者角色中,管理者利用实时的信息处理威胁组织的突发事件或危机,迅速实施应对措施。

在资源分配者角色中,决定组织资源(财力、设备、时间、信息等)用于哪些项目。

在谈判者角色中,与对资源有优先权的其他管理者或群体达成一致,与组织和组织外群体

（如供应商和顾客群）达成相关协议，以确保组织朝着目标迈进。

2.信息角色

管理者负责确保和一起工作的人具有足够的信息，从而能够顺利完成工作。整个组织的人依赖于管理结构和管理者以获取或传递必要的信息，以完成工作。

在扮演传播者角色时，管理者分配作为监督者获取的信息，迅速有效地把信息传递给员工，从而影响他们的工作态度和行为，以便切实有效地完成工作。例如，沃尔玛使用视频会议加强高层管理者与单个商店的联系，利用互联网向员工提供最新的培训项目。

管理者扮演发言人时把信息传递给单位或组织以外的个人，有利于促进外部公众对组织的了解和理解，进而支持组织。在扮演监督者角色时，主要职责是获取信息。管理者持续关注内外环境的变化以获取对组织有用的信息，接触下属或从个人关系网获取信息，依据信息识别工作小组和组织潜在的机会和威胁。

3.人际关系角色

管理者担任人际关系角色的目的是为员工和作为整体的组织提供方向和监督。

作为一个组织或部门象征的挂名首脑，一个首席执行官可以通过互联网向员工和股东等其他相关群体传达组织的使命和组织正在追求的目标。例如，只要自己认为有必要，微软的每个员工都可以直接发电子邮件给 CEO 比尔·盖茨。通过电子邮件和互联网，各个层次的管理者都可以扮演挂名首脑角色，并成为组织中树立恰当行为方式的典范。

管理者扮演领导者的角色是通过和员工一起工作并通过员工的努力来确保组织目标的实现。

最后，联络人角色反映的是管理者联系和协调组织内外各类人员和团体活动的能力。

（二）我国管理专家所认同的实用管理者角色理论

我国管理专家所认同的管理者的角色包括以下八点：

（1）管理者是一个责任的承担者。承担责任是管理学上讲的一个角色、一种行为。作为管理者应该主动承担责任。

（2）管理者是一个有效的决策者。管理者是一个决策者，而且是一个有效的决策者，所谓"有效"，就是以成败论英雄。市场瞬息万变，实践是检验真理的唯一标准，企业也只要一个最终结果——管理就像打仗一样，企业的目的是完成任务，有时候更强调的是结果。

（3）管理者是一个很好的合作者。

（4）管理者是一个优秀的协调者。

（5）管理者是一个多能的外交家。

（6）管理者需要有决断力。

（7）管理者应有临危不惧的魄力及力挽狂澜的胆识。

（8）管理者应努力做正确的事并用正确的方法做事。

四、管理者的技能

每位管理者都在自己的组织中从事某一方面的管理工作，都要力争使自己主管的工作达到一定标准和要求。管理是否有效，在很大程度上取决于他是否真正具备了作为一个管理者应该具备的管理技能。美国学者卡茨提出了管理的"技能"说。"技能"指的是一种能力，可以是后天培养的,并不一定是与生俱来的。这种技能要在实际行动中得以展现,并不仅仅蕴藏于潜能之中。管理者应具备三种基本技能,即技术技能、人际技能和概念技能。

1.技术技能

技术技能指使用某一专业领域内有关的工作程序、技术和知识完成组织任务的能力,是从事自己管理范围内的工作所需的技术和方法。如果是生产车间主任,就要熟悉各种机械的性能、使用方法、操作程序,各种材料的用途、加工工序,各种成品或半成品的指标要求等。如果是办公室管理人员,就要熟悉组织中有关的规章、制度及相关法规,熟悉公文收发程序、公文种类及写作要求等。如果是财务科长,就要熟悉相应的财务制度、记账方法、预算和决算的编制方法等。技术技能对基层管理者来说尤为重要,因为他大部分时间都是从事训练下属人员或回答下属人员所做的各种工作。具备技术技能,方便更好地指导下属工作,更好培养下属,由此才能成为受下级成员尊重的有效管理者。对中上层管理者来说,掌握技术技能的必要性可稍少些。

2.人际技能

人际技能指与组织中上下左右的人打交道的能力,即理解、激励他人并与他人共事的能力。人际技能首先要求管理者了解别人的信念、思考方式、感情、个性以及每个人对自己、对工作、对集体的态度,并且认识到别人的信念、态度、观点与自己的不一样是很正常的,承认和接受不同的观点和信念,这样才能与别人更好地交换意见。其次,要求管理者能够敏锐地察觉别人的需要和动机,并判断组织成员的可能行为及其可能后果,以便采取一定措施,使组织成员的个人目标与组织目标最大程度地统一起来,最大限度地调动员工的积极性和创造性。许多研究表明,人际技能是一种重要技能,对各层管理者都具有同等重要的意义。在同等条件下,人际技能可以极为有效地帮助管理者在管理工作中取得更大的成效。

3.概念技能

概念技能指综观全局、认清为什么要做某事的能力,是对事物的洞察、分析、判断、抽象和概括的能力,也就是洞察企业与环境之间相互影响的复杂性的能力。管理者应纵观组织的全貌和整体,了解组织内部各部门相互作用和与外部环境的互动方式,预见组织在社区中所起的社会的、政治的、经济的作用,知道自己所管理部门或科室在组织中的地位和作用。三种管理技能是各层管理者都共同需要掌握的,区别仅在于各层级管理者所需掌握的三种管理技能的比例会有所不同,如图1-5所示。

(1)基层管理者,以专业技术能力为主,人际关系能力为辅,理念能力次之。如果一个基层管理者如果具有较强的理念能力,那定将是可塑之才。

(2)中层管理者,专业技术能力和人际关系能力同样重要,但对他的概念能力的要求高于基层管理者。

(3)高层管理者,以概念能力为主,人际关系能力为辅,专业技术能力次之。如果高层管理者具有较强的专业技术能力,但不迷恋和炫耀自己的技术优势,那定将成为卓越的人士,成功的人才。

基层管理　　中层管理　　高层管理

图1-5　不同层次管理者的管理技能要求

第五节　管理的任务

德鲁克认为,管理必须完成三项同等重要而又极不相同的任务:实现组织的特定目的和使命;使工作富有成效,员工具有成就感;处理对社会的影响与承担社会责任。

一、实现组织的特定目的和使命

一个组织的存在,是为了特定的目的、使命以及特定的社会功能。对企业而言,这就是经济绩效。在这一点上,企业与非营利机构是不同的。只有企业才有经济绩效这项特殊任务,这虽然不是社会赋予企业的唯一任务,但它是优先的任务。因为所有的其他社会任务,如教育、卫生、国防以及知识的更新均依赖于经济资源的剩余,而经济资源的剩余源自经济绩效产生的利润和其他储蓄。因此,企业管理必须始终将经济绩效放在首位。管理层只能以它创造的经济成果来证明自己存在的必要性与权威性。如果管理未能创造经济成果,管理就是失败的;如果管理层不能以顾客愿意支付的价格提供顾客需要的商品和服务,管理就是失败的;如果管理层未能用交付于他的经济资源提高或至少保持其生产财富的能力,管理也是失败的。

在市场经济中,顾客决定了企业是什么。只有通过顾客对商品或服务的购买,经济资源才能转化为财富,物品才能转化为商品。

海尔大地瓜洗衣机的案例是说明顾客决定企业以及顾客的认知价值是有效决策的充分依据。故事的缘由是四川农民反映海尔洗衣机排水不畅,海尔通过实地调查发现,四川农民用海尔的洗衣机洗地瓜。但海尔并没有"教育"他们,而是满足四川农民的需求,开发了大地瓜洗衣机。沿着这个思路,海尔在西藏又利用洗衣机的原理开发出可以打酥油茶的机器,在安徽开发出可以洗龙虾的机器等等。海尔这样做主要是向用户传达一种信息,鼓励用户把更多抱怨、不满、难题、遗憾告诉他们。海尔有一个口号:"用户的难题就是企业的课题。"没有非理性的顾客,企业唯有在满足顾客需求的同时才能创造其经济效益,才能证明自己存在的合理性。

二、使工作富有成效,员工具有成就感

管理的第二项任务是使工作富有成效,使员工有成就感。企业只有一个真正的资源——

人。只有使人力资源具有生产力,企业才能运作。今天的组织已经逐渐变为个人赖以谋生、取得社会地位、获得个人成就与满足的工具。因此,使员工有成就感不仅重要,也是一种衡量组织绩效的标尺。

人力资源是所有经济资源中最未有效使用的资源,提高经济绩效的最大机会在于提高人们工作的效率。企业能否有效运作归根结底取决于它促使人们尽职尽责、完成工作的能力。因此,对员工和工作的管理是管理层的一项基本任务。德鲁克用 IBM 公司的例子解释了什么是"使工作具有生产力"。

据说,IBM 总裁托马斯.J.沃森先生有一次看见一位女操作工无所事事地坐在机器旁,便问她为什么不工作。那位女工回答:"我必须等安装工调换工具,设定新的运作程序。""难道你自己不能做?"沃森先生问道。"当然能做。"那位女工说,"但那不是我该做的事。"沃森就此发现,每个工人每周要花好几个小时等待安装工。然而,只需额外花上几天时间就能使工人学会怎样安装自己的机器。于是,工人的工作增加了安装机器一项,不久,成品检验也纳入了工人的工作。结果是产量增加,质量改进。IBM 因此决定系统地扩大工作范围。操作本身被设计得尽可能简单,每个工人则被训练得能尽可能多地从事各种操作。这种方法不仅使 IBM 生产率持续增长,而且也改变了工人的工作态度。许多观察到这一现象的人都认为,工人对自己所从事的工作越来越自豪是最重要的收获。

只有当员工也像管理者那样去看待问题时,他才会产生责任感,才会去追求最佳工作效率。我们经常听到"要让员工有工作的自豪感、成就感,要让他觉得自己很重要"这类说法。可是,自豪感和成就感是无法给予的。总裁在一年一度的新年致辞中即便把员工称为"亲爱的伙伴",也不能使他们觉得自己很重要。离开员工的具体工作,自豪感和成就感就不可能存在。用一枚特制奖章来表彰某人 25 年忠心耿耿的服务,也许会受到获奖者高度的珍惜。

不过,只有当工作确实有成就时,奖励才能真正发挥作用,否则会招致人们的厌恶,认为它只是一种虚情假意。深圳一家大型保险公司的领导是怎样成功地使员工具有成就感的呢?像许多公司一样,这家公司也有一本内部期刊,每期刊物上都刊登各区域的营业情况,按完成业务的实际情况排队。这样各个业务单位都处在相互竞争之中。如果一个单位率先完成全年任务,总经理就会把这个单位的管理者请到总部,为他们设宴庆功,总经理亲自为他们打开香槟酒。下一期的内部刊物上会登出总经理为他们打开香槟酒的照片。也许过了两周又有一个单位也提前完成了全年任务,总经理还是给他们一样的礼遇。期刊和香槟酒成了这家公司总经理有效的管理工具。

杰克·韦尔奇在他的新书《赢》中谈到了领导者的八条准则,第八条就是"懂得庆祝"。他说:"庆祝能让人们有胜利的感觉,并且营造出一种认同感、充满积极活力的气氛。设想一支球队赢得了职业大赛的冠军,而没有香槟酒来庆贺,那会是什么样子? ……但是在现实当中,许多公司在取得重大胜利时,都忘了击掌相贺这个仪式。"

三、处理对社会的影响与承担社会责任

管理的第三项任务,就是处理对社会的影响与承担社会责任。没有一个机构能够独立生

存并以己身之存在为目的。每个组织都是社会的一个器官,企业也不例外。只有对社会有益的企业才是好企业。

企业、医院或大学承担的社会责任可能在两个领域中产生:一个领域是机构对社会的影响,另一个领域是社会本身的问题。这两个领域中所产生的问题虽然不同,但都与管理有关。第一个领域讨论的是机构能对社会做什么,第二个领域讨论的是机构能为社会做什么。

现代组织存在的目的是为了向社会提供某种特定的服务,所以它必须在一定的社会环境中工作。它还必须雇用人员为其工作,因此,不可避免地会对社会产生一些影响。比如,医院的目的是医治病人,但为了医治病人,就必须有医生和护士组成的工作团体,就会出现团体的任务和问题;钢铁厂的目的是制造高质量的钢铁型材,为达到这个目的,必然会产生噪音、高温和有毒气体;意识健全的人都不想造成交通堵塞,但如果许多人被雇用在同一个地方工作而又必须在同一时间进出,那就不可避免地会发生交通堵塞。

对社会的这些影响,从组织的目的来讲,是附带的,但在很大程度上又是不可避免的副产品。

社会问题则与之不同,它不是组织活动对社会的影响,而是社会的机能失调。由于机构只能存在于社会环境之中,事实上是社会的一个器官,社会问题必然会影响存在于社会环境之中的机构。健全的企业、大学或医院不能存在于一个病态的社会之中。即使社会的弊病并不是由于机构管理层的行为引起的,但从管理层本身的利益来讲,也需要有一个健全的社会。这就意味着,企业不能对社会问题视若无睹。

不管是有意造成的还是无意造成的,管理层都要对自己的组织所造成的社会影响负责。不仅因为它是管理层的一项社会责任,更因为它是一项企业责任。

由于人们要对自己所造成的影响负责,他们就应该尽量减少这些影响。一个机构在自己特殊目的和特殊使命以外的影响,无论对机构内部的影响,还是对社会环境或物质环境的影响,都越少越好。不是必不可少的影响应保持在最低限度,最好予以消除。即使这些影响看起来是有益的,但它们如果已经超出了本机构正常职能的范围,迟早都会引起怨恨和抵制。

最理想的办法是把这些影响转化成对企业发展有利的机会。美国道化学公司近 20 年来在解决空气和水污染方面成绩斐然。道公司在二战后不久就决定消除公司造成的空气和水污染。早在公众激烈反对环境污染之前,道公司就在工厂中采取了完全消除污染的措施,有步骤地把烟囱和水道中排出的有毒物质转化为可以出售的产品,并为这些产品创造出各种用途和市场。

社会问题是社会的机能失调引起的。社会问题是弊病,但对于各种机构,尤其是企业的管理层来说,社会问题也是挑战和机遇。企业的职能就是通过把社会问题转化为企业的机会来满足社会需要,同时也为本机构服务。企业的职责就在于把变革转化为创新,把社会问题转化为企业机会就是解决社会问题,即社会创新。这种创新会直接或间接地使公司或产业得到利益。

在第一次世界大战前,美国失业率很高,技术工人每小时工资甚至低到 15 美分。福特公司却在 1913 年底宣布保证付给每个职工 5 美元的日薪,是当时标准的 2～3 倍。在此之前,福特的员工离职率很高,1912 年为了保持 1 万名工人,必须雇用 6 万名工人。在实行新工资制度以后，离职率几乎为零。因此，节省的成本使后来几年中虽然所有的材料成本都急剧上升，福特公司还是能以较低的价格制造 T 型车并获得更多利润，从而占据了市场的统治地位。这一行动还改造了美国的工业社会，使美国工人基本上成为中产阶级。

IBM 的兴起在很大程度上也是由于正视并解决了一项社会问题。IBM 在大萧条年代还是一家很不起眼的小公司，但它制定了一项政策：向职工提供职业保障，并付给固定的薪水（而不是按小时计工资），当时的这些举措也和福特公司的行为一样勇敢而富有创新精神。IBM 之所以这样做，也是针对当时的一个主要社会问题，即美国工人由于经济衰退而引起的恐惧、不安全感和尊严的丧失，把它转化为企业的发展机会。IBM 迅速发展的人力潜力以及 10 年后向全新的电子计算机技术进军的人力潜力，首先要受益于这一行动。

有时候，社会功能失调问题十分严峻，很难转化为机会使之解决或至少使之缓和。对于这些不是由企业或其他机构的影响而产生的问题，企业要承担何种程度的社会责任呢？

管理者的首要职责是对组织负责，让他的组织执行其职能并作出贡献。如果一个组织的负责人利用其地位成为社会知名人士并在处理社会问题方面处于领导地位，但却忽略了他所负责的组织，以致其衰落下去，那么，这个人就不能算是合格的管理者。

组织完成其特定的使命，也是社会的第一位需要和利益所在。如果组织完成其特殊任务的能力减弱或受到损害，社会就不再能得到收益而必定遭受损失。一家破产的企业不会是一个令人满意的雇主，也不太可能成为社区中的一个好邻居。一所不能培养领导人才和专业人士的大学，无论它做了多少"好事"，也不能说是对社会负责。

因此，组织的首要社会责任，是对自己特定的使命负责。对工商企业及社会的其他经济组织而言，这一点尤为重要。在解决社会问题时，除非能把它转化为取得成就的机会，否则都会造成社会间接成本，而这种成本只能由流动成本或资本来支付。如果由流动成本支付，那就是由消费者或纳税人来支付；如果由资本来支付，那就会使未来的就业职位更少、更差，并使生活水平降低。

杰克·韦尔奇时代的通用电气以严守诚信、遵纪守法和股东回报高于市场水平而著称，却对关于企业社会责任的争论毫无兴趣。韦尔奇认为，通用电气只要能维持生产效率、提高利润和股东回报就足够了。通用电气的市值在 1981 年为 140 亿美元，20 年后，当韦尔奇退休时，市值增加到 4000 多亿美元。伊梅尔特想要维持通用电气所有这些声誉，他还想做得更多。他喜欢说伟大的公司必须同时是好公司。他对《财富》杂志说："大家之所以来通用电气工作，是因为他们想得到升华。他们想努力工作，获得提升和期权。但是，他们还想为一家不同凡响、能为世界作出重大贡献的公司工作。"

伊梅尔特重视价值观，这是他想使公司带有他个人特色的措施之一。他的努力正在影响着公司的经营和对待雇员的方式，影响着公司选择与之开展业务的那些公司和国家，也影响着公司对投资进行的技术开发。伊梅尔特认为，企业的天职不仅是赚钱和守法，而且有义务帮助社会解决难题。他说："优秀的领导者应当回报社会，我们的时代属于既为自己谋利益也关注别人需求的人。"

2002 年，伊梅尔特任命了公司第一位负责履行企业公民义务的副总裁。如今，通用电气要对其在发展中国家的供应商进行审查，以确保它们能按照劳动、环保、健康和安全标准行事。

自那以后,它已经作了 3100 次审查。2004 年秋天,通用电气被纳入道琼斯可持续性指数,该指数汇集了 300 家在环保、社会和财政可持续性上符合其十分详尽的标准的一流企业。2004 年,公司提拔妇女和非洲裔雇员进入高层管理者行列。与此同时,它还开始进行全球性的慈善活动,比如在加纳农村开展的卫生保健项目。2005 年春天,通用电气已公布了它的第一份有关履行公民义务的报告,这在杰克·韦尔奇时代是根本无法想象的。

❀ 本章小结

　　管理是一定组织中的主管人员,为了实现组织目标,对该组织的人、财、物、时间、信息、技术等资源以及组织的各项活动所进行的计划、组织、领导、控制、创新等一系列职能的总称。管理具有二重性,即自然属性和社会属性。管理包括计划、组织、领导、控制、创新等职能。管理必须完成三项同等重要而又极不相同的任务:实现组织的特定目的和使命;使工作富有成效,员工具有成就感;处理对社会的影响与承担社会责任。管理学是一门从管理实践中形成和发展起来的,系统地研究管理活动及其基本规律和一般方法的科学。它是一门综合性的科学,既是一门科学又是一种艺术,具有历史发展性,同时还是一门应用性、实践性很强的科学。管理学的研究对象是各种组织、单位或项目的管理活动和管理过程。管理学的研究内容涉及社会的生产力、生产关系和上层建筑等各个方面。管理学的研究方法以唯物辩证法为方法论基础,以系统方法为主要思维方法,同时理论还需联系实际。学习和研究管理学的具体方法有观察总结法、比较研究法、历史研究法、案例研究法和试验研究法等。

🌐 案例讨论

格力的企业管理之道

　　成立于 1991 年的格力电器股份有限公司是全球最大的专业化空调企业,连续 9 年上榜美国《财富》杂志"中国上市公司 100 强"。2015 年,格力实现营业总收入 1005.64 亿;成为中国首家实现千亿的专业化家电企业。2016 年第一季度和第二季度格力空调市场占有率分别达到 39% 和 37% 占有率,稳居中国市场第一。

　　作为一家专注于空调产品的大型电器制造商,格力是中国空调行业中拥有专利技术最多的企业,也是唯一不受制于外国技术的企业。成为从"中国制造"走向"中国创造"的典范。格力电器是如何从只有一条简陋的、年产量不过 2 万台窗式空调生产线的默默无闻的小厂,发展为在国际上赢得了广泛知名度和影响力的家电产业巨头呢?

　　管理之道一:抓质量

　　1994 年,公司开始以抓质量为中心,提出了"出精品、创名牌、上规模、创世界一流水平"的质量方针,实施了"精品战略",建立和完善质量管理体系,出台了"总经理十二条禁令",推行"零缺陷工程"。几年的狠抓质量工作,使格力产品在质量上实现了质的飞跃,奠定了格力产品在质量上的竞争优势,创出了"格力"这一在消费者中有良好口碑的品牌。如今,格力空调是优秀空调产品的代名词。

　　管理之道二:自主创新

　　在中国家电企业的发展变革中,自主创新无疑是社会关注的最大热点,而核心技术的突破则成为企业赖以发展的命脉。格力十分重视对技术研发的投入,一方面,格力电器长期坚持培育技术人才,为空调产品和技术创新与发展提供保证。另一方面,格力电器投入巨资引进先进的技术研发设备,建设了多个专业实验室,涵盖家用和商用空调多个领域,无论数量、规模还是技术水平都处于世界领先地位。

格力的研发有三部曲,一是洞察消费者,确立精准的竞争优势;二是集成创新,强化产业链优势;三为体系创新,速度制胜。

格力的净利润从来不是只靠数量,而是靠产品的更新升级提高了格力空调每台的净利润。通过调整产品的结构,真正做到技术上的突破,在品质上赢得了消费者的广泛认同。这也是格力位居行业龙头的重要因素。2016年,格力电器中央空调研发硕果累累:格力高效永磁同步变频离心式冰蓄冷双工况机组被专家组鉴定为"国际领先"。

管理之道三:专业化生产

中国家电行业的竞争激烈异常,而格力在一开始如何实现突破呢?格力的专业化经营战略就是一个制胜的法宝。在专业技术上有了足够的话语权,那么这个市场的主导份额必然是你的。专业化可以将一种产品做到最细致,做到最迎合消费者。

实施专业化经营方式的优势在于便于集中所有人力、物力和财力发展一种产品,所需的资金量相对较少,资金使用效率较高,同时比较容易提高企业声誉,获取更高利润。专业化经营也有其局限性,不利于企业迅速扩大规模,同时如果选择的专业本身市场前景狭窄,实施专业化经营的企业核心竞争力不够,不能在本专业内树立自身的权威,也会严重影响企业的发展。格力正是把握住了技术这一核心竞争力,所以才能在专业化领域取得卓越的成就,这一战略也许不是适合所有的企业,但格力的专业化经营坚持了二十多年。

管理之道四:自建渠道

格力走向自建渠道的路绝非偶然。在电器大卖场,很多电器企业的净利润发展空间很小,也很难直接面对消费者提供优质的服务。但一方面很多家电企业需要依靠这样的大卖场才能将自己的产品推销出去,格力大胆突破以往家电销售模式,打造了属于格力自己的销售模式。

格力的区域销售公司由企业与渠道商共同出资组建。它的核心理念是渠道、网络、市场、服务全部实现统一,共同做市场,共同谋发展。在这其中,格力只输出品牌和管理,在销售分公司中占有少许股份。格力的"股份制区域销售公司"模式,通过相对清晰的股份制产权关系,很好地解决了利益的创造和分享问题。同时培养了各经销商对格力品牌的忠诚度,统一价格体系,成为利益共同体。格力对经销商实行的是高压力、高动力的目标制定,这也是格力实现净利高速增长的原因之一。而这种高压力下却有很多经销商愿意为格力服务,这就来源于格力对经销商的高回报。

格力渠道庞大,在管理上更需要做到控制到位。格力以专卖店作为主导的零售形态,是想让格力专卖店未来的服务走向专业化、标准化。这种专业化、标准化的要求按照董明珠的话来说就是:"只要某一个消费者在格力专卖店买一台空调,格力全国营业网点都知道他在哪一家专卖店买了什么型号的空调、什么时候装的机,该消费者所购的空调无论什么时候在什么地方出现质量问题,只要打个电话,格力的服务就能即刻到位。"

管理之道五：企业文化

一个强大的企业背后，必然有一种强大的文化或者说信念在支撑着。

对待员工，格里坚持"员工幸福感是企业的责任"。

对待消费者，格力坚持"以最好的品质、最好的售后来回馈消费者"。

而对待自己，格里强调的是一种"工业精神"，用董明珠直白的话来说就是"吃亏精神"。在这个追逐利益的时代，格力却做到了耐得住寂寞，从不投机取巧，不为眼前的利益所蛊惑。它能坚持多年专注于空调行业，它能一直保持一种对合作者的奉献态度，它能一直对消费者做到诚信经营。

格力，一个有自己的理念、自己的思路、自己的灵魂的企业，它坚持自己，不为外界的风云变幻所动，它的这种信念正支持着格力走得更高更远。

讨论题：

格力电器股份有限公司的成功对于其他企业有哪些启示和借鉴？

❓复习思考题

1. 何谓管理？你是如何理解管理的？

2. 什么是管理的二重性？为什么管理具有二重性？

3. 管理的基本职能有哪些？它们之间是什么关系？

4. 管理的任务有哪些？它们之间是什么关系？

5. 管理学的研究对象是什么？管理学有何特点？

6. 现代管理学的研究内容有哪些？

7. 管理学有哪些研究方法？各种方法各有什么特点？

8. 在实际工作中，能否找到一个实例来说明管理的重要性？

第二章
管理理论的形成与发展

本章要点

◇古代管理实践和管理思想的主要内容
◇科学管理理论的含义及核心思想
◇行为科学理论的产生及发展
◇现代管理理论的方法论基础和流派
◇现代管理理论的发展规律及趋势

案例导入

TPS 丰田精益生产

精益生产(lean production,LP)是美国麻省理工学院数位国际汽车计划组织(IMVP)的专家对日本丰田准时化生产 JIT(just in time)生产方式的赞誉称呼。精益生产方式源于丰田生产方式,是由美国麻省理工学院组织世界上 17 个国家的专家、学者,花费 5 年时间,耗资 500 万美元,以汽车工业这一开创大批量生产方式和精益生产方式 JIT 的典型工业为例,经理论化后总结出来的。精益生产方式的优越性不仅体现在生产制造系统,同样也体现在产品开发、协作配套、营销网络以及经营管理等各个方面,它是当前工业界最佳的一种生产组织体系和方式,也必将成为 21 世纪标准的全球生产体系。

精益生产方式是战后日本汽车工业遭到的"资源稀缺"和"多品种、少批量"的市场制约的产物。它是从丰田佐诘开始,经丰田喜一郎及大野耐一等人的共同努力,直到 20 世纪 60 年代才逐步完善而形成的。

精益生产方式的基本思想可以用一句话来概括,即"just in time(JIT)",翻译为中文是"在需要的时候,按需要的量,生产所需的产品"。因此有些管理专家也称精益生产方式为 JIT 生产方式、准时制生产方式、适时生产方式或看板生产方式。

精益生产方式的核心有以下几方面:

1.追求零库存

精益生产是一种追求无库存生产,或使库存达到极小的生产系统,为此而开发了包括"看板"在内的一系列具体方式,并逐渐形成了一套独具特色的生产经营体系。

2.追求快速反应,即快速应对市场的变化

为了快速应对市场的变化,精益生产者开发出了细胞生产、固定变动生产等布局及生产编程方法。

3.企业内外环境的和谐统一

精益生产方式成功的关键是把企业的内部活动和外部的市场(顾客)需求和谐地统一于企业的发展目标。

4.人本主义

精益生产强调人力资源的重要性,把员工的智慧和创造力视为企业的宝贵财富和未来发展的原动力。

5.库存是"祸根"

高库存是大量生产方式的特征之一。由于设备运行的不稳定、工序安排的不合理、较高的废品率和生产的不均衡等原因,常常出现供货不及时的现象,库存被看做是必不可少的"缓冲剂"。但精益生产则认为库存是企业的"祸害",其主要理由是库存提高了经营的成本,库存掩盖了企业的问题。

思考：

丰田精益生产方式的精髓是什么?

第一节　古代管理思想

一、西方古代管理思想

西方许多国家,尤其在西方各大文明发祥地,在早期的管理实践中总结出了深刻而丰富的管理思想。下面主要就国家行政管理、生产管理、宗教管理等三方面的管理思想简要介绍。

(一)国家行政管理思想

1.《汉姆拉比法典》

公元前2000多年的古巴比伦王国,就有了古代较为成熟的行政管理形式,具体体现就是制定了人类历史上第一部成文法典——《汉姆拉比法典》。它共有280多条,内容涉及贸易、工资、奖励、责任、奖罚等问题,甚至对会计收据的处理也作了一些规定。

2.《圣经》

《圣经》不仅是信奉耶稣基督的人们的一部宗教经典,也是世界文化和知识宝库中的一部杰作,是迄今为止在全世界印数最多、流行最广、翻译语种最多的一部书。《圣经》各卷的体裁和风格大不相同,有散文、诗歌,有历史,也有传奇、寓言和训诲。《圣经》叙述了古代犹太民族的神话、传说、历史变迁、风俗习惯、法律、伦理、社会组织制度,及其与古代地中海地区其他民族之间的关系,是人们认识和了解古代小亚细亚和北非一带各民族在远古时代生产生活状况、社会组织制度、宗教生活、民族迁徙、民族矛盾和历史变迁等内容的途径之一。《圣经》中涉及关于制定法令、建立等级、分权与授权、管理宽度等管理思想。例如《圣经》中记载,针对摩西事必躬亲,其岳父向他建议,应当把优秀的人才挑出来,让他们充当千夫长、百夫长、十夫长,对每一件日常小事,他们可以作出判断,但对于每一件大事,他们应向上级汇报。

3.《政事论》

《政事论》是古代印度公共行政管理的奠基之作,亦译作《利论》或《治国安邦述》,梵语意为

"国王利益的手册"。该书包含丰富的政治、经济、法律和军事、外交思想。相传为古印度孔雀王朝的开国大臣考底利耶所著,成书年代约在公元前 4 世纪末到前 3 世纪初。全书共 15 卷、150 章、180 节。

《政事论》系统论述君主如何统治国家的种种问题。君主必须有良好的教养,勤于政事,关心臣民的福利。枢密大臣、国师、大臣会议和政务大臣等各部门长官辅佐君主共同统治国家。《政事论》主张实行中央集权统治,国王掌握国家的最高权力。国家负责建立新村落,控制商业,干预经济和社会生活的各个方面。《政事论》还涉及在国家政治生活中具有相当独立地位的一些王公。

《政事论》论述了战争和外交问题。《政事论》分析了当时国家关系的基本状况,提出处理国与国之间关系的基本法则,以及自强争霸的种种方略。战争是扩张势力的基本方式,建立强大军队,灵活机动地作战,夺取敌人的土地和城市,是其军事管理思想的主要内容。该书也论述了行政管理人员的选拔、培养与使用办法等。

4.《君主论》

15 世纪初,意大利早期政论家、思想家马基雅维利在《君主论》一书中,提出了君主的权力来源于群众、维持组织的凝聚力、领导者的生存意志力和领导技术等四大管理原则。这些指导思想对于现代管理还有着深远的影响。

(二)生产管理思想

1.胡夫金字塔的建造

胡夫金字塔建于公元前 2600 年以前,这座巨大的陵墓高 146.5 米,边长 232 米,用 230 万块巨石堆砌而成,动用了数十万奴隶,历时 20 余年建造而成。如此巨大的建筑工程,离不开较强的组织能力和管理思想的指导。

2.有关简单的劳动分工思想

在公元前 370 年,古希腊学者色诺芬,提出朴素的劳动分工思想。他认为,在制鞋过程中,一个人只缝鞋底,另一个人进行剪裁工作,还有一个人制鞋帮,再由一个人专门把鞋底、鞋帮等部件组装起来。这样做,一定能把工作做得最好。

3.威尼斯兵工厂

到 15 世纪管理思想的中心集中在意大利。威尼斯兵工厂是当时世界上最大的工厂,该厂占有 60 英亩水陆面积,雇佣 1000 多工人。造船厂在各方面的管理经验,已体现出现代管理思想的雏形。例如,装配线生产,威尼斯兵工厂在工作中采取了类似于流水线作业的装配生产制度,船舰所需的各种零配件都放在一条运河的两岸,并按安装顺序排列,工人按部件和装备的种类分配在各个部门,并进行分工,一条战船从运河一端进来,走到另一端,从武器、用具、食物、船员都配备完整,整装出发,效率极高。

(三)宗教管理思想

罗马天主教是西方文明史上最稳定、最持久并且最有效的正式组织之一,它之所以能够历久而不衰,除了其追求的目标和宗教信仰的因素之外,其管理组织的严密性、管理技术的有效性,无疑也是重要的原因。它所实行的既分级又分领地,而且又分部门的一整套管理体制,使它能够控制全球各地的几亿教徒。罗马教廷是一个高效率部门化的典范。

二、中国古代管理思想

作为世界上伟大的文明古国之一,中国有着光辉灿烂的历史文化遗产,其中就包括丰富多彩的管理思想。由于当时经济发展水平的限制,管理思想有些支离破碎。这些思想虽然不成体系,但是我们探索管理思想的渊源,发展管理学的基本理论,寻找适合中国国情的管理理论和方法,都有必要对中国历史上的管理思想进行发掘。本节仅从先秦至汉代的诸子百家中选取有代表性的五家,即儒家、黄老道家、法家、兵家和商家,对其管理思想扼要阐明,"管窥全貌",可见中国古代管理思想之一斑。

(一)以"仁"为核心的儒家管理思想

儒家的特点是关心人生、社会问题,他们在伦理道德方面建立了相当完整的思想体系,其中蕴含着丰富的政治管理及人事管理思想。

儒家有四部经典之作即《论语》《孟子》《大学》《中庸》。其中,《论语》是记录孔子弟子言行的著作,孔子的一系列思想和主张都记录在其中。古人说"半部《论语》治天下"。《论语》这部典籍里确实包含着丰富的管理思想,值得后人去思考和借鉴。我们对孔子管理思想的概述主要就以这本著作作为依据。孔子的管理思想可以概况为以下几个方面:

1. "仁"是整个儒家理论体系的核心

在《论语》中提到"仁"的有 100 多处。《论语·里仁》当中记载了这样的故事:孔子坐在厅堂上,曾参经过他面前,孔子说,曾参啊,我的学说是以一个核心的线索贯穿下来的啊。曾参点头说是。等孔子走了,同学们都围过来问曾参:"老师说的是什么呀!"曾参回答说,老师的学说就是"忠""恕"两个字而已。

"仁"的内涵,孔子说:"仁者,爱人。"(《论语·颜渊》)其核心是尊重和关爱人。孔子强调,在内为仁,在外为礼,即内心的道德情操和外在的行为规范相统一就达到了"仁"的境界。"仁"的具体的实践方法也就是"忠"和"恕"。关于这两个字的含义,孔子有很明确的解释:"夫仁者,己欲立而立人,己欲达而达人"(《论语·雍也》),这就是忠;"己所不欲,勿施于人"(《论语·颜渊》),这就是恕。也就是说修炼思想境界的最基本的方法和途径就是体现一颗善良正直之心,自己想办成的好事,也帮别人办成,自己不喜欢的,也决不施加到别人的身上。

2. 主张"和为贵"

"君子和而不同,小人同而不和"(《论语·子路》),"政是以和"(《左传·昭公二十年》)。孟子进一步明确提出"天时不如地利,地利不如人和"(《孟子·公孙丑》)。把"人和"的理念推到管理准则的最高位置上。"和"就是和谐统一。相互有差异的事物组织在一起,相互协调、相互配合,就是"和"。由此可见,古代的国家管理者们对"和"的追求和向往。

3. 讲究"度"

如何实现这种"和"的理念呢?在方法论上孔子又提出了"中庸"之道。在儒家经典《中庸》一书中,开篇就解释中庸:"喜怒哀乐之未发,谓之中;发而皆中节,谓之庸。"所以"中庸"是一种状态;一种不走极端符合外在情势和内在规律的状态。"中庸"之道就是达到"和"的方法,以哲学的观点来认识的话,实际上是对"度"的把握与灵活运用。这种对"度"的灵活运用是管理的极高境界,所以孔子说:"中庸之为德也,其至矣乎! 民鲜久矣。"(《论语·雍也》)有一次,子贡问孔子,子张和子夏比起来谁好一些,孔子评论说,子张做事总做过头,而子夏又总是做不到位。子贡追问,那子张是不是比子夏好呢,孔子明确回答:"过犹不及。"孔子的观点是做事过头和不足一样不好,必须把握"度",也就是中庸之道的体现。在一系列关于为官、从政、治家、治国的言论中,我们时时都能找到这种强调"度"的理念和方法。

4. 强调伦理道德观念

《论语·为政》是专门讲述国家管理思想的,开篇就讲:"为政以德,譬如北辰,居其所而众星拱之。"(《论述·为政》)这段话道出了强调伦理道德的巨大价值,一个人一旦有了仁德,就像天上的北斗星一样,满天的星辰都会围绕着你,听从你的指挥。所以修德是树立领导权威的关键所在。只有制度权力是不够的,必须有道德感召力。

为了能实践"仁"的价值观,把握"和"的精义,管理者必须加强自我修养。对于修身的要诀,孔子强调"温""良""恭""俭""让"。"温"就是温和稳重,不走极端,善于自控。"良"就是慈爱、善良。"恭"就是态度恭敬严谨,无懈怠之心。"俭"就是节约。"让"就是谦逊。

孔子强调在修身的主观努力过程中,要严于律己,宽以待人,"君子求诸己,小人求诸人"(《论语·卫灵公》)。君子总是严格要求自己的,小人则是放宽自己而一再要求别人。律己修身的过程是一个学习加自省的过程。学习上,要"三人行,必有我师"(《论语·述而》),"温故而知新"(《论语·为政》),也就是说,要向同行学,向周围的人学,广泛吸纳别人的优点和长处,同时要读点历史,看些案例,多方了解成功与失败的事例,为自己正在做的事情提供参考依据。

5. 强调人本、识人、用人

首先讲人本,强调人是万事之本,做事要有人,找到了合适的人,困难事情也可以办成,找不到合适的人,容易的事也办不成。所以孔子说:"为政在人""其人存,则其政举;其人亡,则其政息。"(《中庸》)

其次讲识人,"视其所以,观其所由,察其所安"(《论语·为政》),要看一个人到底是什么样子,要看他行为指向什么目的,这个目的背后的动机是什么,他现在的生活和心理状态如何。通过这三点,就可以清楚地掌握一个人的品性。

再次讲用人。在用人上要有战略眼光,用人所长而不是求全责备。有两个用人思想值得我们参考:一是强调"赦小过",一些小毛病可以不计;二是要"举所知",用的人一定要是你自己了解的人,你可以给他安排合适的职位,并实施有针对性的监督与管理,不要过分拘泥于任人唯亲,而放弃有着长期合作的人。一方面,要广泛挖掘贤才,多方观察他们,把他们纳入到自己"所知"的圈子里来;另一方面,要把用人安排锁定在"所知"的范围之内,以减少风险。

(二)以"无为"为最高原则的道家管理思想

老子是道家学派的创始人,著有《老子》一书。《老子》又称《道德经》,分《道经》和《德经》上下两篇。"道",被解释为"万物之奥";"德",被解释为"孔德之容,惟道是从"。这就是说,道为本,德为器,道制约德,德说明道。如果说,《道经》是老子的认识论,那么《德经》则是老子的政治观和历史观。自然,两者的内涵是相依而不可分割的。《老子》这部书有丰富的管理思想,既有"治国",又有"用兵";既有宏观战略管理,又有微观战术管理,它被称为"君王南面之术"的重要著作。

1. 无为而治的管理原则

老子哲学的最高范畴是道。道本义指道路,后来引申为法则、规律的意思。老子把道作为宇宙本源，认为万物都由道派生出来，无为是老子的宇宙法则。自然界是无为的，道法自然也是无为的，人循道也要无为。于是，无为就成为老子及其道家管理的最高原则。它具有以下几个明显的特点：①"无为"的原则适用于所有人，但首先却是对上层统治者，尤其是对君主的要求。老子认为，实现"无为"的管理原则，是要使社会上的所有人，包括统治者和被统治者，都"无为"。②"无为"是一个普遍适用于任何管理过程的原则，不论是政治管理、经济管理，还是军事管理、社会文化管理，都概莫能外。但是，老子首先却是把"无为"作为一个政治管理原则提出来的。从这种认识出发，老子在治国问题上一贯强调"政简刑轻"，反对以严厉的政治、法律手段治国。③"无为"作为一个宏观的管理原则，意味着国家对经济活动采取不干预、少干预的态度，即采取放任的态度。老子及其道家则把"无为"看做管理的最高原则，并把它建立在"道法自然"的哲学思想的基础上。因此，"无为而治"是老子及其道家管理思想的核心内容。

2. 以弱胜强的管理策略

（1）"哀者胜"——以弱胜强的前提条件。老子提出"抗兵相加，哀者胜矣"的观点。这里"哀者"既指战争的弱势一方，全军、全民对强敌的侵凌同仇敌忾；又指它得到交战双方以外势力的广泛同情与支持。"哀者胜"实际上是一个战争性质的问题，"哀者"显然代表正义的一方。因为只有进行正义战争的一方，才能有内部的同仇敌忾和外部的支持。如果不是这样，而是内部分崩离析，外部孤立无援，那么即使是本身有较强的实力，也可能被击败。"哀者胜"只是以弱胜强的一个前提条件，有了这个条件，还需要进行艰苦的工作，对内要教育群众，对外要做广泛的宣传工作和外交联络工作。只有这样，才能把"哀者胜"由可能的条件变为现实的条件。

（2）"以正治国"——以弱胜强的基础。要想在战争中取胜，首先要做好内治工作来加强自己的实力，诸如将帅及各级军事将士的选拔、培养、考察，兵士的征集、编组、训练，武器和其他军事物资的准备以及整个国家的政治、经济情况的改善等。只有使自己先立于不败之地，才能得胜；治国、治军的工作，必须做得非常周密、切实、一丝不苟。

（3）后动制敌——以弱胜强的实现。老子以弱胜强的思想，除了要求"以正治国"外，还要求"以奇用兵"。"以奇用兵"最大的特点是提倡后敌而动，伺机制敌的原则。后敌而动，敌军求战不得，锐气会逐渐衰弱；后敌而动，敌军躁急求战，会暴露弱点。因此，后敌而动，才能制敌取胜。

3. 善下的用人思想

老子说"知人者智""善用人者为之下""常善救人，故无弃人"。这就是说，认识人才，发现人才，才称得上有智慧。一个领导者要做到以贱为根本，高层的基础在下面，领导者应当时时处下，事事居后，不要显示自己的高贵，更不要把自己摆在前面，而永远应该谦恭、温和。另外，领导者还要做到人尽其才，才能做到不遗弃人才。老子善下的用人思想，这对于现代管理中如何识别人才、使用人才有重要的启示意义。

（三）以"法治"为基础的法家管理思想

法家是战国时期形成的一个重要学派，它是代表当时新兴地主阶级的一个政治派别。在历史上先秦法家对封建地主阶级生产关系的产生，国家的统一以及封建中央集权制的建立起过重要的积极作用。其主要代表人物有李悝、吴起、商鞅、韩非等。

1. 以法治国的行政管理思想

法家以法治国思想的主要内容是严刑厚赏，一是强调刑法，二是注重赏罚。需要指出的是,法家的"法治"观念和国家主义是密切相关的。法家强调富国,却又主张"民弱"。他们认为民弱则国强。"故有道之国,务在弱民",所以,法家以法治国的目的,是要达到"富国强兵",而不是"富民"。

2. "以农富国"的经济管理思想

法家是极端的重农主义者,他们把农业看做是富国的唯一途径,甚至看做是国民经济的唯一部门,"故曰:百人农一人居者,王;十人农一人居者,强;半农半居者,危"。此外,法家学派还有一些其他经济管理思想。如商鞅提出"国富而贫治"的思想,即富国要当贫国来治理。还有"国贵少变",即治理国家要注意相对稳定和事物发展的阶段性,切不可朝令夕改。韩非也同样指出了"治大国而数变法则民苦之"这个道理。

3. 用人唯贤的人事管理思想

法家提倡用人唯贤的人事管理思想,他们主张"性恶论",人的天性都是趋利避害的,因此实行严格的赏罚制度是最有效的管理手段。他们反对单凭个人喜怒好恶用人的人事管理原则。法家还主张对全国的人才进行管理。韩非认为,真正精明的管理者并不在于他个人的才能有多高明,而在于他善于集中大家的智慧来管理。

(四)兵家的管理思想

《孙子兵法》是一部含有丰富管理思想的重要著作。它的许多基本观点,对于现代企业经营管理具有启迪意义。《孙子兵法》共十三篇,它的管理思想包括系统管理、管理职能、人的管理等方面。

《孙子兵法》中的系统管理思想和管理职能思想,主要体现在"五事"和"七计"之中。所谓"五事"是指道、天、地、将、法。道——使民众和君主愿望一致,同心同德,不怕牺牲;天——讲究昼夜、阴晴、寒暑等自然天气状况;地——指路途的远近、险恶平坦、广阔狭窄、死地生地等地理状况;将——将帅的才智、诚信、仁慈、勇敢、威严等;法——讲部队的编制、指挥信号、将帅的职责、粮道和军需及军械的管理制度等。在孙子看来,上述五项是相互联系、相互配合的一个整体,必须综合考虑。全面分析这五项条件的成熟与否,这实际上是一种系统决策的思想。在"五事"的基础上,还要探求和对比敌我双方的强弱优劣,称为"七计":"故校之以计而索其情,曰:主孰有道?将孰有能?天地孰得?法令孰行?兵众孰强?士卒孰练?赏罚孰明?吾以此知胜负矣。"所以要对敌我双方的情况进行比较分析,从而探索战争胜负的情势:哪一方的君主开明?哪一方的将帅贤能?哪一方占有天时、地利?哪一方政令畅通?哪一方的武器装备精良?哪一方的士卒训练有素?哪一方的赏罚公正严明?我们根据上述情况,就可预知谁胜谁负了。《孙子兵法》十分重视谋划的重要性,"夫未占而庙算胜者,得算多也,未战而庙算不胜者,得算少也""知己知彼,百战不殆"。

孙子在对人的管理问题上,强调上下协调一致:"道者,令民与上同欲也,故可以与之死,可以与之生,而不畏危。"他提出"上下同欲"作为"知胜有五"中的一条。为此,孙子主张要有"赏"。因为"赏"是满足士兵欲望、激励士兵士气的重要方法,而"利"则是"赏"的主要内容。但是,也不能滥施奖罚,要注意量度。孙子指出:"数赏者,窘也;数罚者,困也。"对突出贡献的人,实行重奖,如"车战得车十乘已上,赏其先得者"。《孙子兵法》中关于领导、用人的管理思想非常丰富,对于提高我们管理水平,具有积极的借鉴意义。

(五)商家的经营管理思想

商家是先秦至西汉前期的一个颇具特色的思想流派,其主要代表人物有子贡、计然、范蠡和白圭等。

子贡,卫国人,孔子著名的七十二弟子之一,他在商业经营方面的思想可概括如下:囤积货物,待价而沽;贱买贵卖(如丰年买粮,灾年卖粮);了解行情,善于判断,提出"物以稀为贵"的主张,他说:"君子之所以贵玉而贱珉者,何也?为夫玉之少而珉之多耶!"子贡已经认识到商品价格的升降与商品供给的多少有关。

计然,又名计倪、计砚,学识渊博,曾为范蠡之师。计然根据谷物丰歉的自然规律,来预测一切商品行情的变化。计然提出"积著之理,备完物,无息币"(《史记·货殖列传》),"论其有余不足,则知贵贱。贵上极则反贱,贱下极则反贵。贵出如粪土,贱取如珠玉"(《史记·货殖列传》),认为商品的价格决定于供求关系,供过于求时,价格低就买入,求过于供时,价格高就卖出。

范蠡是辅助越王勾践灭吴复国的政治家,后弃官到当时的商业中心陶(山东定陶县)定居,自称"朱公",从事经营活动。他"治产积居""十九年之中三致千金""子孙修业而息之,遂至巨万"(《史记·货殖列传》),成了当时很有名的商人。"知斗则修备,时用则知物,二者形则万货之情可得而观已。"(《史记·货殖列传》)意思是说,能够充分理解作战与战前准备的关系,能够及时了解季节和需求之间的关系,则天下货物的供需行情,就看得很清楚了。这是范蠡从事商业经营的基本原则。他注意加速商品和资金的周转,增加利润,"财币欲其行如流水"(《史记·货殖列传》),"无敢居贵"(《史记·货殖列传》)。在具体商品的经营上,他提出要注意商品的质量,"务完物"(《史记·货殖列传》)即贮藏货物必须保持完好。

白圭是战国时的大商人,他"乐观时变",根据年岁丰歉和商品供求规律的预测,实行"人弃我取,人取我弃"的商业经营原则,"夫岁熟取谷,予之丝漆;茧出取絮,与之食"(《史记·货殖列传》)。当年岁谷物丰收,多而价贱时,出售丝漆而大量收购谷物;待蚕丝大量上市时,则购进帛、絮而出售低价收购的谷物。这样他每年的利润达百分之百。因此,白圭在当时被尊称为"治生之祖"。可见,在上述思想中,已经包含有商品市场管理、预测与决策等理论。另外还有如管子、吕不韦、桑弘羊等人的管理思想也十分丰富。

从上面的分析可以看出,中国古代虽然没有专门的管理学著作,但古人在论述人生观、社会观、兵法之类问题中,都涉及管理学的重要原则。中国古代管理思想具有代表性的是儒家和法家,他们的许多管理思想今天仍不乏借鉴意义。儒家所倡导的"仁政"思想和"中庸"思想对于历代国家管理一直具有积极影响。现代管理学家提出的"面向顾客""不断创新""以人为中心"等管理原则,与儒家的仁爱、至善有异曲同工之妙。儒家的"中庸"思想因其注重排除管理者个人感情因素,秉公按照事物规律进行管理,而成为现代有效管理的根本原则。法家思想后来逐渐演变成一整套法制体系,包括田土制、财税制、军事法制、人才法制、行政管理法制等,成为历代国家宏观与微观管理的重要基础。法家思想对于现代经济管理与企业管理仍有重大借鉴意义。

第二节 西方近代管理思想

一、西方近代管理思想产生的社会背景

14、15世纪,欧洲各国已产生了资本主义的萌芽。随着原始积累的加紧进行,英、法等国先后爆发了资产阶级革命,相继推翻了封建地主阶级的统治,又经过18世纪到19世纪的工业革命,终于建立了资本主义。资本主义经历了简单协作、手工制造和机器大生产三个阶段。工业革命是资本主义的机器大工业代替手工技术为基础的工场手工业的革命。工业革命既是生产技术上的一次革新又是生产关系的一次重大变革。这场工业革命,使得物质资源和人力资源的大规模的结合成为必要,也由此而引起了一系列实现这种结合而必须解决的管理问题,从而把管理提到了一个前所未有的高度,进一步推动近代管理思想和实践的迅速发展。

有计划、有组织的工人运动迫使资本家在处理劳资问题和赚取高利润上谋求新的途径。于是,管理问题研究开始了,管理的二重性决定了它不仅肩负着合理利用资源的重任,也担负着协调劳资关系、维护资产阶级统治的使命。

二、西方近代管理思想的先驱者

古典管理理论产生之前,已有众多的企业界和理论界人士开始自觉研究管理问题,他们的研究成果,构成了管理理论产生的思想源头,为管理理论的诞生奠定了直接现实基础。这方面的人物很多,其中有代表性的人物有以下几位:

1.小詹姆斯·瓦特和马修·鲁滨逊·博尔顿

他们的贡献主要体现在管理技术方面,即市场研究与预测技术;生产计划技术;生产过程规范化和产品部件标准化;依据工作流程有顺序地安装机器;建立详尽的生产统计记录;按照机器进行分部门的成本利润核算;工人与管理人员的培训方法;按效率和效果支付工人工资;工人自己管理自己;等等。难怪管理学家厄威克和布雷奇在研究了他们的管理经验后指出,他们之后,古典管理理论阶段的管理学家,在许多方面(如计划)都没有超出他们二人的东西,他们的成本核算制度,甚至还要优越于现代许多成功的企业。

2.亚当·斯密

亚当·斯密是英国古典政治经济学的杰出代表,在产业革命之初就对管理理论作出了贡献。他在1776年出版了《国富论》一书,该书不仅对经济和政治理论作了卓有成效的论述,而且对管理问题也进行了深入的探讨。针对劳动分工给制造业带来的变化,亚当·斯密以制针业为例进行了阐述,他说,一名没有受过专门训练的工人,恐怕一天也难以制造出一根针来,就更不可能希望他每天制造二十根针。倘若把制针工序分为若干工作环节,每一环节都安排一项专门的工作,一个人专门抽铁丝,一个人专门把铁丝拉直,一个人专门切截铁丝,一个人专门磨尖铁丝的一端,一个人专门磨铁丝另一端,以便装上圆头,进行明确分工,相同数量的工人就能完成比以前更多的工作量。同时,亚当·斯密进一步分析了劳动分工推动生产效率提高的原因,他认为:①分工可以大大减少由一种工作转到另一工作而损耗的时间;②工人的技术经

过专业分工的训练,在业务上的某一种工作日益熟练;③机器的发明简化了劳动过程,使一个人能够做许多人的工作。

3. 罗伯特·欧文

罗伯特·欧文是英国的空想社会主义者,对共产主义理论的形成与建设产生了重大影响。同时,他也是英国 19 世纪一位颇有成就的企业家,对管理理论的形成也作出了贡献。他首次提出了关心人的管理思想,并在他与人合办的企业进行了全面实验,试图在企业内建立起一种全新的人际关系。例如:缩短工人的劳动时间;改善工厂内工人的工作条件;规定童工的最低年龄;为工人提供厂内膳食;设立商店,按成本价向工人提供生活必需品;改善工人生活居住条件;等等。在当时资本主义社会,罗伯特·欧文的这些做法是不可思议的,具有开创性,因此,他被誉为人事管理的先驱者。

4. 查尔斯·巴贝奇

查尔斯·巴贝奇是英国的数学家、发明家,是产业革命后期对管理思想贡献最大的先驱者之一。巴贝奇更全面、更细致地分析了劳动分工能提高生产效率的原因;特别强调劳资协作,为了调动劳动者的工作积极性,提出了一种工资加利润的分享制度。他认为劳动分工使生产率提高的原因是:①节省了学习所需要的时间;②节省了学习期间所耗费的材料;③节省了从一道工序转移到下一道工序所需要的时间;④经常从事某一工作,肌肉能够得到锻炼,不易引起疲劳;⑤节省了改变工具、调整工具所需要的时间;⑥重复同一操作,技术熟练,工作较快;⑦注意力集中于单一作业,便于改进工具和机器。

巴贝奇提出的一种固定工资加利润分享制度有以下好处:①每个工人的利益同工厂的发展及其所创利润的多少直接有关;②每个工人都会关心浪费和管理不善等问题;③能促使每个部门改进工作;④有助于激励工人提高技术水平及自身品德;⑤工人同雇主的利益一致,可以消除隔阂,共求企业的发展。

巴贝奇在其著名的著作《机械及制造经济》中对经理人员提出了许多建设性意见:制造程序及成本;应用时间研究技术;搜集资料时应使用印好的标准表格;分析企业机构的实际工作时数,宜采用比较分析法;应研究各种不同颜色的纸张与油墨的效果,以确定何种颜色不易使眼睛疲劳;提问题时,要研究如何发问才能获得最佳效果;应根据以"所得"为基础的统计资料,来确定"所需";生产程序的管理应该集权化;应重视研究发展工作;应考虑厂址是否邻近原料供应地,以确定厂址位置;应建立一套有效的建议制度。

5. 安德鲁·尤尔

安德鲁·尤尔是英国管理教育的先驱,尤尔在管理方面的主要著作是 1835 年出版的《制造业的哲学》。他首先建议他所任教的学校建立起专门向工人传授知识的学院,该学院后来成为培养管理人员的基地。他指出每一个企业都有三种有机系统:一是机械系统,指生产的技术和过程;二是道德系统,指工厂中的人事方面;三是商业系统,指工厂企业通过销售和筹措资金来维持生存。尤尔的思想对法国管理大师法约尔产生了直接影响。

6. 威廉·杰文斯

威廉·杰文斯是英国的经济学家和逻辑学家,他把数学方法引入经济学,在经济学方面的代表作是《政治经济学理论》和《经济学原理》。他在管理思想方面也有较大贡献,杰文斯是第一个研究劳动强度和疲劳关系问题的人,比泰罗所作的类似研究实验早了 10 年。

7. 丹尼尔·C·麦卡勒姆和亨利·普尔

丹尼尔·C·麦卡勒姆是赴美的苏格兰移民,他思维敏捷、想象力丰富,在实践中积累了大量的管理经验。这些经验被美国宾夕法尼亚铁路公司所采用。麦卡勒姆主张实行严密的管理制度,他认为:必须恰当地划分并履行职责,实行明确的分工负责制;要想使人更好地履行职责,必须授予他足够的权力;采取措施以了解每个人是否忠实地履行了职责;建立每日报告,核查制度反馈情况。

同时,麦卡勒姆还制定了严密的组织措施,包括:为工人拟订了职务说明书,工人必须按职务要求开展工作;绘制出最早的组织图以表示各部门之间的分工和报告控制关系;工人按其职务要求分为等级,并穿上标有等级的制服。

麦卡勒姆的管理制度和组织措施遭到了工人的反对,但却得到了亨利·普尔的高度赞扬。普尔是一位出色的管理先驱,他在1849—1862年间担任《美国铁路杂志》主编时,就提出了许多重要的管理思想。他在泰罗之前50多年就提出了建立严格管理制度的思想,在法约尔之前60年就提出了集中指挥的问题,在梅奥之前70多年就提出了人的因素问题,而在阿吉里斯100年前提出了消除正式组织僵化问题,这些都是难能可贵的。

第三节 古典管理理论

随着资本主义由自由竞争向垄断过渡,传统经验管理越来越不适应管理实践的需要,企业劳资矛盾日益加深和公开化,资本家对高利润的追求与工人要求增加工资、改善工作条件和生活条件的矛盾已经相当激烈。随着科技进步,劳动手段的机械化、自动化水平的提高,企业管理日益复杂化,单纯靠经验已经很难完成管理的任务。随着企业所有权与经营权的分离,客观要求实行管理职能化,设置专门的管理机构,配备专门的管理人员,建立科学的管理制度,采用科学的管理方法和手段,管理实践水平的提高和管理经验的积累,为科学管理理论的形成奠定了客观基础。美国的泰罗同法国的法约尔、德国的韦伯都是科学管理的主要代表。

一、泰罗的科学管理理论

(一)科学管理之父——泰罗

泰罗(Frederick Winslow Taylor,1856—1915)的科学管理在管理发展史上占有极其重要的地位,他是科学管理的起点,使管理从此走上了科学发展之路。科学管理的诞生是管理的第一次革命,在管理的发展史上具有伟大的划时代意义。因此,泰罗被称为"科学管理之父",其管理理论被称为"科学管理"或"泰罗制"。泰罗一生研究硕果累累,撰写的著作很多,其代表作是1911年出版的《科学管理原理》。

(二)科学管理的主要内容

泰罗倡导的以科学为依据的管理理论,其要点有以下几个方面。

1. 工作效率和工作定额

为了提高生产效率和工作效率,首先应制定出有科学依据的工作定额。泰罗在制定科学的工作定额方面作了大量的研究。首先从时间研究和动作研究入手,时间浪费严重是生产低效率的表现之一,为了提高时间的利用率,必须进行时间研究,其主要方法是进行工作日活动写实和测时。即根据工作日写实的记录,保留必要时间,去掉不必要时间,从而达到提高劳动生产率的目的。以工序为对象测量时,按操作步骤进行实地测量并研究工时消耗的方式。他研究总结了先进工人的操作经验,并推广先进的操作方法,确定合理的工作结构,为制定工作定额提供参考。合理的动作不仅会提高作业的效率,还能大大节省工人的体力消耗及避免身体的损害。通过动作分析,去掉多余动作,保留和改善必要的动作,使生产率得到了提高。

2.科学选人用人

原来工厂招聘工人、分配工作只考虑数量问题,岗位缺人,缺多少,补充上即可,很少考虑一个工作岗位究竟需要什么样的人,从而造成人与工作的不协调问题。泰罗认为,人的天赋与才能各不相同,他们所适合做的工作也不同,为了提高劳动生产率,必须为工作挑选最合适的工人。除了能力外,还要考虑人的态度问题,一个人的能力与工作再合适,但本人却不愿意干,也不会提高工作效率。泰罗的做法使人的能力、态度与工作得到了科学、合理的匹配,并对上岗的工人进行教育和培训,教会他们科学的工作方法,使工作效率大大提高。

3.实行标准化

劳动定额的制定是科学管理的基础,也是劳动时间和操作动作的标准化。泰罗认为,在工作中还要建立各种标准的操作方法、规定和条例,使用标准化的机器、工具和材料。"要为人们工作的每一个环节制定一种科学方法,以代替旧有的只凭经验的工作方法。"科学管理是以工作效率的提高为中心的,标准化能大幅度地提高生产效率和工作效率,因此标准化是泰罗研究的一个重要方面。

4.有差别的计件工资制

泰罗提出了一种差别计件工资制,以鼓励工人超额完成定额。他认为,工资制度不合理是引发劳资矛盾的重要因素。为此,他设想,如果工人完成或超额完成定额,按比正常单价高出2倍计酬;如果工人完不成定额,按比正常单价低20%计酬。泰罗指出,这样做会体现多劳多得,大大提高了工人的劳动积极性。资本家的支出虽然会有所增加,但由于产量增加,利润提高的幅度会超过工资提高的幅度,对资本家还是有利的,况且这种工资制还会缓和劳资矛盾,达到"和谐的合作关系"。

5.劳动职能分析

应该对企业中各项工作的性质进行认真仔细的研究、科学的分析,用科学的工作方法取代传统的经验工作方法。当时的企业没有专门的管理部门,许多管理工作如计划、统计、质量检验、控制等都混杂在执行工作之中。于是,他主张管理工作与执行工作分开,并建立专门的管理部门,配备专门的管理人员,其职能是进行时间和动作研究、制定劳动定额和标准、选用标准工具和操作方法等。计划管理工作与执行工作的分离促进了劳动分工的发展,实现了管理工作的专业化,也为科学管理理论的形成奠定了坚实的组织基础。

6.例外原则

泰罗将管理工作分成两类,即一般事务管理和例外事务管理。企业的高级主管人员应把处理一般事务的权限下放给下级管理人员,自己只负责对下级管理人员的监督和处理例外事务。这种原则的实质是实行分权管理,在当时集权化管理比较普遍的背景下,它的提出无疑具有非常积极的现实意义。

二、法约尔的一般管理理论

当泰罗在美国研究倡导科学管理的时候,亨利·法约尔(Henri Fayol,1841—1925)在欧洲也积极地从事着管理理论的研究,他的研究为管理理论的发展作出了杰出的贡献。法约尔的代表作是1916年出版的《工业管理与一般管理》。

(一)法约尔"一般管理"的主要内容

1.工作分类与人员能力结构

法约尔认为,企业里发生的所有行为都可以概括为六类:①技术性的工作——生产、制造;②商业性的工作——采购、销售和交换;③财务性的工作——资金的取得与控制;④会计性的工作——盘点、成本及统计;⑤安全性的工作——商品及人员的保护;⑥管理性的工作——计划、组织、指挥、协调与控制。

法约尔对这六大类工作分析之后发现,对基层工人或其他人员主要要求其具有技术能力。随着组织层次中职位的提高,人员的技术能力的相对重要性在降低,而管理能力的要求逐步提高;企业规模越大,管理就显得越重要,而技术能力的重要性相对减少。在这一点上法约尔与泰罗的认识是不一样的,泰罗极为重视作业阶层和技术能力,而法约尔更为重视一般性的管理工作和管理职能。

2.管理的五个基本职能

法约尔一般管理理论的一个重要内容是他首次把管理活动划分为计划、组织、指挥、协调与控制五大职能,揭示了管理的本质,并对这五大管理职能进行了详细的分析和讨论。

法约尔认为,计划就是探索未来和制订行动方案;组织就是建立企业的物质和社会的双重结构;指挥就是使其人员发挥作用;协调就是连接、联合、调和所有的活动及力量;控制就是注意一切是否按已制定的规章和下达的命令进行。这是法约尔对管理学理论作出的伟大贡献,至今仍然在沿用并成为其他学者研究管理职能的基础。

3.十四条管理原则

为了使管理者能够更好地履行管理职能,法约尔总结出管理的十四条一般原则。

(1)劳动分工。实行劳动的专业化分工可以提高人们的工作效率。不仅适用于技术工作,也适用于管理工作。但是,专业化分工要有度,不能分得过粗或过细,否则效果不好。

(2)权力与责任。在企业中,人的权力与其承担的责任应当相符,不能出现有权无责或有责无权的情况。

(3)纪律。纪律是企业领导人同下属人员之间在服从、勤勉、积极、举止和尊敬方面所达成的一种协议。所有成员都要通过各方达成的协议对自己在组织内的行为进行控制。

(4)统一指挥。组织内的每个成员都应接受且只应接受一个上级的命令。

(5)统一领导。健全的组织要实行统一领导。对于同一目标的全部活动,只应有一个领导者和一套计划。只有这样,资源的应用与协调才能指向实现同一目标。统一领导是统一指挥的前提,统一指挥只有在统一领导下才能存在。

(6)个人利益服从集体利益。企业的目标应尽可能多地包含个人的目标,使企业目标实现的同时满足个人的合理需求。当个人利益与集体利益发生冲突时,优先考虑集体利益。

(7)合理报酬。报酬制度要公平、合理,对工作成绩与工作效率优良者应有奖励,但奖励应该有适当的限度,以能够激起职工的热情又不会出现副作用为宜。

(8)适当集权与分权。要根据企业的性质、条件和环境、人员的素质来恰当地决定集权和分权的程度。

(9)等级制度与跳板。等级制度就是从最高权力机构层层延伸直至最基层管理人员的领导系列。它表明权力等级的顺序和信息传递的途径。但是有时候可能由于信息沟通的线路太长而延误时间或出现信息失真现象。为此,法约尔提出了一种"跳板"原则,即在需要沟通的两个部门之间建立一个"法约尔桥",建立同级之间的横向沟通。

(10)秩序。即"凡事各有其位"。在人、物的安排上做到有序。根据每个人的能力和意愿,将其安排在最适合的工作岗位上。

(11)公平。"公平"原则就是"善意"加"公道"。领导者为了使员工努力工作,必须善待他们。管理者在制定规则时要体现公平,执行规则时要体现公道。否则员工就会降低积极性。

(12)保持人员稳定。成功的领导者应当能够留住优秀的管理人员和职工。因为他们是可靠的组织资源。人员变动频繁的组织是很难成功的。人员的稳定是相对的,关键是要掌握好人员流动的适当尺度,保持企业人员的稳定性与适应性。

(13)首创精神。管理者应该以自己的首创精神来带动和影响企业全体员工的创造性和主动性。这既会给员工带来极大的快乐,也是刺激员工努力工作的最大动力之一。

(14)人员团结。管理者应该鼓励组织和谐与统一,并在员工之间营造良好关系的氛围。

三、韦伯的行政组织理论

韦伯的行政组织理论亦称官僚制组织理论。马克斯·韦伯(Max Weber,1864—1920)与泰罗是同时代人,他是德国古典管理理论代表人物之一,被尊称为"组织理论之父"。此外,他还是社会学家、经济学家。其管理思想主要集中在《社会组织与经济组织》一书中。

韦伯行政管理理论具有以下几方面的特征:

(1)进行职位和劳动最大限度的分工,使组织中的每个职位都有明文规定的权利和义务,并作为正式职责使之合法化。

(2)组织内的所有职位都按照权力等级进行安排,形成一个自上而下的、等级严密的指挥体系,每一职务均有明确的职权范围。

(3)组织所有成员的任用都要根据职务的要求,通过正式考试或教育培训来实现。

(4)实行任命制。只有个别职位才实行选举制。

(5)管理人员是专职的,有固定的薪金和明文规定的升迁制度。

(6)职务上的活动应被认为是私人事务以外的事情,公私有明确界限。

(7)管理人员必须严格遵守组织中规定的规则和纪律,并适应于任何情况。

韦伯认为,这种高度结构化的、正式的、非人格化的理想行政组织体系是强制控制的合理手段,是达到目标、提高效率的最有效形式。这种组织形式在精确性、稳定性、纪律性和可靠性等方面都优于其他形式,能适用于各种行政管理工作及当时日益增多的各种大型组织,如教会、国家机构、军队、政党、经济组织和社会团体。韦伯的这一理论,对泰罗、法约尔的理论是一种补充,对后来的管理学家,特别是组织理论家产生了很大影响。

四、其他一些管理学家对科学管理理论的贡献

对科学管理理论作出杰出贡献的还有以下一些人：

1.吉尔布雷斯夫妇

他们在科学管理中的主要功绩是：提出动作研究和动作经济的原则，强调进行制度管理，探讨操作、工人和环境之间的相互影响，提出管理人员的发展计划。吉尔布雷斯夫妇不但在动作研究、疲劳研究、制度管理等方面作出了出色的贡献，而且还重视企业中人的因素，这对以后行为科学的出现也产生了重要影响。

2.亨利·甘特

亨利·甘特是泰罗在创建和推广科学管理制度时的紧密合作者，是科学管理运动的先驱者之一。甘特在管理思想方面的贡献主要有：提出一种"工作任务和奖金"的工资制度，制定了用于生产控制的生产计划进度图，即甘特图，强调对工人进行培训，强调工业民主，重视对人的领导方式。此外，卡尔·巴思、哈林顿·埃默森、莫里斯·库克等也都是科学管理的先驱，为创建和丰富科学管理理论作出了巨大贡献。

第四节 行为科学理论

科学管理理论的建立为当时生产力的发展和社会的进步提供了有力的理论武器。但是随着社会的发展，人们发现科学管理理论并不能解决实践中所遇到的一切问题，尤其是对于人的研究，科学管理理论涉及得非常少，而在实践中大量的问题是和人有关的，人的行为随着时间、环境等因素的变化而变化，而人的工作效率也是因时、因地在发生着变化。

一、什么是行为科学

行为科学理论产生于20世纪20—30年代。科学管理理论的"经济人假设"，在20世纪20—30年代受到了大量的质疑。泰罗管理思想的核心是指导人们按科学理性的思维进行管理。然而，人们的思想不完全是理性的，而是由本性所支配的，只有通过理解人的本性，才可以揭开人们心灵的秘密。在当时日益尖锐的劳资关系背景下，资本所有者要解决其所面临的问题，需要借助心理学，发展出更加符合人性的管理理论，于是行为科学理论应运而生。

所谓行为科学，是利用许多学科的知识来研究人类行为的产生、发展、变化的规律，以预测、控制和引导人的行为，达到充分发挥、调动人的积极性的目的。人的行为都是发生在一定的组织和群体中，在一定主管人员的领导和控制下表现出来的。因此，它不仅与个体的行为基础有关，还与群体环境和管理人员的领导方式有关。人的行为研究就是关于上述各方面的研究。

二、行为科学的前期阶段——人际关系理论

行为科学是由人际关系学说发展起来的，它和工业心理学有密切的关系，后来又融合了人力资源学，而现代的管理心理学和组织行为学是行为科学的主要组成部分。由于社会快速发

展,人随着社会环境的变化而变化,所以对人性的探索和对人的行为的研究永远是必要的,也是没有穷尽的。今天的行为科学成为根深叶茂的学科都是来源于梅奥以及霍桑实验对人性的探索。

霍桑试验是从 1924—1932 年,在美国芝加哥郊外的西方电器公司下属的霍桑工厂进行的。霍桑工厂当时有 2.5 万名工人,主要从事电话机和电器设备的生产。工厂具有较完善的娱乐设施、医疗制度和养老金制度。但是,工人仍然有很强烈的不满情绪,生产效率很低。为了探究原因,1924 年 11 月,美国国家研究委员会组织了一个由多方面专家组成的研究小组进驻霍桑工厂进行试验。试验分成四个阶段:照明试验、福利试验(继电器装配工人小组试验)、谈话试验(大规模访问交谈)、群体试验(对接线板接线工作室的研究)。

(一)照明试验

照明试验的目的是研究照明对生产效率的影响。试验前,专家小组以泰罗科学管理理论作为指导思想,他们认为,工作的物理环境是影响工作效率的主要因素之一。专家们选择了两个工作小组,一个为试验组,一个为控制组。前者照明度不断变化,后者照明度始终不变。试验开始后,当试验组的照明度增加时,该组的产量开始增加;当工人要求更换灯泡时,而实际上只给他们换了一个同样光度的灯泡,但产量继续增加。与此同时,控制组的产量也在不断提高。通过试验,专家们发现照明度的改变不是效率变化的决定性因素,另有未被发现的因素在起作用,于是他们决定继续进行研究。

(二)福利试验

专家们选择了 5 位女装配工和一位划线工,把他们单独安置在一间工作室内工作。研究小组专门派了一位观察员加入这个工人小组,负责记录室内发生的一切。研究人员告诉这些工人,试验不是为了提高产量,而是为了找出最合适的工作环境。要求工人像平时一样工作。

试验时,研究小组分期改善工作条件。例如:增加工间休息,公司负责供应午餐和茶点,缩短工作时间,实行每周工作五天制,等等。这个小组的女工们在工作时间还可以自由交谈,观察员对她们的态度非常和蔼。这些条件的变化使产量不断上升。一年半以后,研究小组决定取消工间休息,取消公司供应的午餐和茶点,每周又改为六天工作,结果产量仍然维持在高水平上。

什么原因使这些女工提高了生产效率?研究小组把可能的因素一一排列出来,提出了以下五个假设:

(1)改善了材料供应情况和工作方法。

(2)改善了休息时间,减少了工作天数,从而减轻了工人的疲劳。

(3)增加了休息时间,从而减缓了工作的单调。

(4)增加产量后每人所得的奖金增加了。

(5)改善了监督和指导方式,从而使工人的工作态度有所改善。

研究小组对这五个假设逐一进行论证试验。最后,推翻了前四个假设,认为第五个假设可能性最大。研究小组决定进一步研究工人的工作态度及可能影响工人工作态度的其他因素。

(三)大规模访谈

试验进行到第三个阶段,研究小组进行了大规模的访谈与问卷调查。他们共花了两年时间对两万名职工进行了访问交谈。通过交谈,了解工人对工作、环境、监工、公司和使他们烦恼的所有问题的看法,以及这些看法是如何影响生产效率的。

研究发现,影响生产力最重要的因素是工作中发展起来的人际关系,而不是待遇及工作环境。研究小组还了解到,每个工人工作效率的高低,不仅取决于他们自身的情况,而且还与他所在小组的其他同事有关。任何一个人的工作效率都要受到他的同事的影响。探究小组决定进行第四阶段的试验。

(四)群体试验

在第四阶段的试验中,研究小组决定选择接线板接线工作室进行研究。该室有9位接线工、3位焊接工和2位检查员。研究小组对他们的生产效率和行为持续观察和研究了6个月后,有了许多重要的发现。

(1)大部分成员都故意自行限制产量。工人们说:"假如我们的产量提高了,公司就会提高工作定额,或者造成一部分人失业。"有的工人说:"工作不要太快,才能保护那些工作速度较慢的同事,免得他们受到管理阶层的斥责。"

(2)工人对待他们不同层次的上级持不同态度。对于小组长,大部分工人认为是小组的成员之一;对于小组长的上级——股长,认为他有点权威;对于股长的上级——领班,每当他出现时,大家都规规矩矩,表现良好。这说明,个人在组织中职位越高,所受到的尊敬就越大,大家对他的顾忌心理就越强。

(3)成员中存在一些小派系,工作室中存在着派系。每一个派系都有自己的一套行为规范,派系的成员必须遵守这些规范。如果违反规范,就要受到惩罚。这种派系是非正式组织,这种组织不是由于工作不同所形成的,而是和工作位置有密切关系。这种非正式组织中也有领袖人物,他存在的目的是对内控制其成员,对外保护自己派的成员,并且注意不受管理阶层的干预。

通过霍桑实验,人们终于发现人群中的一些内部规律,为解决当时资本主义的社会问题提供了一条较好的思路。这就是当时的人际关系学说。梅奥和缪特斯伯格所建立的人际关系学说,提出了与当时流行的泰罗科学管理思想不同的一些新观点。

1.职工是社会人

科学管理把人当做"经济人"来看待,认为金钱是刺激人的积极性的唯一动力,霍桑实验则证明人是社会人,影响人的劳动积极性的因素,除了物质利益之外,还有社会的、心理的因素。每一个人都有自己的特点,个体的观念和个性都会影响个人对上级命令的反应和工作的表现。因此,应该把职工当做不同的个体来看待,当做"社会人"来对待,而不应将其视作无差别的机器或机器的一部分。

2.企业中存在非正式组织

非正式组织是与正式组织相对而言的。所谓正式组织是指为了有效地实现企业目标,依据企业成员的职位、责任、权力及其相互关系进行明确划分而形成的组织体系。科学管理只注重发挥正式组织的作用。霍桑实验告诉人们,工人在企业内部共同劳动的过程中,必然会发生一些工作以外的联系,这种联系会加深他们的相互了解,从而能形成某种共识,建立起一定程度的感情,逐渐发展成为一种相对稳定的非正式组织。这种非正式组织对工人起着两种作用:①保护工人免受内部成员疏忽所造成的损失,如生产过多以致提高生产定额,或生产过少引起管理当局的不满,加重同伴的负担。②保护工人免受非正式组织以外的管理人员干涉所形成的损失,如降低工资率或提高生产定额。

梅奥等人认为,不管承认与否,非正式组织都是存在的。它与正式组织相互依存,而且会通过影响工人的工作态度来影响企业的生产效率和目标的达成。因此,管理人员应该正视这种非正式组织的存在,利用非正式组织为正式组织的活动和目标服务。

3. 新型的领导能力在于提高职工的满足度

科学管理认为生产效率主要取决于作业方法、工作条件和工资制度。因此只要采用恰当的工资制度,改善工作条件,制定科学的作业方法,就可以提高工人的劳动生产率。梅奥等人根据霍桑实验得出了不同的结论。他们认为,生产效率的高低主要取决于工人的士气,而工人的士气则取决于他们感受到的各种需要的满足程度。在这些需要中,金钱与物质方面的需要只占很少的一部分,更多的是获取友谊、得到尊重或保证安全等方面的社会需要。因此,要提高生产率,就要提高职工的士气,而提高职工士气就要努力提高职工的满足程度。这样才能适时、充分地激励工人,达到提高劳动生产率的目的。

三、行为科学理论形成与发展

霍桑实验及其结论随着时间的推移,其影响也逐步扩大。一些大学也开始设立相应的课程,传播和研究人际关系学说。人际关系学说及其观点也逐渐深入到企业的实践中。自此以后,许多的管理学家、社会学家和心理学家从行为的特点、行为和环境、行为的过程以及行为产生的原因等多种角度开展对人的行为的研究,形成了一系列的理论,使行为科学成为现代西方管理理论的一个重要流派。理论的研究和发展反过来促进了企业管理人员重视人的因素,强调人力资源的开发,注重改善企业内部人际关系,注重使组织的需要和成员的需要协调一致,等等。在西方,对于人的行为的研究形成了各种各样的观点和流派。而各个流派研究的侧重点是不相同的,归纳起来可分为个体行为研究、群体行为研究、领导行为研究、组织行为研究等几个部分。对于群体行为和组织行为的研究构成组织行为学研究的主体,这里主要研究以个体为单位的个体行为和领导行为。

(一)马斯洛的需要层次理论

需要层次理论是研究人的需要结构的一种理论,是由美国心理学家马斯洛(Abraham Maslow,1908—1970)于20世纪50年代提出的。他认为泰罗和梅奥关于人的假设,以及相应的激励模式仍然都过于简单,在实践中并不能充分地调动人的积极性,以达到提高劳动生产率的目的。马斯洛在梅奥的基础上,又提出要了解职工的态度和情绪,就必须了解其基本需要。人的基本需要按其重要性和由低到高发生的顺序可分为生理需要、安全需要、社交需要、尊重需要和自我实现需要五个等级。

(二)赫茨伯格的"双因素"理论

赫茨伯格(F. Herzberg)在20世纪60年代根据影响人的行为因素的研究,提出了激励的双因素理论。这种理论把影响人的行为因素分为两类:一类是工作环境和工作关系方面的因素,称为保健因素。如公司的政策、管理、监督、工资、同事关系、工作条件等。另一类是工作内容本身方面的因素,称为激励因素。如成就、上级赏识、工作责任、个人进步等。他认为保健因素只能消除职工的不满,但不能起到调动积极性的作用,只有激励因素才能使人们感到满意,才能调动人们的工作积极性。作为组织的管理者,不仅要满足人们保健方面的需要,更要满足人们激励方面的需要。

(三)费鲁姆的期望价值理论

美国心理学家费鲁姆(Victor H. Vroom)1964 年在其著作《工作与激励》中提出了著名的期望理论。他认为,各种激励因素作用力的大小,取决于职工对他所能得到的结果全部预期价值乘以他认为得到该结果的概率。用公式表示是:$M=V×E$。其中,M(motivation)代表激励力量,V(valence)代表目标价值,E(expectancy)代表期望概率。他认为,这里必须处理好三个方面的关系:①个人努力与绩效的关系;②绩效与奖励的关系;③奖励与满足个人需要的关系。这一模式说明,管理者只有善于提高目标价值以及实现目标的可能性,才能有效地激发职工行为的积极性。

(四)麦格雷戈的 X 理论与 Y 理论

美国麻省理工学院教授道格拉斯·麦格雷戈(Douglas McGregor,1906—1964)于 1960 年在其发表的《企业中人的因素》中提出了关于人性假设的 X 理论与 Y 理论。

在 X 理论的假设下,管理人员必须用强硬的控制方法,如用惩罚等方法去驱使下属工作,根本谈不上对下属的激励。在这种情况下,大多数管理者将人看成动机唯一的"经济人",只注意人的生理需要和安全需要,以金钱作为管理工具,采取惩罚手段,即"胡萝卜加大棒"理论。显然,在这种人性假设基础上的管理方法是难以激发其动机的。

在 Y 理论的假设下,管理者所采取的主要管理方式就是正确激励下属。具体地说,就是要协调组织目标与个人目标之间的矛盾。让工作人员参与组织目标的设计,相信下属有良好的工作愿望,让他们自己参与管理,使之承担一定的责任,并注意在组织中创造有利于个人发展的良好环境。

(五)大内的 Z 理论

Z 理论(theory z)由日裔美国学者 W. 大内(William Ouchi)于 20 世纪 80 年代提出的一种新型管理理论。这一理论是在研究美日管理方式的基础上发展起来的,主要研究雇佣制度、决策制度、责任制、控制机制、考评与提升制度、员工职业发展、对职工的关怀等。不同于"性本恶"的 X 理论,也不同于"性本善"的 Y 理论,Z 理论是"以争取既追求效率又尽可能减少当局与职工的对立,尽量取得行动上的统一"。

目前管理界还提出了 H 理论,H 即 Haier,海尔创造的是具有中国特色的"H 理论"。其主要内容是:主动变革内部的组织结构,使其适应员工的才干和能力,而最终实现人企共同发展。

第五节 现代管理理论

第二次世界大战之后,随着现代科学技术日新月异的发展,生产社会化程度的日益提高,生产活动更呈现出大生产的特点。特别是进入 20 世纪 70 年代之后,由于受石油危机的影响及新技术革命的出现,企业经营环境更为复杂多变。企业为了盈利最大化,尽量维持高速增长和减少投资风险。西方一些大公司的发展范围已不再局限在单一行业之内,跨行业投资、兼并、收购、多角化经营、实现资本的社会化、国际化在全球范围内兴盛起来,这些变化对管理也提出了一些新的要求。许多学者和管理专家都从各自不同的背景、不同的角度、用不同的方法对现代管理问题进行研究,相继出现了许多新的管理理论和新学派。这些理论和学派,在历史渊源和内容上互相影响和联系,形成了盘根错节、争相竞荣的局面,被称为"管理理论的丛林"。

一、现代管理理论丛林产生的深层原因

第二次世界大战以后的管理理论呈现出流派纷呈的局面。其深层次的原因,除了生产力和科学技术的高度发展起着重要的作用外,以下几个方面的因素也发挥着重要的影响。

(一)生产力导致生产方式变化,促进了管理思想的发展

从家庭手工业生产单元单个经营的生产方式转变到工业化大生产,促进了现代科学管理理论的产生。现代大工业的社会化生产方式也使管理方式发生变化。而这种变化就是钱德勒所说的"看得见的手"。从亚当·斯密"看不见的手"到钱德勒"看得见的手",管理的专业化过程开始实现,管理阶层逐步形成,这种变化对经济发展的促进作用与市场力量的作用相比毫不逊色,极大地影响了管理思想的发展。

(二)宏观经济的调节作用,推动了管理思想的发展

经历了20世纪30年代的经济危机,亚当·斯密放任式的经济理论遇到了空前的挑战。是不是"看不见的手"已经失灵?西方的经济学家们苦苦地思索着。在这种情况下凯恩斯提出了以宏观调控为核心的宏观经济理论,使政府干预经济活动成为各国发展经济的普遍政策。在凯恩斯主义经济理论的指导下,西方经济很快走上正轨,经济得以快速发展。现代管理理论的形成正是配合这种经济快速发展的要求,并在这一过程中形成了一种思想,即人们通过主动干预企业组织行为过程,将会有力地促进企业发展。

(三)受教育程度的提高深化了对人的认识

随着社会的发展,人们受教育的程度不断提高,对各种客观事物的认识程度也在不断地提高,人的个性特征更加明显,人的行为更加显示出多样化的倾向。无论是人自身的变化,还是对客观事物的认识深度都呈现出多样化的趋势。在一个企业组织中,如何提高效率和效益,将面临着崭新的课题。由于对人的行为多样化认识的加深,导致了现代管理理论的进一步丰富和深化。

(四)日益激烈的市场竞争环境强化了市场观念

为适应剧烈的市场环境变化,尤其是企业从国内发展到国际,从一国拓展到多国,管理理论家和实践家怎样把环境因素的变化融合到具体的企业管理中去,成为管理思想发展的一个重要方向。

(五)自然科学思想对管理科学的渗透

随着现代科学技术的发展,人们可以用现代科学提供的方法来分析管理对象和管理行为。特别是系统论、信息论和控制论,为人们提供了科学的思想方法和分析工具,为人们提高管理效率提供了有效的思维方法,从而为管理思想的发展开辟了崭新的天地。

二、现代管理理论的方法论基础

任何一门学科,一般来说都有其理论上的假设、定义、概念、原理、方法、应用等内容,并往往建立在其他学科提供的知识框架的基础上。随着管理对象的日益复杂、多变,对管理方法的

要求也就越来越科学化、定量化,这就需要管理理论要有科学的方法论来指导,要有科学工具来支持。

现代管理理论的基础,也是现代自然科学的基础理论,即系统论、信息论、控制论和耗散结构理论、协同论、突变理论,通常把前三者称为"老三论",把后三者称为"新三论",这些都是最新科学研究的方法论。

(一)系统论

系统论是 20 世纪 20 年代由美籍奥地利生物学家贝塔朗菲(Ludwig Yon Bertalanfly)创立的一门新学科,是研究一切综合系统或子系统的一般模式、原则和规律的理论体系。

系统是由相互作用和相互联系的若干组成部分结合而成的整体。它具有各组成部分孤立状态所不具有的整体功能,它总是同一定的环境发生着联系。首先,在管理学上,凡管理形态中内部各组成部分之间存在着一定的相互联系、相互作用的要素组合在一起,都可以看成为系统,所以系统论的应用适合于管理学的研究对象。其次,系统观念作为管理理论基础具有普遍的方法论意义。

系统论阐释了管理整体和部分之间的相互关系、管理系统与环境之间的相互关系。管理系统的构成及其规律是系统规律的具体化,管理人员具有的系统观念是管理主体世界观的重要组成部分。所以,系统论的科学思维方法是现代管理思想所具有的一种普遍的思维方法。

(二)信息论

信息论也是现代科学理论的主要方法之一。随着当代科学技术的发展,管理领域的新理论、新概念层出不穷,不断涌现,但其中位居显著地位的是信息。如今,信息已渗透到一切领域,成为当今社会活动的三大支柱之一,是构成现代文明和人类发展水平的重要标志。随着计算机应用的大众化,人类进入了信息化时代。

信息论已成为现代管理思想的重要的科学方法论之一。信息价值、信息量、信息反馈、信息的时效性和真实性、信息处理、信息传递等概念贯穿管理理论与实践的始终,信息论与信息科学成为现代管理活动的命脉。事实上信息已成为现代管理思想的载体,并形成了一个特殊的管理形态——信息管理系统。

(三)控制论

控制论是在 20 世纪 40 年代由美国著名的数学家诺伯特·维纳(Norbert Wiener)开创的。控制论的产生和发展所带来的影响甚至导致了世界学科图景的改观,它也使管理思维方式发生了改变,使得当代管理思想进一步深化。控制论思想有着深刻的管理哲学意义,它不仅引导管理主体在管理科学研究中开拓新领域,而且促使他们对整个管理世界的认识产生新的飞跃。

控制论思想描绘了管理形态和运动规律的多样性。按照辩证唯物主义观点,管理形态和运动规律的多样性是客观存在的。管理主体在自身认识发展中有目的地通过管理实践活动去探索这种多样性的统一也是顺理成章的。管理科学被分为各种不同的学派、各种不同的观点,可以说是人类对管理对象认识能力局限性的具体反映。一旦这种局限性得到突破,管理就会形成一幅整体的图画,而控制论恰好在一定的程度上完成了这种突破。它揭示了管理过程中宏观的、微观的、客体的、主体的种种联系和控制过程的统一,使人们懂得上述这些截然不同的领域都存在着信息传递和反馈等共同特点,存在着交流和控制的共同规律。

（四）耗散结构理论

耗散结构理论是 1969 年比利时自由大学教授普利高津（I. Prigogine）提出的。耗散结构理论主要讨论一个系统从混沌走向有序的机理、条件和规律。普利高津指出，一个远离平衡状态的开放系统，当其中某个变量达到一个临界值时，通过涨落发生突破即平衡突变，就有可能从原来的混沌无序状态转变为一种空间、时间或功能有序的新状态。这种远离平衡态的非线性区域的宏观有序结构，需要不断与外界交换能量才能维持，并保持一定的稳定性。普利高津将这种要耗散物质和能量才能维持其有序的结构称为耗散结构，将系统在一定条件下能够自行产生的组织性叫做自组织现象。

（五）协同论

协同论（synergetics）是研究系统从无序到有序转变规律的理论。它力图阐明在具体性质极不相同的系统中产生新结构和自组织的共同性，揭示合作效应引起的系统的自组织作用。哈肯（H. Haken）等科学家以现代最先进的理论（信息论、控制论、突变论）为基础，同时又采取了普遍性很强的统计学、动力学理论，通过类比，对各种从无序到有序的现象建立了一整套数学模型和处理方案，从而把由一门学科中所取得的成果很快推广到其他学科的类似现象上。

（六）突变论

突变论是法国数学家雷内·托姆（R. Thom）于 1968 年始创，1972 年在《结构稳定和形态发生学》中确立的理论。托姆指出，系统从一种稳定状态进入不稳定状态之后，略作变化而进入另一种稳定状态，就发生了突变。因此，突变论研究的是系统从一种稳定状态到另一种稳定的状态。事物的量变质变问题一直是自然科学、社会科学争论不休的问题。任何一个突变都有一个临界点，那么这个临界点取决于什么状态？这一直使人迷惑不解。突变论则在一定程度上解决了这一问题。突变论认为系统所处的状态可用一参数描述，即当系统参数处于稳定状态时，标志着该系统状态的某个函数就取唯一值（如能量最小、熵取极大，等等），如当参数在某一范围内变化：该函数值有不止一个极值时，系统就处于不稳定状态，而当函数值从这些极值中取了另一极值时，系统就发生了突变。

新三论对于管理学上的意义在于将管理对象视为一个系统，而这个系统是不断变化的，如何对这一系统加以认识是进行管理研究的关键性问题。同时这一系统各种各样的演变会呈现出什么样的规律呢？作为管理理论的研究者或管理实践者又如何把握这种演变规律呢？这是一个始终困扰着现代管理大师们的非常重要的课题。而由于出现了耗散结构理论、协同论和突变论后，就可以正确把握管理对象这一演变过程。所以，这些科学方法论是现代管理科学的方法论基础。

三、现代管理理论的主要流派

（一）现代战略管理理论

20 世纪 60 年代初期，安东尼（R. N. Anthony）、安索夫（H. I. Ansoff）和安德鲁斯（K. R. Andrews）奠定了战略规划的基础，并论述了战略规划的作用。三者的研究构成战略思想的"3 安范式"（Anthony—Ansoff—Andrews Paradigm）。"3 安范式"在 1978 年的匹兹堡大学战略规划研讨会上得到普遍的公认，后经申德尔（Dane. Schendel）和霍弗（C. W. Hofer）在 1979 年出版的《战略管理》一书广泛向世界传播。20世纪80年代是通用战略阶段,人们试图总结成功的普遍模式,由波特(M. E. Porter)领头重点研究如何预测商机、创造商机以建立和保持公司的竞争优势。人们对战略的实施给予了充分的重视,价值链的概念及7S构架被用于研究如何实现公司目标、如何构造企业的内部关系。20世纪80年代后期至90年代,人们越来越认识到战略的制定不是一个简单的机械设计过程,不同的组织有不同的战略,战略规划与实际结果间存在着差距。战略需要根据外界条件的变化不断地修改调整。现在,越来越多的学者希望根据企业内部的资源和能力来制定战略。综合来看,这方面的研究呈现出以下三大主要流派。

1. 结构学派

结构学派的代表人物当属迈克尔·波特。他在前人研究的基础上,从结构分析的角度提出了竞争战略的一些观点。波特认为,一个产业内部的竞争状态取决于五种基本竞争力的相互作用,即进入威胁、替代威胁、买方砍价能力、供方砍价能力和现有竞争对手的竞争。在此分析的基础上他提出了可供选择的三种基本竞争战略,即总成本领先战略、差别化战略和目标集中战略。这三种战略的实施与资源和技能有关,同时存在着程度不同的风险。继产业结构分析之后,波特还给出了竞争对手理论分析模型,内容涉及如何识别竞争对手等。

2. 能力学派

所谓能力学派强调企业生产经营行为过程中以能力为出发点来判定和实施企业经营战略。该学派有两种代表性的观点。一是以哈默尔和普拉哈拉德为代表的"核心能力观";另一种是以斯多克、伊万斯和舒尔曼为代表的"整体能力观"。前者所说的"核心能力"指蕴含于一个企业生产、经营活动中具有明显优势的单个要素(如技术、成本等)和要素组合。后者的"整体能力"主要表现为组织成员的集体技能和知识以及员工相互交往方式的组织程序。这两种能力观都强调企业内部行为和过程所体现的特有能力。显然,自"核心能力"的观点提出以来,企业如何识别和培养核心能力成为人们关注的焦点,这也可以说是能力学派理论创新的重要表现。

3. 资源学派

顾名思义,资源学派强调"资源"问题的重要性,其主要代表人物是科斯和蒙哥马利。在他们看来,资源是一个企业所拥有的资产和能力的总和,因此,一个企业要想获得成功,就必须拥有独特的具有竞争力的资源,并将资源配置到战略中去。就如何评价企业资源,资源学派提出了五项标准:①资源的不可模仿性;②资源的持久性;③资源的占有性;④资源的替代性;⑤资源的竞争性。通过上述五个方面的评估,通常能够表明一个企业的总体状况,从而为制定和选择竞争战略提供坚实可靠的基础。

(二)现代决策理论

该学派的代表人物是著名的诺贝尔经济学奖金获得者,美国卡内基梅隆大学的教授西蒙。这一学派是在社会系统学派的基础上发展起来的,是当代西方影响较大的管理学派之一。西蒙认为,决策程序就是全部的管理过程。决策贯穿于管理的全过程。决策过程是从确定组织目标开始,再寻找为达到该项目标可供选择的各种方案,经过比较作出优选决定并认真执行控制,以保证既定目标的实现。西蒙采用"令人满意的准则"代替传统决策理论的"最优化原则"。他认为,不论是从个人的生活经验中,还是从各类组织的决策实践中,寻找可供选择的方案都是有条件的,不是漫无限制的。他还研究了决策过程中冲突的关系以及创新的程序、时机、来源和群体处理方式等一系列有关决策程序的问题。

西蒙的决策理论是以社会系统理论为基础的,以后又吸收了行为科学、系统理论、运筹学和计算机科学等学科的内容,既重视了先进的理论方法和手段的应用,又重视了人的积极作用。

(三)现代组织管理理论

20 世纪 60 年代末,行为科学的又一个重要发展方向是组织行为的研究,它主要研究企业性组织内任何群体的行为。其特征是既注意人的因素,又注意组织的因素,如工作任务、组织结构、隶属关系等,在一定意义上,它是人群关系学派和组织理论的综合。20 世纪 80 年代以后,组织行为理论得到了很大发展,并对企业管理的科学化和现代化产生了重大的影响。它改变了传统管理对人的错误认识,从忽视人的作用而变为重视人的作用。因此,当代管理已由原来的以"事"为中心,发展到以"人"为中心,由原来对"纪律"的研究,发展到对人的"行为"的研究;由原来的"监督"管理,发展到"动机激发"的管理;由原来的"独裁式"管理,发展到"参与"管理。这一学派的代表性理论有以下几方面:

1. 社会系统学派

社会系统学派是以组织理论为研究重点、从社会学的角度来研究组织的。这一学派的创始人是美国的管理学家切斯特·巴纳德,他的代表作是 1937 年出版的《经理的职能》一书。

巴纳德把组织看做是一个社会协作系统,即一种人的相互关系的协作体系。这个系统的存在取决于三个条件:①协作效果,即组织目标能否顺利达成;②协作效率,即在实现目标的过程中,协作的成员损失最小而心理满足较高;③组织目标应和环境相适应。

巴纳德还指出,在一个正式组织中要建立这种协作关系,必须满足以下三个条件:①共同的目标;②组织中每一个成员都有协作意愿;③组织内部有一个能够彼此沟通的信息系统。这一学派虽然主要以组织理论为其研究的重点,但它对管理所作的贡献是巨大的。

2. 系统管理学派

系统管理学派是运用系统科学的理论、范畴及一般原理,分析组织管理活动的理论。其代表人物有美国的卡斯特、罗森茨韦克等。

系统管理学派的主要理论要点是:①组织是一个由相互联系的若干要素所组成的人造系统。②组织是一个为环境所影响,又反过来影响环境的开放系统。组织不仅本身是一个系统,同时又是一个社会系统的分系统,在与环境的相互影响中取得动态平衡。组织同时要从外界接受能源、信息、物质等各种投入,经过转换再向外界输出产品。系统管理和系统分析在管理中被应用,提高了管理人员对影响管理理论和实践的各种相关因素的洞察力。该理论在 20 世纪 60 年代最为盛行,但由于它在解决管理的具体问题时略显不足而稍有减弱,但仍然不失为一种重要的管理理论。

3. 组织行为理论

组织行为理论的代表性著作是 1981 年 4 月出版的威廉·大内的《Z 理论——美国企业界怎样迎接日本的挑战》。在这本著作中,作者根据对日、美各 12 家较典型的企业共计 4 种类型的 48 个实例的调查对比和综合研究结果,提出 Z 型组织理论即"Z 理论"。他认为,美国与日本的管理方式确实有所不同。"日本人成功的秘诀,并非是技术原因,而是他们有一套管理人的特殊方法,即把公司的成员同化于公司的意识,养成独特的公司风格。"Z理论强调工人对组织的忠诚,对公司提供终身雇用制,把对员工的培训和发展作为一项终身的投资。并且,受强调集体和组织重要性的日本文化的影响,日本的工人倾向于以集体或团队方式来对待工作。管理者应当为人们创造一种鼓励集体决策的工作环境,使人们对其工作绩效负责,允许人们控制自己的行为。通过为员工个体设定目标,将对工作集体的强调与个人对组织贡献的认可有机结合起来。这样,员工不仅会根据其个人绩效,还会根据其有助于改善决策或沟通的人际关系技能而得到承认和报酬。Z理论的实施需要一种具有一定弹性、能够对组织内外部环境变化做出反应的组织结构。

4.经理角色学派

当人们开始以群体方式组合起来共同实现目标时,领导就成为研究者感兴趣的重要领域。20世纪初,研究者开始对领导进行实证研究,20世纪20—30年代研究者主要关注的是领导者的特质。而经理角色学派是20世纪70年代在西方出现的一个管理学派。它之所以被人们称作经理角色学派,是由于它以经理所担任的角色的分析为中心来考虑经理的职务和工作,以求提高管理效率。该学派的主要代表人物是加拿大麦克吉尔大学管理学院教授明茨伯格。在经理角色方面,这一学派认为经理一般都担任十种角色,渊源于经理的正式权力和地位。可归纳为三类,组成一个相互联系的整体。第一类是人际关系方面的角色,共有三种,即挂名首脑的角色、领导者角色、联络者的角色。第二类是经理作为组织信息的角色。第三类是决策方面的角色,共分四种,即企业家角色、故障排除者角色、资源分配者角色、谈判者角色。经理角色理论受到了管理学派和经理们的重视,但是经理的工作并不等于全部的管理工作。管理中的某些重要问题,经理角色理论也没有详细论述。

5.科特的领导理论

约翰·科特总结美国经济发展的历史,认为以前的管理理论是建立在大企业和大工业的基础上,在周围的经济环境对美国有利条件下产生的,具有很强的针对性。进入20世纪80年代以后,国际经济形势和世界格局发生了变化,科特认为在新的形势下应该遵守的不是以前的管理规则,而是应该遵守一种新的规则,这种规则是建立在经济发展的新阶段的特征基础上的。为了新阶段的成功,现在企业必须降低成本,提高质量,开发新产品和更快地前进。现在企业的应变能力,对是否成功变得越来越重要,这一切都需要有强而有力的领导。在新的环境、新的观念和新的规则下,对企业的发展,对管理思想的认识都有一个适应变化的过程。为了适应这一变化,科特提出了领导的四要素。尽管对这四要素的表述可能有些不同,但是基本的内涵是不变的。这四要素如下:

(1)动力和精力。这是由个人人格特点所决定的,是由人的遗传和后天的经历所决定的,具有旺盛的内在动力,渴望求得发展,获得成功,这是领导人必不可少的特征。

(2)智力和智能。这是具有卓越的领导才能的领导者必须具备的基本条件。虽然他们不是天才,但是他们的某种基本的智力是超常的。而对于智能来说,经营方向的拟定是至关重要的。如果没有这一条件就不可能吸收大量不同的信息,并找出这些信息之间的联系,因为这是一种颇具难度和相当复杂而艰巨的任务。

(3)精神和心理健康。精神和心理健康在领导的全过程中都具有十分重要的作用,对联系他人和准确地把握他人的情感和价值观都起作用,尤其对拟定经营方向起非常关键的作用,这是领导者的阅历和修养的结果。

（4）正直。正直是领导人物的一个重要品质。领导人的正直对其下属和同事有极其重要的影响。许多人特别善于判断领导人是否看重他们，关心他们的幸福，他们只稍观察他的所作所为及产生的影响即可。正直是领导者的基本素养，也是做人的基本素养。

6. 企业文化理论

企业文化学派强调管理活动的文化特征，其代表人物是特雷斯·E·迪尔和阿伦·A·肯尼迪等。他们合著了《企业文化》一书，对企业文化进行了系统论述。企业文化学派成了20世纪80年代最有影响的管理学派之一，在一定程度上反映了当代企业管理的客观要求和发展趋势。西方企业文化研究主要是20世纪80年代开始兴起的一种新的管理思想。它以美日比较管理学研究为起点，迅速形成一种希望从文化角度开辟管理新纪元的世界性潮流。其代表人物相当多，著作丰富，如伏格尔的《日本名列第一》、威廉·大内的《Z理论》等。他们的主要观点是：①企业的管理不仅是理论的，而且是文化的。②企业文化受企业环境制约，在企业内，主要体现为全体成员共同的信念、方向意识、思维方式和日常行为准则。③作为企业领导，在完成对企业战略的制定和执行上，应把主要精力用在企业文化的塑造与培育上。④企业领导必须具有文化意识。⑤未来企业的竞争，将主要是企业文化的竞争。

（四）现代控制理论

控制论思想最先源于1943年维纳与罗森伯里特·毕格洛合写的《行为、目的和目的论》一文。数学家诺伯特·维纳在1948年的《控制论》一书中开创了独树一帜的理论体系——控制论。控制论引起了各学科领域的重视。克劳斯在《从哲学看控制论》一书中指出：控制论不仅给许多科学、技术与生产带来了新的范畴与方法论，因而对人类有极其重大的意义，而且它的规律性对人类社会本身也是有效的。各个学科的竞相研究与应用，使之成为不受社会科学、自然科学具体研究限制的、跨学科的方法论科学。

控制（control）是对各项活动的监视，从而保证各项行动按计划进行并纠正各种显著偏差的过程。管理者控制什么？在现代管理活动中，控制既是管理循环的终点，是保证计划得以实现和组织按既定的路线发展的管理职能，又是新一轮管理循环的起点。控制管理活动的整个过程，涉及各项职能，主要针对人员、财务、作业、信息和组织的总体绩效。

1. 管理过程学派

管理过程学派又叫管理职能学派、经营管理学派。这一学派是继科学管理学派和行为科学学派之后最有影响的一个管理学派。它的开山鼻祖就是科学管理理论的创始人之一法约尔。

管理过程学派的研究对象是管理的过程和职能。这个学派试图通过对管理过程和管理职能进行分析并从理性上加以概括，把应用于管理实践的概念、原则、理论和方法糅合到一起，形成一个管理学科。他们认为，各个企业和组织以及组织中的各个层次的管理环境都是不同的，但管理却是一种普遍而实际的过程，同组织的类型或组织中的层次无关。把这些经验加以概括，就成为管理的基本理论。有了管理理论，就可以通过对理论的研究、实验和传授改进管理实践。

管理过程学派的管理理论是以下几个基本信念为依据的：

（1）管理是一个过程。可以通过分析管理人员的职能从理论上很好地对管理加以分析。

（2）根据在企业中长期从事管理的经验，可以总结出一些基本管理原理，这些基本管理原理对认识和改进管理工作能起到一种说明和启示的作用。

（3）可以围绕这些基本原理展开有益的研究，以确定其实际效用，增大其在实践中的作用和适用范围。

（4）这些基本管理原理只要还没有被实践证明不正确或被修正，就可以为形成一种有用的管理理论提供若干要素。

（5）管理是一种可以依靠原理的启发而加以改进的技能，就像医学和工程学一样。

（6）管理中的一些基本原理是可靠的，就像生物学和物理学中的原理一样。

（7）管理人员的环境和任务受到文化、物理、生理等方面的影响，但也吸收同管理有关的其他学科的知识。

2. 管理控制论

"管理的关键在于控制"，这种观点已基本得到人们的认同。实际上，在工程技术领域中许多人注重"控制"，在社会经济领域注重"管理"。控制不仅是管理的一项重要职能，而且管理的成败关键在于能否实施有效的控制。好的管理控制技术能够使管理者收到事半功倍的效果。尽管传统的管理控制技术（如预算控制、程序控制、计划控制等）在大多数管理控制系统中还在应用，但现代管理控制技术已成为企业管理现代化的重要组成部分。因此，在现代化企业中，能否有效地应用现代管理控制方法和手段，已成为衡量企业管理现代化水平的重要标志。控制论已经应用到管理活动的各个领域，形成的理论有成本控制理论、目标控制理论（如目标管理）、项目管理控制、全面质量管理、准时生产（JIT）、敏捷制造（AM），还有计算机科学领域的决策支持系统（DSS）、计算机集成系统（CIMS）、供应链管理（SCM）等都属于管理控制的研究重点。

3. 管理组织控制论

管理组织控制理论，是我国的宋璟贤提出的管理学理论。他认为：企业管理就是组织控制技术。"组"的本义是指把用以纺织的纤维分成一束一束的丝，让它排列有序；"织"的本义是指纺线织布，把线状的纤维做成布匹。组织合在一起用在管理学上，就是指资源配置，让所有的企业资源各就其位，形成企业的基本结构，为企业运行奠定基础。控，就是通过有效约束来保证企业资源的基本格局和工作秩序的形成与稳定，可以理解为企业的静态管理；制，是指企业的动态管理，就像导弹发射过程中的制导技术一样，根据各种发射参数的变化随时修正方向和推进方式，保证目标命中。管理学的本质就是组织控制技术，它涵盖了企业所有的管理行为。决策、策划、执行、营销、预决算等管理行为和目标管理、绩效管理、精细化管理、6Σ 等管理方式，都是组织控制技术的具体运用。

（五）管理科学理论

1. 数量管理科学学派

数量管理科学学派，也称管理科学学派、数量学派，是泰罗"科学管理"理论的继续和发展。管理科学学派正式作为一个管理学派，是在第二次世界大战以后形成的，这一学派的特点是利用有关的数学工具，为企业寻得一个有效的数量解，着重于定量研究。管理科学学派认为，管理就是制定和运用数学模型与程序的系统，就是用数学符号和公式来表示计划、组织、控制、决策等合乎逻辑的程序，求出最优的解答，以达到企业的目标。这个学派还提倡依靠电子计算机管理,提高管理的经济效益。管理科学学派似乎是有关管理的科学,其实它主要不是探索有关管理的问题,而是设法将科学的管理原理、方法和工具应用于管理。管理科学学派强调数量分析,主张用先进的技术成果和科学研究成果对管理学进行研究。其意义是十分明显的。但管理活动纷繁复杂,并非所有的管理问题都能定量化,都能用模型来分析,因此,过分依赖于模型,也会降低决策的可信度,所以在管理活动中,应用一分为二的态度来对待数学模型。

2. 权变理论学派

权变理论是 20 世纪 70 年代在经验主义学说基础上进一步发展起来的管理理论。权变理论认为,在组织管理中要根据组织所处的环境和内部条件的发展变化随机应变,没有什么一成不变、普遍适用的"最好的"管理理论和方法。权变管理就是依据环境自变数和管理思想及管理技术的因变数之间的函数关系来确定一种最有效的管理方式,它要求具体情况具体分析。

权变理论的基本观点主要有以下几个方面:

(1)权变管理思想结构。

权变管理的思想结构就是认为管理同环境之间存在着一定的函数关系,但不一定是因果关系。所谓函数关系,就是作为因变数的管理思想、管理方法和技术随环境自变数的变化而变化。这种函数关系可以解释为"如果——就要"的关系,即"如果"某种环境情况存在或发生,"就要"采用某种管理思想。

(2)权变理论的组织结构观点。

它是以权变思想为基础,把组织看成是一个既受外界环境影响,又对外界环境施加影响的"开式系统"。组织内部机构的设计,必须与其组织任务的要求、外在环境的要求以及组织成员的需要等互相一致,组织才能有效。

(3)权变的人事管理观点。

在人事管理方面的权变观点也是以权变管理思想为基础,认为在不同的情况下要采取不同的管理方式,不能千篇一律。

(4)权变理论的领导方式观点。

其研究内容有:计划制定的权变、权变理论的组织论、权变理论的控制论,以及结合不同的环境和条件采用不同的管理组织机构和管理技术。伯恩斯、斯托克的《革新的管理》、钱德勒的《战略与结构》等都与组织结构的权变有关,最具代表性的卢桑斯的权变管理研究的是有关环境变数与相应的管理观念和技术之间的关系。菲德勒研究的是权变领导理论。

(六)其他管理理论

1. 经验主义学派

经验主义学派又称案例学派,其代表人物是美国管理学家彼得·德鲁克和欧内斯特·戴尔。这一学派的中心观点是强调管理的艺术性。他们认为,科学管理理论和行为科学都不能完全适应企业发展的实际需要,有关企业管理的科学应该从企业管理的实际出发,以大企业的管理经验为主要研究对象,并加以概括和理论化向企业管理人员提供实际的建议。他们主张不必企图去确定一些原则,只要通过案例研究、分析一些经理人的成功经验和他们解决特殊问题的方法,便可以在相仿情况下进行有效的管理。

经验学派的主要观点有以下几方面:

(1)关于管理的性质,他们认为管理是管理人员的技巧,是一个特殊的、独立的活动和知识领域。

(2)关于管理的任务,德鲁克认为,作为主要管理人员的经理,有两项别人无法替代的特殊任务:①必须造成一个"生产的统一体",经理好比一个乐队的指挥,他要使企业的各种资源特别是人力资源得到充分的发挥。②经理在作出每一个决策和采取每一项行动时,要把当前利益和长远利益协调起来。

(3)提倡实行目标管理。

美国管理大师彼得·德鲁克(Peter F. Drucker)于1954年在其名著《管理实践》中最先提出了"目标管理"的概念,德鲁克认为:先有目标才能确定工作。

德鲁克认为传统管理学派偏于以工作为中心,忽视人的一面,而行为科学又偏于以人为中心,忽视了同工作相结合。目标管理则结合以工作为中心和以人为中心的管理方法,使职工发现工作的兴趣和价值,从工作中满足其自我实现的需要,同时,企业的目标也因职工的自我实现而实现,这样就把工作和人性二者统一起来了。

2. 计算机管理学派

由于信息技术与计算机技术的发展,自20世纪50年代以来,一些发达国家相继将计算机应用于企业管理。

该学派继承了系统学派的观点,认为一个组织是一个由相互联系的若干要素组成的人造系统,因此对于这个系统的管理就需要采用系统的工具和软件。随着计算机广泛应用在管理方面,出现了很多的管理系统软件平台以及管理概念。主要有:①EDI(电子数据交换);②MIS(管理信息系统);③MRP(物料需求计划);④MRPⅡ(制造资源计划);⑤ERP(企业资源计划);⑥DSS(决策支持系统);⑦ES(专家系统);⑧CRM(客户关系管理);⑨SCM(供应链管理);⑩BPR(企业流程再造)。

第六节 管理理论的发展规律与趋势

一、管理理论的发展规律

科学史(或理论史)的主要任务,并不仅仅是恰当地评述主要代表人物的理论贡献,更重要的是确定他们的理论贡献在科学发展中的作用与地位,从而揭示各门科学发展的规律及其发展趋势。管理方式方法经历了漫长的演进过程:科学管理理论—行为科学—管理科学理论—决策理论—战略管理—信息管理等。管理演进的路径主要是企业环境的变化导致企业管理要素重要性的变化,从而导致不同时期管理学家研究的侧重点的发展变化。每个不同阶段的理论都有其合理的一面,都是管理学者从不同方面的研究。因此管理理论的发展并不存在明确的替代关系,而是一个相互补充问题。无论哪一种理论或思想,都是围绕着管理的核心问题"效果"和"效率"而展开,对当今的企业都具有很强的指导意义,因此并不是某一个理论对于企业是灵丹妙药,企业应结合所处的环境,从组织、管理方式方法上借鉴自己适合的理论。

影响管理思想发展的主要因素是生产力发展的程度。管理思想的发展主要取决于科学技术的进步和发展、人类各种文化发展和相互渗透的程度。这是因为:科学技术的发展,人类已经形成了"地球村""宇宙岛"概念,人类的思维已经站在全球角度来看待人类所遇到的问题。生产组织的形式是形成新管理思想的主要来源:农业经济的生产方式,决定着传统的管理思想,并以此支配着当时的管理过程。工业经济大生产的生产方式,决定着科学管理思想和现代管理思想,以及相应的经济规律。当生产力的发展使人类社会进入到知识经济时代时,首先表现出来的是生产和生活方式的巨大转变,从而形成了适应于知识经济时代的管理思想和经济规律。人本身的发展也是管理思想的主要因素之一。因为人无论是管理客体还是管理主体,都是决定因素。而人本身随着社会的发展,受教育程度不断提高,文化交流和信息沟通手段的现代化,也在不断发展变化,其个性化程度成为人类社会发展的主要特征之一,这一切决定了管理思想发展本身就是一个动态的、不断发展的过程。

二、管理理论的新趋势

人类已经进入了 21 世纪,信息技术高速发展,全球竞争日趋激烈,经济一体化程度大大提高,这些变化也触及到管理学的一些根本问题,管理理论的发展也相应呈现出一些新的趋势。

(一)管理发展的新特点

1.管理要素的侧重点发生变化,导致管理学理论演进路径的变革

我们可以发现环境变化导致管理要素重要程度变化,导致管理理论的演进变化。随着经济全球化的发展,信息技术、科学技术的进步导致知识、信息、时间、人才要素成为企业成败的关键,因此围绕着这些要素的管理成为未来的管理趋势。如信息管理、人本管理、柔性管理、知识管理等。另外,管理使命不再是提高效率,首要任务将是精心培植核心竞争力。

2.管理竞争主体的变化——组织变革

未来的竞争并不简单的是各个单个企业之间的竞争,消费者的需求变化,企业对市场的敏锐程度,谁最先抢占市场,谁能最快的满足消费者的需求,谁就能在竞争中抢占先机。因此,围绕最终消费者而建立的战略联盟或者供应链成为竞争的主体。管理活动的趋势不再局限于单个组织的内部,而是扩展到整个价值链、供应链和业务流程;集中所有资源专注于核心竞争力的建设,战略联盟、虚拟企业等新型组织形式应运而生,而围绕着新的组织形式的信息管理、战略管理成为未来的管理重点。

3.管理客体:企业之间、企业与社会之间关系的变革

经济全球化的趋势使未来的管理重点不只是组织内部的事务,更加关注组织与全球的关系;管理的重点应是组织间的竞合关系、文化融合,竞合双赢;开始研究企业间的合作,研究整个供应链的效率——产业经济学所关注的领域;运用经济学的最新理论分析管理问题背后的行为动机,如博弈论、信息经济学、产权理论等。

4.管理学的研究方法变革

管理内容由对人、事、物的管理转变为对知识的管理;研究方法突破定性分析,注重数学模型、经济学和计算机的应用。

5.管理学与经济学及其他学科的融合

管理学发展的趋势是向经济学研究领域渗透;同时管理学逐渐融合了社会学、伦理学、数学等其他学科的知识,使管理学变得更加包容。

(二)管理理论发展的新趋势

1. 创新管理趋势

尽管人们对创新管理含义的理解不一,但以下两点是不可缺少的,即一是对创新活动的管理,二是创新型管理。创新活动的管理主要指对创新行为本身的探讨,如创新思维、创新模式等。创新型管理,即通常人们所说的管理创新。广义的管理创新涵盖的内容很广,如战略创新、组织创新、观念创新、技术创新、营销创新等。创新型管理要求把创新贯穿于整个管理过程,使管理随着内部条件和外部环境的变化而变化。同时,它也要求整个组织及其成员把创新作为其活动的主旋律。

(1)企业再造理论。

迈克尔·哈默和詹姆斯·钱皮于1994年出版了《公司再造》一书。该书一出版便引起了管理学界和企业界的高度重视,并迅速流传开来。200多年来,亚当·斯密的分工理论一直支配着美国企业的管理,对生产力的发展曾经起到巨大的推动作用;但是在迅速变化的当今时代,已越来越不适应社会发展的要求了。哈默与钱皮认为,公司再造就应当是根据信息社会的要求,抛开分工的旧包袱,按照自然跨部门的作业流程重新组装以期在管理绩效上,如成本、质量、服务和效率等方面,获得跨跃式的改善。企业再造的基本特点是:①向基本信息挑战,进行创造性思维;②彻底变革,使企业"脱胎换骨";③跨跃式的发展;④从业务流程开始。按照哈默和钱皮的定义,业务流程是企业以输入各种原料为起点到企业创造出对顾客有价值的产品为终点的一系列活动。流程改造得益于信息技术的高度发展,因为信息技术的发展使得效率不一定产生于分工,而有可能产生于整合之中。因此,在传统的组织职能理论基础上进行以流程为线索的调整,正在成为人们探讨高效组织管理的新模式。

(2)学习型组织理论。

所谓学习型组织,是指通过培养弥漫于整个组织的学习气氛而建立起来的一种符合人性的、有机的组织。在学习型企业中,要求人们不断地去拓展他们的能力,学习相互之间如何在一起工作,发挥参与精神以及如何要求不断变革的对策以适应瞬息万变的环境变化。

1990年,彼得·圣吉出版了《第五项修炼》这本著作,提出了构建学习型企业的五项基本修炼:①培养"自我超越"的员工。"自我超越"的修炼要求每个员工学习如何认清、加深和不断实现他们内心深处最想实现的愿望,他们对生命的态度应该是全心投入、不断创造和超越。②改善心智模式。每个人的心智模式影响着人们如何了解这个世界以及如何采取行动,而组织内部也可能存在一种共有的心智模式。③建立"共同愿景"。"共同愿景"是大家共同愿望的景象,是能感召组织成员的共同目标。当人们致力于共同关切的愿望时,才会产生创造性学习。④促进有效的"团队学习"。"团队学习"修炼要求团队成员能够超越自我,克服防备心理,学会如何相互学习与工作,形成有效的共同思维。⑤形成全局性的"系统思考"。"系统思考"的修炼要求人们能够纵观全局,形成系统思维模式,思考影响我们诸种因素的内部联系。

(3)标杆管理。

标杆管理(Benchmarking)又称基准管理,是在20世纪70年代末由美国施乐公司(Xerox)首创,后经美国生产力与质量中心(American productivity & quality center,APQC)系统化和规范化。

标杆管理是一个系统的、持续性的评估过程,通过不断地将企业流程与世界上居领先地位的企业相比较,以获得帮助企业改善经营绩效的信息。具体地说,标杆管理是企业将自己的产品、服务、生产流程、管理模式等同行业内或行业外的领袖企业作比较,借鉴、学习他人的先进经验,改善自身不足,从而提高竞争力,追赶或超越标杆企业的一种良性循环的管理方法。

作为一种优秀的管理方法和管理工具,标杆管理的作用主要表现在以下几个方面:

①通过标杆管理,企业可以选择标杆,确定企业中、长期发展战略;并与竞争对手对比分析,制订战略实施计划,并选择相应的策略与措施。

②标杆管理可以作为企业业绩提升与业绩评估的工具。通过辨识行业内外最佳企业业绩及其实践途径,企业可以制定业绩评估标准;然后对其业绩进行评估,同时制定相应的改善措施。企业可以明确本企业所处的地位、管理运作以及需要改进的地方,从而制定适合本企业的有效发展战略。

③标杆管理有助于企业建立学习型组织。实施标杆管理,有助于企业发现在产品、服务、生产流程以及管理模式方面存在哪些不足,并学习"标杆企业"的成功之处,再结合实际,将其充分运用到自己的企业当中。

(4)六西格玛管理方法。

六西格玛管理方法(six sigma discipline)在 20 世纪 80 年代中期由美国摩托罗拉公司(Motorola)首创,并在 20 世纪 90 年代末形成一股风靡世界的管理热潮。

美国管理专家罗纳德 D. 施尼(Snee,1993)将六西格玛管理方法定义为:"寻求同时增加顾客满意和企业经济增长的经营战略途径。"美国管理咨询顾问托马斯·派兹德克(Pyzdek,1996)认为:"六西格玛管理方法是一种全新的管理企业的方式。六西格玛主要不是技术项目,而是管理项目。"六西格玛管理方法是一套系统的业务改进方法体系,是旨在持续改进企业业务流程,获得和保持企业在经营上的成功并将其经营业绩最大化的综合管理体系和使企业获得快速增长的经营方式,是实现客户满意的管理方法。它通过系统地、集成地采用质量改进流程,实现无缺陷的过程设计,即面向六西格玛的设计(design for six sigma,DFSS),并对现有过程进行过程定义(define)、测量(measure)、分析(analyze)、改进(improve)、控制(control),简称 DMAIC 流程,消除过程缺陷和无价值作业,从而提高质量和服务、降低成本、缩短运转周期,达到客户完全满意,增强企业竞争力。实质上,六西格玛管理方法只是一个代名词,其含义是客户驱动下的持续改进。其方法体系的运用不仅局限于解决质量问题,而且包括业务改进的各个方面,包括时间、成本、服务等各个方面。其方法体系也不仅仅是统计技术,而是一系列的管理技术和工业工程技术的集成。

六西格玛管理方法具有以下特点:

(1)比以往更广泛的业绩改进视角,强调从顾客的关键要求以及企业经营战略焦点出发,寻求业绩突破的机会,为顾客和企业创造更大的价值。

(2)强调对业绩和过程的度量,通过度量,提出挑战性的目标和水平对比的平台。

(3)提供了业绩改进方法。针对不同的目的与应用领域,这种专业化的改进过程包括:六西格玛产品/服务过程改进 DMAIC 流程、六西格玛设计 DFSS 流程等。

(4)在实施上由"倡导者"(champion)、"黑带大师"(MBB)、"黑带"(BB)、"绿带"(GB)等经过培训职责明确的人员作为组织保障。

(5)通过确定和实施六西格玛项目,完成过程改进项目。每一个项目的完成时间在 3～6 个月。

(6)明确规定成功的标准及度量方法,以及对项目完成人员的奖励。

(7)组织文化的变革是其重要的组成部分。

2. 知识管理趋势

21世纪是知识经济的时代,信息在人们的社会生活中发挥着越来越重要的作用。信息技术的发展使企业从传统的对有形资本的管理正在向无形资本的管理转移。企业如何去开发知识、利用知识,并将知识转化为直接的生产力,以适应知识经济的要求就成为企业管理所遇到的又一新课题。以知识为对象的管理,要求企业在全球范围内获取新知识、新信息,并进行知识的积累、优化和重新组合。知识管理强调把信息、人力资源、知识、经营过程等统一协调起来,从而在更广阔的范围内提升企业的经营业绩,推动企业向前发展。由此可见,知识管理不同于信息管理。知识要由人掌握,知识的创造源泉是人,因此,知识管理的本质就在于对人力资源的开发和利用。

3. 柔性管理趋势

柔性管理思想的提出其实并不是现在的事。在当今世界随着生产的发展,环境变化的不确定性增加,特别是企业为了适应迅速变化的市场,满足消费者的需求,能够很快地从一种经营状态转向另一种经营状态,从而使柔性管理重新得到了人们的发掘和丰富。如柔性战略、柔性制造系统以及敏捷制造等概念的提出,都是基于柔性管理思想利用计算机及信息集成技术以实现上述目的的产物。

与柔性管理相关的就是软管理的兴起。20世纪初泰勒创立了科学管理。20世纪30年代梅奥开创了管理研究的新领域,导致管理学对人的行为的研究异常活跃。20世纪80年代初出现了企业文化理论。20世纪90年代,有关人性管理的话题再次被人们提出。从管理发展的轨迹看,管理明显地正在从理性的科学管理,即物本主义的"硬"管理向非理性的人文管理即人文主义的"软"管理转变。软管理的兴起,说明了管理的出发点和归属都是围绕人而展开的,因而在组织中如何更加尊重人、信任人、培养人、发展人,实现人与工作的完美融合,将是未来人们更加关注的主题之一。

4. 双重目标管理趋势

传统的管理都把企业实现最大化的利润作为其追求的目标,也就是说企业主要是保护投资者的利益。但是随着生产的发展,特别是买方市场的形成,企业不得不考虑员工和社会的利益,因而人们提出了"顾客至上,用户第一"的新观念。为了充分适应企业内外部变化的需求,考虑投资者、生产者、消费者和社会环境等需要,因而又提出了"顾客满意、员工满意、投资者满意、社会满意"的"四满意"目标。这个目标体系把企业的经济利益和社会责任很好地统一了起来。事实上,除了企业的利润目标之外,还有超越利润的目标,如关心员工、顾客、供应商甚至是竞争对手的利益,实现所谓的"双赢";关心环境保护,积极参与环境管理,关心政府政策的变化。在政府制定政策的过程中,企业应尽可能地参与并施加影响等。

5. 快速响应管理趋势

工业经济时期,企业以低成本、低价格的产品打入市场,从而形成大面积的消费,最终使企业获得利润较高的经济效益。这种规模型的效益模式在很长时间内一直成为经济模式的主角。后来,日本将质量管理的内容融入了规模经济,形成了所谓的质量效益型模式。

知识经济时代的一个重要的特点就是"快"。科技进步快,产品更新快,市场变化快。企业竞争除了比价格、质量以外,更重要的是比速度,看谁能以最快的速度适应市场的需求。因此,企业又开创了以速度求效益的速度效益模式。有学者提出了"三快"准则,即要求企业快速响应市场变化,快速作出决策,快速投入实施。速度效益模式的本质就是节约时间,从而最大限度地节约时间成本,以真正实现"时间就是金钱"的经营理念。

6. 集成管理趋势

传统的管理将一个完整的生产过程分割成几个阶段。这种分割源于分工理论。计算机和信息技术的发展为集成思想的实现奠定了物质基础。1973 年,美国约瑟夫·哈林顿博士提出了计算机集成制造的概念。而集成管理实际上就是将集成思想创造性地应用于管理活动的过程。像我们已经知道的 CIMS 就是集技术、计算机、生产、管理、营销等为一体的现代制造技术。CIMS 在实际中已开始应用。集成管理与传统管理有以下三点不同:①管理目标已突破了组织现有资源的约束,目标的实现可以延伸。如企业可以通过虚拟来获取或弥补自己的不足,在资源共享和优势互补中延伸自己的目标。②管理不仅强调人、财、物等硬要素,更强调知识、信息、文化等软要素,软硬要素的组合(集成)将产生意想不到的效果。③管理的方法手段将在集成的基础上,在更大范围内相互兼容互补。

7. 风险管理趋势

确定因素的增加以及信息的不完备与非对称分布,使得人们从事某项活动的风险大大增加,因而人们在管理活动中比以往任何时候都更加注重风险管理。如何分析风险形成因素、预测风险、防范风险、转移风险、分散风险、减轻风险以及作好承受风险的准备,这是当代管理研究的热门话题。与风险管理相关的理论是对机会价值的研究与信用管理的重视。组织如何捕捉机会、估量机会的价值大小,组织如何建立起自己的信誉,如何把信誉纳入无形资产的管理范畴,政府如何规范信誉市场并建立科学而公正的信用制度,都有许多问题值得研究。

8. 企业家管理趋势

关于企业家的话题在西方经济学中虽早有探讨,但迄今为止没有形成较为完整的和令人满意的理论。有一个事实却是不容回避的,就是一个国家和地区的经济发展,有赖于一批顶尖级的企业,而这些企业多数由一些杰出的企业家所支撑。当代中国的经济有人称之为"强人经济",实际上就是对一批已作出巨大贡献的企业领袖的首肯。市场经济就是企业家经济,这一概念已为大多数人所接受。尽管关于企业家的含义及作用各有说法,但企业家应具备的基本要素如捕捉机会、挑战风险、果敢决断、有效组织、社会责任等构成企业家的一些基本要素。熊彼特是企业家理论的代表性人物,他的"创新"理论颇具创新特色,并由此引发了日渐活跃的企业家理论研究工作,如以奈特为代表的不确定性理论,以卡森和列宾斯坦为代表的市场失效理论等。归纳起来,经济学家们对企业家理论的研究大致集中在以下几个方面:①关于企业家作用(社会职能)的研究,如熊彼特认为企业家的作用在于创造性地破坏市场均衡;科斯认为企业家的作用在于发现对交易双方都有利的交易机会,并作为中间人参与其间,发挥推动市场过程的作用。②关于企业家形成(成长)的研究,如人力资本理论认为企业家的能力来自于教育所形成的人力资本,我国学者认为国民教育平均水平的提高有助于企业家阶层的成长。③关于企业家动力诱因(动机)的研究,熊彼特认为企业家的动机来自于对"创造的喜悦"、对"胜利的热情",我国学者提出需要、理想、责任、压力、成就、荣誉是企业家的动因。④关于企业家与企业制度关系的研究,如制度经济学派关于企业家理论的观点,认为企业家可通过与有关方面达成一系列合同来改变和完善企业制度。⑤关于企业家精神的研究,如德鲁克明确地把企业家精神界定为一种社会创新精神。随着社会的发展,企业家理论无论从研究内容还是从研究范围上都在不断地拓展。

9.跨文化管理趋势

经济的全球化趋势使得不同国家、不同企业越来越走向更加紧密的联系与协作。这就使得不同地域与国度的企业文化发生碰撞与融合。如美国的企业文化更注重规章制度、理性决策、强调个人主义等;然而日本的企业文化则注重文化氛围,强调和谐的人际关系、上下协调一致等。在工业经济时代,管理文化的地域性比较强,再加上民族的偏见与歧视,使不同特色的企业文化水火不容。在知识经济时代由于各国经济相互依存、相互渗透,经济的国界也越来越弱,管理文化在更广阔的范围内进行交流。跨文化管理将是一种必然的趋势。当然,跨文化管理不是管理文化的同一化,应该是在相互学习与融合基础上的个性化和多元化。

10.全球战略管理趋势

全球战略管理要求企业的经营在更广阔的范围内进行。企业家应该放眼全球,布局天下,研究全球范围内的市场需求特征,研究世界范围内的竞争对手的状况,研究如何适应国际市场以及如何利用世界资源的问题。同时,企业的全球战略管理,要求企业在经营管理、产品服务、营销、技术等方面,按照世界的标准规范企业行为并走在世界的前列,确立真正的全球竞争战略,使企业成为真正的世界级企业。

11.无边界世界和超越界线的管理趋势

无边界世界(borderless world)是由美籍日本管理学家、资深管理顾问大前研一(Kenichi Ohmae,1990)在1990年提出来的。这一概念提出的背景是,随着经济全球一体化的趋势和世界各国经济的高度互相关联,跨国企业和国际管理都必须注意如何战略性地分布企业的地理布置和市场范围,因此,在全球范围内的管理系统的复杂性就由此而产生。

由于全球化的考虑,企业要面对多元化(diversity)和多文化(multiculturalism)的问题,一个企业内可能有多民族的人共同工作,这些经济、文化、价值观不同的人如何共事、合作是管理学所关注的课题。严格地说,从跨国家或跨文化(cross-culture)的角度来看,不同国家或地区之间,管理行为是有差别的,而其主要原因在于文化的差异。在这种情况下,可以说"管理是有文化界限的",这与统一学派(Universalists)的看法是不一致的。

无边界世界导致了有关全球工作团队(global team)概念的特殊问题。团队成员必须学会适应他人的文化价值观和背景,学会在通常是高速变化的条件下与别人进行协作。一种称为GRIP的全球团队效率模式,主张团队应注重在四个关键方面提高共识:目标(goal)、关系(relationship)、信息(information)与工作流程(process)。这样才能使团队在高度的协作中拧成一股绳,对全球团队的需求和应用很可能将扩大。如果团队成员能够将他们不同的背景和利益融合成一种团队文化,而这种文化关注的焦点是为组织的全球目标服务,这种团队将会大大提高公司的全球竞争力。

❀ 本章小结

以美国的泰罗、法国的法约尔、德国的韦伯为主要代表的科学管理在管理发展史上占有极其重要的位置。泰罗的特殊贡献是科学地制定操作规程和改进管理以提高效率;法约尔的特殊贡献突出表现在对管理职能和经营活动的论述上;韦伯的特殊贡献是在行政组织理论方面。他们的共同之处是把人视做"经济人"。开始于"霍桑实验"的人际关系学说奠定了行为科学理论的基础。行为科学理论把人视做"社会人",对于人的行为的研究形成了各种各样的观点和流派。其中有个体行为研究、群体行为研究、领导行为研究、组织行为研究等几个部分。行为科学理论过分强调人的作用,忽视了经济技术等方面的考虑。"二战"后,科学技术和社会格局的巨大变化,使管理学的主流从行为科学逐渐演变成现代管理理论的丛林。从而形成了现代战略理论、现代决策理论、现代组织理论、现代控制理论等百花齐放的局面。进入 20 世纪 90 年代以后,则有更多的管理思想与理论出现。

案例讨论

比亚迪的"人本管理"

比亚迪股份公司创立于 1995 年,由 20 多人的规模起步,2003 年成长为全球第二大充电电池生产商,同年组建比亚迪汽车。比亚迪是中国汽车企业中,或者也可以说是世界的汽车企业中,坚持新能源汽车发展战略最坚强的公司之一。比亚迪现有员工约 22 万人,在全球建立了 30 个生产基地。

据 2015 年 12 月销量数据统计,全球新能源车老大的地位已经易主。在以纯电动和插电式混合动力为主流的新能源车销量榜单上,比亚迪跃升六个名次,直接站上了全球新能源车销量冠军位置。2016 年全球范围内电动车排行榜出炉,在品牌榜上,比亚迪超过特斯拉,仍位列第一。

在众多自主品牌中,比亚迪可谓是一个特立独行的后起之秀。而在业内人的眼中,它则是一个另类而强有力的竞争对手。而这一切,都与比亚迪坚持"以人为本"的管理理念,为员工建立一个"公平、公正、公开"的发展环境分不开。

在比亚迪,王传福一直实施着"人本管理"的理念,王传福认为"知识信息和人才是企业的战略资源"。

"我有 3 万名中国的工程师,这和 3 万名美国的工程师,成本会是一样吗? 这个世界就这么不公平。但他们的价值、创造力可以说几乎一样,甚至中国人比美国人还强一点,中国人不像美国人要享受生活,中国人是工作第一。因此,我觉得中国企业家很幸运,上帝照顾了我们,把这么优惠的东西放到我们这边来。但是,我们为什么搞不过他们? 因为我们过去只懂管工人,不懂怎么把工程师组织起来。'中国制造'今后的优势还很大,关键是利用好中国的人才,让他们淋漓尽致地发挥。"王传福如是说。

王传福所谓的万人工程师队伍,大都是刚毕业不久的年轻大学生。他喜欢用自己培养的大学生。"中国的学生多聪明,他们缺的只是机会。"王传福的用人观不仅是说出来,而且是表现在实际的工作中。现在王传福直接领导的 7 个副总裁中,绝大部分是从学校一毕业就进入比亚迪的,比亚迪汽车销售总经理夏治冰就是其中的一个代表。

夏治冰是 1998 年北京大学金融专业的毕业生。他还清楚地记得,那一年王传福亲自到北大来招聘,当时的比亚迪还只是一个名不见经传的小企业,而且企业人数不到 2000 人。在招聘面试过后,王传福请大家吃饭,夏治冰和他的很多同学还是第一次碰到这样招聘的企业,饭桌上王传福谈的全是想怎么把比亚迪做大做强,希望同学们能参与到这个事业中来。也许是被王传福的激情感染,很多同学都纷纷加盟比亚迪。事实证明,同学们当年的决定是正确的,他们不仅选对了行业,也选对了老板。夏治冰进比亚迪时,锂电池事业部只有几十人,今天光这个事业部就有 2.6 万人。

王传福尊重人才,重用人才,刚毕业的学生在比亚迪被委以重任。夏治冰进入比亚迪的第一个任务是为锂电池事业部寻找 20 万的贷款。刚刚走出校门,对社会知之甚少,比亚迪又是一个名不见经传的小民企,夏治冰在寻找贷款的过程中四处碰壁。

夏治冰没能完成公司交给他的第一个任务,觉得很受伤,但他并没有停下脚步,而是广泛地与一些金融机构、银行联系,功夫不负有心人,直到某个金融企业听了夏治冰的介绍后,看好比亚迪的成长性,提供了 200 万的贷款,夏治冰赢得了自己在比亚迪的第一个自信。

在被调往比亚迪汽车销售公司之后,夏治冰继续沿用着王传福的用人理念,任用刚刚从大学毕业的学生组建自己的团队。他时刻为新来的毕业生搭建发展和奋斗的舞台,正如当年他所走过的路一样,这些新人的第一个任务通常是同一些资产规模达数千万的经销商谈合作。

王传福相信刚毕业的学生,并尽最大可能给他们施展才华的机会。

在比亚迪位于上海松江的汽车工程院,3000 多名汽车工程师中,90% 是 2004 年以来毕业的年轻大学生。如果是在国企,他们首先要拧一年的螺丝钉、清理一年车间才可能开始摸车。如果是在外企,可能还只是一个试车员。但在比亚迪,他们一上来接触的就是整车项目,什么核心技术都能接触,对比亚迪的 F3、F6 核心技术更是烂熟于心。

对于成长快速、可做领导的年轻人,王传福认为激励他们的最有效方式是不断地为他们提供机会,为他们创造新的平台。如果问王传福:什么事是他创业以来觉得最难的? 他的回答就是如何发挥人的主动性。

在比亚迪的工程师中,有相当一部分是硕士、博士。尤其在 20 世纪 90 年代中后期,博士有点被神化的感觉,似乎博士一进企业就会成为解决所有技术问题的高手。但他们的强项往往是扎实的理论功底,弱项则是缺乏实际的操作经验。

因为被推得很高,却又在短期内做不出成绩,这些人并未发挥出自身的价值,结果只好选择了离开。王传福也曾在这样的问题上有过失误,后来他总结出一套办法,博士们一进门就先把他们拉下“神坛”,事先就声明博士们某些方面还要向工人请教,在一些方面甚至要从头学起。这样,技术队伍的氛围就融洽了许多。

王传福认为:“企业家对于技术人员要有耐心,不能我今天投入以后,6 个月就要收到利润,这是做不到的,技术还要通过一个产品来表现,你要给他一定的时间和耐心,同时要理解技术人员的工作。”

王传福承认,比亚迪的管理模式更接近丰田这样的日本企业。公司推崇的是造物先造人这样的概念。“人本管理”是与以“物”为中心的管理相对应的概念,它要求理解人、尊重人,充分发挥人的主动性和积极性。

对“人本管理”思想的运用和实践,王传福发挥得淋漓尽。王传福正是用他博大的胸怀和非凡的智慧凝聚着比亚迪十几万的员工,创造着一个又一个奇迹。

2016 年 10 月,比亚迪和阿里巴巴、华为等公司入选《财富》杂志 2016 年度“最受赞赏的中国公司”。

讨论题:

1. 比亚迪尊重人才、重用人才有哪些具体的体现?

2. 比亚迪的“人本管理”对其他中国企业有哪些启示?

? 复习思考题

1. 科学管理理论的主要内容是什么？有哪些贡献与不足？

2. 科学管理对当今的管理实践有何指导意义？

3. 阐述中国古代代表性的管理思想。哪些管理思想对当今社会影响较大？

4. 行为科学的主要流派分别有哪些观点及代表人物？

5. 现代管理思想的方法论基础是什么？

6. 现代管理思想的主要流派有哪些？主要观点分别是什么？

7. 当代管理思想的基本主张、观点及代表人物是什么？

8. 管理发展的新趋势有哪些？有何启示？

第三章
管理伦理与企业的社会责任

本章要点

◇管理伦理的概念

◇道德发展阶段

◇管理伦理的主要流派

◇改善组织伦理的主要途径

◇组织的社会责任

案例导入

大方县来了"大方人"——恒大 30 亿元帮扶贵州大方县

贵州省毕节市是全国首个也是唯一的"开发扶贫、生态建设"试验区,下辖的 8 区县中有 5 个县是国家扶贫开发工作重点县,其中大方县贫困面大、贫困程度深,扶贫开发任务非常艰巨。基于这个现状,恒大与大方县签订精准脱贫协议,计划三年内无偿投入扶贫资金 30 亿,通过产业扶贫、易地搬迁扶贫、吸纳就业扶贫、发展教育扶贫和特殊困难群体生活保障扶贫等一揽子综合措施,到 2018 年底实现大方县 18 万贫困人口全部稳定脱贫。

2016 年 2 月 27 日,恒大集团结对帮扶大方县首批援建工程项目开工仪式在毕节市大方县举行,40 项重点工程和 200 个农牧业产业化基地项目同时正式开工。开工仪式上,全国政协副主席马飚表示:"恒大实施一揽子综合措施帮扶大方,体现了强烈的社会责任和使命担当。希望恒大以首批援建的重点工程和农牧业产业化基地项目开工为契机,让项目真正落地生根,为民营企业参与'补短板',促进'共同富裕'提供好的范例。"

全国政协常委、恒大集团董事局主席许家印说:"民营企业从无到有、从小到大、由弱变强,无不得益于党的改革开放政策和全社会的理解、帮助与支持。饮水思源、回报社会,是民营企业应尽的社会责任!"为此,恒大决定无偿投入 30 亿元,用三年时间,通过产业扶持、易地搬迁、吸纳就业、发展教育等一揽子综合扶贫措施,实现大方县 18 万贫困人口全部稳定脱贫。这是恒大结对帮扶大方的宏伟蓝图,这是恒大扶贫团队对大方人的郑重承诺。恒大总裁夏海钧在介绍帮扶毕节大方县情况时表示,恒大的快速发展得益于中国的改革开放,没有国家的改革开放政策,就没有今天的恒大。人长大了,要孝敬父母;企业大了,要懂得报恩。"恒大的一切都是党给的、国家给的、社会给的、人民给的,帮助贫困地区脱贫是我们应尽的社会责任。"

总体来看,此次恒大扶贫的种种举措,无疑是为地区人民谋得福祉,真正从根本上提高本地居民素质,为下一代"大方人"的良好教育和健康成长提供了良好的平台。同时,也向世人展现了恒大强大的企业实力和"兼济天下"的企业责任,而采取"授人以渔"的帮扶方式,实现了真正意义上的扶贫,也帮助当地人实现真正的可持续发展。

思考:

1. 企业到底需不需要承担社会责任? 为什么?

2. 恒大集团积极投身于社会慈善事业,给我们带来了哪些启示?

第一节　组织的管理伦理和伦理规范

一、管理伦理的概念

(一)伦理和道德

"伦"是指人的关系,即人伦,"理"是指道德律令和原则,所以伦理是指人与人相处应遵守的道德和行为准则。而西方主要是指风俗、风尚和性格等。道德是人们对于人类关系和行为的柔性规定,道德的基本在实际运作中和伦理并没有什么区别。伦理与道德都在一定程度上起到了调节社会成员之间相互关系的规则的作用。按照施泰因曼教授的观点,道德是指一定的文化界域内占实际支配地位的现存规范,而伦理则是指对这种道德规范的严密方法性思考。按这种区分,伦理是倾向于一种理论,它是对道德的科学性思考,它高于道德的哲学;而道德则是伦理在实际中的规范。比如我们通常会说"一个有道德的人",而不会说有伦理的人,同样我们也只会说"伦理学"而不会说"道德学"。从这个角度说,在日常用法中,道德更多用于人,更含主观、主体、个体的意味;而伦理则更具有客观、客体、社会、团体的意味。

(二)法律和道德

法律和道德都是人类社会特定经济关系的产物,法律属于社会制度范畴,道德属于意识形态范畴。两者都是调控社会关系和人们行为的重要机制。法律是由国家制定并强制实施的行为规范,道德是依靠人们的内心信念、传统习惯和思想教育调整行为的规范。两者既相互区别,又相互渗透、互相支持、互相转化、相辅相成。具体表现为:一是法律意识与道德观念具有同一属性而相互联系,二是法律规范与道德规范的调控范围有所重叠而相互包容。一般来说,凡是法律所禁止和制裁的行为,也是道德所禁止和谴责的行为;凡是法律所要求和鼓励的行为,也是道德所培养和倡导的行为。反言之,许多道德观念也体现在法律之中,许多道德问题也是可以诉求法律解决的问题。不过,从规范作用的范围来看,法律与道德对人们行为有着不同层次的要求。前者一般只能规定最起码的行为要求,而后者可以解决人们精神生活和社会行为中更高层次的问题。例如,道德可以要求人们"毫不利己,专门利人",而法律只能规定人们不许损人利己或损公肥私。

(三)管理伦理

管理伦理常常又被称为"企业伦理"或"商业伦理",它是伴随着企业经营生产的一系列问题而出现的。它不是与普遍的伦理观念不同的特定的一套伦理观念,也不是仅仅适用于管理的伦理观念,它是普遍的伦理观念在管理过程中的运用。管理伦理注重的是管理活动及过程,主体为管理者;企业伦理还包括员工、企业本身、法人代表等。

管理伦理是分析管理活动中出现的重大问题的伦理纬度,是结合管理活动本身具体运用伦理规范,形成的特殊行为规范。管理活动中的重大问题包括:管理的终极价值与价值体系的层次、管理主体与相对者的道德关系、管理者的个人利益与组织利益的协调等。管理活动中的具体伦理问题包括:工作条件的改善;隐私权;管理权的合法性、执法依据、权限、法定权利;管理活动的公共性(公私界限、工作时间干私活、将公物用于私人事务)等。管理伦理的综合分析应提出便于操作的解决方案,并颁布各种守则。守则中包括相应的规范和基准。守则的内容必须细致、翔实。无视伦理准则,违反法律法规,不讲公众意识的不正当竞争不仅损害了诚实经营者和广大消费者的权益,企业本身也失去了公众的信任。从这个意义上来讲,不正当的市场竞争永远没有赢家。20 世纪 70 年代起,在美国、西欧、日本的一些先进的企业,就已经在组织内部建立起严格的伦理制度和监管制度,企业不再认为企业的竞争是赤裸裸的斗争,不再认为打垮对手就是赢得了自己。这些认识,促使企业改变旧有的经营观念,把企业定位在追求利润与推动良性的社会变迁上,使企业能够长久地生存下去。因此伦理是企业赖以生存的基石,有了它,企业可以同时拥抱利润与灵魂。

企业可以从以下四个方面入手,推动企业伦理的建立:

1. 制定并执行企业伦理守则

伦理守则所规范的主要内容是企业与其利益相关者、员工、顾客、股东、政府、社区、社会大众等的责任关系。它同时包含公司的经营理念与道德理想,如同一般人的座右铭,多少可以反映公司的文化与行为、生存的基本意义和行为的基本方向。企业信奉的伦理守则应贯彻到经营决策的制定以及重要的企业行为中。威塞里尔协会是一家小型的、为汽车行业提供电子部件的私人供应商,它拥有一本"质量担保手册",是思想方针、行为指导、技术手册和企业简介的一个统一体,记录了公司对于正直人格的承诺和关于正确行为的指导原则。公司从来不用销售比赛等来激励员工的个人工作表现,也不通过销售数字来判断竞争状况,而是教育员工在制定决策时,既要考虑公司和个人的利益,也要考虑供应商、客户以及社会的需求,绝对的诚实、礼貌以及尊重他人是公司业务程序的标准。自步入业界以来,威塞里尔的销售收入不断增长,在一个发展缓慢的行业里创造了奇迹。

2. 设定伦理目标

企业要想获得持久的发展,其追求的经济目标中应该包含有伦理道德的要求,应该是经济目标与伦理目标的统一。企业目标制约下的行为不仅不能违背以法规形式体现出来的经济活动的游戏规则,而且要进一步以伦理准则来约束自己,主动实现道德自律。强生公司在发现其生产的泰诺胶囊被污染以后,当时的 CEO 詹姆斯·布克当即决定在全国范围内回收所有的泰诺胶囊,这反映了强生公司经济目标与伦理目标统一的企业文化。如果没有一系列在企业内部根深蒂固的、被人们所共同享有的价值观和指导原则,很难相信强生公司的反应能够如此迅速、一致而且符合伦理道德。

3. 加强员工企业伦理教育

企业应加强对员工进行有关企业伦理的教育,注重培养反映企业价值观的态度观念、思维方式等,让员工深刻了解到企业更高一层的使命。通过培训使员工能对身边的人与事有更高的敏感度,帮助员工在道德思想和行为中注入强大个人意志,防止破坏性的道德沦丧。

4. 从高层管理者推动伦理建设

成功企业中卓有成就、德高望重的领袖人物,是最有资格提升社会伦理道德的人物。高层领导的重要职责之一是赋予企业的指导价值观以生命,建立一个支持各种道德行为的环境,并在员工中灌输一种共同承担的责任感,让员工体会到遵守伦理是企业积极生活的一面,而不是权威强加于的限制条件。企业管理者的主要责任是教导、促进、启发员工的诚实、正直、公正感。当年,张瑞敏自己抡起铁锤砸掉了76台冰箱,在家电行业里以"挥大锤的企业家"著称。也正是这把大锤,为海尔走向世界立了大功。如今,"精细化,零缺陷"变成海尔全体员工的心愿和行动,那把大锤依然摆在展厅里,让每一位新员工参观时都能记住它。

二、管理伦理的特征

合乎伦理的管理具有以下七个特征:

(1)不仅把遵守伦理规范视为组织获取利益的一种手段,更把其视为组织的一项责任。

(2)不仅从组织自身的角度出发,更从社会整体角度出发。

(3)尊重所有者以外的利益相关者的利益,善于处理组织与利益相关者的关系。

(4)不仅把人看做手段,更把人看做目的。

(5)超越了法律的要求,能让企业取得卓越的成就。

(6)具有自律的特征。

(7)合乎伦理的管理以组织的价值观为行为导向。

三、影响伦理管理伦理的因素

(一)道德发展阶段

西方道德心理学家通过研究发现,人们的道德发展存在三个水平,每个水平包括两个阶段。随着阶段的持续上升,个人道德判断变得越来越不依赖外界的影响。管理者到达的层次越高越倾向于遵守道德的行为。道德发展阶段的具体内容如表3-1所示。

表3-1 道德发展阶段

阶段	行为特征	层次
前惯例阶段 只受个人利益的影响 决策的依据是本人利益,这种利益是由不同行为方式带来的奖赏和惩罚决定的	为避免物质惩罚,谨遵规则 只在符合直接利益时遵守规则 只在其利益受到影响的情况下才会作出伦理判断	最低
惯例阶段 受他人期望的影响 包括对法律的遵守,对重要人物期望的反应,以及对他人期望的一般感觉	做周围的人所期望的事 通过履行他人所认同的准则、义务来维护平常秩序	中间
原则阶段 受个人用来辨别是非的伦理准则的影响 个人试图在组织或社会的权威之外建立伦理准则	尊重他人的权利,置多数人的意见于不顾,支持不相干价值观和权利 遵循自己长期形成的道德准则,而不受外界影响	最高

(二)个人特征

每个人在进入组织时都有一套相对稳定的价值准则。但是价值准则和道德发展阶段看起来相似,其实是不一样的。自我强度和控制中心是影响个人行为的两个个性变量。

自我强度用来度量一个人的信念强度。一个人的自我强度越高,克制冲动并遵守内心信念的可能性越大。控制中心用来度量人们在多大程度上是自己命运的主宰。具有内在控制中心的人认为他们控制着自己的命运,而具有外在控制中心的人则认为他们生命中发生什么事是由运气或机会决定的。

(三)组织文化

组织文化的内容和强度也会影响伦理行为。最有可能产生高伦理标准的组织文化是具有较强的控制能力以及风险和冲突承受能力的组织文化,处在这种文化中的管理者,具有进取心和创新精神。与弱组织文化相比,强组织文化对管理者的影响更大。

(四)问题强度

问题强度是指管理者所面对的决策问题特征。即危害的严重性、社会舆论反应、危害的可能性、后果的直接性等。有时一个企业的管理者在发生了危机事件时,没有给予高度的重视,对于事件危害的严重性、可能性和后果的直接性估计不足,才造成事态的愈演愈烈,最终到无法挽回的地步。

四、管理伦理的主要流派

(一)功利主义的伦理观

这种观点认为决策要完全依据其后果或结果作出。功利主义的目标是为尽可能多的人提供尽可能多的利益。持功利主义态度的经营者认为首要任务是去选择一个可以影响或有利于大多数人的方法或手段。研究表明,大多数经营者对伦理行为持功利主义态度。因为功利主义与诸如效率、生产率和高额利润之类的目标相一致。例如他们认为解雇20%的员工是合理的,因为这样剩下80%的人的工作更有保障,而且符合股东的利益。有一些企业在实际中所运用的对员工考核评价的制度,通常是依据对员工工作绩效的差别规定不同的档次,并发放比率不同的奖金,表现最好的员工应得到最高的报酬收入和更多的晋升机会。

(1)从组织目标看,经营者应满足针对在组织内外环境中活动的人,包括顾客、供应商、债权人、员工、股东等。为在市场竞争中提供给最大多数人最大的利益,经营者必须善于集中最大可能的资源,并有效地加以利用。

(2)从效率看,员工要有效地达到组织的目标,就应该尽可能减少投入(劳动力、土地、资金、管理),并减少外部成本(污染等)。

(3)从利益冲突看,员工应使用有效的方法来完成组织的目标,员工的个人利益不应和组织的目标产生明显的冲突。

功利主义的伦理观与传统的企业伦理观及高度成功的经营者的价值观取向一致,注重最大利益、个人主义、能力主义、努力工作、抱负、竞争和冒险等价值。

(二)权利至上的伦理观

这种观点认为决策要在尊重和保护个人基本权利的前提下作出。主张管理行为和决策必须与个人和群体的基本自由与权利相一致。在管理行为与决策中有六种重要的基本权利：

（1）生命与安全的权利。员工、顾客及一般大众有权使其生命和安全不受到危害，一般各国的职业安全和健康法案都承认此点。

（2）知情权。应该告知员工、顾客及一般大众有权知道的事情，不得加以蒙蔽。

（3）隐私权。公民有权限制和控制任何人或机构接近或使用私人生活资料。

（4）良心自由。员工及其他人有权拒绝实行有损于其道德或宗教信仰的命令。

（5）言论自由。在不破坏其他人权利的条件下，员工及其他人有权以良心或事实为根据批评经营者的道德性及合法性。例如，某公司出售有污染的食品，并禁止员工向政府有关部门透露内部情况，而各国有关职业安全、污染、健康安全的法规一般都包括保护指控经营者违法行为的员工。也就是说当雇员揭发顾主违反法律时，应当对他们的言论自由加以保护。

（6）私有财产。公民有获得、拥有、运用私有财产的基本权利。

这种观点积极的一面是保护了个人的自由和隐私；而消极的一面则是把个人自由的保护看得比工作的完成更重要。

（三）公平原则的伦理观

这种观点要求管理者公平地实施规则，以公平或公正为根基行使管理行为或决策。其理念来源于自由原则和差别原则。自由原则是指每个人有权要求与他人相同或一致的最大自由。例如，18岁以上的公民不论教育、收入、性别或种族，均有投票权。差别原则是指由于社会经济中存在事实上的不平等，使任何利益都有一定的副作用。只要各种社会地位和职位是自由流动开放的，那么就会导致公平竞争。

公平原则强调公平分配、公正和人本责任三个方面，具体表现如下：

（1）公平分配。公平分配指个人因素（种族、性别、宗教、国籍等）不影响个人在组织中的待遇。该原则具体体现为：①相关方面条件类似的人，其待遇相似；②相关方面条件不同的人，按其不同处的比例，待遇有所不同。如在某一工作需要的技术、努力程度、责任和工作环境相同时，支付女性的工资低于男性，是违法的。但如果工资差别决定于工资制度、奖励制度或生产质量差别等因素，则是合法的。

（2）公正原则。公正原则指企业在满足以下两个条件的情况下，有权要求员工按照企业规章的要求从事本职工作：①企业是追求公正的；②员工自愿接受企业安排的利益以及利用企业提供未来利益的机会。企业是由个人组成的群体，为了共同的利益必须致力于合作，因此必须限制一些个人自由。例如，企业规章制度限制员工上班迟到或旷工的自由被视为是公平的。

（3）人本责任原则。从企业内部说，企业与员工的相互责任是：①企业与员工之间的行为是双方自愿的，如员工不能被强迫为某个企业工作，而经营者也不能被迫雇佣某一个特殊的人物。②应以明确的规章界定企业与员工的权利与责任。③每一个为对共同利益而合作的个体都是有责任的，员工与经营者在企业存在的情况下，分享共同的利益。企业外部的责任包括当他人处于危险或需要帮助时，有责任去帮助他们；不去伤害他人的责任；不引起不必要痛苦的责任；守法的责任等。

按公平原则行使管理行为有利有弊，一方面它保护了未被充分代表的和缺乏权力的利益相关者的利益，而另一方面它可能不利于培养员工的风险意识和创新精神。

（四）综合社会契约的伦理观

这种观点主张把实证（是什么）和规范（应该是什么）两种方法并入商业伦理中，即要求决策人在决策时综合考虑实证和规范两方面的因素。这种伦理观综合了以下两种"契约"：

（1）经济参与人当中的一般契约。这种契约规定了做生意的程序。

（2）一个社区中特定数量的人当中的较特定的契约。这种契约规定了哪些行为方式是可接受的。

这些流派的差别不在于对管理本质的理解，而主要在于对伦理价值依据以及伦理价值在管理过程中的实现方式等理解上的差异。因此，信奉自然法的人认为，凡出自自然或圣经者，都是好的；若以功利主义的观点来看，凡能提供绝大多数的人最大利益的，任何行为都算合理；若以权利至上的观点来看，所有行动只要动机纯正并且保障了个人或群体的基本权利，无一不可宽恕。管理伦理的流派在当代的趋势仍在增加。

五、改善组织伦理行为的途径

（一）挑选高道德素质的员工

充分重视对雇员的甄选工作，包括面试、笔试和背景测试等，应当努力剔除道德上不符合要求的求职者。并且应同时建立长效制度和监督机制。

（二）建立道德准则和决策规范

组织应该建立清晰的道德准则和决策规范，表明公司的价值观和希望雇员遵守的道德准则。制定道德准则时一方面应尽量具体和明确；另一方面要允许雇员拥有判断问题的自由。公司道德准则内容可包括：要求员工做一个可靠的组织公民；不做任何损害组织的不合法和不恰当的事；为顾客着想等。建立完善的制度在一定的程度上可以规范员工的行为和思想道德。

（三）管理者以身作则

遵守道德准则需要高层管理者以身作则。首先，高层管理者建立了组织文化基调，他们是表率，高层管理者做的比说的更重要。高层管理者决定奖励、晋升和惩罚，并向员工传递信息。若采用不正当行为获取成果的经理被晋升，员工则认为，公司鼓励这样的不正当行为。若对某些员工进行惩罚，应该公布事实，让其他雇员知道原因和后果。

（四）设定合适的工作目标

员工应该有明确和现实的工作目标。要把握好目标的挑战性和目标的现实性。若目标十分明确，但不现实，会诱导员工用不正当手段来实现目标。在不现实目标压力下，即使有道德员工也会采用"不择手段"的方式。当目标清晰而又现实时，会使雇员受到激励而不是误导。

（五）综合绩效评价

一个组织若要管理者遵守道德准则，应该在绩效评价过程中包含这方面的内容。例如，对部门经理进行年度评价时，应包括其取得经济效益的内容，还应包括他的决策多大程度符合组织的道德准则等。若组织仅仅考核经济指标，会引导管理者忽略道德准则的要求。

（六）道德培训

为了提高组织管理道德水准，组织可以通过开设研讨会，专题讨论会、演讲、专题测试和有奖竞猜等方式提高组织全体员工的管理道德意识，并明确告知员工某些行为方式。

（七）仲裁和申诉机构

组织内部可以通过建立仲裁和申诉机构，便于员工按照公司道德标准行事，独立判断问题。

(八)建立监督机制

加强对管理者的监督,做到管理人员与普通员工互相监督,起到相互督促的作用。

第二节 企业的社会责任

一、组织社会责任的概念

1970 年 9 月 13 日,诺贝尔奖得主、经济学家米尔顿·弗里德曼在《纽约时报》刊登题为《商业的社会责任是增加利润》的文章,指出:"企业的一项、也是唯一的社会责任是在比赛规则范围内增加利润。""为了实现这一点,它们必须承担社会义务以及由此产生的社会成本。它们必须以不污染、不歧视、不从事欺骗性的广告宣传等方式来保护社会福利,它们必须融入自己所在的社区及资助慈善组织,从而在改善社会中扮演积极的角色"。

美国管理学大师彼德·德鲁克认为企业必须对社会具备一定的责任,这个责任来自于两个方面:一是企业对社会所产生的影响,另一个则是社会本身所具有的问题。

里基·格里芬认为,企业的社会责任是指在提高本身利润的同时,对保护和增加整个社会福利方面所承担的责任。

哈罗德·孔茨(1993)认为企业的社会责任就是认真地考虑公司的一举一动对社会的影响。

斯蒂芬·罗宾斯认为企业的社会责任是指超过法律和经济要求的、企业为谋求对社会有利的长远目标所承担的责任。他还区分了社会责任和社会义务两个概念。一个企业只要履行了经济和法律责任,就算履行了社会义务。而社会责任则是在社会义务的基础上加了一个道德责任,它要求企业分清是非并遵守基本的道德准则。

企业社会责任的发展历程表明随着经济和社会的进步,企业不仅要对赢利负责,而且要对环境负责,并承担相应的社会责任。目前国际上普遍认同 CSR 理念:企业社会责任(corporate social responsibility,CSR)是指企业在创造利润、对股东承担法律责任的同时,还要承担对员工、消费者、社区和环境的责任。它是组织管理者对整个社会的进步和保护社会利益所承担的一种管理责任。企业的社会责任要求企业必须超越把利润作为唯一目标的传统理念,强调要在生产过程中对人的价值的关注,强调对消费者、对环境、对社会的贡献。

二、社会责任与经济绩效

企业社会责任与企业经济绩效不应是一种对立而不可协调的关系,更应是一种平衡的相互促进的关系。马克斯·韦伯曾经深刻阐述了个别社会形态中精神与经济的关系,得出伦理精神是经济发展根本推动力的结论。他认为,资本主义的发展不在于"投入该行业的资金流"等物质方面,而在于"资本主义精神"的力量。让我们用一个例子作更好的阐述:比尔·盖茨的传奇一生可以用"科技创新""商业扩张"和"慈善回报"来概括。盖茨从"天才少年"转变为"垄断魔王",最后摇身变成"慈善长者",是一个难以理解的一再断裂的过程。但事实上,三张脸谱构成了西方现代资本主义政治、经济、文化的整体面目——如果没有一片鼓励独创精神的社会土壤,少年盖茨的天才不会有破茧而出的机会;如果缺乏一整套完备的商业制度,中年盖茨就不可能将他的"窗户"覆盖到地球上每一个电子屏幕；如果丢失了一脉宗教人文的深厚传统，老了的盖茨也很难成就现在这样一个慈眉善目的"世界第一大施主"。资本主义经济的繁荣，建立在这种完备的商业伦理基础之上。因此，我们要警惕和防范只出现企业的"霸权"，而看不到社会责任的不幸局面。

在我国，对于社会责任履行较好的企业，其经济效益和社会效益也是非常明显和持久的。如中国的同仁堂，以"德、诚、信"为主要经营思想。"德"，养生济世的经营宗旨；"诚"，精益求精的敬业精神；"信"，童叟无欺的职业道德。同仁堂强调企业对社会的责任承担，经过历代的精心经营，已成为中国甚至世界消费者最值得信任的企业和品牌。

综上所述，企业重视社会责任，良好的企业绩效是显而易见的。企业社会责任给企业带来的不仅仅是成本，更多的是效益，关键在于企业观念的转变和如何实施企业社会责任。

三、企业社会责任的分类

（一）从法律角度划分

从法律角度可分为法定和非法定的企业社会责任。法定的企业社会责任是指国家有关法律、法规及相关法律性条文规定企业必须承担的社会义务。比如，企业所缴纳的税金，企业的产品质量等。非法定的企业社会责任是指除国家法定的企业社会责任以外的，企业愿意自主承担的社会义务。

（二）从责任范围划分

从责任范围可分为企业内层社会责任和企业外层社会责任。所谓企业内层社会责任是指企业对企业内部的投资者、雇员、客户、当地社会区所应承担的社会责任。企业外层社会责任是指企业对政府、国内机构、社会团体、媒体、贸易机构、竞争者所应承担的社会责任。

三、企业承担社会责任的具体内容

企业在创造利润、对股东利益负责的同时，还要承担对员工、对社会和环境的社会责任，包括遵守商业道德、生产安全、职业健康、保护劳动者的合法权益、节约资源等。2008 年 1 月我国国资委发布了《关于中央企业履行社会责任的指导意见》，提出"坚持依法经营诚实守信，不断提高持续盈利能力，切实提高产品质量和服务水平，加强资源节约和环境保护，推进自主创新和技术进步，保障生产安全，维护职工合法权益，参与社会公益事业"等八个方面企业应承担的社会责任。因此可见企业应以诚信为本，在创造经济利益的同时，将企业伦理作为体制改革的一个重要部分，在组织内建立一套行之有效的伦理监督机制，肩负起应尽的社会责任，实现企业的可持续发展。

企业承担的社会责任的具体内容十分广泛，可以概括为以下几个方面：

（一）企业对员工的责任

对员工负责是企业的首要社会责任，主要包括以下几方面：

（1）营造良好的工作环境，创建一个能使各种人才都可以发挥才能的工作场所。

（2）定期或不定期培训员工，合理安排工作岗位，做到人尽其才，才尽其用。

（3）不歧视员工，尊重人权。调动各方面的积极性，同等对待所有员工。

（4）善待员工的其他措施。推行民主管理,提高员工的物质待遇等。

（二）企业对利益相关者的责任

对股东、顾客、供应商等利益相关者负责,才能不断发展创造名牌产品和名牌企业。企业不仅要适时、适度、有效地向股东、顾客、供应商等利益相关者提供本企业的经营信息,而且也要积极、公正、及时地发布本公司的经营理念、经营方针、业务活动、公益活动等与社会相关的信息。要通过宣传本公司的经营方针和内容来赢得社会的信赖。

（三）企业对环境的责任

企业既受环境影响又影响着环境,企业有承担保护环境的责任,具体体现在以下几个方面:

（1）企业要在保护环境方面发挥主导作用,特别要在推动环保技术的应用方面发挥示范作用。

（2）企业要以"绿色产品"为研究和开发的主要对象,努力做到不浪费有限的资源和能源,尽量减少废弃物。

（3）企业要治理环境,致力于有利于地球环境保护的技术、材料的开发与实用化,致力于商品的高回收利用和节省能源,减少有害物质。

（四）企业对竞争对手的责任

市场经济是有序的市场竞争,公平的市场竞争,作为企业不能搞恶意竞争,处理好同竞争对手之间的关系。

（五）企业对社会的责任

企业不仅要为所在社区提供就业机会和创造财富,还要尽可能为所在社区作出贡献。比如:认真纳税,安置就业;与环境相融,为所在地区的建设和环保贡献人力、财力、物力;加强环境的保护和治理,走可持续发展道路,用自身努力回报社会;建立有创新意识的企业文化,提高企业的社会地位和形象,赢得社会的广泛支持和认同;在企业内部成立监督部门,监督企业的社会政策,注重企业在履行社会责任时相关信息的批露。只有这样,企业在公众心目中才能树立良好的印象,创建最佳的企业形象。

📖 本章小结

道德通常是指那些用来辨明是非的规则或原则。道德在本质上是规则或原则,这些规则或原则旨在帮助有关主体判断某种行为是正确的或错误的,或这种行为是否为组织所接受。崇尚道德的管理,不仅把遵守道德规范视作组织获取利益的一种手段,更把其视作组织的一项责任。传统的经济学观点:为股东实现组织利润最大化是企业的天职,否则就不成其为企业,增进和保护社会福利是政府和非营利组织的责任。社会经济学观点:企业不只是对股东负责的独立实体,它们还需要对社会负责,因此企业的责任不只是创造利润,还应包括保护和增进社会福利。

🌐 案例讨论

苏宁的公益之路

在佤寨少年李江利眼中,天底下没有比踢球更快乐的事情了,踢一场真正的足球赛一直是他的梦想。但让小小的李江利一直不解的是,年迈的奶奶总告诉他"佤寨长不出足球"。没有标准的足球场,没有专业的体育装备,甚至连一双像样的足球鞋都没有,佤寨孩子们的足球梦就被这些客观条件锁在了深山里。

直到有一天,李江利和小伙伴们穿上了崭新的足球服和足球鞋,还收到了一批专业的足球运动器械,在李江利的记忆里那一天就像做梦一样,足球在佤寨生长,梦想也在他们心里成长。

帮助佤寨孩子们实现足球梦的,正是苏宁和爱德基金会联合发起的"校园足球梦"公益行动项目。这项从2015年开展的公益项目已经在云南、广西、四川、贵州四省的100所贫困乡村中小学落地,捐助足球装备等教学训练及比赛设备物资,同时在项目学校组织足球队开展足球训练和比赛,关注青少年足球发展运动。

这只是苏宁多年公益事业的一个缩影。截止2015年底,苏宁在扶贫救弱、资学助教、抗击灾害、支持就业等领域累计捐赠超过11亿。

苏宁董事长张近东表示,企业的价值不在于财富的多少,而在于企业财富所创造的社会价值的大小,苏宁不仅要做零售业乃至社会中最好的企业,更要做对零售业和社会发展最有价值的企业。秉承这样的思想,苏宁的社会责任理念,在创立之初就已确立。苏宁一直将社会责任理念融入组织运营与管理,将公益事业作为一项制度在企业内部推行。"阳光1+1"是倡导每位苏宁员工主动承担公民社会责任,通过每年至少捐一天工资、做一天义工的方式为社会贡献一份力量。

伴随企业的发展壮大,以及网络的拓展,苏宁的公益事业并不想仅仅停留于简单的捐赠和帮扶,而是希望鼓励和支持更多的人热爱这项事业,并投身公益事业。

"社会成就了苏宁,我们时刻以感恩之心回报社会。"张近东在"苏宁云商2016年社会责任报告"致辞中说到。

顺应互联网发展趋势,苏宁将互联网嫁接到公益活动中,展开互联网公益事业,上线了公益频道,推出公益众筹等项目,通过互联网的形式,提升公益效率,并带动更多的社会人士加入公益。

以往苏宁的慈善工作更多的是扶危济困,哪里需要帮助就去哪里。随着经济发展以及人们生活水平的提高,在"授人以鱼"的基础上,"授人以渔"才是新慈善事业的题中之义。"将企业资源嵌入行业、扎根农村、融入社会,提升弱势群体的造血能力、思维能力,真正激发他们内在的动力,实现可持续的发展。"张近东说这也是苏宁公益创新的方向。

2016年12月26日,苏宁26周年庆典在南京苏宁总部举行,当天仪式上,苏宁向社会各界宣布了苏宁2017年的公益行动计划,在苏宁公布的2017年公益行动计划中,互联网+扶贫、体育和教育将成为新一年的三大公益主题。

为了进一步推动苏宁公益规范化发展、体系化运作,整合企业资源与外部力量,苏宁还正式宣布成立"苏宁公益基金会"。该基金会未来将围绕帮助困难人群、资助弱势群体、救助自然灾害、促进文化教育等一系列社会救助活动,履行企业社会责任,统筹管理企业公益事业。

在苏宁看来,社会责任并不是附加在企业运营之外的责任和义务,而是与企业的长期发展相辅相成。

讨论题:

结合管理伦理和企业社会责任的相关理论,谈谈你对苏宁公益事业的看法。

？复习思考题

1. 什么是管理伦理？
2. 管理伦理的特征有哪些？
3. 请谈谈如何改善组织伦理行为？
4. 试分析企业社会责任和良好的经营绩效之间的关系。

第二篇

管理职能篇

第四章

计划职能

本章要点

◇计划职能的含义

◇计划的程序

◇滚动计划法

◇目标与目标管理

案例导入

乔森家具公司五年目标

乔森家具公司是林大森先生在 20 世纪 80 年代创建的,开始时主要经营卧室和会客室家具,取得了相当大的成功,随着规模的扩大,自 20 世纪 90 年代开始,公司又进一步经营餐桌和儿童家具。1995 年,林大森退休,他的儿子林小森继承父业,不断拓展卧室家具业务,扩大市场占有率,使得公司产品深受顾客欢迎。2003 年,公司卧室家具方面的销售量比 1995 年增长了近两倍。但公司在餐桌和儿童家具的经营方面面临着严重的困难。

一、董事长提出的五年发展目标

乔森家具公司自创建之日起便规定,每年 12 月份召开一次公司中、高层管理人员会议,研究讨论战略和有关的政策。2003 年 12 月 14 日,公司又召开了每年一次的例会,会议由董事长兼总经理林小森先生主持。林小森先生在会上首先指出了公司存在的员工思想懒散、生产效率不高的问题,并对此进行了严厉的批评,要求迅速扭转这种局面。与此同时,他还为公司制定了今后五年的发展目标。具体包括:①卧室和会客室家具销售量增加 20%;②餐桌和儿童家具销售量增长 100%;③总生产费用降低 10%;④减少补缺职工人数 3%;⑤建立一条庭院金属桌椅生产线,争取五年内达到年销售额 5000 万。

这些目标主要是想增加公司收入,降低成本,获取更大的利润。但公司副总经理马一鸣跟随林大森先生工作多年,了解林小森董事长制定这些目标的真实意图。尽管林小森开始承接父业时,对家具经营还颇感兴趣。但后来,他的兴趣开始转移,试图经营房地产业。为此,他努力寻找机会想以一个好价钱将公司卖掉。为了能提高公司的声望和价值,他准备狠抓一下经营,改善公司的绩效。马一鸣副总经理意识到自己历来与林小森董事长的意见不一致,因此在会议上没有发表什么意见。会议很快就结束了,大部分与会者都带着反应冷淡的表情离开了会场。马一鸣有些垂头丧气,但他仍想会后找董事长就公司发展目标问题谈谈自己的看法。

二、副总经理对公司发展目标的质疑

公司副总经理马一鸣觉得,董事长根本就不了解公司的具体情况,不知道他所制定的目标

贡献大小,并适当给以必要的物质和精神激励,才能保证总目标的实现。如果一个企业没有一个共同目标,其组织也不会有效地进行工作,并且组织规模越大,人员越多,产生冲突和浪费的可能性就越大。

3. 目标分解与落实,强调自我控制

正是由于一个共同目标存在的必要性,让组织中的每个员工都根据总目标来制定个人目标,并积极努力达到个人目标,进而实现组织的总目标。然后,在目标管理的实施阶段和评价阶段,充分信任员工,发扬民主并下放权力,让员工实行自我控制,依靠个人力量,独立完成各自的目标。

4. 考核依据

严格依据每个员工的实际贡献如实进行评定,做到实事求是,这也是尊重员工的表现。这样,可以进一步刺激员工的工作热情,充分发挥员工的积极性、主动性和创造性。

目标管理与危机管理、压制管理不同。危机管理是指管理者平时无所事事,只有在发生意外时才忙成一团,是一种"消防队救火式"的管理方式。压制管理是指管理者每时每刻都紧盯着他的下属,是一种"监工式"的管理方式。而目标管理与这两种管理方式截然不同,企业的管理者在进行计划、组织、指挥、控制及人力资源等管理工作时,事先怀有"目标",在执行过程中,充分相信员工,有条不紊,紧张而不慌乱,以达到"目标"的程度评价管理效能的优劣。因此说,目标管理既融合了泰罗的科学管理学说,又渗入了梅约的人际关系学说,是一种根据工作目标来控制每个员工行动的管理方法。它的目的是通过目标的激励,来刺激员工的上进心和成功欲,以达到总目标。

(四)目标管理的基本特点

1. 整体性

目标管理体现了系统论和控制论的思想,它是把组织目标作为一个系统看待,是经过总体思考而产生的。也就是在确定总目标的时候,就已经充分考虑了分目标的分解和落实,形成完整的目标体系。

2. 目的性

目标管理要求组织确定下来的目标必须明确、具体,具有较高的清晰度。清晰度就是指目标的简洁程度。一是组织在确定具体项目时应突出重点,在结构上,每个工作方面最好为一项目标;二是目标的文字表达要简单明了,使员工易于记忆和理解。

3. 层次性

目标具有层次性,目标管理相应也有层次性,总目标经过逐级分解之后,层次就显示出来了,重要的是怎样才能保持层次。如果层次稳定下来,也就实现了目标管理;如果层次稳定不下来,实际上目标分解就没有落实,目标管理必然流于形式。

层次性稳定的根本问题在于合理授权。在目标管理中,科学的领导应当只抓两项工作:一是根据组织的总体目标向下一层次发出指令信息,最后考核指令的执行结果;二是协调下一层次各单位(部门)之间的关系,对有争议的问题做出裁决。

4. 民主性

目标管理的重要原则之一是自我控制,经过目标分解。应当有利于提高人的主动性和创

造性。目标管理的民主性,体现在制定目标时要广泛实行民主参与,使员工对目标的意义有充分的了解,满足员工自我表达的需要。而且,员工主动介入制定和控制目标,能促使他们约束自己的行为。当目标确定之后,对于选择什么样的方法去实现目标,应当给执行者留存较大的自由度。无论目标的分解如何细化,不体现民主性都不是真正的目标管理。

(五)目标管理的基本过程

纵观目标管理工作的实践是怎样取得成功的,我们便能看出目标管理的重要性。由于各组织的活动性截然不同,目标管理的过程也不尽一样,可以分为以下几个步骤。

1.确定总目标

企业在确定总体目标时,必须注意到目标的可分解性。总体目标的可分解性涉及许多方面的问题,但最主要的是利益问题。职工利益与企业利益相背离是实行目标管理的障碍。这一问题如不能解决,职工不会主动去关心企业的目标,企业目标得不到落实,也就失去了可分解性。企业必须承认员工的利益和权力,但员工的利益只有与企业的利益挂起钩来才能实现。解决这一问题是实行目标管理的前提条件。

企业目标的确定应遵循的原则是:①要以市场需求为依据,体现企业发展的战略思想;②在一定的价值观的支配下,提高企业的经济效益;③从实际出发,最有效地利用企业的有限资源;④要先进合理,应当是经过努力可以达到的;⑤要提高目标的清晰度。

2.目标分解

当企业总体目标确定之后,如何具体地将目标落实下去,这就是目标的展开问题。目标的展开应包括以下工作:

(1)目标分解。从形式上看,目标分解就是将目标一层层划开,大划中、中划小、一直分解到班组和个人。分解的过程实质是一种自上而下层层展开,自下而上层层保证的过程。在企业中,目标分解是一项具有艺术性的工作,不能把目标分解理解为"目标均摊"。目标分解首先要将总体目标分解为专业目标,然后将专业目标经分解再落实到基层,形成基层的综合目标。经过层层分解,就形成了一个由综合到专业,再由专业到综合的有机分解过程。

(2)目标协商。在目标协商这一点上,充分体现着目标管理的特征。目标协商是指在目标分解过程中,企业上下级之间围绕企业目标的分解、层次目标的落实所进行的沟通和意见商讨。

目标协商有以下作用:①能使上下级的目标统一。②可以加深执行者对目标的理解。下级可以认识实现目标的意义,上级可以向下级讲解为什么要实现目标;同时,还能促使员工树立全局观念,这就为以后进行横向协调打下基础。③可以消除下级的顾虑。下级掌握了更多情况,了解实现新目标的条件,就会提高实现目标的信心。④目标协商实现了员工民主参与。民主参与使员工摆脱了执行者受驱使的感觉,感受的自身价值的实现,从而有利于调动员工的工作积极性。

(3)对策展开。当目标确定之后,实现目标的关键在于抓住主要问题,制定措施及时予以解决。对策展开的实质就是解决问题。

(4)明确目标责任。它不仅包括实现目标的质量标准和承担责任的项目,还包括向有关方面提供保证,同时配以奖惩措施。这些都应以明确的方式表示出来,使目标的执行者随时都可以检查自己的目标实现程度。若没有明确的责任加以约束,总体目标最终难以实现。

(5)编制目标展开图。目标展开图是以图表的方式,将目标管理所要实现的内容表示出来,图表方式比较直观,目标的分解、对策、责任、标准一目了然,而且还能使人们了解目标体系结构和自己在目标体系中所处的地位,如图 4-5 所示。

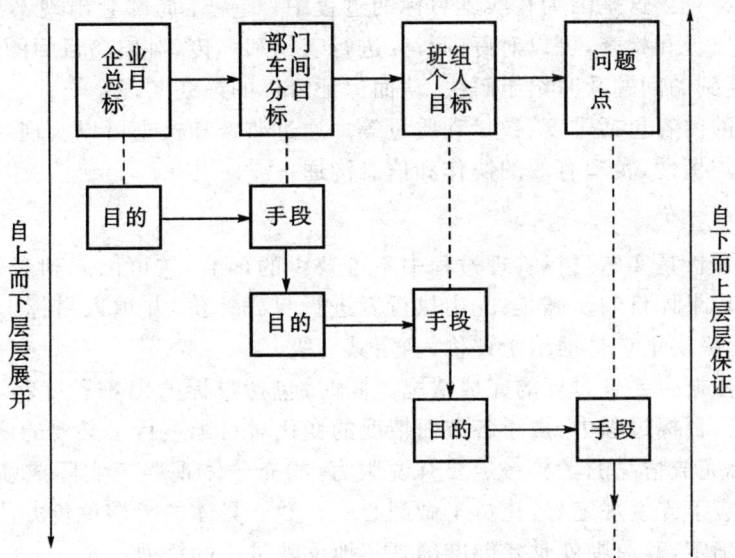

图 4-5 目标分解展开图

3.目标的实施

目标的实施阶段就是目标实现过程,这一阶段的工作质量直接影响着目标成效。为了保证各层次、各成员能实现目标,必须授予相应的权力,使之有能力调动和利用必要的资源,保证目标实施有效地进行。这一阶段包含的内容如下:

(1)编制计划。经过目标分解和协商之后,各个部门和各个岗位所需完成的目标已经确定下来。目标分解解决的是每个部门应该做什么的问题,而编制计划则是要解决的是什么时候,做什么的问题。因此,在目标分解的基础上还要编制计划。

编制计划实际上就是制定实现目标的措施和确定实现目标的手段。在目标管理中,这一步虽然要由目标执行者自己进行,但决不等于放任自流,而是要求领导者给予必要的协助。如提出各种建议,提供各种信息,组织各种沟通交流活动等。力图使制订出的计划更加严密和切实可行,同时也更加符合总体目标的要求。

(2)自我控制。自我控制是目标管理的一个十分重要的特征。它是员工按照自己所承担的目标责任,按照目标责任的要求,在目标实施过程中进行自主的管理。由于受控于目标,不会出现自由放任的现象。

自我控制采用的主要方法是自我分析和自我检查,而在实现目标的过程中,不断地总结经验与教训,通过一定的反馈方式,把握目标的实现程度;通过将实现程度与目标进行对比,从中找出差距与不足,并研究实现目标的有效方法。自我控制对目标的实现起着积极的作用。

自我控制并不意味着脱离领导,而是要建立新型的上下级协作关系。实现这种类型的关系要做到:①要保持一定的沟通,及时汇报目标的实施情况和存在的问题,使上级掌握工作进度,以便取得领导的支持和指导;②实施的情况要及时反馈给协作部门,以便实现相互间的良好配合,纵向和横向关系要做到制度化。

(3)监督与检查。目标的实施主要是靠员工的自我控制,但并不排斥管理者对目标实施进行必要的监督和检查。这是因为在实施目标的过程中,难免在局部会出现不利于总体目标实现的行为。通过监督和检查,可以对好的行为进行表扬和宣传,对偏离目标的现象及时指出和纠正,对实施中遇到的问题及时给予解决,从而保证目标的最终实现。

监督和检查的内容包括进度、数量和质量等。通过监督和检查可以实现对偏差的调整,并保证完成目标的均衡性,实现有效的协作和信息沟通。

4.目标成果的评价

目标成果的评价是实施目标管理过程中不可缺少的环节,它可以起到激励先进和教育后进的作用。目标成果评价的步骤是:先由执行者进行自我评价,并填入目标卡片中,送交上级主管部门;再由上级实事求是地给予评价,确定其等级。

进行评价的依据主要是目标的完成情况。同时,包括目标的困难程度和为完成目标的努力程度。若在执行目标过程中,由于各方面情况的变化对目标进行了必要的修整,则还应包括修正部分,对目标完成情况的考核一定要有说服力,能充分体现职工实际成绩的好坏。而且,考核的具体办法应事先就规定好,让员工做到心中有数。具体的考核评价办法,可由企业根据自身的实际情况确定,其原则就是要能准确真实地反映员工的绩效。

5.实行奖惩

根据评价结果实行奖惩,评价考核一定要同物质及精神奖励结合起来,体现多劳多得。评价考核工作是否公平、合理,是否照顾到了大家的利益,这对下期工作的影响是很大的。因此,企业领导人一定要谨慎抓好这项工作。

6.新的目标管理循环

目标成果评价与奖惩,既是对某一阶段组织活动效果以及组织成员贡献的总结,也为下一阶段的工作提供参考和借鉴。在此基础上,再制定新的目标,开始目标管理的新一轮循环。

(六)目标管理的应用——PDCA循环

PDCA循环的概念最早是由美国质量管理专家戴明提出来的,PDCA循环又叫"戴明循环"。熟练掌握和灵活运用PDCA循环方法,对于提高质量管理体系运行的效果和效率十分重要。PDCA循环理论可以存在于所有领域,既可以应用于人们的专业工作,也可以应用于日常生活,它被人们持续地、正式或非正式地、有意识或下意识地使用于自己所做的每件事和每项活动。

1.PDCA循环的内涵

PDCA方法可适用于所有过程。其模式可简述如下:

P——计划:根据顾客的要求和组织的方针,为提供结果设计建立必要的目标和过程;

D——实施:实施过程;

C——检查:根据方针、目标和产品要求,对过程和产品进行监视和测量,并报告结果;

A——处理:采取措施,以持续改进过程业绩。

2.PDCA循环的主要步骤

PDCA循环是现场质量保证体系运行的基本方式,它反映了不断提高质量应遵循的科学程序。下面以全面质量管理为例介绍一下"P(计划)—D(实施)—C(检查)—A(处理)"的管理循环的主要步骤。它包含以下四个阶段和八个步骤：

(1)P：计划(plan)。在开始进行持续改善的时候，首先要进行的工作是计划。计划包括制定质量目标、活动计划、管理项目和措施方案。计划阶段需要检查企业目前的工作效率、追踪流程、目前的运行效果和收集流程过程中出现的问题点；根据搜集到的资料，进行分析并制订初步的解决方案，提交公司高层批准。计划阶段包括以下四项工作内容：

①分析现状。通过现状的分析，找出存在的主要质量问题，尽可能以数字说明。

②寻找原因。在所搜集到的资料的基础上，分析产生质量问题的各种原因或影响因素。

③提炼主因。从各种原因中找出影响质量的主要原因。

④制订计划。针对影响质量的主要原因，制订技术组织措施方案，并具体落实到执行者。

(2)D：实施(do)。在实施阶段，就是将制订的计划和措施，具体组织实施和执行。将初步解决方案提交给公司高层进行讨论，在得到公司高层的批准之后，由公司提供必要的资金和资源来支持计划的实施。

在实施阶段需要注意的是，不能将初步的解决方案全面展开，而只在局部的生产线上进行试验。这样，即使设计方案存在较大的问题时，损失也可以降低到最低限度。通过试验形式，可以检验解决方案是否可行。

(3)C：检查(check)。该阶段就是将执行的结果与预定目标进行对比，检查计划执行情况，看是否达到了预期的效果。按照检查的结果，来验证生产线的运作是否按照原来的标准进行；或者原来的标准规范是否合理等。

生产线按照标准规范运作后，分析所得到的检查结果，寻找标准本身是否存在偏差。如果发生偏差现象，重新策划，重新执行。这样，通过暂时性生产对策的实施，检验方案的有效性，进而保留有效的部分。

(4)A：处理(administ)。该阶段是对总结的检查结果进行处理，成功的经验加以肯定，并予以标准化或制定作业指导书，便于以后工作顺利开展；对于失败的教训也要总结。对于没有解决的问题，应提到下一个PDCA循环中去解决。处理阶段包括两方面的内容：

①总结经验，进行标准化。总结经验教训，估计成绩，处理差错。把成功的经验肯定下来，制定成标准；把差错记录在案，作为鉴戒，防止今后再度发生。

②问题转入下一个循环。将遗留问题转入下一个管理循环，作为下一阶段的计划目标。

3.PDCA循环的特点

(1)大环带小环。如果把整个企业的工作作为一个大的PDCA循环，那么各个部门、小组还有各自小的PDCA循环，就像一个行星轮系一样，大环带动小环，一级带一级，有机地构成一个运转的体系，如图4-6所示。

应当指出，PDCA循环中的A是关键环节。若没有此环节，已取得的成果无法巩固(防止问题再发生)，人们的质量意识可能没有明显提高，也提不出上一个PDCA循环的遗留问题或新的质量问题。所以，应特别关注A阶段。

(2)阶梯式上升。PDCA循环不是在同一水平上循环，每循环一次，就解决一部分问题，取得一部分成果，工

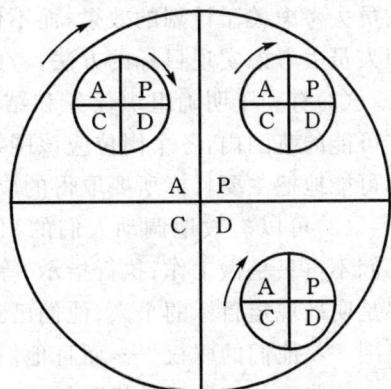

图4-6　大循环套小循环

作就前进一步,水平就提高一步。到了下一次循环,又有了新的目标和内容,更上一层楼。图4-7所示表示了这个阶梯式上升的过程。

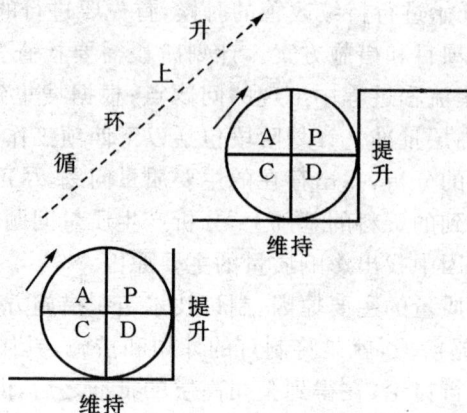

图4-7 阶梯式上升

(七)目标管理的优缺点

虽然目标管理是现在最广泛的实际管理方法之一,但它的效果有时还有问题。管理实践表明,要评价目标管理的真正效果是困难的。原因是:其一,目标管理是由各种各样的组织给它下不同的定义和进行不同的实践。它有的只是指简单地设置目标,而有一些则把它看作是一个全面的管理系统。其二,有效性也是不容易下定义的,而且业绩的增减可能是由于目标管理以外的其他因素造成的,要完成一项目标管理计划可能用2~5年的时间,在这期间,这个计划以外的许多其他因素也可能对企业的经营有影响。那么,如果一个目标管理方法产生效果,它一定与其特定的环境条件相适应。尽管目标管理方法有很多优点,但也有若干的弱点和缺点。但目标管理在管理过程中是必不可少的一个重要环节。为了进一步认识目标管理的必要性,扬长避短,我们有必要了解目标管理的优缺点。

1.目标管理的优点

(1)有利于提高管理效率。目标管理的全部好处扼要地讲,就是目标管理导致管理工作有很大的提高。用目标和预期结果来定向的计划工作,是非常有效的办法。目标管理迫使管理人员去考虑关于计划的效果,而不仅仅是计划本身的工作。为了保证目标的实现,它也需要管理人员去考虑实现目标的方法,考虑必需的组织、人员和物资。

(2)有利于明确组织任务和结构。目标管理可以迫使管理人员弄清组织的任务和结构。在可能的范围内,各个岗位应该围绕所期望的关键目标建立起来,各个岗位应有人负责。从而尽可能地把主要目标所要取得的成果落实到对实现目标负有责任的岗位上。

(3)可以有效地调动人们的积极性、创造性和责任心,鼓励他们专心致志于自己的目标。人们不再只是做工作、执行指示、等待指导和决策的被动行为;他们实际上是参与制定目标,且都是明确规定目标的个人;他们已有机会把自己的想法纳入计划之中了;他们了解自行处理的范围——他们的职权——而且他们还能从上级领导那里取得帮助,以保证他们完成自己的目标。这些都是有助于承担责任感的因素。

(4)更有效地实施控制。控制就是测定工作,就是采取措施以纠正在计划实施中出现的偏差,以确保目标的实现。管理控制系统的一个主要问题是要知道去监视什么,一套明确的考核目标就是进行监视的最好指导。

2.目标管理的缺点

尽管目标管理有很多优点,但它也有若干缺点,具体有以下方面:

(1)对目标管理的原则阐明不够。"目标"二字看起来很简单,对于要把它付诸实施的管理人员来说,必须对它要有很好的领会和了解。他们必须依次向下层人员解释目标管理是什么,怎样起作用,为什么要实行目标管理,在评价绩效时起什么作用,以及参与目标管理的人能够得到什么好处。但是实际上,许多管理人员对目标管理的基本思想理解不深。

(2)目标难以确定。真正可考核的目标是很难确定的,为了追求目标的可考核性,人们可能过分使用定量目标,而且不宜用数字表示的一些领域里也企图利用数字,或者对一些项目最终成果用数量表示有困难的重要目标,他们可能降低等级。例如,一个良好的企业形象,可能成为企业的关键目标领域,但它用数字表示是困难的,为了体现目标管理的思想,可能会导致定量化的目标无法充分反映组织的总体要求,甚至会降低标准。

(3)目标短期化。在大多数的目标管理计划中,所确定的目标一般都是短期的,很少超过一年,常常是一个季度或更短。然而组织强调短期是危险的,会损害长期目标的实现。因此,为防止短期目标导致的短期行为,上级管理人员必须从长期角度提出总目标和制定目标的指导准则。

(4)不灵活。目标管理要取得成效,就必须保持其明确性和稳定性,如果目标经常改变,就难以说明它是经过深思熟虑和周密计划的结果,这样的目标是没有意义的。计划是面向未来的,而未来存在许多不确定因素,使得必须根据已经变化了的环境对目标进行修正。目标的改变可能导致目标前后不一致,给目标管理带来困难。

即使目标管理在某些情况下有困难,但实际上,这种管理方法所强调的是设置目标,人们一直认为那是计划工作和管理工作不可缺少的部分。这就要求组织成员要不断探索,总结经验,以取得最大效果。

本章小结

本章介绍了计划的含义、特征、种类和计划工作的程序。通过环境分析,了解组织环境的构成,熟悉环境分析的方法,为计划和决策提供前提和基础。介绍了目标与目标管理的含义、基本思想、基本过程和优缺点。通过讲述 PDCA 循环,使学生更深刻地领会制定目标和目标管理的方法。介绍了几种常见的计划编制方法,如滚动计划法、运筹学法、整体综合法、预算法和网络计划技术等。

案例讨论

三只松鼠如何成为坚果销量领先品牌

三只松鼠股份有限公司成立于 2012 年,是当前中国销售规模最大的食品电商企业。2012年 6 月,"三只松鼠"创立。2013 年 1 月,单月业绩突破 2000 万元,2014 年"双 11",创下 1.02亿元的销售额。2015 年 11 月 11 日 24 时,三只松鼠"双 11"单日全网交易额达到 2.66 亿元。2016 年 11 月 11 日 24 时,三只松鼠"双 11"单日全网交易额达到 5.08 亿元。

三只松鼠成长秘密就是三只松鼠的爆品战略计划,在爆品计划中,关键两点很重要,一是用对话式营销的网络营销方式,二是用碧根果直击坚果市场。其中早期用碧根果这个单品直击袋装坚果市场,是引爆市场第一个关键原因。

产品永远是王道,是营销的子弹。坚果类市场,是个红海市场。三只松鼠创始人章燎原为了有效地区别于其他休闲类坚果食品的品牌特性,选择碧根果作为爆品。碧根果是全世界17种山核桃之一,属纯野生果类。碧根果市场,很热闹,竞争很残酷,不是挂个三只松鼠牌子就可以卖到爆的。

碧根果最大的痛点在于不好剥。很多厂家使用传统生产工艺加工碧根果时,随产品赠送一个特定的铁钳子,以此来将果壳夹碎,方便食用。但大多数食客在使用这种方法时往往会带来两个问题:一是夹得太碎,成了粉末状,无法食用;二是四处飞溅,不卫生。为了解决此问题,三只松鼠利用膨胀冷缩的原理在加工环节重新调整了生产工艺,使得流水线上出来的产品膨化度大大提升,冷却后自然剥离,消费者只需轻轻一剥,果壳当即脱落,非常方便食用。很多用户为其起名称曰"手剥核桃"。

三只松鼠在产品计划上重点聚焦消费者的痛点,以此构建产品的独特场景,极具魅力。

碧根果在食用过程中存在大量的杂质会将手弄脏、弄黑。三只松鼠为了解决此问题,在每个包装袋中增加了湿纸巾,用户吃完后,不用起身去洗手,只需要抽出湿纸巾,将手擦干净即可。

碧根果一袋装为210克,每次食用往往吃不完,密封不好下次会导致产品受潮,用户往往会非常遗憾地扔掉。为了解决此问题,三只松鼠早期采用的是条形夹,置于袋子中,用户只要吃不完,可以从袋子中拿出来立即夹起来给予密封,后来经过不断改良,产品采用扣嵌式封装袋,提升了食用方便性。

碧根果的果壳是处理难点。在这点上,男士们食用是在哪里吃就放哪里,吃完后一起打扫,但总会留下些"余烬"残渣,而女性群体大多会垫一张纸,但往往起身时也会不小心带动,果壳散向四周。早期三只松鼠采用的是附赠航空垃圾袋,但航空垃圾袋最大的问题是使用过程中不方便,放置麻烦,还不如直接扔到垃圾桶里方便,但随后的产品改进就令人叹为观止了。经过巧妙的设计,采用硬卡纸,纸叠起来就是一张卡片,展开后就成了一个"水立方"体。这样,使得每次吃完的果壳可以轻松放到"水立方"垃圾小纸盒中,最后一起倒掉,最重要的是这个小纸盒可以反复使用,为此不知道有多少女性群体爱煞了它。

客观地说,一个休闲娱乐坚果类食品,能做到这么多小细节是非常难得的,背后代表的深刻含义是,企业在计划设计这个产品场景的时候,不是单纯以产品为核心构思如何精美,如何"高大上"的,而是重新回归到人的角度来思考和设计,以用户为中心,以人性为导向,使得用户在使用这个产品过程中,通过对这些细节的感受最终在心目中对这个产品刮目相看,继而加深印象并大加赞赏。

有人说三只松鼠爆品选择碧根果并不赚钱,这种打法一般人玩不起。但当我们在思考产品计划的时候,不能忘记的一点是,总得有一款产品形成销售规模,否则形不成规模优势,这是不经济的。所以,制订合适的产品计划是营销的基础。

讨论题:

1.三只松鼠成长的奥秘是什么?

2.企业应该如何制订合适的产品计划?

复习思考题

1. 简述计划的概念、性质和类型。
2. 简述计划工作的程序。
3. 评价目标管理的优缺点。

第五章

决策

案例导入

铱星的悲剧

2000年3月18日,曾耗资50多亿美元建造66颗低轨卫星系统的美国铱星公司,背负着40多亿美元的债务宣告破产。

铱星所创造的科技童话及其在移动通信领域的里程碑意义,使我们在惜别铱星的时刻猛然警醒:电信产业的巨额投资往往使某种技术成为赌注,技术的前沿性固然非常重要,但决定赌注胜负的关键却是市场。铱星的悲剧告诉我们,技术不能代替市场,决策失误导致铱星陨落。铱星代表了未来通信发展的方向,但仅凭技术的优势并不能保证市场的胜利。

"他们在错误的时间,错误的市场,投入了错误的产品。"这是业界权威对铱星陨落的评价。

(1)技术选择失误。铱星系统技术上的先进性在目前的卫星通信系统中处于领先地位。但这一系统风险大,成本过高,维护成本相当高。

(2)市场定位错误。谁也不能否认铱星的高科技含量,但用66颗高技术卫星编织起来的世纪末科技童话在商用之初却把自己的位置定在了"喷族科技"上。铱星手机价格每部高达3000美元,加上高昂的通话费用,使得通信公司运营最基础的前提——用户发展数目远低于它的预想。在开业的前两个季度,铱星在全球只发展了1万用户,而根据铱星方面的预计,初期仅在中国市场就要达到10万用户,这使得铱星公司前两个季度的亏损即达10亿美元。尽管铱星手机后来降低了收费,但仍未能扭转颓势。

(3)决策失误。有专家认为,铱星系统在1998年11月份投入商业服务的决定是"毁灭性的"。受投资方及签订的合约所限,在系统本身不完善的情况下,铱星系统迫于时间表的压力而匆匆投入商用,差劲的服务给用户留下的第一印象对于铱星公司来说是灾难性的。因此,到铱星公司宣布破产保护时为止,铱星公司的客户还只有2万多家,而该公司要实现盈利至少需要65万个用户,每年光维护费就要几亿美元。

(4)销售渠道不畅。铱星系统投入商业运营时未能向零售商们供应铱星电话机;有需求而不能及时得到满足,这也损失了不少用户。

(5)作为一个全球性的个人卫星通信系统,理论上它应该是在全球通信市场开放的情况下,由一个经营者在全球统一负责经营,而事实上这是根本不现实的。

由于以上这些原因造成了铱星的债务累累,入不敷出。

思考:

因为哪些决策的失误导致了美国铱星公司的破产?

第一节　决策概述

一、决策的含义及特征

(一)决策的含义

"决策"一词最早出现于我国秦汉古籍,如《韩非孤愤》"智者决策于愚人",意思是决策某种策略或计谋。"决策"作为现代管理学上的一个用语,最早是从英语"decision"翻译过来的,意为"作出决定",后来为了文字的精练和表达的准确,把它译为"决策"。管理学所讲的决策,是指管理者为了实现一定的目标和处理管理中的实际问题时,从各种备选方案中作出选择的活动。决策是指向未来的,而未来对于任何人来说都是一个未知的领域。

(二)决策的特征

(1)目标性。决策是为了实现特定目标的活动,没有目标就无从决策,目标已经实现,也就无需决策。

(2)预见性。决策是决策者为达到想象中未来事务的一种状态,对未来事物发展可能的一种认识。未来对任何人来说都是未知的领域,人们只能通过推理、预测来把握事物的发展趋势,然后作出相应的决策,使自己的行为合乎事物发展的规律。

(3)选择性。决策选择就是在两个以上备选方案中进行选优的过程。如果只有一个方案或人类面对的是自己无能为力改变的情况,也就谈不上选择。

(4)实施性。任何决策都必须付诸实施。决策的目的在于付诸实施,不准备实施的决策是多余的。

二、决策的类别

由于决策贯穿于一切管理活动之中,是管理的基本职能,因而,决策具有丰富的内容和多种多样的形式。据此,可以把决策划分为许多种类型。

(一)按决策对管理系统和管理过程的影响程度划分

(1)战略决策。战略决策反映有关组织长期发展等重大问题的决策。

(2)战术决策。战术决策指有关实现战略目标的方式、途径、措施等的决策。

(二)按决策问题的出现概率划分

(1)程序性决策。程序性决策也称为常规决策、例行决策、规范化决策,它有一套可以遵循的程序。程序性决策是按预先规定的程序处理方法和标准来解决管理中经常重复出现的问题

（一般组织中,约有80％的决策可以成为程序性决策）。

（2）非程序性决策。非程序性决策也叫非规范性决策。非程序性决策是为解决不经常重复出现的、非例行的新问题所进行的决策。

(三)按决策问题的可控程度划分

（1）确定型决策。确定型决策是指决策者所依据的决策信息完备充分,环境和条件变化不大,而且一个方案只有一种确定无疑的结果的决策。

（2）非确定型号决策。非确定型决策是指决策者在决策时可供决策的信息依据相当稀少,决策者不能预知未来环境和条件变化,无从估计其结果出现的概率,任何决策都要冒一定风险的决策。

(四)按决策影响的时间长短划分

（1）长期决策。长期决策指今后发展方向的长远性、全局性的重大决策。

（2）短期决策。短期决策指为实现长期战略目标而采取的短期策略手段。

(五)按决策主体的决策方式不同划分

（1）个人决策。个人决策是指领导者个人凭借过去的经历、体验、知识水平和对未来的直觉进行决策的一种方法。个人决策带有浓厚的随意性和不确定性,决策者的主观判断和价值取向对决策起决定作用。

（2）集体决策。集体决策是指多个人一起作出的决策。这种决策具有一定的客观性,但它的效果受到群体大小、成员从众现象等因素的影响,集体决策的效率相对较低。

(六)按决策目标的多少划分

（1）单目标决策。单目标决策就是决策所希望达到的状态只有一个,即所要解决的问题只有一个。这类决策相对比较简单,涉及的问题不多,所以也比较容易作出。

（2）多目标决策。多目标决策是指一个决策所要达到的目标有多个。一般而言,多目标决策都比较复杂,它涉及的往往是系统问题。因此,领导者应作好统筹计划,使目标之间能够相互协调,达到整体优化的效果。

三、决策的原则

决策的原则就是指决策者在决策过程中必须遵循的基本准则与行为规范。其主要内容包括以下方面。

1.信息原则

信息是决策的基础,从某种意义上讲,决策的过程就是信息收集和加工的过程。决策的正确化程度依赖于信息的真实性程度,而错误的信息只能导致错误的决策。信息原则对决策的要求是:建立和健全信息处理机构,保证信息沟通渠道的畅通,建立多元信息系统。

2.预测原则

预测是决策的基本前提。决策是对未来事物的结果进行设想,因此必然要建立在未来事物的预测基础上。

3.系统原则

系统性原则就是要求领导者在决策时要树立起全局观念,从整体把握部分,不能把某一部分、某一指示作为总体决策的依据,要充分考虑决策所涉及的整个系统和相关系统之间的关系。

4. 优化原则

领导决策必须根据主客观条件的不同制定多个备选方案以供选择,然后通过多种方案的比较、分析,权衡利弊,从中选出最优方案。

5. 智囊原则

面对日益发展变化的社会,单凭单个人或领导小集团的智慧与能力,已经无法适应现代社会所赋予的决策使命。因此,借助外脑,发挥思想库的智力支持功能,就成为领导决策不可或缺的部分,这也是社会化大生产对"谋"与"断"专业分工的必然要求。

6. 动态原则

任何组织都必须与环境发生物质与能量的交换关系,环境决定决策目标所能达到的程度。环境是处于一个不断变化之中的体系,决策者必须充分考虑环境因素,根据环境的变化,及时调整策略,以应对环境变化对决策目标的实现可能带来的影响。因此,决策绝不是一次完成的,而是不断地与环境发生互动的过程。

7. 求实创新原则

科学决策首先要实事求是、尊重客观规律,这是决策成功的基本条件。同时,决策者还要敢于创新,超越旧框架束缚,把求实与创新有机地结合起来,在求实的基础上勇于开拓创新。

8. 公正原则

社会公共利益是关系到每一个社会成员切身利益的问题。无论是营利性的组织,还是非营利性的组织,在决策时都必须考虑社会公众的利益。

第二节 决策的过程及其影响因素

决策过程包括多个阶段的工作。决策的核心是在分析、评价、比较的基础上,对活动方案进行选择;选择活动方案的前提是必须拟订多种可行性方案,以备选择;要拟订备选方案,首先要分析判断组织的现有活动,分析改变原先决策的必要性,制定调整后应达到的目标。所以,决策过程包括了研究现状,明确问题和目标,制订、比较和选择方案等阶段的工作内容。在从事这些工作的过程中,决策者要受到组织文化、时间、环境、过去决策以及他们自己对待风险的态度等多重因素所影响。

一、决策的过程

决策是解决问题的过程,管理人员每天要解决的问题很多,问题的难度和特点也会不一样,如果能够找到解决问题的共同思路,不仅有助于问题的解决,还有助于提高管理工作效率。决策过程的研究就是为了达到这种目的。典型的决策过程包括以下六个阶段。

1. 发现问题或定义问题

一个组织的管理问题是指现实状态与期望状态之间的差异。在差异被明确之后,决策者应对问题进行系统地分析。分析问题的前提条件是收集解决问题所需要的实际资料。所需资料的数量和收集信息的范围主要取决于差异的性质和复杂程度。所需资料和信息来自于：①经验；②对过去解决问题的方法进行客观的考察；③往日的销售、财务、生产、人事等方面的资料；④他人和其他组织的观点、建议和想法。

一旦收集到所需的信息，下一步工作就是理解或解释这些信息。管理者必须采取有序的方法来组织整理这些信息，将信息按成本、项目程序、时间、领导能力、质量、产出等进行归纳，以便清楚哪些信息更重要。在检查整理完数据之后，决策者就可以说明他要解决的真实问题是什么，抓住差异的关键实质，判断改变的必要性。导致必须决策的问题是各种各样的，可以是消极的，也可以是积极的。前者如生产设备突然发生了故障，管理者必须决定是进行修理还是更新。后者如管理者经过深思熟虑，为了提高本企业的管理效率而作出的调整组织结构的决策。

2. 明确决策目标

决策目标是管理者希望通过决策活动所要取得的成果或所要达到的预期状态。发现了问题或察觉了机会之后，是否要采取行动及采取何种行动，就取决于决策目标的确定。决策目标既是评价和选择决策方案时的依据，又是衡量决策行动是否取得预期结果的尺度。决策目标只有含义明确、内容具体，才能对控制和实施决策起到指导和依据作用。

3. 拟订方案

在研究了现状，取得了相关信息资料和确定了决策目标之后，接下来拟订解决问题的备选方案。决策者应该尽可能多地考察可供选择的方案，因为可供选择的方案越多，解决问题的办法越完善。过去的经验、创造性和管理方面的最新实践都有助于拟订备选方案。

寻求备选方案的过程应是一个创造性的过程。在这一阶段，决策者必须开拓思维，充分发挥自由想象力来寻求更多的备选方案。拟订备选方案的方法之一是"头脑风暴法"。头脑风暴法就是由具有解决问题所需知识和专长的人聚集在一起进行探讨，通过讨论提出尽可能多的解决问题的方案。由于这种方法容易激起讨论人的热情，所以常常能创造出新的和具有价值的备选方案。拟订的备选方案应具有整体详尽性，即所拟订的备选方案应包括所有可行方案，这样可为比较评价和选择方案提供充分的余地，以保证最终选定方案的相对最优性。同时，拟订的方案应具有相互排斥性，即各方案的总体设计、主要措施和预期效果应该有明显的区别，以利于比较选择时便于从若干备选方案中选择一个。在坚持相互排斥性的同时，各备选方案之间又应当是可以比较的，如果没有可比性，同样会给选择带来不便。

4. 方案的比较与选择

备选方案拟订以后，决策者应对每一个方案的可行性和有效性进行检验。决策者必须分析如果这些方案正在实施的话，结果将会怎样。决策者必须对每一个备选方案所希望的结果和不希望的结果出现的可能性进行检验。比较方案时，可运用一些标准对方案进行比较，这些标准包括每个备选方案涉及的风险、可利用的时间、需要的时间、可利用的设施和资源、费用和效益等。另外，经常用的具体标准还包括预期收益最大化或损失最小化、后悔值最小化、目标市场占有率扩大化、经营风险或投资风险最小化、成本费用最小化等。如果所有的备选方案都不令人满意，决策者还必须进一步寻找新的备选方案。决策者必须根据决策的目标来评价每一个备选方案。

5.执行方案

选择出最佳方案后,决策者还必须使方案付诸实施。决策者必须设计所选方案的实施方法。一些决策者擅长于发现、确定备选方案和选择最佳方案,但却不善于将他们的想法付诸实施。一个优秀的决策者必须具备这两种能力:既要能作出决策,又要有能力化决策为有效的行动。有些方案能很快被付诸实施,例如关于纪律的执行,而类似于公司政策的启用则需要花费较长的时间。在执行之前,决策者必须对存在的一些抵制情绪有所预见,尤其是来自受决策影响的员工的抵制,决策者必须准备辅助计划来应付和处理这类意外情形。

6.检查与评价

决策者最后的职责是对决策执行过程进行必要的、适时的检查、监督和促进。决策者应按照决策目标以及实施计划的要求和标准,对决策方案的执行进展情况进行检查,以便于及时发现新问题、新情况,衡量执行情况与预计情况之间是否存在偏差,并找出原因,保证和促进决策方案的顺利实施。

通过检查可对决策进行评价与总结,肯定决策的正确与成功的方面,发现决策中存在的问题甚至失误与失败之处,作为解决新问题决策的经验与教训。决策是一种技术,而且和所有的技术一样,它也是可以提高的。决策者可以通过实践以及反复的决策实践来提高决策水平。为了保证决策质量,决策信息的反馈是必要的,如对以前决策的效果进行检查,就能了解一些所需要的反馈信息。通过检查,决策者可以从中知道以往决策的错误是什么,出现在什么地方以及日后如何改善。

二、决策的影响因素

制订一个有效的组织决策需要考虑以下五个方面的影响因素:

1.组织文化

组织的管理人员在进行决策时,不可避免地要考虑本组织的传统文化习俗。因为,一项新的决策要与组织文化相配合与协调,而组织现存的文化具有一定的滞后性,在一定程度上会影响决策的顺利实施。所以,组织文化既可能对决策实施起到推动作用,也可能成为阻力。

2.时间

为了保证决策的时效性,就应考虑时间对决策的制约作用。决策是在特定的环境下,把组织的需求与内外部条件结合起来而制订的一种行动方案。只有在一定的时期内,实施此决策才能达到预期的结果,而当决策的实施超出了时间的限制,决策就失去了实际意义。

3.环境

每个组织都处于一定的环境中,并且受到这个环境的影响。环境对组织决策的影响是双重的。首先,环境的特点影响着组织的活动选择。处于稳定环境中的组织,今天的决策主要是昨天决策的延续;而处于高度不确定的环境中的组织,其战略决策要经常进行调整。其次,组织对环境的习惯反应模式也影响着组织的活动选择。即使在相同的环境背景下,不同的组织也可能作出不同的反应。

4.过去的决策

组织过去的决策是现在决策过程的起点,它总是影响着正在进行着的决策工作,这一因素也可以称为"非零起点"因素。在大多数情况下,组织的决策工作并不是完全从"零"开始的,而是对初始决策的修改、调整或完善。过去的决策对目前决策的影响程度,主要受它们与现任决策者的关系的影响。如果现任决策者也是过去决策的制定者,那么他将倾向于坚持过去的决策,而不会对它进行重大的调整。相反,如果现任决策者跟过去的决策没有重要的关系,那么他将倾向于采取重大的改革。

5. 决策者对待风险的态度

组织执行任何决策,都可能面临一定的风险。而组织的决策者对风险的态度,将在很大程度上影响组织选择哪种方案。根据决策者对待风险的态度,可将决策者分成两大类,即风险偏好型和风险回避型。但是,不论哪种类型的决策者对将来所作的决策,不可避免地要承担一定的风险。

第三节 决策方法

随着决策理论和实践的不断发展,已经创造出许多科学的决策方法。总的归纳起来可以分为两大类:一类是定性决策方法,另一类是定量决策方法。决策者应当根据决策过程的性质和特点,灵活地运用各种方法,优势互补,才能提高科学决策的水平。

一、定性决策的方法

定性决策方法又称为软方法,是指决策者根据个人或专家的知识、经验和判断能力,充分发挥出专家的集体智慧,进行决策的方法,所以也叫主观决策法。定性决策的优点是方法灵活简便,通用性大,一般管理者易于采用,有利于调动专家的积极性,激发人的创造力,更适用于非常规型决策。但其缺点是定性决策方法多建立在专家个人主观意见的基础上,未经严格论证,主观性大。定性决策方法主要有以下几种:

1. 德尔菲法

德尔菲法 20 世纪 50 年代由美国兰德公司发扬光大。它是一种通过信函向专家征求对未来有关事项意见的一种决策方法。也是目前采用得最普遍的一种现代预测和决策方法。

德尔菲的要点是:①不记名投寄征询意见;②收集各专家意见;③统计、整理专家意见;④将整理后意见进行多次反馈、咨询,直至意见比较集中为止。

由于德尔菲法是以匿名及书信的方式进行的,因此避免了专家们聚集一堂时彼此产生的心理作用,可以最大限度地利用专家资源,获得比较满意的结果。但是,德尔菲法也有不足之处:一方面用书信的方式咨询意见,使问题的讨论受到了很大的限制;另一方面,如果组织者不能很好地理解专家的意见,就有可能在整理和归纳专家意见时出现误差。

2. 头脑风暴法

头脑风暴法又称思维共振法,类似于我们颇为熟悉的"诸葛亮会议"。其思想是邀请有关专家敞开思路,不受约束的条件下,激发灵感,集中体现自由开放,群策群力,发挥集体智慧,针对某些问题畅所欲言,创造一种自由奔放的思考环境,诱发创造性思维的共振和连锁反应,产生更多的创造性解决方案。此方法产生的结果是名副其实的集体智慧的结晶。

该方法的具体操作规则可以用实例来说明,比如:选择 5～12 人,1 人为主持人,1～2 名记录员(最好是非正式与会人员),要求人人参与会议,时间以不超过 2 小时为宜,地点环境不受外界干扰,不允许有质疑和批评,不允许反驳,也不要作结论,建议越多越好,广开思路,不要重复别人的意见,思考、表达创意的气氛和空间应该是完全轻松自由的。这种方法适用于简单问题的决策。

3. 列名小组法

列名小组法是采用函询与集体讨论相结合的方式征求专家意见的方法。这种方法分为两个步骤:第一步请有关专家在互不接触的条件下,用函询的方式提出自己对某一个问题的意见。第二步邀请专家聚会,把第一步收集的意见匿名发表给大家,使大家畅所欲言,深入探讨。列名小组法可以有效地避免头脑风暴法和德尔菲法的弊端,既可以使专家们在第一阶段毫无顾忌地各抒己见,又可以在第二阶段相互启发,取长补短。但是,这种方法如果使用不当,也会失之偏颇。

二、定量决策方法

定量决策方法是指建立在数学、统计学等基础上的决策方法。它的核心就是把决策变量、变量与目标之间的关系用数学式表示出来,建立数学模型。然后根据决策条件,通过计算(复杂问题要用计算机)求得答案。这种方法既可以适用于决策过程中的任何一步,也特别适用于方案的比较和评价。定量决策方法主要有盈亏平衡分析法、决策树法、线性规划法、边际分析法、等概率法、小中取大决策法、大中取大决策法、期望值决策法、博弈论等。下面主要介绍一下盈亏平衡分析法和决策树法。

1. 盈亏平衡分析法

盈亏平衡分析法又称保本分析法或量本利分析法,是通过考察销售量、成本和利润的关系以及盈亏变化的规律来为决策提供依据的方法。在运用盈亏平衡分析法时,关键是找出企业不盈不亏时的销售量。

图 5-1 所示为盈亏平衡分析图。

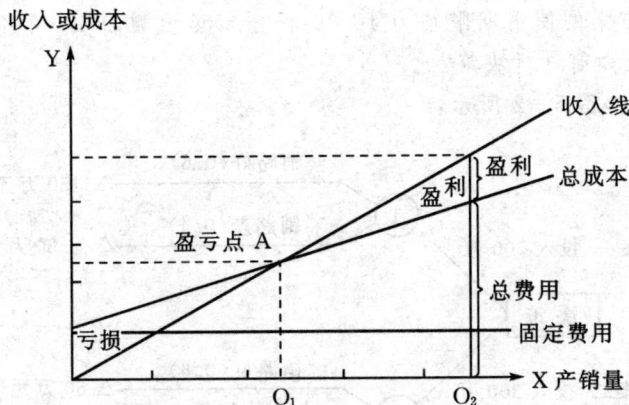

图 5-1 盈亏平衡分析图

由图 5-1 可以看出,盈亏平衡的产销量为 Q_1 时,在这一点的产销量企业不亏不盈。当产销量低于 Q_1 时,就产生亏损,产销量越少,亏损额越多;当产销量高于 Q_1 时就产生利润,产销量越多,产生利润也就越多。通过公式也可计算出盈亏平衡点 A,决策者需要知道产品销售的单位价格(P)、单位可变成本(C_V)及总固定成本(F)。盈亏平衡点 A 的产销量 Q_1 计算公式如下：

$$Q_1 = F/(P - C_V)$$

【例 5-1】A 股份有限公司生产销售机器，总固定成本 10 万元，单位变动成本 500 元，每台机器售价 1000 元，请计算出保本点销售量。依据公式可得：

$$Q_1 = F/(P - C_V) = 100000 \div (1000 - 500) = 200(台)$$

2. 决策树法

决策树法是根据逻辑关系将决策问题绘制成一个树型图，按照从树梢到树根的顺序，逐步计算各结点的期望值，然后根据期望值准则进行决策的方法。

决策树由决策点、方案分枝、自然状态点、概率分枝和结果节点组成。决策点是进行方案选择的点，在图中用"□"表示；方案分枝是从决策点引出的若干直线，每条线代表一个方案；自然状态点是方案实施时可能出现的自然状态，在图用"○"表示；概率分枝是从自然状态点引出的若干条直线，每条直线表示一种可能性。结果节点是表示不同方案在各种自然状态下所取得的结果，在图中用"△"表示。

决策树法主要应用于风险型决策。所谓风险型决策，就是不确定情况下的决策。风险决策一般有以下特点：①决策目标明确、量化，一般是经济性的，如获得最大利润；②有多个方案可选择，可根据项目条件和市场预测资料对方案收益和损失能比较准确地估计；③未来环境可能存在多种自然状态；④决策者可估算出不同自然状态出现的概率；⑤决策标准是使期望净收益达到最大或损失减至最小。因此，决策者在决策时，无论采用哪种方案，都要承担一定的风险。

【例 5-2】某公司准备生产某种新产品，可选择两个方案：一是引进一条生产线，需投资 500 万元，建成后如果销路好，每年可获利 150 万元，如果销路差，每年要亏损 30 万元；二是对原有设备进行技术改造，需投资 300 万元，如果销路好，每年可获利 60 万元，如果销路差，每年可获利 30 万元。两方案的使用期限均为 10 年，根据市场预测，产品销路好的概率为 0.6，销路差的概率为 0.4，应如何进行决策？

(1)绘制决策树，如图 5-2 所示：

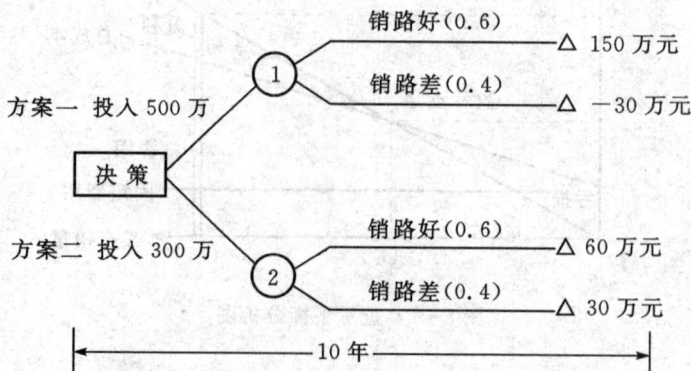

图 5-2　决策树

（2）计算两种方案的期望收益值：

方案一：①＝（150×0.6－30×0.4）×10－500＝280（万元）

方案二：②＝（60×0.6＋30×0.4）×10－300＝180（万元）

（3）根据期望值选择方案：

比较两种方案的期望收益可知，方案一的期望收益值大于方案二，所以决策者应选择方案一，即引进一条生产线。

三、不确定决策方法

如果决策问题涉及的条件中有些是未知的，对一些随机变量，连他们的概率分布也不知道，这类问题被称为不确定型决策。我们通过一个例子介绍几种不确定性决策方法。

【例5-3】某企业打算生产某产品。根据市场预测分析，产品销路有三种可能性：销路好，一般和差。生产该产品有三种方案：改进生产线，新建生产线，外包生产。各种方案的收益值在表5-1中给出：

表5-1 企业产品生产各方案在不同市场情况下的收益/万元

项目	销路好	销路一般	销路差
（1）改进生产线	180	120	－40
（2）新建生产线	240	100	－80
（3）外包生产	100	70	16

常用的解不确定型决策问题的方法有以下三种：

1. 小中取大法

决策者对未来持悲观态度，认为未来会出现最差的情况。决策时，对各种方案都按它带来的最低收益考虑，然后比较哪种方案的最低收益最高，简称小中取大法。

在【例5-3】中，三种方案的最小收益依次分别为－40、－80、16，其中第（3）种方案对应的值最大，所以选择外包生产的方案。

2. 大中取大法

决策者对未来持乐观态度，认为未来会出现最好的情况。决策时对各种方案都按它带来的最高收益考虑，然后比较哪种方案的最高收益最高，简称大中取大法。

在【例5-3】中，三种方案的最大收益依次分别为180、240、100，其中第（2）种方案对应的值最大所以选择新建生产线的方案。

3. 最小最大后悔值法

决策者在选择了某方案后，若事后发现客观情况并未按自己预想的发生，会为自己事前的决策而后悔。由此，产生了最小最大后悔值决策方法，其步骤如下：

（1）计算每个方案在每种情况下的后悔值。其公式为：

后悔值＝该情况下的各方案中的最大收益－该方案在该情况下的收益

（2）找出各方案的最大后悔值。

（3）选择最大后悔值中最小的方案。

表5-2给出了各方案在各种市场情况下的后悔值,最右边一列给出各方案的最大后悔值,其中第(1)方案对应的最大后悔值最小,所以选择改进生产线的方案。

表5-2　企业产品生产方案在不同市场情况下的后悔值/万元

项目	销路好	销路一般	销路差	最大后悔值
(1)改进生产线	60	0	56	60
(2)新建生产线	0	20	96	96
(3)外包生产	140	50	0	140

本章小结

决策是为了实现某一目的而制订行动方案并从若干行动方案中选择一个满意方案的分析判断过程,它具有目标性、可行性、过程性和动态性。在管理过程中,决策居于核心地位,贯穿于管理的全过程,关系着组织的生存发展。按决策的作用范围可将起分为战略决策、管理决策和业务决策;按决策时间的长短分为中长期决策和短期决策;按决策者的层次分为高层中层基层决策;按决策问题的不同性质和决策的重复程度分为程序化决策和非程序化决策;按决策问题所处的条件分为确定型决策风险型决策和不确定型决策。决策是一个系统的动态过程,这一过程分为发现问题、分析问题、拟订方案、评价方案、选择方案、实施方案等步骤。确定型决策最常用的方法是盈亏平衡分析;风险型决策最常用的方法是决策树法;不确定型决策往往取决于决策者个人对待风险的态度,其方法主要有乐观决策、悲观决策、最大后悔值最小化法。

案例讨论

京东为什么要自建物流体系?

在中国互联网最具有传奇色彩的黄金时代,京东能够在电子商务竞争激烈的市场中得到广大用户的认可,得益于其物流。当然,对于京东物流的用户体验,源自于刘强东在自建物流体系上的投入。对于刘强东和京东,之所以要投入巨大的资金来自建物流体系,原因让人想不到。

2007年之前,京东的商品配送还依赖传统快递公司。不过,就京东的包裹,在当时被偷的是最严重的。至于其原因,主要是京东当时主营的是手机、电脑等3C家电产品,也即非常值钱。打一个不是非常恰当的比喻,一般电商的包裹打开值100元,京东的包裹值2000元、3000元。对于京东包裹被偷的问题,彼时的快递公司也比较头疼,甚至都不愿意接京东的快递单。毕竟被偷的话,快递公司也有不小的损失。

从2007年底京东拿到第一笔融资开始就决定自建物流,之后市场上有各种各样的质疑,有人说是核心竞争力,有人说是愚蠢的决定。自建物流投入庞大,最多时一年亏损十多亿人民币。刘强东不顾投资人和京东高管的一致反对,决意自建物流。这是京东历史上最重要的战略决定,现在来看,可以说是相当成功的。

谈及京东的核心竞争力,大部分人都会指向物流。并且,在京东商城设计商业模式的时候,刘强东表示,借助京东自建物流不仅是考虑用户体验,而且要减少物品的搬运次数。电商兴起之初,社会提供不了可靠物流配送服务,所以京东投资建设、全程管理的流体体系能给用户更好的购物体验。京东商城的物流绝大部分电子产品跟厂商直接合作,从联想的工厂大门生产出来,第二天就进了京东全国的七大库房,所以大家在京东商城买电脑到货速度很快。

2013年,京东仅在购车上就花费了1个亿,到2014年第一季度,京东已拥有1500辆7.6米长和9.6米长的斯卡尼亚及奔驰全封闭厢式货车。

借助强大的物流,京东商城为越来越多的第三方产品提供服务、收取佣金。在2013年1039亿的总交易金额中,第三方商品占369亿,占比达35.5%。

京东的物流系统庞大高效。在2014年,借助物流系统,京东可以在43个城市实现"下单当日投递",在265个城市实现"下单次日投递",两者合计占定单总量的70%。强大物流处理能力,2013年完成定单3.2亿张,净成交额1039亿元。

2014年5月22日,京东集团在美国纳斯达克证券交易所挂牌交易。在用户规模增长方面,京东的表现也足够优秀。2016年,京东的活跃用户数将近2.3亿,2015年这一数字为1.5亿。

2016年11月23日,京东集团推出"京东物流"全新品牌标识,并正式宣布京东物流将以品牌化运营方式全面开放。

经过多年年的发展,京东自建的物流体系不仅为用户提供了更好的服务,更重要的是缩短了供应链流程,大大缩减了运营成本。商品从厂商生产基地到京东库房,再到配送站,最后送达客户,只经过三个环节,成本降低,用户也得到了更大的实惠。以"满足用户对电子商务的需求"为根本的物流体系,为用户提供了优质的配送服务,已经成为京东的一大竞争力。

自建自营的物流体系是京东未来发展的基石,强大的物流能力带来良好的购物体验,一直是京东吸引并抓住用户的金字招牌,也是京东在战略决策上的成功。

讨论题:

京东为何要投入巨资自建物流体系?谈谈这一决策对其发展的影响。

❓复习思考题

1. 简述决策的过程。

2. 影响决策的主要因素有哪些?

3. 某工厂生产甲种产品,销售价格为每台500元,上年销售量为48000台,固定成本800万元,总的变动费用1200万元,求盈亏平衡点。

4. 某工厂计划年度目标利润640万元,已知报告年度固定成本2000万元,单位变动成本1.2万元,销售单价1.6万元,请确定该厂计划年度产量指标(台)。

5. 某企业生产一种产品,市场预测结果表明有三种可能:销路好、销路一般、销路差。备选方案有三个:扩建,技术改造,维持现状。扩建需投资25万元,技术改造需投资15万元。各方案在不同自然状态下的损益值如表5-3所示:

表5-3 各方案在不同自然状态下的损益值

方案	损益值		
	销路好	销路一般	销路差
A.扩建	210	100	−60
B.技术改造	160	80	−40
C.维持现状	90	40	−20

若销路好的概率为0.5,销路一般的概率为0.3,销路差的概率为0.2,试用决策树法进行决策。

6.某企业准备生产一种新产品,估计这种产品在市场上的需求量(自然状态)大体有三种情况:需求量高,需求量一般,需求量低。对每种情况出现的概率无法预测。为了生产这种产品,企业考虑了三种方案:A方案是自己动手,改造原有设备;B方案是淘汰原有设备,购进新设备;C方案是购进一部分关键设备,其余自己制造。据测算,各个方案在各种自然状态下5年内的损益值如表5-4所示:

表5-4 各方案损益值表 单位:万元

自然状态 损益值 方案	需求量较高	需求量一般	需求量低
A方案	170	110	—20
B方案	120	90	20
C方案	100	80	30

试分别用乐观决策法、悲观决策法和最小最大后悔值法选择最佳方案。

第六章

组织管理

本章要点

◇ 组织的定义

◇ 组织理论的演进和发展

◇ 组织结构的基本模式

◇ 传统组织结构面临的挑战

◇ 信息时代的企业组织结构变革

◇ 未来企业组织发展的主要模式

案例导入

施乐组织变革迫在眉睫[①]

美国施乐复印机公司于 1959 年首创静电复印术，当时规模甚小，只有二三十人，复印机销售额为零，但此发明，虽然不及对欧洲文艺复兴有决定性作用的中国活字印刷术的发明那样具有深远而根本性的影响，却也是一种革命性的技术变革。

从 1959 年到 1980 年，施乐发展十分顺利，一开始是独家垄断，增长迅速。统计表明，1980 年即公司创办 20 年后，年销售额已达 136 亿美元，职工 7 万人左右，成为业务遍布全球的大公司，主要海外生产地是在日本，这无疑是一种巨大的成功，发展与增长之迅猛是极为罕见的。

20 年的顺利发展和成功，使施乐的领导与职工都十分自满，认为自己什么都懂。但事实上，施乐的产品质量已经开始严重滑坡，成本节节上升，不过由于大量出租复印机收入可观，因租赁而获的利益甚高，掩盖了潜在的危机，使施乐公司领导和职工未能警觉，并未采取任何相应措施。直到 1982 年，施乐的市场占有率一下降到 8%，这才使他们看到了警告的信号。

此时施乐早已不享有独家垄断的条件，竞争日趋剧烈，尤其是两家日本复印机公司，无论在性能、可靠性、成本、服务等方面优于施乐，施乐产品已不再是"皇帝女儿不愁嫁"了，用户有了选择余地，自然倾向物美价廉的供应商。

施乐的领导层虽意识到问题相当严重，但他们的初步反应还是很常规，只关注技术方面，即问题的物质性的一面。他们组织一批工程师，集中研究产品设计与工艺方面的改进，这类措施虽说有了一些积极性的作用，但收效甚微。施乐的领导班子认真审视了公司处境后，不得不吃惊而痛苦地承认危机已经出现，治标性措施决不能挽狂澜于既倒，不认真下狠心采取根本性的变革措施，两年后，施乐这一庞然大物就会轰然倒地，走向破产。

---

①陈树文.组织管理学[M].大连:大连理工大学出版社,2005(17).

在施乐公司面对这场重大危机的关头,董事会任命了克恩斯(D. T. Keans)为总经理,并组成了以他为核心的领导班子。克恩斯临危受命,面临着一项十分艰巨的任务——领导这个曾顺利地经过 20 年迅猛发展而达到过巅峰状态,但却被内部孕育已久的危机因素在外界竞争激烈的环境下,爆发出来严重问题的大公司打一个翻身仗,使之转危为安、重振雄风,对这个已病入膏肓的组织实行一次大手术,使之重新生气勃勃。要达到这一目标,小打小闹的治标性的改良是无效的,必须进行一次根本性的组织变革。

思考:

请根据案例说明组织变革的重要性以及组织变革的关键点。

第一节　组织与组织理论

组织作为一种有目标的人群的心理活动与技术系统有机结合并按特定关系模式工作的统一体,自始就是人类最普遍的社会现象。组织活动与人类的活动同样古老,组织的范围与人类活动的范围同样宽广。但对组织进行系统研究进而建立一套完整的组织理论却是 20 世纪以后的事。以往人们对组织的认识是自发的,因而对组织认识的发展远远落后于组织实践的发展。现在人们对组织的研究是自觉的,从而对组织认识的发展可以同步甚至比组织的实践超前。人们对组织的科学认识是如何进行的,以及组织理论又是如何演进发展的问题,不仅是我们了解组织理论发展时所必需的,而且还有助于我们根据组织理论的过去和现在去探讨组织理论发展的未来,以期维持组织理论的先导作用,并为组织实践活动服务。

一、组织的定义

组织是人类最普遍的社会现象,关于"组织"的定义,理论界尚无统一认识。

古典组织理论的研究者詹姆斯·D·穆尼(James D Mooney)认为,组织是每一种人群联合为了达到某种共同目标的形式。

美国著名管理学家哈罗德·孔茨(Harold Koontz)认为,组织是"正式的有意识形成的职务结构或职位结构"。

詹姆斯·G·马奇(James G March)和赫伯特·A·西蒙认为,组织是"相互关联活动系统,这种系统至少包含几个主要的群体,而且通常具有这样的特点——按照参与者的自觉程度,其行为高度理智地朝向人们一致认识的目标"。

尤迪认为,"组织"是指那些具有明确的、有限的并且是公开宣告了其目标的"正式"组织。它们的形式是具有共同的、正式的目的,并要求人们与它建立一种正式的、带有契约性质的关系。组织关系的结构是由在一个领导层次结构框架下,互相关联的正式群体而形成的构架。

综合学术界关于组织的各种说法,我们将组织定义为:组织是指一个具有明确的目标导向、有序的结构、有意识协调的活动,并同外部环境保持密切联系的有机综合的统一体。这一定义包含以下四个方面主要内容:

(1)组织是一个有明确目标导向的实体,战略管理就是要确立组织的目标,并决定怎样通过各种战术管理来实现目标。

(2)组织是一个由精心设计的结构和有意识协调的活动系统。其内容包括组织结构的设计、控制、组织的信息系统管理,人力资源管理和运作管理等。

(3)组织是由人组成的社会实体,因而需要加强对个体行为的研究等。激励、领导和群体动态的研究等。

(4)组织不仅内部的子系统相互联系,而且组织与外部环境也必须成为有机结合的统一体。组织的内部是分工有序的子系统,组织与外部环境之间又会发生交互的关系。

二、组织理论的演变与发展

组织理论并不是事实的汇集,而是对组织的一种思考和思维方式。研究组织理论的学者探寻这些规律,并加以定义和衡量,使之能为人们所用。组织管理的理论和实践是随着整个社会在历史进程中的变化而相应地发展演变的。1937年,厄威克与古利克的《管理科学论文集》问世,第一次正式提出"组织理论"这一概念后,各种对组织的研究才归并到"组织理论"的名下。自从泰罗于20世纪初开辟了组织理论研究之先河以来,组织理论经历了两大发展阶段,即古典组织理论和现代组织理论。

(一)古典组织理论

古典组织理论为组织理论的形成和发展作出了巨大贡献,其主要代表人物有泰罗、法约尔、韦伯等人。

(1)泰罗(Frederick Winslow Taylor)主要研究工厂内部生产管理方面的问题。他的组织思想体现在三个方面:

①单独设立计划职能部门,使其同执行职能分开。

②实行职能工长制,把整个管理工作划分为许多较小的管理职能,使每个管理者只承担一两种管理职能,从而提高了组织内部的工作效率。泰罗的这种职能化管理思想对职能部门的建立和管理职能的专业化有重要意义。

③泰罗为组织管理提出了极为重要的原则——例外原则,即主张企业的高级管理人员把一般日常事务授权给下属管理人员去负责处理,而自己保留对例外的事项也是重要事项的决策权和控制权,以便集中精力处理最主要的事情。这种例外原则成为现代分权理论的来源。

(2)法约尔(Henri Fayol)以管理过程和管理组织为研究重点提出组织过程理论。该理论以大企业为研究对象,探求普遍适用的"管理一般原理"。他对组织理论的贡献体现在以下方面:

①提出了管理的五项基本职能,即计划、组织、指挥、协调和控制,其中,组织职能是非常重要的。

②从组织职能角度提出了管理的十四条基本原则[①],这些原则是指导人们设计管理组织结构、进行组织管理的指导方针。

③提出了组织的层级结构原理,同时,认识到了管理幅度与管理层次之间的关系,并主张在整个组织中保持比较小的管理幅度。

④设立参谋机构来协助直线领导人员,但其只接受最高领导的命令,只对领导负责,不能

[①]十四条基本原则分别是:劳动分工、权利与责任、纪律、统一指挥、统一领导、个人利益服从集体利益、合理报酬、适当集权与分权、等级制度与跳板、秩序、公平、保持人员稳定、首创精神、人员团结。

向下级发布命令。

(3)韦伯(Max Weber)提出了理想的行政组织体系理论,这一理论可以概括为以下三个基本方面:

①任何组织的存在都是以某种形式的权力为基础,而权力主要有三种类型:传统的权力、神授的权力、法定的权力,其中,法定的权力才是行政组织体系构造的基础。

②提出了行政组织体系的主要特点:分工明确;具有明确的职务和权力等级;组织内人员的任用应通过正式考试或培训;行政管理人员领取固定的"薪金",是"专职的"公职人员,并且有明文规定的升迁制度和严格的考核制度。

③韦伯把理想的行政组织体系的组织结构分为三个层次:高级管理阶层(主要职能是决策)、中级管理阶层(主要是贯彻执行最高层领导的决策)和低级管理阶层(或一般工作人员主要是做实际的具体工作)。

古典组织理论主要是针对组织内部的分工与生产活动来进行研究的。这一理论体系为组织内部分工的合理化与组织内部制度建设提供了良好的理论指导。

古典组织理论认为,组织是由合法的管理权威进行计划和控制的机械系统,有一种适合于所有组织的最好的组织模式,即通过严格的组织制度建立一个等级清晰的职权系统——金字塔形的组织结构形式。这种组织结构的表现形式适应了社会生产体制由作坊式小生产体制向工厂化的社会化大生产体制的转化。这种组织结构在进行工作时更精确、更迅速、更高效,摧毁了在管理中束缚生产力的封建关系,适应了当时社会化大生产发展的要求,促进了组织效率的提高和生产力的发展。

古典组织结构理论用其科学和理性的准确性、严格性和普遍性来解释组织结构的变化原因,理论的重点放在组织管理基本原则的概括和分析上。但由于受时代和阶级利益的限制,古典组织理论的研究也存在明显不足。首先,此理论侧重于静态组织结构的研究,而忽视了对组织的动态面的研究,缺乏对组织发展和创新的探讨。只将组织当做一个封闭型的系统来研究,而未探讨组织与其外在环境之间的相互关系、相互影响。其次,此理论仅将组织当做一个机械系统,就结构谈结构,而忽视了构成组织最基本的最具活力的因素——人的需要。强调组织的非人格化、理性化,而忽视了对人的主观能动性及多方面需求的研究,把人视为经济动物与生产工具,忽视人的尊严与价值。只一味地强调个人要去适应组织结构,而忽视了个人对组织结构的能动作用。在这种非人格化的管理思想指导下建立起来的过分严格的规章制度与机械的组织模式,使组织中的沟通易被曲解,组织冲突频繁,这就对管理中对人的重视提出了新的要求。尽管如此,古典结构理论仍是我们继续发展组织理论和进行管理实践的坚实基础。

(二)现代组织理论

组织理论自 20 世纪 60 年代,进入了新的发展时期,涌现出了各种不同观点的组织理论流派,有人也把这一时期的组织理论概括为现代组织理论。

1.行为科学学派的组织理论

由于科学管理思想在当时的绝对主导地位,早期在工业心理学和人际关系方面取得的成果很少得到人们的关注。然而,在芝加哥一家电气公司中进行的一系列实验为组织理论带来了重大的转变,这就是后来人们所称的霍桑试验(Hawthorne Studies)。实验的结论包括如下内容:

（1）认为组织中的人是"社会人"，而不是"经济人"，他们不单纯追求金钱收入，还有社会及心理方面的需求。并且由于这种需求而引起行为动机，因而满足这种动机就能够提高组织的生产率。

（2）组织中存在着"非正式组织"，它与正式组织相互依存，它会通过影响工人的工作态度来影响企业的效率和目标的实现。

（3）企业应采用新型的领导方法。新型的领导方法主要是要组织好集体工作，采取措施提高士气，促进协作，使企业的每个成员能与领导真诚持久地合作。

这些实验的结论表明，善待员工会提高他们的工作的动机，由此带来生产率的提高。研究成果的发表导致了员工管理的一场革命，并为其后考察如何看待员工及开展领导、激励和人力资源管理工作提供了基础。这些人际关系和行为思想为管理和组织研究增添了新篇章并作出了重要的贡献。

现代组织理论的组织学家们则将目光转移到古典组织理论所忽视的人的因素和环境上。行为科学学派组织理论重视组织内人的重要性，开始研究人的行为差异、行为原因以及对组织结构的影响。其一，它区别了组织目标和个人动机，发现了人是有丰富需要的"社会人"，而非"经济人"。其二，以社会人为基点，提出了一套行之有效刺激方法，把非物质因素大范围地引入管理组织的激励机制之中。其三，认为正式组织结构的作用是有限的，要重视组织成员个人的情感和需要。但是，它对个人情感和需要的过分强调却使它走上了与古典理论相反的另一个极端，忽视正式组织的存在，过分否定经济报酬、工作条件、外部监督、作业标准的影响，缺乏对理性和经济因素的研究。

2.社会系统学派的组织理论

社会系统学派是巴纳德所首创的，盛行于20世纪60年代。该学派的管理思想基础是一般系统理论，把一般系统理论应用于工商企业管理，系统地阐述了系统观点、系统分析、系统管理三者的关系，侧重以系统概念分析和考察组织结构模式以及各项管理职能。它不满足于古典管理学派重视"效率""技术""组织结构与层次"等，也不满足于行为科学学派只重视"心理与行为""人际关系""非正式组织"等，认为那样简单化的分析问题，是将组织看做是封闭系统，不能针对具体情况采取有效的组织管理方式，不能适应迅速发展变化的形势对管理的新要求。

切斯特·巴纳德（Chester I. Barnard，1886—1961年）是现代管理理论中社会系统学派的代表人物。他在漫长的工作实践中，积累了丰富的经营管理经验，写出了许多重要的著作，其中最著名的是他在1938年出版的《经理人员的职能》，被誉为美国现代管理科学的经典性著作。巴纳德的社会系统理论主要包括以下几个方面的内容：

（1）组织是一个协作系统，这个协作系统具备三个基本要素，即共同的目标、协作的意愿和信息的交流，三个要素必须同时具备，否则组织无效或解体。

（2）区分效力和效率。当组织系统内部各部分协作成功，完成了组织目标时，说明该系统具有"效力"。而"效率"是指系统成员个人目标的满足程度。如果一个系统是无效率的，它就不可能是有效力的。

（3）经理人员在一个正式组织中充任系统运转的中心，并对组织成员的活动进行协调，指导组织的运转，实现组织的目标。

（4）经理人员作为企业组织的领导核心，必须具有权威。

社会系统学派从社会学的观点来研究组织，认为社会的各级组织都是一个协作的系统，进而把企业组织中人们的相互关系看成是一种协作系统。社会系统学派研究分析的重点在组织内部关系,虽然它率先把组织视为开放的系统,但对组织同周围环境关系问题的讨论还不够深入。而它对组织结构模式设计上所作出的贡献是用其构造了社会开放型集权式等级结构。

3. 决策理论学派的组织理论

决策理论学派是以社会系统理论为基础,吸收了行为科学、系统理论、运筹学和计算机科学的知识,于第二次世界大战以后发展起来的管理学的一个学派。该理论的主要代表人物是曾获 1978 年度诺贝尔经济学奖金的赫伯特·西蒙(Herbert A. Simon,1916—2001)。西蒙虽然是决策学派的代表人物,但他的许多思想是从巴纳德那里吸取来的。他发展了巴纳德的社会系统理论,并提出了决策理论,建立了决策理论学派,形成了一门有关决策过程、准则、类型及方法的较完整的理论体系,其主要著作有《管理行为》《组织》《管理决策的新科学》等。他的理论要点归纳如下:

(1)决策贯穿管理的全过程,决策是管理的核心。西蒙指出组织中经理人员的重要职能就是作决策。他认为,任何作业开始之前都要先作决策,制订计划就是决策,组织、领导和控制也都离不开决策。

(2)系统阐述了决策原理。西蒙对决策的程序、准则、程序化决策和非程序化决策的异同及其决策技术等作了分析。西蒙提出决策过程包括四个阶段:搜集情况阶段;拟定计划阶段;选定计划阶段;评价计划阶段。这四个阶段中的每一个阶段本身就是一个复杂的决策过程。

(3)在决策标准上,用"令人满意"的准则代替"最优化"准则。以往的管理学家都把人看成是以"绝对的理性"为指导,按最优化准则行动的理性人。西蒙认为事实上这是做不到的,应该用"管理人"假设代替"理性人"假设,"管理人"不考虑一切可能的复杂情况,只考虑与问题有关的情况,采用"令人满意"的决策准则,从而可以做出令人满意的决策。

(4)一个组织的决策根据其活动是否反复出现可分为程序化决策和非程序化决策。经常性活动的决策应程序化,以降低决策过程的成本,只有非经常性的活动,才需要进行非程序化的决策。

从管理职能的角度来说,决策理论提出了一条新的管理职能。针对管理过程理论的管理职能,西蒙提出决策是管理的职能,决策贯穿于组织活动全部过程,进而提出了"管理的核心是决策"的命题,而传统的管理学派是把决策职能纳入到计划职能当中的。由于决策理论不仅适用于企业组织,而且适用于其他各种组织的管理,具有普遍的适用意义。因此,"决策是管理的职能"现在已得管理学家普遍的认同。同时,该理论首次强调了管理行为执行前分析的必要性和重要性。在决策理论之前的管理理论,管理学家的研究重点集中在管理行为本身的研究中,而忽略管理行为的分析。西蒙把管理行为分为"决策制定过程"和"决策执行过程",并把对管理的研究重点集中在"决策制定过程"的分析中。

决策理论尽管提出了有许多其他理论所不具备的优点,但仍存在以下缺陷:①管理是一种复杂的社会现象,仅靠决策也无法给管理者有效的指导,实用性不大。②决策学派没有把管理决策和人们的其他决策行为区别开来。决策并非只存在管理行为中,人们的日常活动中也普遍存在决策,如人们日常生活做事都需要决策,组织中非管理人员的活动也需要决策,但这些决策行为都不是管理行为。决策学派没有把管理决策和人们的其他行为区别开来,其根本原因是没有认识到管理的本质。

4.系统管理学派的组织理论

系统管理学派是从社会系统学派中派生出来的,其典型代表是美国的卡斯特(F. Kast)、罗森茨韦克(J. E. Rosenzweig)、约翰逊(R. A. Johnson)等人。系统管理理论是应用"系统"的观念从全局和整体上分析和研究企业管理活动和管理过程。其理论要点主要有以下方面:

(1)企业是由人、财、物、设备以及其他各种资源在一定目标下组成的一个系统。

(2)企业是社会大系统中的一个子系统,受到周围环境的影响,同时还影响着环境。

(3)强调运用系统的观念来考虑管理的基本职能,强调整体性。

系统管理学派侧重对工商企业的组织结构和模式进行分析,并从系统的概念出发考察计划、组织、控制等企业管理的基本职能。该理论认为,组织是一个开放系统,无论是生物系统还是社会系统,都必须具有连续不断的投入、转换和产出循环,否则系统是不可能生存下来的。组织系统包括众多的分系统:目标和价值分系统、技术分系统、社会心理分系统、结构分系统、管理分系统。该理论同时还强调用系统观点看组织,强调把所有的活动联结起来实现总的目标,同时也承认高效率子系统的重要性。系统管理学派运用系统观点来考察管理的基本职能,可以提高组织的整体效率,使管理人员不至于只重视某些与自己有关的特殊职能而忽视了大目标,也不至于忽视自己在组织中的地位和作用。系统管理学派的组织理论虽然从宏观上改变了以往组织理论限于组织设计和规范管理普通原则的简单做法,但由于它侧重于组织及其管理的总体方面,从而难以运用于组织管理实践中的具体问题——组织中各分系统的相互关系及其协调问题。处理这些更为具体的问题,需要了解各分系统的独特特征和相互关系的具体模式。

第二节　组织结构设计

一、组织结构设计概述

(一)组织结构设计的概念

组织结构设计是指根据组织目标及实际工作需要,确定组织层次划分、各个部门及其工作人员的职责范围和权限,建立合理的组织结构的过程。组织结构设计包括横向设计和纵向设计。组织横向设计主要解决管理与业务部门的划分问题,反映了组织中的分工合作关系;组织纵向结构设计主要解决管理层次的划分问题与职权分配问题,反映了组织中的领导隶属关系。组织结构设计是组织正常运作和责权划分的需要;有利于资源整合,达成组织目标;有利于企业活动中各职能的划分和定位;有利于授权的稳定性;有利于组织成员的职业成长。

(二)组织结构设计的原则

组织结构设计原则是进行组织设计的须综合考虑的准则,不同组织由于其成长历史、规模等不同,在进行组织设计时考虑的准则各有侧重点,但就一般意义上来讲,进行组织设计主要遵循以下一些原则:

1.目标统一原则

组织是实现组织目标的有机载体,组织的结构、体系、过程、文化等均是为完成组织目标服务的,达成目标是组织设计的最终目的。通过组织结构的完善,使每个人在实现组织目标的过程中作出更大的贡献 。

2.适应创新原则

组织结构设计应综合考虑公司的内外部环境,组织的理念与文化价值观,组织的当前以及未来的发展战略,组织使用的技术等以适应组织的现实状况。并且,随着组织的成长与发展,组织结构应有一定的拓展空间。

3.效率原则

组织的目标要追求效率,效率原则是衡量任何组织结构的基础。组织结构如果能使人们(指有效能的人)以最小的失误或代价(它超出了人们通常以货币或小时等计量的指标来衡量费用的含义)来实现目标,就是有效的。

4.责权利相结合的原则

责任、权力、利益三者之间是不可分割的,而必须是协调的、平衡的和统一的。权力是责任的基础,有了权力才可能负起责任;责任是权力的约束,有了责任,权力拥有者在运用权力时就必须考虑可能产生的后果,不至于滥用权力;利益的大小决定了管理者是否愿意担负责任以及接受权力的程度,利益大责任小的事情谁都愿意去做,相反,利益小责任大的事情人们很难愿意去做,其积极性也会受到影响。

5.职能专业化原则

组织整体目标实现需要完成多种职能工作,应充分考虑劳动分工与协作,包括战略规划、人力资源、控制、审计、资源配置等。对于以事业发展、提高效率、监督控制为首要任务的业务活动,应以此原则为主,进行部门划分。

6.管理层次原则

管理层次与管理幅度的设置受到组织规模的制约。在组织规模一定的情况下,管理幅度越大管理层次就越少。组织管理层次的设计应在管理有效的控制幅度之下,尽量减少管理层次,以利于精简编制,促进信息流通。

7.有效控制原则

对组织的有效控制在组织设计时应注意:命令统一、权责对等;制定可行的规范、政策、制度;职能部门加强计划、预算、核查等工作;业务部门加强事前的协调、事中的过程控制、事后的经验总结。

8.集权与分权相结合的原则

在进行组织设计或调整时,既要有必要的权力集中,又要有必要的权力分散,两者不可偏废。集权是大生产的客观要求,它有利于保证企业的统一领导和指挥,有利于人力、物力、财力的合理分配和使用;而分权则是调动下级积极性、主动性的必要组织条件。合理分权有利于基层根据实际情况迅速而准确地作出决策,也有利于上层领导摆脱日常事务,集中精力抓重要问题。

9.系统运作原则

组织运作整体效率是一个系统性过程,组织设计应注意:简化流程,这样有利信息畅通、决策迅速、部门协调;充分考虑交叉业务活动的统一协调;注重过程管理的整体性。

10.分工协作原则

组织任务目标的完成,离不开组织内部的专业化分工和协作,因为当今各类组织,工作量大、专业性强,分别设置不同的专业部门,有利于提高管理工作的效率。在合理分工的基础上,各专业部门又必须加强协作和配合,才能保证各项专业管理工作的顺利开展,以达到组织的整体目标。

(三)组织结构设计的影响因素

1.组织环境

环境特征是组织结构选择必须考虑的因素。外部环境迅速的变化性和复杂性程度加剧了环境的不确定性。在不确定性环境中,组织必须保持灵活性,保持一种随时对环境变化作出反应的状态。环境的不确定性影响着企业组织的形态:不确定性低时,组织形态偏于机械型,无须模仿或少模仿,企业组织着眼于眼前的运作;不确定性高时,组织的形态偏于有机型,广泛模仿或迅速模仿,企业组织重视计划与预测。

2.组织的战略及其所处的发展阶段

纵向一体化和横向一体化的企业的组织结构,是根据其管理人员所制定的战略发展而来的。而反过来,这些战略又是企业的经理们针对市场和技术环境的变化而提出的。

3.生产条件与技术状况

对于大规模生产技术而言,其正规化和集权化程度较高。由于技术的复杂性,相应地高级管理人员比例和间接工人(如维修人员)比例也相应上升。间接人员比例上升是因为机器设备的复杂性。例如,在流水线上,工作具有很强的常规性,因此监工可以平均管理几十个雇员。而对于小批量生产或连续性流程而言,则恰恰相反,其控制幅度相应较小。从总体上看,小批量生产和连续性流程企业有着较强灵活性的组织结构,而大批量生产企业则有着机械式的组织结构。

4.组织规模

组织规模通常用员工数目来衡量。研究发现,大型组织的结构形式远远不同于小型组织。小型组织通常是非正式的,劳动分工少,规章制度较少(正规化程度低),专业人员和办公人员少,甚至不存在正式的预算和业绩评估系统。而大型组织则有着较多的分工,庞大的专业人员,大量的规章制度,以及控制、业绩评估等内部系统。

在科技、社会日新月异的今天,企业要想生存和发展,就必须根据内外环境的变化,及时调整组织结构,绝不能因循守旧,故步自封。在短短十几年时间里,联想的组织结构变化了好几次:从众多的事业部到整合为六大子公司;再到北京联想、香港联想分而治之,联想几乎每年都在变。但经过几次"折腾",联想已经摆脱了大多数民营企业小作坊式的经营模式,走向大集团、正规化、协同作战的现代企业管理模式。通过组织结构调整,联想不断打破阻碍自己发展的"瓶颈",从而不断走向成熟。

(四)组织结构设计的程序

1.确定组织目标

组织目标是进行组织设计的基本出发点。任何组织都是实现其一定目标的工具,没有明确的目标,组织就失去了存在的意义。因此,管理组织设计的第一步,就是要在综合分析组织外部环境和内部条件的基础上,合理确定组织的总目标及各种具体的派生目标。

2.确定业务内容

根据组织目标的要求,确定为实现组织目标所必须进行的业务管理工作项目,并按其性质适当分类,如企业的市场研究、经营决策、产品开发、质量管理、营销管理等。明确各类活动的范围和工作量。进行业务流程的总体设计,使总体业务流程优化。

3.确定组织结构

根据组织规模、技术特点、业务工作量的大小,参考同类其他组织设计的经验和教训,确定应采取什么样的管理组织形式,需要设计哪些单位和部门,并把性质相同或相近的管理业务工作分归适当的单位和部门负责,形成层次化、部门化的结构。

4.规定职位职责权限

根据组织目标的要求,明确规定各单位和部门及其负责人对管理业务工作应负的责任以及评价工作成绩的标准。同时,还要根据做好业务工作的实际需要,授予各单位和部门及其负责人适当的权力。

5.联成一体

联成一体是组织设计的最后一步,即通过明确规定各单位、各部门之间的相互关系,以及它们之间的信息沟通和相互协调方面的原则和方法,把各组织实体上下左右联结起来,形成一个能够协调运作,有效地实现组织目标的管理组织系统。

6.反馈与修正

要在组织运行过程中,加强跟踪控制,适时进行修正,使其不断完善。

二、组织的横向设计——部门划分

组织横向设计主要解决管理与业务部门的划分问题,反映了组织中的分工协作关系,主要解决部门划分问题。部门划分是指把工作和人员组成若干管理的单元并组建相应的机构或单位。不同的管理或业务,是使整个管理系统有机地运转起来的细胞与基础。

(一)部门划分的基本原则

(1)确保目标实现。如在生产企业中,除生产部门外,销售、财务、人事、计划部门都是确保企业目标实现所必需的。

(2)精干高效。企业组织机构的数量力求最少,但这是以有效实现企业目标为前提的。

(3)部门设置应有灵活性。划分部门应按业务的需要,并根据实际情况的变化随时增加新部门,撤销原有部门,或设立临时性部门,成立专门小组来解决临时出现的问题。

(4)各部门职务的指派应达到平衡,避免工作量分摊不均,忙闲不均。

(5)检查部门应具有独立性。执行检查、评估的职能部门应单独设立,不隶属于任何业务部门,从而保证检查人员的公正性和客观性,真正发挥检查、监督的作用。

(二)组织的部门化的基本形式与特征

1.按职能划分部门

按职能划分部门是应用最广泛的一种部门划分方法,几乎可以在所有类型组织的结构中找到它的踪迹。任何一个企事业组织存在的目的都是要创造某种为他人所需要的物品或劳务,所以,诸如采购、制造、销售等,可以说是所有的企事业单位的基本职能。制造主要是创造或增加物品或劳务的效用;销售主要寻找愿意按一定价格购买物品或接受服务的顾客;财务主要指资金的筹措、保管和运作。以这些基本职能为依据,便可以将组织划分为生产部门、销售部门、财务部门等。当然,由于各种组织的活动领域以及同一职能在不同组织中的重要程度不同等原因,现实中这些职能部门在不同类型的组织中会有不同的具体名称。

按照职能划分部门的好处是:①有利于确保组织的主要基本活动得到重视;②由于遵循了专业化原则,有利于提高人员使用的效率,同时也简化了培训工作;③由于最高主管要对最终成果负责,从而为高层实施严格控制提供了手段。

这种划分部门方式的缺点在于:①它容易使人们过度局限于自己所在的职能部门而忽视组织整体目标,部门间的协调比较困难;②只有最高主管才能对最终成果负责,因而对各部门的绩效和责任很难进行评价;③也不利于培养综合全面的管理人才。

2. 按产品划分部门

按产品划分部门是许多开展多角化经营的大企业经常采用的部门划分方式。它实际上是从那些按照职能划分部门的企业中逐步发展起来的。因为随着企业规模的扩大和产品品种的增加,管理工作变得越来越复杂,各部门主管者的工作负担也越来越重,而管理幅度的客观限制又使得他们难以通过增加直接下属的办法来解决问题,此时按照产品或产品系列来重新组织企业活动就成为必要。在这样的结构模式中,组织将有关某产品或产品系列的生产、销售、服务等职能活动方面授予该产品分部的经理,使他们对该产品经营的利润负起责任。

按照产品划分部门的好处是:①有利于企业采用专门设备,促进协调,充分发挥人员的技能和专门知识,也有利于产品和服务的改进;②能够明确利润责任,便于最高主管把握各种产品或产品系列对总利润的贡献;③有利于锻炼和培养独当一面的全能管理人才。

这种划分部门方式的主要缺点是:①对产品分部主管人员的全面管理能力要求高;②各产品分部的独立性较强而整体观念较弱,分部之间的沟通与协调较差;③各产品分部内都需要保持职能部门或职能人员,从而造成部门重复设置、管理费用增加。

3. 按地域、区域划分部门

按地域、区域划分部门是经营活动在地域上比较分散的企业所常用的一种部门划分方法。其做法是,将某一地区的业务活动集中起来,并委派相应的管理者,形成区域性的部门。

按照地域划分部门的好处是:①有利于鼓励地方参与决策,促进地区活动的协调;②有利于管理者注意当地市场的需要和问题;③生产的当地化有利于降低运输费用,缩短交货时间;④有利于培养能力全面的管理者。

这种方法的主要缺点是:①由于机构重复,使得费用增加;②总部对地方控制的难度较大;③要求管理者具有全面的管理能力。

4. 按顾客划分部门

有许多组织按照自己所服务的顾客来划分部门。这种方法是将与某一特定顾客有关的各种活动结合起来,并委派相应的管理者以形成部门。

按照顾客划分部门的目的是为了更好地迎合特定顾客群体的要求。采用这种方法有利于重视顾客的需要,增加顾客的满意程度,并有利于形成针对特定顾客的技能和诀窍。不足之处主要是:按照顾客组织起来的部门常常要求特殊对待而造成部门间协调困难,管理者必须要熟悉特定顾客的情况,否则在有些情况下很难轻而易举地对顾客进行区分。

5.按照技术或设备划分部门

制造业企业中设立的焊接车间、压力加工车间、电镀车间,医院的放射科、CT 室等,就是按照技术或设备组织业务活动的。这种方法有利于充分发挥设备的能力和专业技术人员的特长,便于设备维修和材料供应。不足之处是容易强调局部利益而忽视整体目标。

6.按照时间划分

根据时间来组织业务活动是最古老的划分部门的方法之一,多见于组织的基层部门。在许多组织中,由于经济的、技术的或其他一些原因,正常的工作日不能满足要求,而必须采用轮班的做法。例如,炼钢炉、医院的集中监护室、消防队等,均采用这种方法来进行组织。采用这种方法有利于连续、不间断地提供服务和进行生产,有利于使设备、设施得到最充分的利用。缺点在于:夜间可能会缺乏监督,人员容易疲劳,协调和沟通有时会比较困难。

7.按照人数划分

单纯地按照人数来安排业务活动是一种最原始、最简单的划分部门的方法。当最终成果只是取决于总人数时,或者说每个人的贡献都是单纯无差别的简单劳动时,采用这种方法是有效的。

三 组织的纵向设计

组织的纵向结构设计,首先要根据组织的具体条件,科学规定管理幅度,然后在这个数量界定内,再考虑影响管理层次的其他因素,科学地确定管理层次。在此基础上,进行职权配置,从而建立组织的纵向结构。

(一)管理幅度设计

1.管理幅度与管理层次

管理幅度也称管理宽度,是指一名管理者直接管理的下级人员的数量。管理幅度的大小,实际上反映着上级管理者直接控制和协调的业务活动量的多少,它既同管理者和下级的情况有关,也同业务活动有关。在组织内,管理宽度不宜过宽。

管理层次也称组织层次,是指组织内部从最高一级管理组织到最低一级管理组织的各个组织等级。管理层次实际上反映的是组织内部纵向分工关系,各个层次将担负不同的管理职能,因此,伴随层次分工,必然产生层次之间的联系与协调问题。一般地,在组织内部设置的管理层次应尽量少一些。

管理层次与管理幅度的关系是:管理幅度与管理层次互相制约,它们之间存在着反比的数量关系,其中起主导作用的是管理幅度。所谓起主导作用,就是管理幅度决定着管理层次,即管理层次的多少取决于管理幅度的大小,这是由管理幅度的有限性决定的。

2.管理幅度的设计思想

英国管理学家厄威克归纳出组织工作的八项原则。其中之一就是"管理幅度原则"。厄威克阐明的管理幅度原则,反映了有关管理幅度设计的早期思想,其要点有两个:主管人员应该知道自己的管理幅度是有限的;管理幅度存在一个固定的具体人数,一般是 5~6 人,企业应该努力寻求这一普遍适用的有效幅度,在组织设计中推而广之。

然而,以后许多学者为探索管理幅度具体数值所作的大量调查却表明,不同行业、不同企业和企业内部的不同职务,管理幅度千差万别,并不存在固定的、普遍适用的人数。

现代组织设计理论正是吸收了各时期、各学派和各方面的研究成果,确立了关于管理幅度设计的科学指导思想。概括起来如下:

(1)管理幅度是有限的;

(2)有效管理幅度不存在一种普遍适用的固定的具体人数,它的大小取决于若干基本变量,也就是影响因素;

(3)组织设计的任务就是找出限制管理幅度的影响因素,根据它们影响强度的大小,具体地确定特定企业各级各类职务与人员的管理幅度。

3.管理幅度设计所应考虑的因素

对于决定管理幅度大小的各种因素,从理论上加以抽象概括,可以归纳为上下级关系的复杂程度。衡量上下级关系复杂程度的标志有三个,即关系的数量、相互接触的频率、相互接触所需花费的时间。但是,以上这三个衡量上下级关系复杂程度的标准,在管理幅度设计中,要进行观测和计算是比较困难的。为了便于操作,我们可以根据这个原理,去寻找直接影响上下级关系复杂程度,又比较容易进行观察和评价的因素,这些因素主要有以下七个:

(1)领导的能力。领导的能力是影响管理幅度的首要因素。如果组织的领导者具有较强的领导能力,能够受到组织成员的尊重的拥护,善于处理各类问题,从而减少上下级关系的频繁接触和接触时间,那么管理跨度可以加大。

(2)下级的素质。如果被管理者训练有素,有较强的独立工作能力和丰富的工作经验,那么就可以减轻管理者的负担,那么管理幅度也可适当加大。

(3)授权的明确性。领导者对下属进行管理,很重要的一条是授权要明确:第一是布置任务要明确、具体,使下属知道干什么,怎么干;第二是在下达任务的同时要明确地授予相应的权力;第三是授予下级的权力应与其能力相符合。如果这三点都做得好,则管理幅度可以加大。

(4)计划制定与执行。如要计划制订得比较好,对工作的分派、步骤及其衔接中可能出现的问题事先都能有所考虑,那么计划的执行就会比较顺利,协调和控制的工作量就可能减少,管理幅度可以加大。

(5)考核明确。如果有比较明确的考核和评价标准,是非界线分明,则不必事事分析研究,思想认识比较容易统一,可以很快地采取相应的措施,则管理幅度、跨度可以加大。

(6)增强组织的凝聚力。如要能够设法增强组织的凝聚力,成员之间相互了解,配合默契,同心同德,那么就会提高工作效率,管理幅度也可以适当加大。

(7)政策稳定。政策稳定,就会增强工作的程序性和减少重复,指导工作量就会减少,管理幅度就可以相应地加大。

4.金字塔型结构与扁平结构

在组织结构设计中,由于管理层次与管理幅度之间的对比关系,可能会产生两种典型的组织结构。一是金字塔型结构形式,即管理层次较多,而管理幅度较小;二是扁平结构形式,管理层次较少,而管理幅度较大。

(1)金字塔型结构的优缺点。其优点是:①主管人员的管理幅度较小,能够对下属进行有效控制;②有利于明确领导关系,建立严格的责任制;③因层次多,各级主管职位较多,能为下级提供晋升机会,促使其积极努力工作。该结构的缺点是:①由于层次较多,协调工作增加,造成管理费用大;②信息的上传下达速度慢,并容易发生失真和误解;③最高领导层与基层管理人员相隔多个层次,不容易了解基层现状并及时处理问题。

(2)扁平式组织结构的优缺点。其优点是:①有利于授权,激发下级积极性,并培养下属管理能力;②信息传递速度快、失真少;③能灵活地适应市场;④管理费用低;⑤便于高层领导了解基层情况。该结构也存在缺点:①管理人员的管理幅度大,负担重,难以对下级进行深入具体的指导和监督;②对领导人员的素质要求较高。

(3)金字塔型结构和扁平结构的选用与现实意义。从金字塔型结构和扁平结构的优缺点分析可以看出,这两种结构形式各有千秋,都不是十全十美的,对它们的评价不能绝对化。关键是要根据组织的具体条件,选用适宜的结构形式,才能扬其长而避其短,取得良好效果。一般地,采用金字塔型结构的适用条件是:人员素质(包括上级领导和下属的素质)不是很高,管理工作较为复杂,许多问题的处理不易标准化或者管理基础差,实现日常管理工作科学化与规范化尚需长时间的努力,生产的机械化、自动化水平不高。如果企业的具体条件与此相反,则采用扁平结构形式比较适宜。可以这样说,组织设计人员对不同结构形式的选择过程,实质上就是从企业既定的现实条件出发,权衡不同方案的利弊,谋求总体效果比较满意的方案。但是,在现代企业管理中,注重采用扁平结构是一种普遍趋势。

(二)职权划分

1. 职权分类

(1)职权的含义。

职权,即职务范围内的管理权限。居于组织中某一职位的管理者为了带领下属完成某项工作,必须拥有指挥、命令、协调等各项权力,这是领导者行使职责的工具。职责是指由占据组织中某一职位而必须承担的责任,职责与职权是一对"孪生兄弟",职责与职权共存,职权是履行职责的必要条件与手段,职责则是行使职权所要达到的目的。作为一名管理人员,占据了组织中某一职位,就必须承担职位要求的职责,同时也必须拥有完成职责的职权,权责对等,且共存于一体。

在正式组织内部,最基本、最主要的信息沟通就是通过职权关系来实现的。通过职权关系上传下达,一方面使下级按指令行事,另一方面,通过下级及时向上级反馈信息,使上级进行有效的控制,作出合理的决策。

(2)职权的种类。

组织中的职权有三种基本类型,即直线职权、参谋职权和职能职权。

直线职权是指上级直接指挥下级的权力,表现为上下级之间的命令权力关系。参谋职权是指参谋人员所拥有的辅助性的职权,是顾问性、服务性、咨询性和建议性的职权,旨在帮助直线权力有效地完成组织目标。参谋人员也可分为两类,即个人参谋和专业参谋。随着组织规模不断扩展和管理活动日趋复杂,主管人员受时间、精力和专业知识与能力等方面的限制,仅仅依靠参谋人员的建议很难作出科学的决策,为了提高和改善管理效率,主管人员就将一部分本属于自己的直线职权授予给参谋人员,这就产生职能职权。职能职权是指由直线主管人员授予的、参谋人员所拥有的部门决策权和指挥权。职能职权实质上属于直线职权。

2.授权

(1)授权的含义。

授权是指由管理者将自己所拥有的一部分权力授予下级而形成的分权,管理者授权是现代管理的一种管理方法与领导艺术。

(2)授权的原则。

授权应遵循以下原则:

①权力和职责的对等。授权必须具有足够的范围,以使分派的职责得以完成。权力太小,授权形同虚设,往往会使下级在决策之前必须请示上级,延误决策;而授权范围过大,会使权力失控。所以,必须根据职责的大小授予权力。

②职责绝对性原则。权力与职责可以被分派给下级,但对上级的责任,既不能分派,也不能委任。一个管理者为完成工作负有某些职责,其下属人员也有一部分责任,但该管理者自己不能推卸掉他对该项工作的最后责任。

③因事设人,视能授权。在授权前,必须明确本单位的工作任务,仔细分析其难易程度,以使职权授予最合适的人选。一旦发现下属不能胜任时,应及时收回权力。

④明确所授事项。授权时,授权者必须向被授权者明确所授事项的任务目标及权责范围。这样不仅有利于下属完成任务,而且可避免下属推卸责任。

⑤不可越级授权。即主管人员只能对直接下属授权,因为越级授权会造成中层管理人员的被动,以及部门之间的矛盾。

⑥适度授权。授予的职权是上级主管人员职权的一部分,而不是全部,对下属来讲,这是他完成任务所必需的。对于涉及有关组织全局的问题要慎重考虑,不可轻易授权。

⑦有效监控原则。适当控制不是在授权后不断地检查工作,而是在授权之前建立一套健全的控制制度,制定可行的工作标准和适当的报告制度,以便在不同的情况下能迅速采取补救措施。

授权首先要建立健全请示汇报制度,以制度约束下属,其次要体谅下属工作中的困难。监督检查不是简单地打幌子、下评语,而是为了上下沟通,上下一条心,齐心协力,共同履行职责,完成任务。因此,对下属工作中出现的问题领导者要敢于承担责任,同时给下属必要的支持。

3.集权与分权

(1)集权与分权的概念。

集权与分权是一个与授权密切相关的内容,如果授权较少,那么就意味着较高程度的集权;如果授权较多,那么就意味着较高程度的分权。

集权意味着职权集中到较高的管理层次,分权则表示职权分散到整个组织中,不过,集权与分权都是相对概念,并不是绝对的。

(2)集权制与分权制。

按照集权与分权的程度不同,可形成两种领导方式,即集权制与分权制。

①集权制。集权制是指管理权限较多地集中在组织最高层。其特点是:决策权较多地集中于高层主管,中、下层只有日常业务的决策权;对下级的控制较多,下级决策前都要经过上级审核,下级决策后要向上级汇报;集中经营,统一核算。

②分权制。分权制就是把管理权限适当分散在组织中、下层。分权制的特点是:中、下层

有较多的决策权;上级的控制较少,往往以完成规定的目标为限;下级有相对的独立经营、独立核算的权力,有一定的财务支配权。

(3)影响集权或分权的因素。

对于一个企业,是集权程度高一些好,还是低一些好,这没有普遍适用的标准模式,只能根据影响集权与分权程度的客观因素,实事求是地加以确定,集权与分权的程度可根据以下因素的变化情况来衡量:

①产品结构及生产技术特点。这是来自企业内部影响集权与分权程度的基本因素。例如,有的企业产品单一,更新换代速度慢,生产过程连续性强,实行大量生产,由于其生产经营各环节之间的协作和联系十分紧密,客观上要求集中经营、统一管理,企业高层就应集权多些。而有的企业从事跨行业多种经营,产品的生产技术差别大,市场和销售渠道各不相同,在这种情况下,只有加大分权程度,才能使不同产品的生产单位能够根据行业特点灵活经营。

②环境条件。环境是从外部影响集权与分权程度的基本因素。由于企业所处的行业、经营资源的供应、面对的市场、使用的技术等存在差异,其环境有的复杂多变,不确定性程度高;有的则相对较为稳定,不确定性程度低。环境越是不确定,决策者越难以获得准确而可靠的环境信息,越难以把握外部条件的变化方向与速度,因而生产经营的风险就越大。显然,为了使企业下属单位能够及时抓住机会,避开风险,促进整个企业的发展,必须加大分权程度才行。而那些环境较为稳定的企业,则可以提高集权程度。在我国,环境条件中还有一个重要因素,这就是国家宏观调控的方式与政策。对于某些企业,国家控制相对较严,过去以指令性计划形式实行直接控制,今后将采取国有独资公司保持绝对控制权,这样的企业,其内部就要有较高程度的集权。

③企业战略。战略不同,将对企业集权与分权产生直接影响。例如,从总体上看,企业根据特定环境和自身条件,可以采取稳定型、增长型和收缩型等不同态势的战略。稳定型战略有利于提高企业集权程度。实行收缩型战略,必须加强企业高层的集权,不如此,就无法集中力量,保证重点,难以实现较大的战略调整。与这两种战略态势相反,增长型战略则要求扩大分权,以便充分发挥下属单位生产经营的主动性和创造性,为企业开拓更多、更大的市场。

④企业规模。企业规模越大,经营管理越复杂,决策数目就越多,决策频率就越高;同时由于管理层次和部门增多,使得横向协调越困难,高层也越不容易及时掌握下层情况。因此,决策权若过于集中,就会延误决策时间,降低决策效率,还会因情况不明而决策失误。所以,规模大的企业,除了那些由产品结构和生产技术特点所决定的、适合高度集权的企业外,一般都需要不同程度地扩大分权。

⑤企业管理水平和管理者条件。有些企业经过长期发展,形成了一整套适合自己情况的管理方式、制度和方法,各方面和各单位的管理水平都较高,这就为增加分权的内容和程度提供了有利条件;反之,由若干企业合并而成的公司,如果它们的管理水平参差不齐,有的单位管理基础较差,为了保证整个公司步调一致、协同作战,就需要加强集权,待情况好转后,再适当分权。控制技术的先进性是反映企业管理水平高低的一个重要标志。在生产自动化和拥有电子计算机管理信息系统的条件下,专业管理和作业管理将大大简化,这就为企业高度集权提供了优越的物质技术条件。同一行业、同等规模的企业,如不具备这种条件,就只能适当分权。企业管理水平的高低最终取决于管理人员的条件。如果企业各级管理人员素质好,既有经验和能力,又有强烈的责任心和进取心,分权程度自然可以加大;假若相反,企业极度缺乏优秀的

管理人才,分权就会受到限制。

企业应根据实现组织目标的需要,综合上述影响因素,正确地确定集权和分权的程度,实现科学的职权配置。

第三节　组织结构的基本形式

现代社会是一个组织化的社会。那么作为构成组织系统的每一个成员,其工作任务究竟是如何确定和安排的?不同组织成员间的工作关系体系又是如何确定的?这就是组织结构与设计所要解决的问题。

一、组织结构的基本概念

所谓组织结构是在组织理论的指导下,经过组织设计,由组织要素相互联结而成的相对稳定的结构模式,主要包括人员的职责、权限和相互关系等的安排。企业是一个开放系统,任何人都不可能找出一个组织结构模式共同适用不同的企业,而是应该根据企业的外部适应能力和内部条件以及本身所具有的独特的管理方式来进行选择。对外,它是为了让企业具有更多竞争优势,获取更大利润,也可以让客户了解公司的一般运作;对内,它是各种责任和权利划分的基础,也是监督、激励机制设定的基础。当了解了企业的内外部环境后,我们就需要对企业以及各种组织结构模式进行分析,以便作出最佳的选择。

二、常见的组织结构类别

(一)直线制组织结构

直线制,又称"军队式组织",是人类社会各种组织存在的最基本形式,也是一种最早的和最简单的组织结构形式,这种组织结构没有管理职能部门,从最高层到最低层实现直线垂直领导。

直线制组织结构的优点是:结构比较简单,责任分明,命令统一。

直线制组织结构的缺点是:对直线主管要求较高,要求直线主管掌握多种知识和技能,亲自处理各种业务。

这在组织规模比较大、业务比较复杂的情况下,把所有管理职能都集中到最高主管一个人身上,显然是难以胜任的。因此,直线制只适用于规模较小,生产技术比较简单的企业,对生产技术和经营管理比较复杂的企业并不适宜。直线制组织结构如图6-1所示。

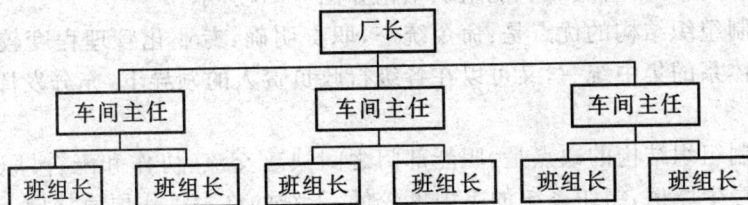

图6-1　直线制组织结构示意图

（二）职能制组织结构

职能制是指设立若干职能机构或人员，各职能机构或人员在自己的业务范围内都有权向下级下达命令和指示，即各级负责人除了要服从上级直接领导的指挥以外，还要受上级各职能部门或人员的领导。职能制组织结构如6-2所示。

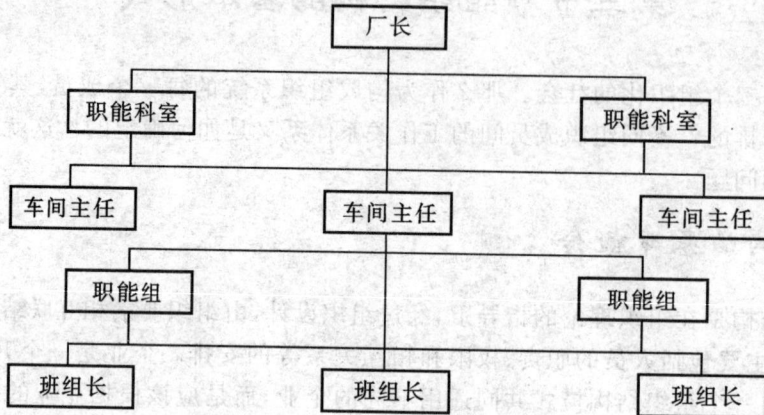

图6-2　职能制组织结构示意图

职能制组织结构的优点是：能适应现代化工业企业生产技术比较复杂，管理工作比较精细的特点；能充分发挥职能机构的专业管理作用，减轻直线领导人员的工作负担。

职能制组织结构的缺点是：妨碍了必要的集中领导和统一指挥，形成了多头领导；不利于建立和健全各级行政负责人和职能科室的责任制，在中间管理层往往会出现有功大家抢，有过大家推的现象；另外，在上级行政领导和职能机构的指导和命令发生矛盾时，下级就无所适从，由于这种组织结构形式的明显的缺陷，现代企业一般都不采用职能制。

（三）直线—职能制组织结构

直线—职能制，或者称为直线参谋制，它是在直线制和职能制的基础上，取长补短，吸取这两种形式的优点而建立起来的。目前，绝大多数企业都采用这种组织结构形式。这种组织结构形式是把企业管理机构和人员分为两类，一类是直线领导机构和人员，按命令统一原则对各级组织行使指挥权；另一类是职能机构和人员，按专业化原则，从事组织的各项职能管理工作。直线领导机构和人员在自己的职责范围内有一定的决定权和对所属下级的指挥权，并对自己部门的工作负全部责任。而职能机构和人员，则是直线指挥人员的参谋，不能对直线部门发号施令，只能进行业务指导。直线—职能组织结构如图6-3所示。

直线—职能制组织结构的优点是：命令统一，职责明确，专业化管理程度较高，组织稳定。它既保证了管理体系的集中统一，又可以在各级行政负责人的领导下，充分发挥各专业管理机构的作用。

直线—职能制组织结构的缺点是：职能部门之间缺乏交流、协作和配合，职能部门与行政负责人之间容易产生摩擦，组织系统的灵敏度较低，下级的许多工作要直接向上层领导报告请示才能处理，常常造成企业运作效率低下。

（四）事业部制组织结构

事业部制是欧美、日本大型企业所采用的典型的组织形式，因为它是一种分权制的组织形

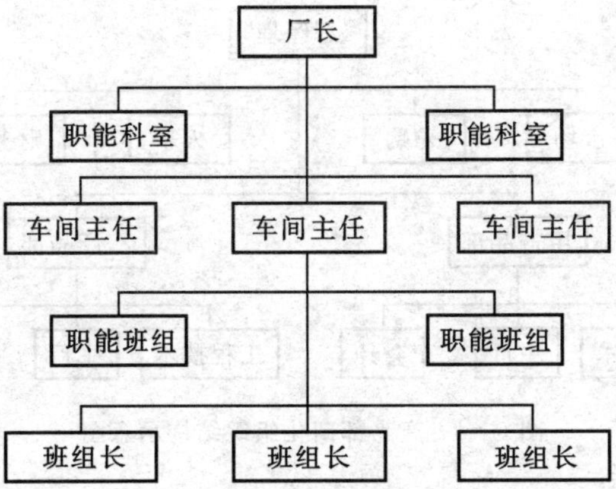

图6-3 直线—职能制组织结构示意图

式。事业部制最早是由美国通用汽车公司总裁斯隆于1924年提出的,故有"斯隆模型"之称,也叫"联邦分权化",是一种高度集权下的分权管理体制。它适用于规模庞大,品种繁多,技术复杂的大型企业,是国外较大的联合公司所采用的一种组织形式,近几年我国一些大型企业集团或公司也引进了这种组织结构形式。在企业组织的具体运作中,事业部制又可以根据企业组织在构造事业部时所依据的基础的不同区分为产品事业部制、区域事业部制等类型,通过这种组织结构可以针对某个单一产品、服务、产品组合、主要工程或项目、地理分布、商务或利润中心来组织事业部。地区事业部制以企业组织的市场区域为基础来构建企业组织内部相对具有较大自主权事业部门;而产品事业部则依据企业组织所经营的产品的相似性对产品进行分类管理,并以产品大类为基础构建企业组织的事业部门。

事业部制是分级管理、分级核算、自负盈亏的一种形式,即一个公司按地区或按产品类别分成若干个事业部,从产品的设计、原料采购、成本核算、产品制造,一直到产品销售,均由事业部及所属工厂负责,实行单独核算,独立经营,公司总部只保留人事决策,预算控制和监督大权,并通过利润等指标对事业部进行控制。也有的事业部只负责指挥和组织生产,不负责采购和销售,实行生产和供销分立,但这种事业部正在被产品事业部所取代。还有的事业部则按区域来划分。这里就产品事业部和区域事业部作些简单的介绍。

1.产品事业部(又称产品部门化)

按照产品或产品系列组织业务活动,在经营多种产品的大型企业中早已显得日益重要。产品部门化主要是以企业所生产的产品为基础,将生产某一产品有关的活动,完全置于同一产品事业部内,再在产品事业部内细分职能部门,进行该产品的生产、销售等工作。产品部门化组织结构如图6-4所示。

(1)产品部门化组织结构的优点。

①有利于采用专业化设备,并能使个人的技术和专业化知识得到最大限度的发挥;

②每一个产品部都是一个利润中心,部门经理承担利润责任,这有利于总经理评价各部门的政绩;

③在同一产品部门内有关的职能活动协调比较容易,比完全采用职能部门管理更有弹性;

④容易适应企业的业务扩展与业务多元化要求。

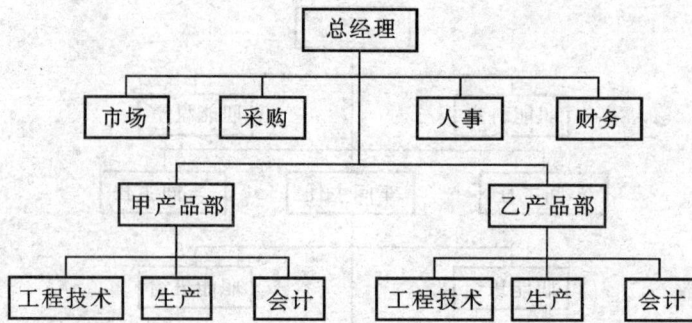

图 6-4　产品部门化组织结构示意图

(2)产品部门化组织结构的缺点。

①需要更多的具有全面管理才能的人才,而这类人才往往不易得到;

②每一个产品分部都有一定的独立权力,高层管理人员有时会难以控制;

③对总部的各职能部门,如人事、财务等,产品分部往往不会善加利用,以至总部一些服务不能获得充分的利用。

2. 区域事业部制（又称区域部门化）

对于在地理上分散的企业来说,按地区划分部门是一种比较普遍的方法。其原则是把某个地区或区域内的业务工作集中起来,委派一位经理来主管其事。按地区划分部门,特别适用于规模大的公司,尤其是跨国公司。这种组织结构形态,在设计上往往设有中央服务部门,如采购、人事、财务、广告等,向各区域提供专业性的服务。区域部门化组织结构如图 6-5 所示。

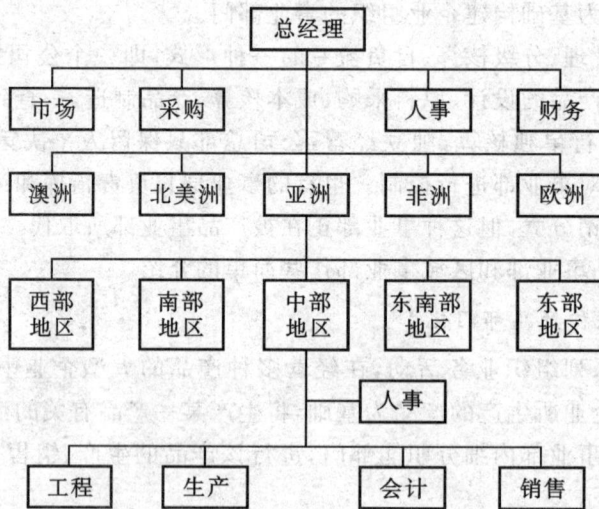

图 6-5　区域部门化组织结构示意图

(1)区域部门化组织结构的优点。

①责任到区域,每一个区域都是一个利润中心,每一区域部门的主管都要负责该地区业务的盈亏;

②放权到区域,每一个区域有其特殊的市场需求与问题,总部放手让区域人员处理,会比

较妥善、实际,有利于企业高层管理者关注更重要的问题;

③有利于地区内部协调;

④对区域内顾客比较了解,有利于服务与沟通;

⑤每一个区域主管,都要担负一切管理职能的活动,这对培养通才管理人员大有好处。

(2)区域部门化组织结构的缺点。

①随着地区的增加,需要更多具有全面管理能力的人员,而这类人员往往不易得到;

②每一个区域都是一个相对独立的单位,加上时间、空间的限制,往往是"天高皇帝远",总部难以控制;

③由于总部与各区域分部是相距较远,难以维持集中的经济服务工作。

(五)矩阵制组织结构

在组织结构上,把既有按职能划分的垂直领导系统,又有按产品(项目)划分的横向领导关系的结构,称为矩阵制组织结构。矩阵制组织结构如图 6-6 所示。

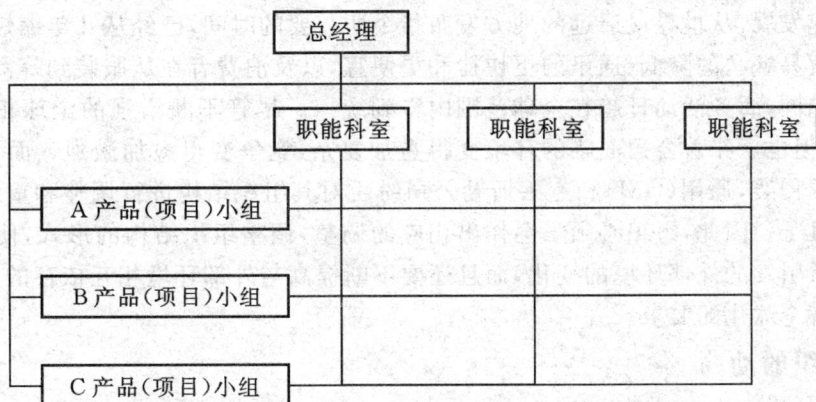

图 6-6 矩阵制组织结构示意图

矩阵制组织是为了改进直线职能制横向联系差,缺乏弹性的缺点而形成的一种组织形式。它的特点表现在围绕某项专门任务成立跨职能部门的专门机构上。例如组成一个专门的产品(项目)小组去从事新产品开发工作,在研究、设计、试验、制造各个不同阶段,由有关部门派人参加,力图做到条块结合,以协调有关部门的活动,保证任务的完成。这种组织结构形式是固定的,人员却是变动的,需要谁,谁就来,任务完成后就可以离开。项目小组和负责人也是临时组织和委任的。任务完成后就解散,有关人员回原单位工作。因此,这种组织结构非常适用于横向协作和攻关项目。

矩阵制组织结构的优点是:机动、灵活,可随项目的开始与结束进行组织或解散;由于这种结构是根据项目组织的,任务清楚,目的明确,各方面有专长的人都是有备而来。因此在新的工作小组里,能沟通、融合,能把自己的工作同整体工作联系在一起,为攻克难关、解决问题而献计献策,由于从各方面抽调来的人员有信任感、荣誉感,使他们增加了责任感,激发了工作热情,促进了项目的实现;它还加强了不同部门之间的配合和信息交流,克服了直线职能结构中各部门互相脱节的现象。

矩阵制组织结构的缺点是:项目负责人的责任大于权力,因为参加项目的人员都来自不同部门,隶属关系仍在原单位,只是为"会战"而来,所以项目负责人对他们管理困难,没有足够的激励手段与惩治手段,这种人员上的双重管理是矩阵结构的先天缺陷;由于项目组成人员来自各个职能部门,当任务完成以后,仍要回原单位,因而容易产生临时观念,对工作有一定影响。

矩阵结构适用于一些重大攻关项目。企业可用这种组织结构来完成涉及面广的、临时性的、复杂的重大工程项目或改革任务。特别适用于以开发与实验为主的单位,如科学研究,尤其是应用型研究单位等。

三、传统组织结构面临的挑战

当前组织的运作环境正发生着激烈变化,在外部环境发生剧变的同时,组织内部原有的规则也要发生相应的变化,组织正在面临着巨大挑战。

(一)经济全球化

对于今天的组织来说,世界变得越来越小的描述已在很大程度上成为了现实。随着技术和通讯的迅速发展,从世界最遥远的地方发布指令所需要的时间,已经从几年缩短到了只需几秒钟。随着贸易壁垒的降低、通讯的更快捷和更便宜,以及消费者在从服装到蜂窝电话等各种消费偏好的趋同,商务活动日趋在全球范围内得到统一。尽管不断增强的全球相互依存带来了许多优势,但也意味着公司面临的环境变得愈加复杂,竞争变得愈加激烈。面对2008年全球金融海啸的侵袭,通用(GM)和克莱斯勒公司纷纷对其组织结构进行调整和重组,以度过这段最艰难的日子。因此,组织必须学会作出相应的调整,调整组织结构的形式,使之更能适应经济全球化所引发的外部环境的变化,而且还要不断提高与外部环境相互依存的能力,使其能不断适应经济全球化的要求。

(二)组织的动荡

就20世纪的大部分时期来说,组织是处在相对稳定的环境中,因而管理者都侧重将其组织的结构和制度设计得能使组织保持顺畅、高效地运行,而很少有必要去寻找各种能应对竞争加剧和顾客需要变化的不同的组织方式。但是,这一切自20世纪80年代开始改变了。现在的组织正在想尽办法以便能跟上从那时开始就日益加剧的变化。电子计算机和信息技术的进步推动了其中许多变化,但与此同时也提供了应对这些变化的策略。近年来,对企业资源计划(ERP)系统的运用已成为一个热门的趋势。这种复杂的信息系统能够收集、处理和提供有关一个组织整体业务的信息,包括顾客需要、订单、产品设计、生产、采购、存货、分销、人力资源、货款回收的识别,以及未来需求的预测。ERP及其他新式的信息系统对组织设计产生了深刻影响。因此,作为管理者和组织,应该认识到现在所面临的挑战不仅是应对变化,更是拥抱变化甚至创造变化,曾经成功的组织模式和员工行为方式已变得不再有效,但新的方式还正在产生中。

(三)市场竞争的加剧

在工业经济时代,企业规模的扩张主要是依靠物质财富的增加和积累。它的发展速度是渐进的、连续的。企业间的竞争更多的是依靠物质财富实力的竞争。这种竞争是一种直接的、可见的、肉搏式的竞争。在知识经济时代,企业规模的扩大就不再是单纯地依靠物质财富的增加,而更多的是依靠知识的应用。它的发展速度取决于人类的认识、开发和有效应用知识的能力,新的知识的产生和应用会使知识迅速地过时和落伍。企业间的竞争主要是以知识应用为基础的创新能力的竞争。这种竞争是一种间接的、无形的、复杂的激烈竞争。这就像古代战争和现代战争的区别,古代战争的胜负主要取决于人数的多少和士兵的身体状况,战场上是一派战鼓齐鸣、万马奔腾的激战景象;而现代战争的胜负则取决于双方在战略和战术上对现代科学技术的应用状况,我们可能看不到战场上硝烟弥漫的你死我活的拼搏,它完全是一场智力上的较量。这也就是企业即将面临的市场竞争的情景。在这种市场竞争环境面前,企业要提高竞争能力,关键是如何更好地满足消费者的需要,如何提高自己的创新能力。这就要求未来企业的组织结构必须进行变革,使企业能更好地满足消费者的需求,能更好地激发每个企业成员的积极性和创造性。

(四)信息技术的发展

信息技术的发展不仅支持了知识管理和信息的广泛共享,也常常促进了组织设计和管理方式的改变。过去,组织发展出现了许多的层级,部分原因就是为实现信息在组织中的上下传递。许多公司主导性的观念是,关键的主意和决策来源于组织高层,这些需要通过一定渠道往下传达。而当今富有竞争力的企业则受这样一种观念的指导,即组织需要从每一个人获得思想,管理者的角色是要设法开通沟通的渠道,使主意、信息能在组织中通畅地流动。这种对信息共享的重视常常导致组织结构的扁平化,并使向员工授权和员工参与的强度大大提高。信息技术的发展与广泛使用极大地改变了传统的组织运行方式,使得通信速度大大加快,信息产业的产品和服务价格大大降低,从而也降低了组织的交易成本。同时由于信息技术的运用,组织可以轻而易举地在全球范围内进行生产要素的组合,实现资源的优化配置,使生产成本大幅度降低。

第四节 组织变革

一、组织的生命周期

组织具有生命周期,就是说组织也具有随时间的推移而发展变化的规律。这种发展变化是有规律地从一个阶段向下一个阶段的过渡,并不是一种无规律的运动。

在管理学中,生命周期概念被大量应用于营销学中。它被用于表述产品在市场中的生命现象。典型的产品生命周期被划分为四个阶段,即产生(或称萌芽)期、成长期、成熟期、衰退期。同样,我们也可以用四个阶段来描述组织的生命周期。但是毕竟组织有着与产品不同的性质,我们把组织生命周期划分为五个阶段来分析组织的生命周期规律。

(1)形成阶段,也称企业家阶段。与产品的导入阶段一样,此时的组织处在它的"婴儿"期。组织的创造力很强,而它的目标却并不明确。它过渡到下一个阶段去的前提就是获得稳定的资源供给。

(2)成长阶段,也称集成阶段。这是前一阶段创新的延续。此时该组织的使命已很明晰,但是其内部的信息交流和结构配置基本上仍是非正式的。员工的责任心大为加强。

(3)成熟阶段,又叫规范化阶段。在这个阶段,组织结构趋于稳定。在组织内部形成了规范化的工作程序和规章制度。在强调稳定与效率的同时,对创新的关注下降。处于组织上层的决策者们大权在握,其地位得到大大加强,同时决策也逐渐趋于保守。员工在组织中的角色都十分确定,以至某个成员的离去并不危及整个组织的安危。

(4)创新阶段,又叫结构精细化阶段。此时,该组织的产品与服务市场都发生了分化。管理的重点在于开发新产品和寻求新的市场。组织结构变得更为复杂、更为精细,相应的决策权更为分化。

(5)衰退阶段,又叫衰亡阶段。此时,激烈竞争的结果是组织产品和服务市场的萎缩,组织从管理上努力寻求新的发展机会,但是仍发生大量的员工流失,组织内部矛盾激化。为了遏制衰亡的势头,组织频繁更换新的领导,决策权相对集中在新领导手中。

所有的管理者都会尽最大的努力使自己的组织避免进入上述的第五个阶段。可是,没有了这第五个阶段,就意味着所有组织都能实现无限的增长,或至少能保持持续的稳定。显然,这是一个非常乐观的"幻想"。事实上没有一个组织能够长生不老,只不过是有些组织能够存在得比别的组织更长一些罢了。也就是说,我们必须正确认识并研究衰亡阶段的特点以及组织衰退的可能性。

二、组织变革原因

组织变革的原因来自组织的外部环境系统和组织的内部环境系统两个方面。

(一)组织的内部力量

组织的内部力量是指在组织的内部起作用,并在组织管理部门控制之内的要求改革的力量。属于这方面的因素主要有以下方面:

1. 组织结构的变化

组织结构方面的变革主要有:通过部门化的划分或单位联合成部门的变革方式使正式组织系统中产生许多分系统;新型结构形式的创建,如混合公司、跨国公司、地区性运输系统等,常引起很多其他的变革;非正式组织的变化也是组织系统变革的一个因素;内部结构中的临时性的部门,如特别委员会、任务小组等,也将为整个组织的变革提供动力。

2. 技术的变化

技术系统是组织变革的重大推动力,机械化、自动化、计算机化对于组织有着广泛的影响。某种新技术的采用会导致生产组织的深刻变化、劳动生产率的大幅度提高,并影响到组织结构和员工的心理状态。对于不稳定的动态的环境,技术的因素尤其显得重要。

3. 社会心理系统和人的因素

组织变革的动力经常来源于社会心理系统,组织变革及其目标的实现在很大程度上依赖于人的因素。组织内部的群体动力状态、人际关系、信息交流和意见沟通、团体的凝聚力和士气等,还有每个组织成员的士气、态度、行为、意见和要求等对整个组织的变革都有重要的影响。如果组织的变革得不到下级的支持,缺乏必要的社会心理气氛,那么这项变革就很难推行,即使推行了也很难成功。

(二)组织的外部动力

1. 政治因素

任何组织内部的变革都会受社会政治因素的影响。其影响因素包括政权的更迭、政治体制的改革、国内政治局势的动荡和稳定、民主和法制的健全与破坏、方针政策的正确与偏航、社会风气的好坏、国际政治形势的变化等。

2.经济因素

生产力水平的提高,劳动生产条件与物质条件的改善,生产方式发生变化等,将推动组织与企业的发展等;社会经济结构的发展,产业结构的变化,经济体制的改革推动各级企、事业单位的改革和调整;经济发展会影响教育、文化、科技及人们思想观念的变化,这些变化对组织改革都有影响。

3.市场变化因素

市场大致包括金融市场、房地产市场、信息市场、消费品市场、生产资料市场、人才和劳动力市场等。这些市场的变化对组织变革(尤其是企业组织变革)都有重要的影响。

三、组织变革阻力的主要来源

(一)个体和群体方面的阻力

个体对待组织变革的阻力,主要是因为其固有的工作和行为习惯难以改变、就业安全需要、经济收入变化、对未来未知状态的恐惧以及对变革的认知存在偏差等而引起。群体对变革的阻力,可能来自于群体规范的束缚,群体中原有的人际关系可能因变革而受到改革和破坏,群体领导人物与组织变革发动者之间的恩怨、摩擦和利害冲突,以及组织利益相关群体对变革可能不符合组织或者该团体自身的最佳利益的顾虑等。

(二)组织的阻力

来自组织层次的对组织变革的阻力包括现行组织结构的束缚、组织运行的惯性、变革对现有责权利关系和资源分配格局所造成的破坏和威胁,以及追求稳定、安逸和确定性的保守型组织文化等,这些都是可以影响和制约组织变革的因素。此外,对任何组织系统而言,其内部各部门之间及系统与外部之间都存在着强弱程度不等的相互依赖和相互牵制的关系,这种联系是组织作为系统所固有的特征。在一定期间内进行的组织变革,一方面出于克服和化解变革阻力的需要,另一方面也由于组织问题本质上是错综复杂的。因而很难一蹴而就,全面解决,这样,具有一定广度和深度的组织变革就通常只适宜采取分阶段、有计划地逐步推进的渐进式变革策略。在这种策略下,每一个计划期内的变革都只针对有限的一些组织问题,这就难以避免会导致系统内外尚未予以变革的要素对现有计划范围内的变革构成一种内在牵制和影响。这种制约力量需要变革管理者在设计组织变革方案时就事先予以周密的考虑,以便安排合适的变革广度、深度和进度。

(三)外部环境的阻力

组织的外部环境条件也往往是形成组织变革力量的不可忽视的来源。比如,与充分竞争的产品市场会推动组织变革相比,缺乏竞争性的市场往往造成组织成员的安逸心态,束缚组织变革的进程;对管理者经营企业之业绩的考评重视不足或者考评方式不正确,会导致组织变革压力和驱动力的弱化;全社会对变革发动者、推进者的期待和支持态度及相关的舆论和行动,以及企业特定组织文化在形成和发展中的所依赖的整个社会或民族的文化特征,这些都是影响企业组织变革成败的重要力量。

四、组织变革的过程

成功的组织变革,通常需要经历解冻、改革、冻结这三个有机联系的过程。

(一)解冻

由于任何一项组织变革或多或少会面临来自组织及其成员的一定程度的抵制,因此,组织变革过程需要有一个解冻阶段作为实施变革的前奏。解冻阶段的主要任务是发现组织变革的动力,营造危机感,塑造出组织改革的浓厚气氛,并在采取措施克服变革阻力的同时,具体描绘组织变革的蓝图,明确组织变革的目标和方向,以形成待实施比较完善的组织变革方案。

(二)变革

改革或变动阶段的任务就是按照所拟定的变革方案的要求具体开展组织变革活动,以使组织从现有的组织结构模式向理想目标模式转变。这是变革的实质性阶段,通常可以分为实验和推广两个步骤。这是因为组织变革的涉及面较为广泛,组织中的联系相当错综复杂,往往"牵一发而动全身",这种状况使得组织变革方案在全面付诸实施之前一般要先进行一定范围的典型实验,以便总结经验,修正进一步的变革方案。在实验取得初步成效后再进入大规模的全面实施阶段。还有一个优点,就是可以使一部分对变革上有疑虑的组织成员能在实验阶段较早地看到或感觉到组织变革的好处,从而有利于争取更多的支持者,并使其踊跃参与到组织变革的行列,由此实现从变革观望者、反对者向变革的积极支持者和参与者转变。

(三)冻结

组织变革并不是在实施了变革行动后就宣告结束,从根本上说,后面还需要有一个冻结阶段,在这样条件之下的组织变革才有可能真正实现。现实中经常出现,在实施了组织变革方案之后,个人和组织都有不同程度地退回原有已习惯了的行为方式的倾向。为了避免出现这种情况,变革的管理者就必须采取措施以保证新的行为方式和组织形态能够不断得到强化和巩固。这一强化和巩固的阶段可以视为一个冻结或者重新冻结的过程,缺乏这一冻结阶段,组织变革就有可能趋于流产,而且对组织及其成员也将只有暂时的影响。

五、如何解决组织变革中的冲突

在组织变革过程中,由于组织变革中的阻力,经常会在组织内部产生冲突,虽然适当的冲突可能会激发个人的创造力,会促进组织变革的发展,但在更大程度上会阻碍组织变革的发展。那么,如何解决组织变革中的冲突也是组织变革管理者、发动者所要面临和解决的事情。

(一)冲突的来源

在组织内部特别是变革过程中,冲突一般主要来自以下三个方面:①个人方面。在工作中,每个人的性格、价值观、目标及对事物的看法不尽相同时,极易产生冲突。②组织方面。工作范围没有明确界定,任务与职位不符,缺乏合作意识等都会引起冲突。③沟通方面。沟通中出现障碍,如沟通技巧欠佳,或控制的信息失真,也可能产生冲突。

(二)解决冲突的方法

1.施加压力法

施加压力法是指由上级主管强行压制冲突,或以"少数服从多数"方式,向持有不同意见的人施加压力。这种方法在短期内效果明显,但是,如处理不当,冲突可能转化为一种潜伏危机。

2.妥协法

妥协法,即冲突双方各退一步,均没有明显的输或赢。一般通过第三方从中调解,促成双方妥协。双方愈早妥协,冲突便会愈早解决。

3.探求根源法

从根本上解决冲突的方法是深入研究冲突的根源,然后对症下药。若引起冲突的原因是来自误会或价值观的不同,采用这种方法最为有效。

4.目标统一法

目标统一法是指将目标和眼光放得远大一点,强调只有双方通力合作才能达成共同目标。但如果目标定得遥远,只是一种理想,未必切合实际。这种方法只有建立在相互信任的基础上才能奏效。

5.重新改组法

重新改组法是指将不健全的组织机构重新进行改组。例如,确立新的管理规则及工作程序,明确责任、权限、业务范围,改善奖惩措施,增强各部门的相对独立性等。

六、组织变革趋势

自20世纪70年代以来兴起了全球性的组织变革潮流,企业在改革组织结构,政府也在改革组织结构。可以说,组织变革已成为提高管理效益和组织竞争力的重要手段。分析和总结组织变革的实践,我们会发现以下趋势:

(一)在组织结构规模上,化整为零,分而治之

这种趋势推动组织结构趋于小型化,提高了管理效率,增强了组织适应能力和生存能力。小型化的规模结构,比大型组织更能适应市场和复杂环境的变化;而且灵活多样,吸收新技术快,善于进行技术创新;能节省用于沟通协调和决策方面的精力和费用。因此,即使是超大规模的跨国企业,也都采用划小内部核算单位,充分开展内部竞争的方式来激活整个组织的生命力。

(二)在组织结构层次上,化繁为简,减少层次

纵向减少层次,横向削减部门,已成为目前在组织结构改革中一个重要的特点。纵向层次越少,越有利于上下沟通,加强控制和管理;横向部门越少,越有利于抑制扯皮交叉现象,减少官僚主义。总之,尽可能做到简单、精干、高效。

(三)在组织结构内部协调上,由纵向横,纵横交错

不少组织为了适应体制改革的形势要求,在组织里引入了全面计划管理、全面质量管理、全面经济核算、全面人事管理等一系列规范的管理体系;与此同时,组成了相应的横向管理部门,与原有的各职能科室组成纵横交错的管理体制,使组织的职能管理与综合管理、纵向管理与横向管理得到统一和协调。

(四)在组织机构职能上,越来越注重组织系统的整体功能

目前,国外许多大型企业在设计和改革组织机构时,注意把决策、执行、监督三大组织系统

独立开来,互相制约,并使信息反馈回路畅通,及时进行自我调节,通过纠正管理中出现的偏差,使管理系统趋于完善。

(五)指挥部门与参谋部门的分设

随着社会化大生产和科学技术的飞速发展,以及市场和环境变得日趋复杂,仅仅依靠个别高层领导的能力已远远不能应对这复杂多变的形势,于是在许多大型企业里建立了类似"智囊团""顾问团"的参谋和咨询部门,为指挥部门提供咨询和建议,协助高层领导作出科学的决策。

第五节 信息时代的企业组织结构变革

随着以计算机技术、网络技术、通讯技术为代表的信息技术的飞速发展,人类在经历了农业社会、工业社会后,已步入信息化社会。信息技术使企业投入生产过程的生产要素发生了变化,带来了组织生存环境的巨大改变。为了生存和发展,企业组织不得不进行相应的变革以适应这种变化,而其中企业的组织结构变革尤为重要。

一、信息时代对企业组织结构变革的要求

组织结构是组织发挥作用的支撑点。组织结构的变革,不是各个部门之间的简单加减,而是要从完善组织机制着眼,与企业发展过程中的信息化、资产重组、资本经营、分权化趋势等相适应。通过变革,使企业经营机构向创新型、学习型转化,形成一个灵活应变的、有效的有机整体。

在传统的经济环境下,实物资本、货币资本和技术是经济增长和企业竞争优势的主要源泉,传统的企业组织结构正是着眼于实现资本与技术等要素的有效配置而设计的。而在信息时代,人力资本以及由此产生的知识积累则成为经济增长和企业竞争优势的主要源泉,自然需要新的企业组织结构来保证新的核心要素的有效配置。同时,在信息时代,市场需求变化很快,因而企业的反应速度和灵敏度至关重要,这就要求在信息沟通中,减少管理层次、压缩职能机构、裁减中层管理人员,以缩短信息传输途径。为适应这种要求,企业的组织结构就需要从"金字塔"转向"扁平化"和"网络化",以提高企业运作效率,使企业获得更大的灵活性。因此,信息时代要求组织结构具有以下特征:

(一)扁平化

扁平化是信息时代企业组织结构变革最显著的特征。所谓扁平化,就是减少中间层次,增大管理幅度,促进信息的传递与沟通。古典的或传统的企业组织结构多为金字塔型的,这种组织结构的优点是分工明确、等级森严、便于控制,但是,这种组织结构在信息时代暴露出越来越多的弊端。例如:由于管理层次多导致机构臃肿,人员冗余,进而造成成本居高不下;不同机构间互相推诿责任,管理效率低下;总经理高高在上,很难接近第一线,这样就容易造成下情不能上达,上面的想法也不易为基层人员所了解。还有,这种严格的等级制度,在很大程度上限制了员工发挥其创造性思维的空间,使整个企业在灵活程度和创新精神方面裹足不前。为了克服传统组织的这些缺点,首先要推倒"金字塔",减少上下级间的层级,即所谓的组织扁平化,从而有利于信息的传递,保证信息传递的有效和不失真,大幅度提高组织运转效率。

现在,西方一些发达国家正在着手对这种纵高型的组织结构进行改革,趋势之一就是削减

层次,实现组织结构的扁平化。其主要优点是:①管理层次减少,管理人员精减,可大大降低人工费用。②管理跨度加大,迫使企业领导者必须适度授权,有利于开发员工潜能和发挥员工的创造性。③有利于改善和提高员工队伍的整体素质。④削减中间层次,缩短了上下层的距离,既可以提高信息传递的速度,还可以促进上下级之间的沟通。⑤人员精干后,加大了员工的工作责任,增强了工作职位的挑战性,促使人才快速成长。

扁平型组织结构也有其弊端,如管理跨度加大后使得上司的负担加重,有可能会出现失控的危险。

就我国目前的情况来看,多数企业组织基本上还属于纵高型结构,这已无法适应发展市场经济和迎接知识经济到来的要求,按照扁平化的原理变革传统的组织构架,已势在必行。

(二)小型化

长期以来,我们有很多企业一直在追求组织规模,时至今日,这种一味追求企业组织规模的做法已不合时宜。面对日趋复杂多变的信息时代,压缩企业规模,划小核算单位,已成为当今世界一切组织的普遍追求。资产运营、委托生产、业务外包等已为企业组织小型化提供了实现的条件。例如,国内著名厂商云南玉溪烟厂除了保留烟丝核心技术外,其他诸如过滤嘴、烟卷纸、包装等全部外包。据悉,世界有些资产几十亿、上百亿美元的大公司也不再直接组织生产,而开始走委托生产之路,甚至连销售也采取一次性买断的做法,千方百计地降低企业运行成本。特别是企业用工制度的改革为建立小型化组织提供了人事保证。固定工人数普遍在锐减,合同工、季节工、计时工、计件工等在增多,减人增效、内涵发展已经成为众多企业的选择。

(三)柔性化

所谓的"柔性"就是企业组织并行工作的能力和适应不同情况的能力不断提高,以适应变化的环境。组织结构的柔性化就是将固定的组织模式抛弃,以临时的、任务为导向的团队式组织完成企业工作。这种团队式组织可以使员工打破原有的部门界限,绕开原来的中间管理层次,直接对顾客和公司的总目标负责。随着知识经济的日益临近,企业内部知识共享呼声越来越高,传统的刚性管理已经不能适应现代企业的发展,柔性组织便应运而生。例如,某一单位开发出一种新的产品,由于他自身不具备其他方面的优势,于是就在全社会范围内选择最佳的生产厂家、最佳的销售公司和最佳的供应商等,联合组成临时项目机构,待任务完成后自行解体。这种机动团队的优点是灵活机动、博采众长、集合优势,不仅可以大大降低成本,而且能够促进企业人力资源的开发,还推动着企业组织结构的扁平化。

(四)网络化

网络型组织结构是一种只有很精干的中心机构,以契约关系的建立和维持为基础,依靠外部机构进行制造、销售或外包其他重要业务经营活动的组织结构形式。被联结在这一结构中的各经营单位之间并没有正式的资本所有关系和行政隶属关系,只是通过相对松散的契约(正式的协议契约书)纽带,透过一种互惠互利、相互协作、相互信任和支持的机制来进行密切的合作。企业组织结构的网络化主要体现在以下四个方面:①企业形式集团化。随着经济全球化的趋势,企业集团、企业战略合作伙伴、企业联盟大量涌现,使得众多企业间的联系日益紧密起来,构成了企业组织结构的网络化。②经营方式连锁化。如美国的麦当劳已经在全世界54个国家或地区建起了连锁店。日本花王公司80%的产品是靠在世界各地设立的近30万个零售点销售出去的。③企业内部组织网络化。由于企业架构日趋扁平,管理层次减少,跨度加大,组织内的横向联系不断增多,内部组织机构网络化正在形成。④信息传递网络化。随着网络技术的飞速发展和计算机的广泛应用,企业信息传递和人际沟通已经逐渐数字化、网络化。不同部门、员工之间通过先进的通讯技术进行沟通和及时有效的交流,可增进员工间的了解,提高其学习能力,并增强部门之间的协同能力,有利于企业处理复杂的项目,形成竞争优势。

(五)虚拟化

虚拟组织结构是指当市场出现新机遇时,具有不同资源与优势的企业为了共同开拓市场、共同对付其他竞争者,以外包、合作协议、战略联盟、特许经营、成立合资企业等方式,以信息网络为基础组建起来的临时性机构。它们分合迅速,共担成本,共享技术与信息,联合开发。虚拟企业组织结构具有如下特点:①边界模糊性。在法律意义上,虚拟企业不具备独立的法人资格。虚拟企业打破了传统组织机构的界限和层次。一些具有不同资源及优势的独立企业为了共同的利益或目标组成虚拟企业。②对于虚拟企业的组织者来说,通过业务外包,使企业专注于具有核心竞争能力的活动,从而能更好地提高企业的竞争能力。③由于虚拟企业的组织者只关注于最具竞争力的业务,而且与虚拟企业的参与者的关系是一种短暂的和动态的,这大大提高了虚拟企业的灵活性和对市场变化的适应性。④虚拟企业通过企业的外包,广泛地利用了全社会的有用资源。⑤虚拟企业各成员之间不是传统企业中的等级系列关系,其组织者与参与者间关系的维持是建立在以下两个基础之上的:一是虚拟企业的组织者所具有的关键技术和能力使虚拟企业参与者对其所形成的依赖性;二是市场机制的等价交换原则。

在信息时代,大量的劳动力将游离于固定的企业系统之外,分散劳动、家庭作业等将会成为新的工作方式,虚拟组织将会大量出现。据了解,美国、加拿大等国的大型跨国公司的科技人员目前在家办公的人数已达 40% 以上。组织形式将由以往庞大的外壳逐渐虚拟,流动办公、家庭作业必将受到广泛青睐。

二、信息时代企业组织结构变革的趋势——网络组织

网络组织是相对于传统的职能型垂直式等级组织提出来的。它不仅满足组织扁平化、网络化、虚拟化等要求,而且具有广泛的适应性。它既适合于任务范围广、规模大的组织,比如一个拥有众多子公司和自负盈亏组织的托拉斯,也适合于经营范围单一、分工协作密切的小型公司。采用网络型结构的组织,他们所做的就是通过 Intranet 和 Internet 创设一个物理和契约"关系"网络,与独立的制造商、销售代理商及其他机构达成长期协作协议,使他们按照契约要求执行相应的生产经营功能。由于网络型企业组织的大部分活动都是外包、外协的,因此,公司的管理机构就只是一个精干的经理班子,负责监管公司内部开展的活动,同时协调和控制与外部协作机构之间的关系。网络组织结构如图 6 - 7 所示。

(一)网络组织的含义

网络组织是指在职能或任务上实行了专业化的几个组织,以其中一个为中心结合在一起而形成的联合体,它的运行不是靠传统的层级控制,而是在定义成员角色和各自任务的基础上通过密集的多边联系、互利和交互式的合作来完成共同追求的目标。

网络的基本构成要素是节点和节点间的联系。在网络组织中,节点可以由个人、企业内的部门、企业或是它们的混合组成,每个节点之间都以平等身份保持着互动式联系。如果某一项使命需要若干个节点的共同参与,那么它们之间的联系就会有针对性地加强。密集的多边联

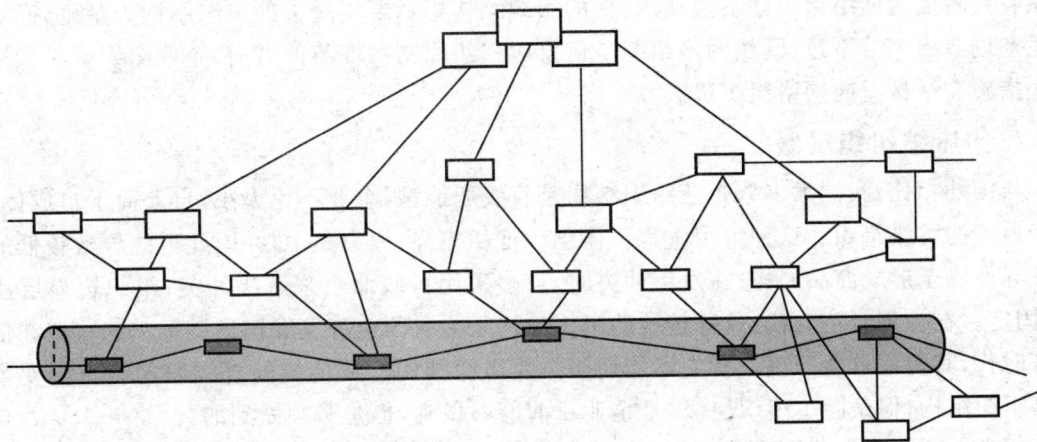

图 6-7　网络组织结构图

系和充分的合作是网络组织最主要的特点,而这正是其与传统企业组织结构的最大区别所在。网络组织的构造是通过超越并扩大一个组织的范围而完成的,它带来了传统组织所不具备的优势,实现了规模经济扩张,有利于优化资源配置,促进了分工和专业化的发展。

(二)网络组织的作用

网络组织能够带来交易成本的显著降低和管理效率的极大提高。网络作为通讯业的一种工具,它的作用已经超过了电话。对于互联网潜入产业内部后对经济发展的推动力,我们不能全部臆断,但显而易见的一点是,它将推动企业运作速度的持续加快和社会产品交易成本的持续降低。

对于这一点,我们可以从戴尔公司的网络管理结构中得以感受。戴尔提供完备的网上订货系统、网上技术支持系统、供应链管理系统和客户关系管理系统。客户可以在网上查到交易规则、即时报价、产品规格、型号、配置等各种完备、准确的信息,可以通过 Internet 进行各种技术服务在线支持。基于这种生产方式,戴尔加快了自己的库存流转速度,产品接近"零库存",产品的上市时间也大为提前,总体利润率比其竞争对手高出了很多。互联网应用使戴尔公司的研发资金只占公司总支出的 2%左右,而其竞争对手通常会投入 5%~8%。而且,由于戴尔充分应用互联网,传统的企业管理幅度和管理层次的矛盾在这里不存在,全球范围内每个竞争领域的成本和盈利数据通过公司内联网变得公开和透明,最高层的决策思路通过公司内联网准确无误地传达给最基层的一线员工,从而公司能够充分授权,员工能够快速决策,而这些决策以前只有 CEO 或财务总监才能作出。企业管理极度扁平化,一线的经理能够在每个季度结束后一个星期就知道,为什么原订目标没有达到,是因为网络问题、零部件问题还是因为竞争加剧?这极大地提高了管理效率。

可以看出,网络化组织从三个方面促进了企业经济效益实现质的飞跃:一是减少了内部管理成本;二是实现了企业在全世界范围内供应链与销售环节的整合;三是实现了企业充分授权式的管理。

三、实施企业组织结构变革的措施

网络组织是一个前瞻性的概念,是未来企业组织结构发展的方向。但是,希望企业从传统组织直接转变为网络组织是不现实的,新的组织结构毕竟要以过去的组织结构为基础,而不可能凭空创造出来。不过,既然网络组织是信息时代组织结构变革的方向,企业组织就必然采取一些措施在结构上向网络组织过渡。

(一)压缩组织层级

与国外相比,我国大多数企业组织结构是直线职能型,企业不论大小,自上而下自成体系,属于典型的层级组织。这种组织垂直一体化程度相当高,权力集中,并因此可能导致较低的产品差异性以至形成商品同构;在发生冲突时,较多采用行政命令来解决冲突;组织边界层次分明、固定。在计划经济时代,这种传统的组织结构是为我国经济发展作出过贡献的。但在信息经济时代,其弊端日益凸现。我们不能期望企业组织结构能从传统的直线职能制直接变革为网络组织结构,但是减少组织层级,是企业目前能够做到,也是必须做到的。

管理大师德鲁克曾预言:"20年后典型的大企业的管理层级将不到今天的一半,管理人员也不及今天的1/3。"例如,海尔集团组织结构的变化就证明了他的预言。海尔集团按照现代企业的要求,进行了组织结构的调整。通过合同方式,把原来职能式的上下级职能关系转化为有市场竞争力的交易关系,取得了显著的成绩。

(二)建立有效的企业信息结构

组织结构的扁平化要求企业能够恰当地进行沟通,沟通幅度合理,而合理有效的沟通幅度取决于信息结构的优劣。企业信息结构是指企业运行过程中各种类型信息及其功能以及信息沟通的基本方式。由于经济结构日益复杂、市场规模日益扩大、信息技术迅猛发展,使得信息的生产能力大幅度提高,传递速度加快。在这种环境下,信息与资本、劳动力、原材料等一样成为生产要素。

一般来说,企业运行过程中,信息的需求可以分为两大基本类型,即企业内信息需求和企业外信息需求。企业内信息是指企业内部产生的各种信息,其需求的根本目的是了解企业目前的基本状况,一方面在经营决策时作为分析企业内部条件的依据;另一方面作为一种主要的诊断工具,监控企业的正常运行。企业外信息是指企业以外产生但与企业运行环境相关的各种信息,如市场信息、金融信息等。其主要职能是在经营决策时作为分析企业外部条件的依据,特别是确定企业发展的中长期战略目标和计划时更需要充分的外部信息。显然,有效的信息结构具有完善的信息沟通功能,能高效地满足企业对各种信息的需求。

(三)以业务流程为导向的工作团队的建立

在业务流程变革的基础上,组织需要建立工作团队,也就是将过去以功能分工的组织方式改变为以流程为导向的项目小组。过去分散于各职能部门的工作由一个小组将其结合起来,承担起满足社会需要的所有工作,各组成小组构成了一个非中心化的联合体网络,这样不但可以避免传统企业内部广泛存在的"官僚主义"所导致的管理效率低下,而且也使各组成小组的界限不再严格地局限于功能和层次。

当组织职务是围绕小组而不是个人来进行设计时,结构就组成了任务团队。信息时代的企业将越来越多地在企业内部和外部使用跨职能的任务团队,人们必须学会在没有固定职务、没有命令权威、既不是被控制也不是控制他人的情况下去进行管理,去完成任务,去实现组织目标。

（四）加强信息时代人力资源管理

信息技术给人力资源管理带来了新的挑战,因此企业应从以下几方面加强人力资源的管理:

（1）转换人的管理角色。在信息时代进行组织结构变革,减少组织层级,许多员工害怕下岗和对以后工作感到茫然,就会对变革产生抵触情绪。因此,企业应统一认识,提前做好员工的思想工作,使广大职工认识到技术进步的幅度越大,组织变革就越深刻,对人的素质要求就越高,这是现代社会生产力发展的客观规律。企业进行组织结构变革能够使人们有更多精力去参与创造性、决策性的活动,被信息化解放出来的员工必须加强竞争意识,提高个人素质和技术水平,才能适应企业发展的要求。

（2）适应信息时代的特点,彻底破除"官本位"观念,建立符合时代要求的人事管理制度。

（3）适应信息时代办公室的虚拟化、分散化和小型化趋势,对企业的某些特殊岗位,可以实行弹性工作制,配备必要的办公自动化设备,探索新的办公形式下的行政管理方式;对"知识工作者"的职务任用和工资福利,应探索新的方法,使其能安心从事精神创造劳动;企业领导与知识型工作者应平等相处,参与其团队活动,以不断调动其积极性,激发知识工作者的创造灵感。

（五）内部市场化

从传统组织到网络组织的另一个途径是内部市场化,即在企业网络化的基础上,让组织内部的各个单元形成自己的利润中心,这些单元可根据自己的情况和市场环境选择与组织内部或外部的其他企业进行交易。如购买原材料、产品或服务以及对外单位进行投资,以便更好地根据市场条件确定业务。从而,组织内部不存在垄断,利润中心有从组织内部和外部各单位购买产品或服务的自由,同时这些利润中心也必须把他们的产品或服务以竞争性的方式销售给内部或外部的组织。但组织内部单元的市场化行为必须与组织的发展目标相适应。在这些内部组织形式中,各单位要建立自己的财务报告,以便组织对各单位的情况进行了解和协调。

信息技术的发展,加速了世界在政治、经济、文化等方面的融合,全球经济的一体化既为企业创造了无限商机,同时也给企业带来了前所未有的挑战。企业组织结构的变革必然会本着降低成本、提高效率、保持竞争优势的原则,向着更加简单、灵活、高效的网络化、虚拟化方向发展。

第六节 未来企业组织发展的主要模式

面对新经济环境下出现的多角度、多形式、全方位的挑战,企业唯有变革原有的组织结构模式,才能立于不败之地。根据詹姆斯·昌佩和尼丁·诺利亚在他们所撰写的《管理的变革》一书中的描述,未来的企业组织应该是以信息为基础,在组织上分散而又被技术紧密连接,有快速敏捷的应变能力,既有创造性又有团队合作精神。具体而言,未来企业组织发展的主要模式有如下几种。

一、虚拟型组织

虚拟型组织是一种企业与企业之间的暂时组织形式,是不同的企业通过合作所组建的"战略联盟"。所加盟的各个企业,可以充分发挥自己的竞争优势,共同开发一种或几种新产品,并迅速将其推向市场。它们共同分担所有的成本费用,共同享有开发产品所研制的高新技术。一旦联盟的目标实现,先前组建的虚拟组织即告解散,而为了新的战略与目标,经过重新组合,又会形成新的虚拟组织。因此,虚拟型组织只是一个概念上的场所,并不具有实体性,是一种既没有明确的组织边界,也不存在固定结构的有机组织模式。虚拟型组织打破了传统组织模式的层次和界限,是由一些独立的企业在自愿的基础上,为了一定的战略目标而达成的松散的企业联盟。它没有总部办公室,也没有固定的组织机构图和众多的管理层次。因此,虚拟型组织在管理上具有很大的松散性,这便于节约资源,发展核心活动。

二、团队型组织

团队不仅仅是指由两个或两个以上相互作用和相互依赖的个体,为了实现某个特定目标而组合在一起的工作群体,更重要的是它能通过其成员的共同努力产生积极的协同作用,使团队的绩效水平远远大于个体成员绩效的总和。近20多年来,团队已成为许多企业的主要运作形式。在一些小公司中,团队可以覆盖整个组织。例如,在一个有十几个人组成的营销公司中,就可以完全按团队的形式组织起来,并对大部分的业务问题和客户服务问题承担全部责任,使该公司成为地地道道的团队型组织。而在一些大公司中,也可采用团队型组织结构。如波音公司在设计新产品或对一些主要项目进行协调时,就通过建立跨职能部门的团队,把相关的活动组织起来,取得了良好的效果。

三、变色龙型组织

由于企业所处环境的不断变化,未来的组织最终也可能是一个适应性机体,其形式及外貌会随环境及组织变化的需要而随时变化。这就向人们展示了另外一种组织模式——变色龙型组织。变色龙型组织具有以下五大重要特征:

1. 极大的灵活性

变色龙型组织是建立在灵活性这一前提之上的,它会随环境的变化而转向、适应和变化。因此,企业应将灵活性视为自身文化的一部分,这就要求每一个人都能将灵活性当做组织价值的构成要素。

2. 对个人的承诺

变色龙型组织以对个人的承诺为中心,它强调的是结果而非工作过程,人们追求的是真正有意义的工作,即使他们得以成长获得技能并解决问题的工作,而非具体的组织形式。这就要求企业花大功夫对其员工、特别是其核心员工进行培训和发展,以保证其能胜任这些工作。

3. 充分运用团队

由于团队在进行组织工作中起着越来越重要的作用,因此,变色龙型组织在发展员工的技能中,已包括了团队协作的技能。通常情况下,企业针对某一问题而组建团队,通过自我指导、自我管理来适应环境变化。

4. 扎实的基本功底

变色龙型组织的力量来自其基本能力,即了解组织知道怎样做得最好的知识。

5.尝试多样性

变色龙型组织在强调个人价值的同时,也尝试在其劳动力及辅助人员中实行多样化。这种多样化包括人员构成的多样化、工作时间的多样化等。可见,变色龙型组织是与其环境非常协调并能很快适应新环境的有机体。毫无疑问,变色龙型组织是未来企业组织的主要发展模式。

四、学习型组织

学习型组织最早出现在 1990 年彼得·圣吉所著的《第五项修炼》中,但当时作者并没有给出"学习型组织"的具体含义。彼得·圣吉认为应该通过"五项修炼"模型,即自我超越、改善心智模式、建立共同愿景、团队学习、系统思考来提高组织的学习速度和能力,发现、尝试和改进组织的思维模式并因此而改变组织的行为,从而成为一个成功的学习型组织。但这只是理论上的构建,在现实中如何具体化为组织行为,这已成为当前企业界探讨和实践的热点。

一般来说,首先要建立一个适合于组织学习的结构模式,力争消除结构制度方面的"组织的学习智障";接着,就是要重塑企业文化,营造组织的学习氛围,培育组织的学习习惯,让学习融入员工的日常行为;最后,企业应加强与外部组织的交流和沟通,组建知识联盟,积极汲取外界知识。总之,学习型组织的构建不能脱离组织结构、管理模式、组织文化而孤立存在。

本章小结

组织理论经历了两大发展阶段:古典组织理论和现代组织理论。现代企业基本组织结构有:直线制结构、职能制结构、直线职能制结构、事业部制结构、矩阵制结构。不同组织结构模式各有其优缺点,我们在选择企业应该采用何种组织结构模式时,应该从企业本身的管理基础、资源条件以及市场环境等因素出发,选择最合适自己企业的模式。当面临着经济全球化、市场竞争加剧以及信息技术的发展等带来的挑战时,企业组织需要做出相应的调整,以便更加适应外部环境的变化。面对新经济环境下出现的多角度、多形式、全方位的挑战,企业唯有变革原有的组织结构模式,才能立于不败之地。建立虚拟型组织、团队型组织、变色龙型组织、可塑型组织、学习型组织是未来企业组织发展的主要选择。

案例讨论

通用公司的组织结构变革

当杜邦公司刚取得对通用汽车公司的控制权的时候,通用公司只不过是一个由生产小轿车、卡车、零部件和附件的众多厂商组成的"大杂烩"。这时的通用汽车公司由于不能达到投资人的期望而濒临困境,为了使这一处于上升时期的产业为它的投资人副业来应有的利益,公司在当时的董事长和总经理皮埃尔·杜邦以及他的继任者艾尔弗雷德·斯隆的主持下进行了组织结构的重组,形成了后来为大多数美国公司和世界著名的跨国公司所采用的多部门结构。

在通用公司新形式的组织结构中,原来独自经营的各工厂,依然保持各自独立的地位,总公司根据它们服务的市场来确定其各自的活动。这些部门均由企业的领导,即中层经理们来管理,它们通过下设的职能部门来协调从供应者到生产者的流动,即继续担负着生产和分配产品的任务。这些公司的中低管理层执行总公司的经营方针、价格政策和命令,遵守统一的会计和统计制度,并且掌握这个生产部门的生产经营管理权。最主要的变化表现在公司高层上,公司设立了执行委员会,并把高层管理的决策权集中在公司总裁一个人身上。执行委员会的时间完全用于研究公司的总方针和制定公司的总政策,而把管理和执行命令的负担留给生产部门、职能部门和财务部门。同时在总裁和执行委员会之下设立了财务部和咨询部两大职能部门,分别由一位副总裁负责。财务部担负着统计、会计、成本分析、审计、税务等与公司财务有关的各项职能;咨询部负责管理和安排除生产和销售之外的公司其他事务,如技术、开发、广告、人事、法律、公共关系等。职能部门根据各生产部门提供的旬报表、月报表、季报表和年报表等,与下属各企业的中层经理一起,为该生产部门制定出"部门指标",并负责协调和评估各部门的日常生产和经营活动。同时,根据国民经济和市场需求的变化,不时地对全公司的投入——产出作出预测,并及时调整公司的各项资源分配。

公司高层管理职能部门的设立,不仅使高层决策机构——执行委员会的成员们摆脱了日常经营管理工作的沉重负担,而且也使得执行委员会可以通过这些职能部门对整个公司及其属各工厂的生产和经营活动进行有效的控制,保证公司战略得到彻底和正确的实施。这些庞大的高层管理职能机构构成了总公司的办事机构,也成为现代大公司的基本特征。

另外,在实践过程中,为了协调职能机构、生产部门及高级主管三者之间的关系和联系,艾尔弗雷德·斯隆在生产部门间建立了一些由三者中的有关人员组成的关系委员会,加强了高层管理机构与负责经营的生产部门之间广泛而有效的接触。实际上这些措施进一步加强了公司高层管理人员对企业整体活动的控制。

讨论题:

1. 事业部制为什么能够有助于通用公司成功?
2. 我国什么样的组织能应用事业部制?在应用事业部制时应注意什么问题?

复习思考题

1. 简述组织理论演进的过程。
2. 组织结构模式包括哪些?各自的优缺点是什么?
3. 传统组织结构面临着哪些挑战?

第七章

员工配备

案例导入

猴子与绩效考评

山里面住着一群猴子，由猴王管理着整个猴群。猴群中有明确的分工，有些猴子负责哺育小猴，有些负责保护猴群的领地，有些则外出寻找食物。最近一段时间，猴王发现外出寻找食物的猴子带回来的食物越来越少。仔细一调查，原来是一些猴子在偷懒。这些猴子每次不把找到的食物全部带回来，而是只带回一部分，因为反正有食物拿回来就能交差，带多带少一个样。而不偷懒的猴子发现后，就觉得干多干少差不多，也跟着偷懒了。于是猴王决定改变这种状况，要在猴群中举行一次评选先进与后进的活动，奖励先进，惩罚后进。但是猴王却为如何评选先进、后进犯了难。

到底采取什么样的方式来评选先进呢？猴王想出了几种评价手段：按照是否勤劳、带回食物的多少或者是两个猴子一组对比来评价。但仔细一想，又都有问题。

如果按照是否勤劳进行评价，会发现这种方式很难操作。猴王不可能天天看着每只猴子，这就导致善于在猴王面前表现自己的猴子被选中，而这将严重打击真正辛勤劳动的猴子们的积极性。如果让猴群内互相评价，也存在很多问题，互相评价的结果可能导致猴子们互相照顾，谁也不公正地评价谁；或者互相提意见，影响团结，起不到评价的目的。

如果按照带回食物的数量来评价，可能会出更多的问题：因为猴子有分工，不是所有猴子都要去寻找食物；那么，不负责寻找食物的猴子就没有机会被选中，但是这些猴子在猴群中的作用也很重要。另外，如果按照这种评价方式，猴子一定都会争着在猴群附近寻找食物，没有人愿意去远处的村庄——距离远，又有危险，而实际上村庄地里的苞谷对于猴子的生活很重要。

如果两个猴子一组互相比较来进行评价一样会出问题，因为除了猴王对很多猴子不了解之外，这样评价的工作量非常大，并且不同工种的猴子之间如何比较呢？

不评价可以吗？干得好的猴子和干得差的待遇都一样，这不是鼓励后进吗？不能让干得好的猴子吃亏。

　　猴王想来想去也想不出一个很好的解决方案。于是猴王将猴群的长者叫过来,让长者给出个主意。长者问猴王:"大王,您想要我出个什么样的主意呢?""其实也很简单,我要一种能够公平、公正,而且要简单可以操作的评价方法。"猴王说。长者捋了一把胡子,也犯难了。怎样才能又简单、又公正,而且又要能够操作呢?说起来简单,真正操作起来可就复杂多了……

　　思考:

　　对猴子的各种考评方式有哪些利弊?在绩效考评中如何避免以上问题的发生?

第一节　员工配备概述

　　随着知识经济时代的到来,人的因素越来越成为组织实现战略目标的关键因素。不论什么类型的组织,也不管组织的规模大小,人才将决定着组织的兴衰与成败。在现代管理中,人员配备职能已不仅是人事部门的事,也是一项管理职能,人员配备是一个系统的逻辑过程,它将有效推动组织目标的实现。

一、人员配备概念

　　人员配备就是管理者根据组织结构中所规定的职务的数量和要求,对所需人力资源进行选聘、培训和考核等工作,其目的是为了配备合适的人员去充实组织中的各项职务,以保证组织活动的正常进行,进而实现组织目标。

　　人力资源是指一个管理系统能够拥有和已经拥有的具有一定的体质、智力、知识和技能的人员,是一个管理系统中的人的因素的总和,包括管理者和被管理者。人力资源的开发与管理是人员配备的中心内容,把人作为一种资源来看待,其实质是强调人的因素在管理系统中的作用,重视人的价值,其中包含着对促进人的体力、智力全面发展的规律的探求。在传统的管理中,人们较为重视物的作用,把物作为生产以及管理系统运营的重要资源,而对人的意义较少关注。

　　人力资源是相对于物质资源的概念而言的,是一种特殊意义上的资源。具有以下特征:①时效性。人力资源,储而不用则会荒废和退化,用非所长也会造成极大的浪费。②时代性。人力资源本身反映了其所处时代的社会关系、生产力和生产方式的状况,人力资源赖以生存的社会必然影响和决定着人的认识能力、创造能力,即决定着人力资源的质量、能力等。③能动性。人力资源首先是人,所以具有人的能动性。在现代管理活动中,人的主观能动性是指人具有思想、感情,可以自由地支配自己的体力和智力,有目的地进行活动,能动地改造客观世界。

　　人员配备目标是确保组织在一定时间里,每一个经过科学设计的岗位都能获得适当的人员,实现人力资源的最佳配置,最大限度地开发和利用人力资源及其潜力,使组织及其组织成员的需要得到充分的满足。管理的首要任务是对人的管理,组织活力的源泉在于劳动者的积极性、智慧和创造力。因此,管理者在考虑管理中人的因素时,应充分重视人的作用,才能把管理活动放在社会政治、经济、文化、教育、科学技术等各种社会关系与人的生理、心理等的综合系统中,去进行人员的招聘、选拔、考评和培训工作。

　　人员配备的概念包括四个层次的内容:①就管理系统而言,不断地从外部环境中发现管理系统所需要的人,并吸纳到管理系统中来;②就管理内部而言,存在于管理系统之中的人尚未尽其才,依然是有待开发的人力资源;③管理系统人的作用发挥的怎样?通过考核可以了解;④就管理系统的发展而言,管理系统要充分发挥人的作用,还可以在进一步的学习、培训中提高其知识与技能,从而使其发挥更大的作用。

二、人员配备的任务和职责

(一)确定人员配备计划

所谓人员配备计划,就是一个管理系统为实施组织发展战略和实现管理目标,根据内外环境及其变化的情况,运用科学的方法对组织人力资源需求和供给进行预测,并在预测的基础上制定人力资源的选聘、考核、培训等方面的专项计划。制定科学的人员配备计划,既能提高人力资源的利用率,又能使个人的行为与组织目标相一致;既能降低人力资源开发的成本,又能建立起一个人力资源信息系统,实现人力资源配置上的优化。一般地,人员配备计划包含人员选聘计划、职业转移计划、人员培训计划等内容。

(二)职位分类与定编定员

职位分类和定编定员是对管理系统内部情况进行分析,其目的是为人员配备提供科学的、客观的依据。职位分类就是将所有的工作岗位即职位,按其业务性质分为若干职位系列,然后按责任大小,工作难易,所需教育程度及技术高低分为若干职位等级,对每一个职位都作出明确的说明和描述,制成职位说明书,以此作为对人员选聘和考核的重要依据。定编定员也就是人们通常说的编制,主要包括机构内工作人员的数量定额、人员结构和职务的分配等方面的内容。

(三)人员的选聘

人员选聘就是通过内部征召和外部招聘等方式去选择职位需要的组织成员的过程。具体地说,人员选聘是指在职位分类和定编定员基础上,聘用和选拔合适的人员去充实组织中各项职务,以保证组织活动的正常进行,进而实现管理目标。人员选聘满足了组织发展对人员的需求;是确保组织成员具备较高素质的基础;能在一定程度上保证组织的稳定;人员选聘的过程也是组织树立自身形象的过程。

人员选聘会受到许多因素的影响,例如,组织所处的发展阶段不同,会直接影响选聘的人员类型、数量等方面的要求;人力资源供给与需求的状况也对选聘工作的难易及选聘成本的高低带来影响。因此,管理者要采用科学的方法和途径,选聘合适的人才来充实组织。

(四)人员培训

人员培训是培养人才、调动组织成员积极性的重要途径,是增强组织中管理人员能力的重要手段。同时,也是提高组织运作效率和进行组织文化建设的有效方法。就整个组织而言,通过各种不同层次、不同内容的培训,可以提高人力资源的素质,部分地弥补正规教育的不足,从而增强组织的竞争力和活力。切实做好人员培训,应按照组织目标的要求,遵循科学的原则,采用有效的培训方法。

(五)人员考核与薪酬

考核就是考评、评价,是指对组织内部人员进行考评和评价。人员考核是组织对人员选聘结果加以检查的基本依据,是对组织人员进行培训、使用、调配和晋升的前提条件。人员考核,需要依据一定的考核标准,遵循严格的考评程序,运用科学的考核方法来进行。薪酬制度是组织及其成员都非常关心的问题,制定出合理的、有较强吸引力的薪酬制度,是组织吸引人才和留住人才的主要措施之一。

(六)职业生涯规划

职业生涯规划是人员配备管理中一个非常重要而又崭新的问题。职业生涯,又称职业发展,是指一个人在其一生中遵循一定道路(或途径)所从事工作的历程,是指与工作相关的活动、行为、价值、愿望等的综合。职业生涯规划是指通过员工的工作及职业发展的设计,协调员工个人需求和组织需求之间的关系,实现个人和组织的共同发展。这是一种以人为中心的人本管理方法,主要包括职业选择、组织选择、组织内的工作岗位选择、职业生涯通道设计及长期的生涯发展战略与策略。组织应不断帮助员工提高自身素质,改善工作绩效,最终在组织职业生涯中实现个人职业生涯目标和组织目标。

第二节　人员选拔

人员选拔是指从组织内外部应聘者当中,为组织的当前或未来职位挑选最适当人选的过程。为了使这项工作卓有成效,首先必须对空缺岗位进行认真的分析,明确职位要求。同时也要明确该职位人员应当具备的条件或资质。运用各种人员配备工作的方法,从组织内外两个来源进行招聘和选拔,通过对应聘者的认真审查和遴选,决定是否录用。人员选拔主要包括制定人员配备计划、职位分类、定编定员和人员选聘等内容。

一、人员配备计划

编制人员配备计划,就是通过评估和预测现有的人力资源和未来所需要的人力资源,确定组织中所需的职务数量和类型,制定出一套与组织战略目标环境相适应的人员配备计划。通过人员配备的各项活动,使组织的要求和人力资源的基本状况相匹配,确保组织总目标的实现。

(一)人员配备计划的意义

"人无远虑,必有近忧。"处在信息时代的今天,技术突飞猛进,产业结构不断调整,人才流动也跟着加速。所以,人员配备计划越来越显示出其重要作用。

1.可以避免职业的盲目转移

职业转移(或指劳动转移)是社会生产发展的必然结果。以美国为例,20世纪50年代,美国65%的劳动力在工业部门工作到80年代已减少到13%,而从事服务业工作的则已占75%。由于新技术的采用,许多原有的职业被淘汰,新的职业大量出现,"白领"人员比例越来越大。20世纪初,美国"白领"人数占熟练劳动力的17.6%,而到1981年已增到52.7%。在这种情况下,如果不对人力资源进行计划,势必导致盲目性,酿成恶果。

2.便于改变人员分配不合理状态

人员配备计划着眼于发掘人力资源的潜力,其改善方案不受现有状况的局限,视野开阔,谋求人员结构和人员素质的优化,改变人员的分配上的浪费和低效现象。

3.为组织的发展提供人才的保证

人员配备计划的任务,不仅研究现有人力结构和劳动力在原有规模上的更新,而且还要分析、预测组织未来发展(生产能力的更新和扩大,经营范围和手段的拓展)对人才结构的影响,以及社会人才市场的供需关系发展趋势。因此,可以及时地引进所需人才,调整人员结构,保证组织发展。

4.有利于促进人力资源的开发

人员配备计划制定过程,是一个发动群众、集思广益的过程,有利于使本单位各级管理人员透彻地了解人力资源开发上存在的问题、努力目标和相应的政策程序和方法,从而更积极更自觉地为挖掘人力资源的潜力,提高人员素质而努力工作。

(二)人员配备计划的内容

1.人员更新计划

人员更新是组织维持的必要条件。任何一个组织的员工队伍都有新增、成长、减员和淘汰的交替过程。人员更新计划是预测各种被淘汰的人员数量和时机,拟定人员的"纳新"、调整与培训计划。有了计划,就可以做到"先补员后退休",改变目前的"先退休后补员"状况。

2.职业转移计划

职业转移计划包括必须转移的具体岗位、工种和人数,造成转移的原因,预计发生的时间,安置的去向与措施等。

3.人员发展计划

人员的发展指人员的选聘和人员素质的提高。人员发展计划应包括以下内容:

(1)计划期内的人员需要量。

(2)人员选聘计划。

(3)全员培训计划。

(4)专项培训计划。该计划主要是指为新产品、新设备、新工艺的采用而必须提前培训的专业、人数、目标措施。

(5)职业转移培训计划。

(6)重点培训计划(高层管理人员、科技人员的深造)。

(7)员工保健与福利计划。该计划的目的是维护组织成员有效的工作能力,使之以旺盛的精力和饱满的热情从事工作。

(三)人员配备计划的编制过程

编制人员配备计划的过程一般经历现状分析、未来预测和适时决策三个阶段。

1.现状分析

现状分析主要指对组织现有的人员配备状况进行"盘点"、核查与分析。分析的重点是人员使用情况分析、年龄结构分析、业务结构分析等,为编制计划提供依据。

2.未来预测

预测是编制计划的前提条件,主要包括组织结构变化预测,组织内产品开发对人员需求的影响预测,设备技术改造与更新对人员结构的影响预测,劳动效率预测,减员预测,人才市场供需预测等。

3.适时决策

决策是编制计划的核心过程。人员配备计划主要针对以下问题进行决策:确定人员配备目标,各类人员选聘的数量、时间、方式和人员素质的要求,职业转移的规模、类别、时机、政策和去向,人员培训目标、内容、方式、对象和时间,以及培训经费预算,员工健康与福利政策等。

在上述决策的基础上,要拟定人员配备计划的具体措施与实施方案。

二、职位分类与定编定员

(一)职位分类

1.职位分类的作用

职位分类是人员配备管理科学化的重要基础,通过职位分类,制定职位说明书,使得工资管理、考试录用、人员考核、人员升降、人员调动、人员培训、人事预算等工作纳入制度化轨道,并成为制定人事法规的基本依据之一。通过职位分类,便于发现组织中存在的各种组织问题,如机构重叠、层次过多、职能交叉、授权不当、人浮于事、责任不清等。

2.职位分类的程序

职位分类涉及从业人员的切身利益,是劳动人事制度的基础工作,所以应按照科学的程序进行。一般地,职位分类的程序分为以下四个步骤:

(1)职位调查。职位调查即对组织现有职位的工作内容、工作量、权责划分情况进行全面调查。主要调查的内容有:什么人可担任此职位?这一职位的工作性质、种类和数量,这一职位的设立目的、待遇与报酬,工作技术程序及使用工具,工作地点、范围和环境,工作时间,该职位的隶属和协作关系,在组织中的地位和责任,等等。调查方法可能会采取访问法、观察法、填表法、会议法和综合法等。

(2)确定工作分类因素。在职位调查后,应确定基本的分类因素,建立分类标准,目的是确保分类工作的公正性和一致性。为各种职位的分析归纳提供良好的基础。

不同的组织有不同的分类标准,例如,美国钢厂采用 15 个分类因素,通用食品厂采用 10个分类因素,而查理兄弟公司仅采用 4 个分类因素。

一般情况下,分类因素大致可以考虑以下 8 个方面,即工作性质、创造力、职务繁复程度、人际关系、权力范围、劳动强度、工作环境、资格条件。这些分类因素比较接近职位的真实情况。

(3)职位评价。职位评价是在职位调查的基础上,以基本分类因素为标准对职位进行比较评价,区分职位等级的过程。其难点是如何把一项工作或一个职位上的任务和责任等内容量化表述出来,以便评定其职位等级。

(4)制订职位说明书。职位说明书是用文字描述一个职位所属职级的书面文件,一般包括下述内容:

①职位名称。职位名称应能够反映职务形态,明确指出等级地位,表述尽量简短。

②职级定义和特征。职级定义和特征概括地描述了职位的级别和水平。

③工作举例。举例说明,使员工对本职级有一个正确的概念。

④最低资格。根据职务需要,确定胜任此职级的最低资格,包括受教育程度、专业、性别、体格、经验、专门训练等。

制定职级规范必须以职位调查得到的全部事实为根据进行客观的描述,语言应准确、清晰、通俗易懂。根据职级规范的标准和要求,对职位进行管理和给予相应报酬。

(二)定编定员

1.定编定员的概念

定编定员又叫编制,它分为广义和狭义两种理解。从广义上讲,定编定员是指一切法定社会组织内机构的设置,组织形式及其工作人员的数量,结构和职务的分配。从狭义上讲,定编定员是指组织机构内人员数量的定额和职务配置。本书讨论的主要是狭义上的,不包括组织的设置。

定编定员是组织实行科学管理的一个重要条件,具有非常重要的意义。具体如下:

(1)为组织制定人员需求计划提供依据。组织只有根据管理的定员标准,才能正确地决定各类人员的需要量和控制各类人员的比例。定编定员的过程也是合理安排劳动力的过程,当出现人员余缺时,合理的定员为人员的调配提供了依据。

(2)可以充分挖掘人才,节约劳动力。组织内一切节约、节省,归根到底都是时间的节省,劳动时间的节省,在组织内往往通过合理定员、节约劳动力来实现。

(3)有助于不断改善劳动组织,提高劳动生产效率。科学合理的编制定员是以现有的劳动人事组织为基础的,反过来又会促进劳动人事组织的不断改善,合理地设置组织机构,合理地进行劳动组合,克服机构臃肿、纪律松弛、人浮于事、效率低下的弊病,从而有效地提高劳动生产率。

2.定编定员的原则

为了做好定编定员工作,应遵循下述原则:

(1)定员必须以实现组织目标为中心。

(2)坚持精简、高效、节约的原则。

(3)坚持劳动分工协作的原则。例如,随着计算机的应用,出现了信息分工,即信息处理与信息使用相分离,客观上要求配置专职的信息处理工作人员,同时相应减少老式的信息工作人员。

(4)坚持人员比例适宜的原则。首先,要合理地确定直接生产人员(包括工人、工程技术人员等)和非直接生产人员(包括管理人员、服务人员等)的比例关系,尽量减少非直接生产人员比重。其次,要合理地确定基本生产工人(直接参与产品制造过程的工人)与辅助工人的比例关系,即一线工人与二线工人的比例。在一定的技术装备条件下,扩大一线工人比重是提高劳动生产率的一项重要措施。再次,要合理确定各个工种之间的人员比例关系。在一定的产品结构和一定的生产技术条件下,各个工种在人员配备数量上,存在着一个最佳的比例关系。按这个比例配备人员,工种之间的劳动能力就会大体平衡,就会减少和消除窝工现象。

3.定员的方法

组织在一定时期内应该占用的劳动力资源总数,取决于生产、经营、管理、服务等方面的工作量与各类人员的劳动效率。因此,需要根据不同的工作性质,采用不同的计算方法,分别确定各类人员定员。下面介绍几种常用的定员方法。

(1)效率定员计算法。该方法是按劳动定额计算定员的一种方法,适用于一切能够用劳动定额表现生产工作量的工种或岗位。其计算公式为:

$$定员人数\ M=[\sum(T\cdot Q)+C+B]/(t\cdot p\cdot a)$$

式中:

T——单位产品工时定额;

Q——产品产量;

C——计划期废品工时;

B——零星任务工时;

t——制度工时,指一个工人在一年内制度工作日数与法定工作日长度的乘积;

p——工时利用率(制度规定的工时利用程度,$<100\%$);

a——工时定额完成率(一般$>100\%$)。

此方法的关键是合理确定 T(单位产品工时定额)和 Q(产品产量)。

(2)设备定员计算法。该方法根据完成一定的生产任务所必须开动的设备和班次,按照单机设备定员计算编制定员的方法,适用于操纵设备作业工种的定员。其计算公式为:

$$定员人数\ M=\sum(n\cdot m\cdot s)/K$$

式中:

n——同型设备开台数;

m——单机定员标准;

s——该型设备平均开动班次;

K——出勤率($<100\%$,如 95%);

此方法的关键是正确确定 n、s。至于出勤率,是为了考虑替补率 J,要求 $J+K\leqslant100\%$。尽量培养一专多能的员工,减少替补率。

(3)岗位定员计算法。该方法是按岗位定员标准、工作班次和岗位数计算定员的方法,适用于大型装置性生产、自动流水线生产的工人以及某些看守性岗位(如门卫、仓库保管员)的定员。一般在石油、化工、钢铁、汽车、家电工厂中,常用此法。其计算公式为:

$$定员人数\ M=E\cdot\sum(m\cdot s\cdot n)/K$$

式中:

m——岗位定员标准;

s——班次;

n——同类岗位数;

K——出勤数;

E——轮休系数(一般为 7/5)。

此方法的关键是合理确定操作岗位数 n 和岗位定员 m,应在确保安全运行和不使操作者过度疲劳的前提下,尽量扩大监护范围,减少 n 和 m 。

(4)标准比例定员计算法。该方法是以服务对象的人数为依据,按定员标准比例来计算编制定员的方法,适用于辅助性生产、服务性或教育、卫生等组织的定员,如工具车间、医院、幼儿园、饭店等。其计算公式为:

$$定员人数\ M=F/m$$

式中：

F——服务对象的人数；

m——标准比例。

（5）职责定员法。该方法是按既定的组织部门和它的职责范围，以及部门内部的业务分工和岗位职责来确定定员的方法，适用于企业管理人员和工程技术人员的定员。由于管理工作和技术工作比较复杂，弹性较大，其工作定额也难于量化，故多数情况下无法用数学公式表示。一般而言，可根据其职责和工作量，参照效率定员和岗位定员方法进行估算。为了使定员合理，可以在定员前采用工作抽样或工作日志记录方法，对现有工作人员实际承担的管理工作或技术工作及其时间耗费情况进行调查研究，分析其工作量作为定员的依据。待条件具备后，可逐步采用技术测定法、要素分析法、典型比较法等更科学的方法制定科室定员。

以上五种定员方法，在一个组织里是同时使用、互为补充的。

三、人员选聘

（一）人员选聘的标准

人员选聘是落实人员配备计划的一个重要步骤，必须依据一定的标准进行选择，总的来说应该是德才兼备。针对管理人员的选聘标准具体包括以下几点。

1.优良的人品

优良的人品是每个组织成员都应具备的基本素质。尤其是对管理人员来说，担任管理职务意味着拥有一定的职权，而组织对权力的运用不可能随时进行严密、细致、有效的监督，权力能否正确运用在很大程度上只能取决于管理人员的自觉、自律行为。因此，管理人员必须是值得信赖的，并且要具有正直而高尚的道德品质。对于一般员工来说，良好的品德，意味着坚持真理、实事求是、诚实待人。品行优良意味着脚踏实地地工作。总之，优良的品质应该成为员工的基本要求，特别是在一个学习型的团队组织中，如果员工没有优良的人品就会使团队无法合作。所以，很多企业选人的标准是：人品大于能力，能力大于学历。

2.契合职位要求

职位要求应当既满足实现组织目标的要求，也能满足个人的需要。通常，组织结构设计中的职位说明书就是一种关于职位要求的文件，它通过职务分析确定某一职务的具体要求，内容包括：该职位所承担的主要任务，履行的职责，享有的职权和义务，与其他职务之间的关系，有时还包括应达成的目标或预期的成果。所以职务分析明确地指明了每个工作岗位需要什么样的人才，因而可以避免或减少"大材小用"或"小材大用"的现象，在选聘时可以使最适当的人员得到最适当的职位，避免人力资源的浪费。

3.强烈的事业心

员工要取得良好的工作绩效，不仅取决于他的人品、知识、能力水平，还取决于他做好这项工作的意愿是否强烈，是否有强烈的事业心，即是否有足够的动力促使员工努力工作。员工的工作动力来自于组织的激励机制，如组织中较高的地位、名誉以及与之相对应的报酬，这都具有很强的激励作用。对大多数员工来说，通过自己的知识和技能以及与他人的合作来实现自我价值，这将获得心理上的极大满足感。能力低下、自信心不足、事业心不强或对权力不感兴趣的人,自然也就不会负责任地、有效地使用权力,这就难以达到理想的工作效果。所以,在人员选聘时有必要对应聘者的敬业精神、事业心进行鉴别和测试。

4. 个人素质

个人素质在人员选聘中是一个非常重要的方面。对于管理人员来说,个人素质是很重要的,因为个人素质与管理能力密切相关,它虽然不是管理能力的决定因素,但管理能力的大小是以素质为基础的。个人素质应包括身体素质、智力素质、道德素质、文化素质、专业素质、创新素质、工作经验等。

5. 管理能力

能力通常是指完成一定活动的本领,是引起个体绩效差异的持久性个人心理特征。能力是在个人素质基础之上,经过教育和培养,并在实践活动中吸取智慧和经验而形成和发展起来的。所谓管理能力,是指完成管理活动的本领。它包括三类:①与人处事能力。即同员工共事的能力,它是组织、协作、配合的能力。②决策能力。即遇到问题能从大处着眼,认清形势,统筹规划,果断地作出正确决策的能力。③认识、分析与解决问题的能力。

由于管理能力是在实践中形成和发展起来的,因此,我们在以是否具有管理能力这一标准来选聘管理人员时,就必须从管理人员在工作中认识、分析问题以及综合处理问题时表现出来的管理能力来评价他。

(二)人员选聘的原则

组织生存与发展关键在于与员工的素质,人员选聘是一项重要的管理活动,是为组织选拔优秀人才的关键,在人员选聘过程中,也要遵循以下三项基本原则。

1. 效率优先原则

效率优先原则即力争用尽可能少的选聘费用和时间录用到高素质、适合组织岗位需要的人员。效率优先原则体现在选聘之中,要根据不同的选聘要求,灵活选择适当的选聘形式和方法,在保证被选聘人员质量的前提下,尽可能地降低成本。

2. 双向选择原则

所谓双向选择原则是指组织根据自身的业务要求能自主地选择自己所需的人员,而应聘人员也可以自主地选择是否到该单位或岗位工作,双方都无权强制对方。这一原则,可以促使组织不断提高工作效率,不断改善自身的组织形象;还能促使劳动者为自己应聘的职业或岗位而努力提高知识和技术业务等方面的素质。

3. 公开竞争、择优录用原则

实行公开竞争时,空缺的职务对任何人都是开放的,不仅要求所选人员能够胜任空缺职位,而且要求他能比别人更有效地实现该职位的要求。只有进行公开公平竞争,组织才能有可能选到最合适的人选。公开竞争无论对组织内部还是外部的人都应一视同仁、机会均等。当然,要进行公开竞争,前提是人才必须能够流动,人才不流动,也就无所谓公开竞争。在人才合理流动的前提下,鼓励组织内外部所有人才进行公开竞争,这时组织有效地进行人员配备具有极其重要的意义。在遵守国家规章制度的条件下,结合各组织的特点,择优录用人才。因为组织经营成功的关键在于其组织成员的素质,组织成员素质的好坏将直接影响组织的经济效益和社会效益。因此组织在选聘的过程中,应吸引优秀人才,增强组织的竞争优势。

(三)人员选聘的程序

人员选聘的过程根据行业的不同会有些变化,结合各种组织的共性特点,大致都有以下五个步骤。

1. 对人员需求的预测

当对人员需求进行预测时,要根据组织的特点把组织的主要业务活动放在中心位置,这就要求组织成员具备较高的技能,并能最大程度地满足客人的需求。可以通过上述的定员方法来确定需招聘的员工数,通过各部门的报告来确定空缺情况。

2. 制定人员选聘计划

人员选聘计划是指在人员配备计划的指导下,在对预期设定的职位分类和定编定员的基础上,参考人员需求预测结果,以内部或外部候选人作为人才库而制定的一个填补未来职位的用人计划。

3. 确定选聘方式

选聘的方式有两种,即内部征召和外部招聘。内部征召来源于组织原有的内部员工;外部招聘来源是来自组织的外部,如学校、就业服务机构等。在填补职位空缺时,不论是内部征召还是外部招聘,都各有利弊。其优缺点在本章后面的内容将会讲到。

4. 选拔过程

选拔过程包括:①填写申请表。②根据具体职位需要对应聘者进行测试,测试的类型有多种,如算术测试、心理人格测试、书写能力测试、管理能力测试、知识测试、职业技能测试等。③进行面试,面试的主要目的是能够对应聘者性格和各方面能力,有一个综合的评价,面试的效果取决于面试的方式和负责面试人的能力,是一种更深入的测试。通过面试,组织选聘的人员可以获得在笔试中所无法提供的信息。④对应聘者进行背景考察、体格检查。⑤确定人选,组织在确定理想的人选后,发出选聘结果通知。

5. 评估人员选聘效果

人员选聘效果好与差,需要进行评价,并把评价分析报告,反馈到人员选聘计划和下一轮选聘需求预测,有利于以后人员选聘工作取得更好的效果。

(1)录用比。其公式为:

$$录用比 = 录用人数 / 应聘人数 × 100\%$$

(2)招聘完成比。其公式为:

$$招聘完成比 = 录用人数 / 计划招聘人数 × 100\%$$

(3)应聘比。其公式为:

$$应聘比 = 应聘人数 / 计划招聘人数 × 100\%$$

人员选聘的程序如图 7-1 所示。

```
┌─────────────────┐
│  对人员需求的预测  │◄──────┐
└────────┬────────┘       │
         │                │
┌────────▼────────┐       │
│  制定人员选聘计划  │◄──────┤
└────────┬────────┘       │
         │                │
┌────────▼────────┐      反
│   确定选聘方式    │      馈
└────────┬────────┘       │
         │                │
┌────────▼────────┐       │
│    选拔过程       │       │
└────────┬────────┘       │
         │                │
┌────────▼────────┐       │
│  评价分析员选聘效果 │──────┘
└─────────────────┘
```

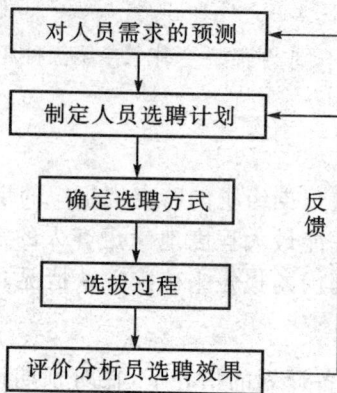

图 7-1　人员选聘的程序

(四)人员选聘的途径

人员选聘有两种途径:一种途径是从组织内部征召,另一种途径是从组织外部招聘。组织选聘者应将职位分类和编制与人员选聘途径相联系,判定高素质人员来源的途径,从而根据组织发展的需要,来选择合适的人员。

1.内部招聘

内部招聘是从组织内部挑选适合的人员加以聘用,具体有内部提升、内部职位转换两种形式。内部招聘,通常采用职位公告和档案记录的做法。职位公告是指通过公告或组织的报刊向员工通告组织空缺职位的情况。档案记录是指对拟提拔的内部员工,通过调阅其档案资料来评估其是否胜任待聘职位。

(1)内部征召的优点。其优点主要有以下方面:

①内部征召费用较低,手续简便,同时使过去对组织成员的培养成本获得补偿;

②组织对应聘的内部人员作长期细致的考察,对其能力和素质、优点和缺点等情况很熟悉,从而判断其是否合适新的工作岗位;

③应聘的内部人员对组织的基本情况非常熟悉,能够比较快地胜任新的工作;

④内部提升为内部成员提供了良好的发展机会,内部调动有助于丰富组织成员的工作经验;

⑤内部招聘提供了组织内公平竞争的机会,有利于调动内部成员的工作积极性。

(2)内部征召的缺点。其缺点主要有以下方面:

①组织内部所能提供的人员有限,尤其是关键的主管人员,不容易找到一流的人才;

②组织成员习惯了组织内长期积累的行为方式,创新意识不浓,容易造成自我封闭,近亲繁殖;

③组织内部人员由于竞争可能会造成内部人员之间关系紧张,如没有被提升到的人的积极性会受到挫伤等。

2.外部招聘

外部招聘是指根据组织制定的标准和程序从组织外部选拔符合空缺职位要求的员工。选择员工具有动态性,特别是一些高级员工和专业技术岗位,组织常常将选择的范围扩展到全国甚至全球劳动力市场。外部招聘的渠道很多,主要包括组织内的职工介绍推荐、利用职业介绍机构、从大中专院校选聘、通过广告公开选聘四种渠道。

(1)外部招聘的优点。其优点主要有以下方面:

①扩大了选择的范围,有较广泛的人才来源,有利于获得组织所需的一流人才。同时,覆盖面广,有利于提高组织的知名度。

②外部招聘可以吸收外部的"新鲜血液",为组织发展注入新的活力,防止组织的僵化和停滞。

③外部应聘者大都具有较强的实践经验,因而可节约在人员培训方面所花费的大量费用。

④可避免组织内没有提升到的人的积极性受挫,避免造成因嫉妒心理而引起的情绪不快和组织成员之间的不团结。

(2)外部招聘的缺点。其缺点主要有以下方面:

①对组织内部那些希望得到这一工作的人来说,则是一个较为沉重的打击,会影响他们的积极性和士气;

②应聘者对组织的情况不了解,并不一定能立即胜任工作;

③组织对来自外部的应聘者不了解,容易导致选人失当。

由于两种选聘途径各有优劣,所以,现代组织往往把内部征召和外部招聘结合起来,将从外部招聘来的人员先放到较低的职位上,然后根据其表现再进行提升和岗位调整。

(五)人员选聘的方法

为了保证人员选聘工作的有效性和可行性,应当采取科学的方法来组织选聘工作。人员选聘常采用笔试、面试、心理测试和评价中心等方法对应聘者的知识、素质、能力等方面进行选拔,判断其是否胜任其工作岗位。

1.笔试

笔试是指通过纸笔测验的形式,对应聘者的基本知识、专业知识、管理知识、综合分析能力和文字表达能力进行衡量的一种方式。

根据内容的不同,笔试可以分文化知识考试、专业知识考试和具体业务知识测试。通过笔试,考察专业知识结构是否合理,对应聘者的知识、结构、实践经验和工作熟练程度作出初步判断。

笔试法的优点是一次能够出几十道乃至上百道试题,考试题样较多,对知识、技能和能力的考核的深度和广度都较高,因此花时间少、效率高,应聘者的心理压力较小,较易发挥水平,成绩评定比较客观。缺点主要表现在不能全面地考察应聘者的工作态度、品德修养以及组织管理能力、口头表达能力和操作技能等。因此,笔试虽然有效,但还必须和其他测评方法结合使用。在企业选聘中,笔试成绩往往作为筛选依据,合格者才能继续参加面试或下一轮测试。

2.面试

面试是通过主考官与应聘者面对面的信息沟通,考察应聘者是否具备与职位相关的能力和个性品质的一种人员甄选技术。面试具有直观、深入、灵活、互动的特点,不仅可以评价出应聘者的学识水平,还能评价出应聘者的能力、才智及个性心理特征等。

面试的要领有以下几点:

(1)面试准备。主考官应当提前作好面试准备。特别是要审查应聘者的申请表和履历表,设计面试问题,在面试前主考官还要安排合适的面试地点。

(2)建立和谐气氛。在面试开始时首先营造一个轻松的气氛,极大地降低应聘者的紧张情绪。

(3)提问。面试的下一步是提问阶段。要提问那些需要应聘者更详尽地作出回答的问题。一定要问开放性的问题,并倾听应聘者的回答,鼓励他们充分表达自己的想法。

(4)结束面试。在面试结束之际,应留有时间回答应聘者的问题,然后以尽可能诚实、礼貌的方式结束面试。如果认为应聘者可以被录用,就告诉他大概什么时间可以得到录用通知,对于不准备录用的应聘者,也告诉他如果录用,会发通知给他。

(5)回顾面试。应聘者离开后,主考官应当检查面试记录,回顾面试的场面。主考官应该根据应聘者现有的技能和兴趣来评价应聘者能够做什么,根据应聘者的兴趣和职业目标来评价申请人愿意做什么,并在申请人评价表上写出主考官的评价。

3. 心理测验

心理测验是观察应聘的有代表性的少数行为,依据一定的原则或通过数量分析,对贯穿于人的行为活动中的能力、个性、动机等心理特征进行分析推论的过程。在人员甄选中较常用的心理测试有能力测验、人格测验、职业兴趣测验等。

(1)能力测验。能力测验是直接影响活动效率,使活动、任务得以顺利进行的心理特征。我们通常所说的一个人解决问题速度快、任务完成的质量高、活动效果好等,都是指这个人的能力强。能力总是在具体活动中体现出来。

(2)人格测验。人格测验是用来了解被测试者的情绪、性格、态度、工作动机、品德、价值观等方面。人格是一个人能否施展才能,有效完成工作的基础。一个人如果在人格方面缺陷,肯定会使其拥有的才能大打折扣。

(3)职业兴趣测验。一个人职业上的成功,不仅受到能力的制约,而且与其兴趣和爱好有密切关系,职业兴趣作为职业素质的一个方面,往往是一个人职业成功的重要条件。了解职业兴趣的主要途径就是采用职业兴趣测验量表或问卷来进行。

4. 评价中心技术

评价中心不是一种方法,而是多种方法的集合,评价中心技术是在西方企业中流行的选拔和评估管理人员,尤其是中层管理人员中的一种人员素质测评体系。它是一种综合性的人员测评方法,但评价中心最主要的组成部分也是它最突出的特点,在于它使用了情景性测验方法对被测评者的特定行为进行观察和评价。这种方法通常是将被测试者置于一个模拟的工作情景中,采取多种评价技术,由多个评价者观察被评价者在这种模拟工作情景中的行为表现,用来识别被评价者未来的工作潜能。因此,这种方法有时也被称为情景模拟的方法。评价中心所采用的情景性测验包括多种形式,主要有公文筐测验、无领导小组讨论、角色扮演、管理游戏、演讲辩论、场景模拟、案例分析等。

第三节　人员培训

人员培训是指组织为适应业务发展和人才培育的需要,对员工进行有计划、有针对性的培养和训练,使其适应新的要求,更能胜任现职工作或将来能担任更重要职务。人员培训适应新技术革命所带来的知识结构、技术结构、管理结构等方面的深刻变化。

人员培训是现代组织人员配备职能的重要组成部分。组织发展最基本、也是最核心的制约因素就是人力资源。适应外部环境变化的能力是组织具有生命力与否的重要标志。要增强组织的应变能力,关键是不断提高人员素质,不断培训、开发人力资源,组织通过培训与开发的手段,掌握用人的原则,推动组织发展。与此同时,帮助每一位组织成员更好地完成各自的职业发展道路。

一、人员培训的意义

人在生产力诸要素中是最重要、最活跃的因素。一个组织小到家庭、企事业单位,大到国家,其命运如何,归根到底取决于人员素质的高低。人的素质的提高,一方面需要个人在实践中不断地学习和修炼,更重要的是需要有组织、有计划地培训。现代的竞争就是人才的竞争,并最终取决于人。技术进步需要人去推动,人的知识老化需要不断更新,同时员工对自身的成长与发展提出更高的要求。培训的主要意义有以下几方面:

(一)人员培训是迎接新技术革命挑战的需要

随着科学技术的迅猛发展,知识更新、技术更新的周期越来越短,而技术在竞争中的地位越来越显得重要。从本质上来讲,新技术革命在改变着社会劳动力的成分,不断增加着对专业技术人员新的需求。技术创新,成为企业赢得竞争的关键一环,而技术创新的关键又在于第一流的技术人才的培养。通过技术培训,使组织的技术队伍不断地更新知识、更新技术、更新观念,这样才能走在新技术革命的前列。

(二)培训是提高员工素质和增加组织竞争力的根本途径之一

现代社会快速发展的一个重要趋势就是新知识、新技术、新工艺、新产品的不断涌现,特别是知识、技术的更新速度明显加快,导致组织所拥有的人力资本相对贬值,员工不能更好地胜任工作;与此同时,市场竞争激烈,这对员工的素质和职业能力提出更高、更新的要求。组织的竞争力来源泉于四个方面,即人才、技术、产品和市场,而人才是最根本的因素。因此,只有通过培训,才能提高员工的素质,使其知识技能、工作态度等跟上时代发展的步伐,适应工作岗位发展变化的新要求,增强自身的人力资本。只有通过培训,才能提高员工整体素质,提高组织竞争力。

(三)人员培训是实现人事和谐的重要手段

随着社会的进步,"事"对人的要求越来越高、越来越新,人与"事"的结合处在动态的矛盾之中。总的趋势是各种职位对人员的智力素质和非智力素质的要求都在迅速提高。比如,我国改革开放以来,十年前很称职的一位厂长,在市场竞争异常激烈的今天,可能会变得难当其任,无论在观念、知识和能力上都已不适应厂长职务的新要求。其他人员也是同样。这种人与事的不协调是绝对的,是事业发展的必然结果。怎样才能解决这一矛盾呢?一是人员调动,二是人员培训。人员调动是用"因事选人"的方法来实现人事和谐,而人员培训则是用"使人适应事"的方法实现人事和谐。即通过必要的培训手段,使其更新观念、增长知识和提高能力,重新适应职位要求,显然,这是实现人事和谐的根本手段。

(四)培训是提高效率的重要途径

人员通过有效的培训,在生产过程中,能减少所需工作时间,从而降低人力成本;减少废品或材料的浪费,从而降低了生产成本。由此可见生产的数量、品质和效率都跟员工的知识、技术与能力有密切的关系。而通过培训可增加知识,提高能力,最终体现为劳动生产率和工作效率的提高。

(五)人员培训是调动员工积极性的有效方法

人员在社会中分工不同、层次不同、岗位不同,但都渴望不断充实自己、完善自己,使自己的潜能充分发掘出来,渴望成功。这种自我实现的需要一旦得到满足,将会产生深刻而又持久的工作动力。大量事实证明,安排人员参加培训,到先进企业学习,去外资企业任职,到国外进修,到高等学校深造等,都是满足员工这种需求的途径。经过培训的人员,不仅提高了素质和能力,也改善了工作动机和工作态度及工作动力。所以说,培训是调动人员积极性的有效方法。

(六)培训是员工个人发展的需要

通过培训,一方面使员工具有担任现职工作所需的学识技能;另一方面希望员工事先储备将来担任更重要职位所需的学识和技能,以便一旦高级职务出现空缺即可及时填补,避免延误时间与工作。现代的培训执行的是组织与个人双赢的理念,即组织在谋求整体利益、追求最佳绩效的同时,也要把员工个人的成长、员工自身人力资本增值和员工个人的职业发展放在重要的位置。从员工自身发展来看,随着经济的发展,在组织里工作的员工所追求的目标已经或正在超越生理、安全等低层次需要,逐渐迈向高层次目标,强烈要求实现自我价值。组织的培训工作恰恰能够满足员工自身发展这一要求。员工通过参加培训,自身的知识、技术、能力等得到提升,随着自身素质的提高,员工就能够更好地适应环境变化所提出的挑战,能够跟上时代发展的步伐,从而实现自我价值和自我成长。

二、培训的内容

不论是哪种类型的培训对象,人员培训都是围绕工作需要和提高工作绩效展开的。因此,培训的具体内容主要包括以下三个方面。

(一)思想素质

力求通过学习,使员工遵纪守法,爱岗敬业,培养崇高的道德情操,树立远大理想,从而端正工作态度。

另外,每个组织都有自身特定的文化氛围及与其相适应的行为方式,如价值观、组织精神和组织风貌等。要想最大限度地提高组织绩效,必须使全体员工认同并自觉融入这一氛围之中。组织必须通过有针对性的培训,使员工个体逐渐融入组织整体,建立起组织与员工之间的相互信任关系,培养员工忠诚于组织的积极的工作态度,增强组织观念、团队意识、责任心和敬业精神。

(二)业务知识培训

这里所讲的业务知识培训包括基础理论知识和业务知识培训。组织应通过培训使员工具备完成本职工作所需要的基本知识,了解与本组织业务活动有关的知识和基本情况,各方面的知识面要尽可能宽,内容主要包括经济学、社会学、心理学、文化与伦理学、管理学、市场营销学、战略管理、人力资源管理、财务管理、组织行为学等。因此,组织在进行具体培训时,应针对不同的培训对象和不同的目标在上述内容上有所侧重。同时,也要尽可能多地学习一些与以上内容相联系的其他相关知识。

(三)能力培训

能力培训包括管理能力培训和技能培训。管理能力包括管理技巧,是管理知识运用到管理实践中的反映,主要是针对管理人员而言的。管理既是一门科学,又是一门艺术,具有很强的实践性。因此,管理能力的培训就是让管理人员运用管理科学的基本原理和方法,提高在实际工作中认识问题、分析问题和解决问题的能力和技巧。但是不同层次的管理人员,由于他们的工作性质、职责和职权范围等都不一样,因此,所需的管理能力和技巧等也就不一样。所以,培训时还要注意根据层次的不同特点来进行,基层管理人员是第一线的管理人员,在他们的工作中,技术能力是很重要的。此外,他们大多以前没有系统地学习过管理的基本理论,因此,对基层管理人员培训的重点应该是技术培训和管理基本理论及方法的学习。中层管理人员一般是从生产实践的基层当中提升上来的,对于管理基本知识不仅有所了解,而且有了成功的实践。中层管理人员一般是部门负责人,他们有大量的信息沟通、人际交往、组织协调和决策等方面的工作要做,这些工作都要求较高的人事协调能力。因此,中层管理人员培训的重点,应该是人事协调能力的提高。高层管理人员是处于组织的最高层,他们要照顾全局的利益,正确分析环境的变化,为组织未来的发展作出预测和决策。为了做好这些工作,就需要有较多的战略分析和规划决策的能力。因此,上层主管人员培训的重点,是提高综合分析问题的能力。

技能培训是指针对员工从事本职工作需要掌握的技能而进行的培训。具体来说,技能培训主要包括各项业务操作技能,即技术能力、人际交往能力、谈判技能、计算机运用技能、外语技能等。培训目的是使员工掌握从事本职工作的必备技能,并以此培养、开发员工的潜能。

三、培训的程序和方法

(一)培训程序

人员培训通常分为培训需求分析、培训计划的制订、培训计划的实施、培训效果评估等几个阶段。

1.人员培训需求分析

人员培训必须有针对性,否则就是劳民伤财。因此,在培训中要确定轻重缓急,根据需求的不同进行培训。培训需求分析通常包括以下步骤:对组织进行检查以确定完整的、有针对性的培训和发展需求;进行工作分析以确定某一工作岗位所包含的任务以及完成这些任务所需要的知识、技能及态度;对员工进行评估,找出他们工作中的不足,以确定培训重点;明确特定的培训需求。

2.制订培训计划

组织对人员的培训计划,是以需求分析为基础的。对现职人员来说,它考虑的是目前职务对主管人员的要求。他的实际工作成绩与要求达到的成绩之间的差距,就是个人的培训需要。职务要求与他们现有的才能之间的差距,就是职务的培训需要,这两方面的培训需要,就构成了组织培训计划的主体。此外,组织还要根据对未来组织内外环境变化和预测,来确定对未来主管人员的要求,这些要求作为未来组织发展的需要,也应纳入培训计划。人员培训计划一般包括培训目标、时间、地点、内容、对象、经费预算等内容。

3.实施培训计划

计划制定出来以后,接下来,就是实施培训计划,即对人员的进行正式培训。培训的方法有两种,一种是在职培训,另一种是脱产培训。

4.评估培训效果

培训的评估是培训工作的最后一个环节。评估的目的是考察培训计划执行得如何,即是否实现了培训的目标,从中总结经验、吸取教训,使以后的培训工作做得更加完善和更富有针对性。评估结果要反馈培训需求分析和培训计划。

员工培训的基本程序如图7-2所示。

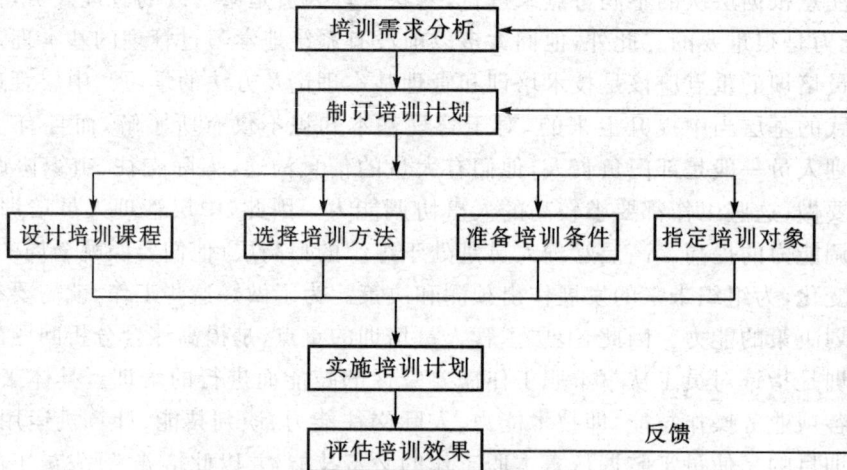

图7-2 员工培训的基本程序

(二)培训方法

培训的方法多种多样,组织应根据培训的目标选择适用的有效方法。一般地,可分为在职培训和脱产培训。

在职培训是对受训人员在实际工作中进行培训。在职培训省时省钱,而且见效快,培训时不脱离岗位,不影响工作。但这种方法往往缺乏良好的组织,不太规范,容易影响培训效果。

脱产培训是在专门的培训场所进行培训。由于培训对象是脱产学习,没有工作压力,时间集中,精力集中,其知识技能水平提高迅速。而且,这种方法可以暂时缓解冗员问题,但这种方法成本较高,所培训的内容常常与实际工作相脱节。

为了克服这两种方法的缺点,集中在职培训和脱产培训两者的优点,可以采用半脱产培训,这是一种兼顾培训质量和费用的行之有效的方法。

同时,人员培训也可分为岗前教育、新员工培训、在职员工职业教育、组织全员培训四种类型。岗前教育体现了先培训后就业、先培训后上岗的就业思想。为保证组织新员工的质量,需在就业前就给员工以适当的教育、培训。也就是说,对于刚被组织引进来的新员工需要经过一段时间的培训,以让其了解组织基本情况,达到相应职位上的基本要求。在职员工的职业教育则是整个社会继续教育、终身教育的重要组成部分,这是组织提高其成员素质的基本途径。为了尽快提高组织的整体素质,有必要进行组织全员培训,即组织全体人员都必须参加的各种层次的培训。

第四节　人员考核与薪酬制度

一、人员考核的必要性

人员考核在人员配备工作中占据重要地位,发挥着巨大作用,人员考核的必要性主要表现在以下几个方面。

(一)人员考核是管理与控制的有效手段

考核本身是一种管理与控制的有效手段,因为要考核,就要明确工作标准,提供考核手段,科学运用考核结果。考核是人员聘用的依据,只有了解人的能力特长、工作状况等,才能知人善任;考核是人员培训的依据,只有通过考核才能了解个人的优势、劣势,了解工作差距,为培训对象的选择和培训需求计划的确定提供帮助;考核对组织人员调配、职务晋升、薪酬确定等会产生较大的影响。所以,通过考核结果的反馈实现员工绩效的提升和组织管理的改善,也是管理者与员工之间的一项管理沟通活动。

(二)人员考核是选拔管理人员的依据

在进行职务晋升和人员选拔时,为了做到不误用一个庸才,也不埋没一个人才,就必须依靠正确、合理、公正的考核。一方面使管理人员在适合自己的岗位上各尽其职、人尽其才;另一方面,也能够发现组织结构设计中的不合理之处,进一步完善组织工作,调整管理人员岗位,淘汰不称职的管理人员,选拔和聘用真正有才能的管理人员。

(三)通过考核可以了解管理人员的工作质量

管理人员的工作绩效很大程度上决定了组织的绩效,而管理人员的工作绩效是由管理人员的工作质量来保证的,同时管理人员工作质量的好坏是由其工作绩效来衡量的。通过对管理人员的考核,就能了解管理人员的工作绩效,从而了解管理人员的工作质量。

(四)人员考核是培训管理人员的依据

只有通过考核才能了解到管理人员的优势、劣势、知识、能力和工作上的差距,针对受训者的不足,选择培训方式,制订培训计划,加强培训,只有这样,才能保证培训工作确有成效。

(五)人员考核是一种有效的激励手段

考核的激励功能一方面表现在考核本身就是一种有效的激励手段。员工有一种了解自己工作成绩的需要,这不仅是为了寻求个人心理满足感,通过考核还可以利于员工认识自己的不足,发现自己的潜力并且在工作中充分发挥这种能力。考核激励的另一方面是要奖优罚劣,改善调整员工行为,激发员工积极性,使员工积极主动地完成组织目标。另外,考核强调部门主管必须制定工作计划目标,与下属充分讨论工作,并帮助下属提高绩效,对激励管理者提高管理水平也是一个有效方法。

二、人员考核的内容

人员考核的目的、对象、范围复杂多样,因此考核内容也颇为复杂。但就其基本内容,主要包括德、能、勤、绩四个方面。

（一）德

德指人的政治思想素质、道德素质、心理素质。德与才，德是一个人的灵魂，是用于统帅才的。它决定一个人的行为方向——为什么人生目的而奋斗；决定了行为活动的强弱——为达到目的所作努力的程度；决定了行为的方式——采取什么手段达到目的。

德的标准不是抽象的，而是随着不同时代，不同行业、不同层级而有所变化。在改革开放的今天，德的一般标准是坚持党的基本路线，坚持集体主义价值观、富有使命感、责任心和进取精神，遵守职业道德，遵纪守法等。

（二）能

能指人的能力素质，即认识世界和改造世界的本领，能力不能抽象地、孤力地存在。因此，对能的考核应以素质为依据，结合员工在工作中的种种具体表现来判断。一般来讲，能包括一个人的动手操作能力、认识能力、思维能力、研究能力、创新能力、表达能力、组织指挥能力、协调能力、决策能力等。对不同的职位，其能力的要求应有不同的侧重。

（三）勤

勤指勤奋敬业的精神，主要指人员的工作积极性、创造性、主动性、纪律性和出勤率。不能把勤简单地理解为出勤率，出勤率高只是勤的一种表现，但并非内在的东西，也可能是出工不出力，动手不动脑。真正的勤，不仅出勤率高，更重要的是以强烈的责任感和事业心，在工作中投入全部的体力和智力以及全部的情感。因此，人事考勤工作应将形式的（表面的）考勤与本质的（内在的）考勤结合起来，重点考核其敬业精神。

（四）绩

绩指人员的工作绩效，包括完成工作的数量、质量、经济效益和社会效益。数量、质量、效益之间，经济效益与社会效益之间，都是对立统一、辩证的关系，在考核和评价人员时，应充分注意这一点。对不同职位，考核的侧重应有所不同，但效益应该是处于中心地位。在考"绩"时，不仅要考核人员的工作数量、质量，而且还应考核其工作在满足社会需要方面所带来的经济效益和社会效益。

三、人员考核的分类

通常从以下几个方面对人员考核工作进行分类：

(1)按时间划分。按此标准，人员考核可分为定期考核与不定期考核，定期考核又可分为半年期、一年期、两年期、三年期不等。

(2)按内容划分。按此标准，人员考核可分为工作态度考核、工作能力考核、工作绩效考核、综合考核等。

(3)按目的划分。按此标准，人员考核可分为例行考核、晋升考核、转正考核、评定职称考核、培训考核、新员工考核等。

(4)按考核对象划分。按此标准，人员考核可分为对职工考核和对干部考核。对干部考核，又可分为对领导干部、中层干部、基层管理人员的考核。

(5)按考核主体的划分。按此标准，人员考核可分为上级考核、自我考核、同事考核、专家考核和下级考核,以及综合以上各种方法的立体考核。

(6)按考核形式划分。按此标准,人员考核可以分为口头考核与书面考核、直接考核与间接考核、个别考核与集体考核。

四、人员考核方法

人员考核的方法有很多,但是没有适合一切目的的通用方法。因为不同的组织,有不同的性质,人员也有不同的工作特点,也就有不同的考核要素特征。如不同年龄、不同管理层次、脑力劳动者和体力劳动者等都有着不同的考核要素特征。所以,就要设计一种方法,既符合考核目的,又适合每一组织的独特特点。下面对一些常见的考核方法分别进行介绍。

(一)关键性事件法

关键事件法是以记录直接影响工作绩效优劣的关键行为为基础的考核方法。所谓关键事件,是指员工在工作过程中做出的对其所在部门或企业有重大影响的行为。这种影响包括积极影响和消极影响。使用关键事件法对员工进行考核要求管理者将员工日常工作中非同寻常的好行为和坏行为记录下来,然后在一定的时期内,主管人员与下属见一次面,根据所作的记录来讨论员工的工作绩效。

关键事件法通常可以作为其他评价方法的补充。首先,对关键事件的记录为考核者向被考核者解释绩效考核结果提供了一些确切的实施依据。其次,它可以确保在对员工进行考核时,所依据的是员工在整个考察周期内的工作表现,而不是员工在近期内的表现,也就是说可以减少近因效应所带来的考核偏差。最后,通过对关键事件的记录可以使管理人员获得一份关于员工通过何种途径消除不良绩效的实际记录。

但是,关键事件法在实施过程中也存在不足之处。最突出的是管理人员可能漏记关键事件。在很多情况下,管理人员都是在工作前期忠实地记录每一个关键事件,到后来失去兴趣或因为工作繁忙等原因而来不及记录,等到考核期限快结束时再去补充记录。这样有可能会夸大近期效应的偏差,员工也可能会误认为管理人员编造事实来支持其观点。

(二)目标考核法

考核法是根据被考核人完成工作目标的情况来进行考核的一种绩效考核方式。在考核之前,考核人与被考核人应该对需要完成的工作内容、时间期限、考核的标准达成一致。目标管理考核在制定过程中,让员工参与其中,可增强员工对组织的认同感和工作积极性,员工会更好地工作以实现理想的结果。在时间期限结束时,考核人就可根据被考核人的工作状况及原先制定的考核标准来进行考核。

(三)排序法

排序法是依据某一考核维度,如工作质量、工作态度或依据员工的总体绩效,将被考核者从最好到最差依次进行排列。在实际操作中,可以进行简单排序也可以进行交替排序。简单排序是依据某一标准由最好到最差依次对被考核者进行排序;交替排序则是先将最好的和最差的列出,再挑出次好的和次差的,以此类推,直至排完,如表7-1所示。

表 7-1 交替排序法的工作绩效评价等级

考核所依据的要素:	
说明: 针对考核所依据的要素,将所有员工的姓名都列出来。将绩效评价最高的员工姓名列在第一格中;将绩效评价最低的员工姓名列在第10格中。然后,将次最好的员工姓名列在第2格中,将次最差的员工姓名排列在第9格中。依次交替进行,直到所有的员工姓名都被列出。	
评价等级最高的员工	
1.	6.
2.	7.
3.	8.
4.	9.
5.	10.
	评价等级最低的员工

排序法最大的优点是简单易行,省时省力。但其不足也来源于此:首先,由于没有具体的考核指标,只是被考核者之间进行对比排序,因此,在两个人业绩相近时,很难确定其先后顺序;其次,由于主要依靠考核者的主观判断进行排序,而不同考核者之间又有不同的倾向性,因此会造成排序中的偏向;再次,由于缺乏具体标准,使用这种方法无法将同一企业中不同部门的员工进行比较;最后,被考核者仅知道自己的排序情况,而不能明确自身优点和不足。

(四)配对比较法

配对比较法也称为两两比较法或对偶比较法,是较为细化和有效的一种排序方法。其具体做法是:将每一位被考核者按照所有评价要素,如工作质量、工作数量、工作态度等,与所有其他员工一一进行比较,优者记为"+"或"1",逊者记为"—"或"0",然后计算被考核者所得正负号的数量或具体得分,排出次序。例如,在表 7-2 所示的比较中,员工乙的工作态度是最好的,而员工甲的创造性是最强的。

表 7-2 使用配对比较法对员工工作绩效的评价

就"工作态度"这一评价要素所做的比较						就"创造性"这一评价要素所做的比较					
被考核者 比较对象	甲	乙	丙	丁	戊	被考核者 比较对象	甲	乙	丙	丁	戊
甲		+	+	—	—	甲		—	—	—	—
乙	—		—	—	—	乙	+		—	+	+
丙	—	+		—	—	丙	+	+		—	+
丁	+	+	+		+	丁	+	—	+		—
戊	+	+	+	—		戊	+	—	—	+	

配对比较法实质上是将全体被考核者看做一个有机系统,其准确度比简单的排序考核法要高得多。但是,该方法在操作时较复杂,因而其应用受到被考核者人数的限制。如果 n 位被

考核者,每一考核要素的对比次数是 n(n－1)/2 次。也就是说,如果考核 10 个人,则针对每一考核要素进行对比的次数就是 45 次,如果有 6 个具体的考核要素,则一次完整的考核活动就需要进行 270 次对比。

(五)强制分布法

强制分布法也称为强制正态分布法。这种方法是建立在一个假设的基础上的,即假设企业所有部门都同样具有优秀、一般、较差的员工。因此,在运用强制分布法进行人力资源考核时,要求考核人员依据正态分布规律,即俗称"中间大、两头小"的分布规律,预先确定评价等级以及各等级在总数中所占的百分比,然后按照被考核者绩效的优劣程度将其列入其中某一等级。例如,把最好的 10％的员工放在最高等级中,次之的 20％的员工放在第二个等级中,再次之的 40％放在第三个等级中,接下来的 20％放在倒数第二个等级中,余下的 10％则放在最后一个等级中。当然,具体的比例也可以有所不同,但无论采用何种比例,其分布都要符合正态分布的规律。

强制分布法适用于被考核人数较多的情况,操作起来比较简单。由于遵从正态分布规律,可以在一定程度上减少由于考核人员的主观性所产生的偏差。此外,该方法也有利于管理控制,尤其是在引入员工淘汰机制的企业中,它能明确地筛选出被淘汰的对象,由于员工担心因多次落入绩效最低区而遭淘汰,因而具有强烈激励和鞭策功能。但是,由于该方法的核心是事先按正态分布规律确定各评价等级的比例,而在现实工作中,并非每一个部门的员工业绩情况都符合正态分布规律。有可能存在这样的情况,即某一个部门的所有员工工作绩效都很好,这时,使用强制正态分布方法进行人力资源考核所得到的结果就难以令人信服。

(六)评定量表法

评定量表法是考核中最常用的一种方法。这种方法主要是借助事先设计的等级量表来对员工进行考核。使用评级量表进行绩效考核的具体做法是:根据考核的目的和需要设计等级量表,表中列出有关的绩效考核项目,并说明每一项目的具体含义,然后将每一考评项目分成若干等级并给出每一等级相应的分数,由考核者对员工每一考核项目的表现作出评价和记分,最后计算出总分,得出考核结果。根据岗位工作分析,将考核岗位的工作内容划分为相互独立的几个模块,在每个模块中用明确的语言描述完成该模块工作内容需要达到的工作标准。同时,将考核结果分为几个等级,如优、良、合格、不合格等,考核可根据被考核人的实际工作表现,对每个模块的完成情况进行评价,总成绩便为该员工的考核成绩。该方法由于简单易操作,所以使用最普遍。在图表为每项职责确定的等级中,考核人员只需在他认为适当的级别上打上标记,更详细的考核评价可以填写在每个被考核因素旁边的用于书写评价的空格内。评定量表法有其缺点:首先,这种方法将不同的特征或要素组合在一起,而考核人员能选择另一个方格来划勾。其次,在这些等级表中,有时使用的说明性文字容易致使不同考核者产生不同的理解,像主动性、合作精神、出色、一般、较差这些考核文字出现时,容易导致五花八门的理解。由于这些考核表设计起来比较容易,在各种各样的考核分级方式中被广泛采用。

表 7－3、表 7－4 所示为评级量表法示例,表 7－5 所示为考核权重表。

表 7-3 评级量表法示例(一)

考核项目	考核要素	说明	评定
基本能力	知识	是否充分具备现任职务所要求的基础理论知识和实际业务知识	A B C D E 10 8 6 4 2
业务能力	理解力	是否能充分理解上级指示,干脆利落地完成本职工作任务而不需要上级反复指示和指导	A B C D E 10 8 6 4 2
	判断力	是否能充分理解上级指示,正确把握现状,随机应变,恰当处理	A B C D E 10 8 6 4 2
	表达力	是否具有现任职务所要求的表达力(口头、文字水平),能否进行一般的联络说明工作	A B C D E 10 8 6 4 2
	交涉力	在与企业内外的对手交涉时,是否具有使双方诚服、接受、同意或达成协商的表达交涉力	A B C D E 10 8 6 4 2
工作态度	纪律性	是否严格遵守工作纪律和规定,有无早退、缺勤等情况。对待上下级、同级和企业外部人士是否有礼貌,是否严格遵守工作汇报制,是否按时提出工作报告	A B C D E 10 8 6 4 2
	协调性	在工作中,是否充分考虑到别人的处境,是否主动协助上级、同级和企业外人员	A B C D E 10 8 6 4 2
	积极性 责任感	对分配的任务是否不讲条件,主动积极,尽量多做工作,主动进行改良、改进,向困难挑战	A B C D E 10 8 6 4 2
评定标准 A——非常优秀,理想状态 B——优秀,满足要求 C——略有不足 D——不满足要求 E——非常差,完全不满足要求	最后评定分数换算 A——48 分以上 B——24~47 分 C——23 分以下		合计分 评语 考核人 签字

表 7-4 评级量表法示例(二)

部 门			工 号	
入厂日期			主要工作	
项目	内容	评分	出勤记录	
绩 效 (25%)	目标达成度			
	工作质量			
	工作方法			
	进度快慢			
	绩效成长率		评分	

续表7－4

部门		工号	
能力 （25%）	领导力		奖惩记录
	业务能力		
	应变能力		
	执行力		
	判断力	评分	
品德 （25%）	人际关系		主管人员的评语
	协调性		
	守法性		
	是否受下属尊重		
	对公司态度		
学识 （25%）	基本常识		总经理评语
	专业知识		
	进取心		
	发展潜力		
	一般知识		
合计			

表7－5 考核权重表

考核对象 结构	一般工作人员	中层管理人员	高层决策人员
素质结构	25%	25%	20%
智力结构	20%	20%	20%
能力结构	25%	20%	20%
绩效结构	30%	35%	40%

（七）360°绩效反馈体系

360°绩效反馈是一种较为全面的绩效考核方法，它是指帮助一个企业的员工（主要是管理人员）从与自己发生工作关系的所有主体那里获得关于本人绩效信息反馈的过程。这些信息的来源包括上级监督者自上而下的反馈、下属自下而上的反馈、平级同事的反馈、被考核者本人的自我评价和企业外部的客户和供应商的反馈。

员工自评是指员工在正式的上级评价之前对自己的工作进行回顾，对自己的业绩、能力等方面作出初步的评价。上级的评价是指由员工的上级尤其是其直接主管人员对员工的工作绩效进行评价，它是大多数绩效考核制度的核心。通常，员工的主管人员能够处于最佳的位置来观察员工的工作业绩，因而能够对员工的各方面情况有较为充分的了解，从而可以较好地掌握考核的事实依据。然而,上级只能观察到员工工作表现的一部分,在很多情况下,员工的同事更能够全面地了解员工的日常工作情况。尤其是在主要依靠团队的企业中,团队成员之间的合作程度是工作成功的关键。因此,在作出评价的同事与被评价的员工之间很相似而且很熟悉的情况下,同事的评价可能具有较高的参考价值。在对管理人员的绩效考核过程中,下级的评价过程往往可以使企业的高层管理者对企业的管理风格进行诊断,认识企业中潜在的问题。客户的评价通常用来收集客户的抱怨和意见。尤其对于服务行业,客户的意见对于员工绩效的改进和企业信誉的保持具有重要意义。供应商是企业的合作伙伴,对与供应商有直接接触的员工进行考核时,其意见有一定参考价值。

360°绩效反馈体系模式如图7-1的所示。

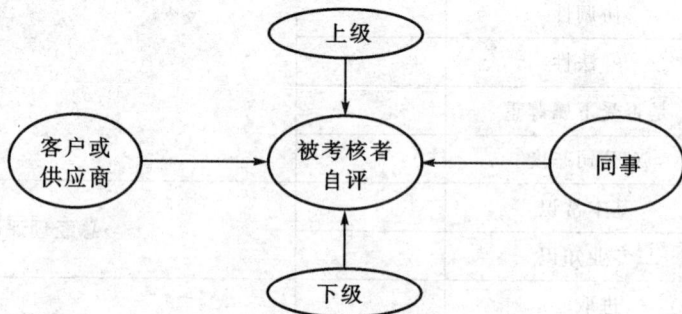

图7-1 360°绩效反馈体系模式

360°绩效反馈的优点主要体现为:全方位、多角度的信息反馈,从而使考核结果更加全面、详细;360°绩效反馈的实施可以促进来自不同渠道的信息在企业内部的交流,增进上下级之间、平级之间的信息沟通,有利于建立员工间更加和谐的工作环境。然而,360°绩效反馈的缺点则体现为:信息收集成本较高,同时,对参与人员素质有较高的要求。

五、薪酬制度

薪酬制度涉及国家、单位和个人之间的利益关系,是组织及其成员共同关心的问题。对于个人来说,它直接影响到收入水平和生活质量,对于组织而言,它不仅决定组织成本的高低,而且直接关系到组织成员工作积极性和工作效率。人员配备工作的重要作用可以充分调动人的积极性,所以薪酬制度也是人员配备过程中所面临的不可忽视的问题。

(一)制定薪酬制度的依据

1.工作绩效考核结果

社会主义市场经济条件下的收入分配原则是按劳分配,"多劳多得,少劳少得,有劳动能力者不劳不得",绩效考核就是组织对组织成员的工作表现所作的评价。科学的绩效考核是奖优罚劣的基本依据。因此,组织成员的收入应与绩效考核的结果相联系,这是薪酬制度制定的基础。

2.岗位与职位的相对重要性

员工处于不同的工作岗位和工作职位,其价值和重要性是不同的。组织应当系统地评定各个职位的相对价值,依照每一职位的工作性质、所需特殊技能、履行职责的风险、对组织的贡献程度等来评定各个职位的排列顺序,并以此作为收入分配的依据之一。例如,企业中的营销人员的岗位职位的相对价值就比较大,所以其收入应高一些。

3. 人才市场的供求状况

市场经济条件下,人才的供需状况将影响人才价值。在市场上假如企业中某一类人才(如营销人才、高级管理人才)短缺时,企业为得到企业发展而急需的这一部分人就不得不支付更高的薪酬;同样,若某类人才过剩时,企业在其身上的经济成本就会降低。目前就企业而言,我国高级管理人才,营销人才比较缺乏,也决定了他们的收入处于相对较高的水平。

4. 组织的财务状况

组织的财务状况直接影响到组织成员的收入高低,尤其是奖金、福利等部分。若经济效益好,财务状况良好,则员工的薪酬不但有保障而且可能会较高,但是若组织运行不良,财务状况较差,则员工的收入肯定受到影响。

5. 当地的居民生活水平

客观上,组织成员的收入水平与当地居民收入水平存在着密切的关系,员工的薪酬水平确定在什么标准与社会居民收入水平和生活水平保持一个什么样的差距,这是组织确定薪酬水平时应考虑的因素。一般而言,组织成员的收入要高于或至少不低于当地居民的平均收入水平。

(二)制定薪酬制度的原则

1. 合法性原则

合法性原则是薪酬管理的首要原则,组织制定薪酬制度和政策时,必须要遵守国家的法律法规,例如最低工资制度等。

2. 公平性原则

公平性原则包含:外部公平——同一行业或同一地区或同等规模的企业类似职务的薪酬应大致相当;内部公平——同一个企业中不同职务所获薪酬正比于各自的贡献,比值一致才会被认为是公平的;员工公平——企业应根据员工的个人工作贡献付酬,多劳多得。

3. 激励性原则

组织制定的薪酬标准在社会上和人才市场中要有吸引力,才能够吸引和招聘到组织所需人才。尽管物质利益不是吸引人才的唯一因素,但却是非常重要的因素,在当今社会中,物质激励仍是一种吸引和留住人才的重要手段,组织只有在付给自己所需人才的薪酬与别的组织相比具有竞争力时,才能如愿以偿地吸引和留住人才。

4. 及时性原则

及时发放员工薪酬,除了保证员工的正常生活外,薪酬作为一种重要的激励手段,只有及时发放,才能发挥激励的作用。

5. 经济性原则

确定员工的薪酬水平必须结合企业的承受能力,因为薪酬属于企业的用工成本。

6. 动态性原则

企业整体的薪酬水平、薪酬结构和薪酬形式应保持动态性,员工个人薪酬也应具有动态性。

(三)我国现行的几种工资制度

工资制度是组织薪酬制度的主要内容,目前现行的几种工资制度对于我国工资制度改革具有重要的借鉴与参考价值。

1. 技术等级工资制

技术等级制是根据劳动的复杂程度、繁重程度、精确程度和工作责任大小等因素划分技术等级,按等级规定工资标准的一种制度。其基本思想是:以劳动质量来区分劳动差别,进而依此规定工资差别。这种工资制度适用于技术比较复杂的工种,诸如机械行业的车、钳、铆、锻、焊、插、铣、刨、磨、钻,以及模型、机修等工种。技术等级工资制由工资等级表、技术等级标准和工资标准三方面组成。

(1)工资等级表。工资等级表是确定各级工人的工资标准和工人之间工资比例关系一览表。它包括工资等级数目、工种等级线和工资级差。

制定工资等级表的通常步骤是:分析工种劳动差别;确定等级级数;划分工种等级线;规定最高等级与最低等级工资的倍数;确定各等级之间的工资级差。

(2)技术等级标准。技术等级标准就是不同工种、不同级别应该达到的技术水平和劳动技能的标准。它包括:该等级工人应该具备的文化理论知识;该等级工人应该具备的技术操作能力和实际经验;该等级的工人应该能够完成的典型工作实例。

(3)工资标准。工资标准又称工资率,指对不同等级职工实际支付的工资数额。标准工资与工资标准不同,二者关系可用下式表达:

$$标准工资＝月工资标准-缺勤天数×日工资标准$$

2. 职务等级工资制

职务等级工资制是政府机关、企事业单位的行政人员和技术人员所采用的按职务等级规定工资的制度。这种制度是根据各种职务的重要性、责任大小、技术复杂程度等因素,按照职务高低规定统一的工资标准。在同一职务内,又划分若干等级。各职务之间用上下交叉的等级来区别工资差别线,呈现一职数级、上下交叉的"一条龙"式的工资制度。20 世纪 90 年代我国政府机关、企事业单位的行政人员和技术人员采用同一个工资等级表,行政人员 30 级,技术人员分 18 级,并根据各地物价和生活费用水平划分 11 类工资区,技术人员除地区分类外,根据产业不同又规定工资标准。职务等级工资制由职务名称表、职务工资标准表、业务标准、职责条件等构成。

3. 结构工资制

结构工资制又被称为分解工资、组合工资或多元化工资。它根据决定工资的不同因素和工资的不同作用而将工资划分为几个部分,通过对各部分工资数额的合理确定,构成劳动者的全部报酬。

(1)结构工资的构成。结构工资一般由以下四部分组成:

①基础工资。基础工资是保障员工基本生活的部分,乃是维持劳动者劳动力再生产所必

需的。对基础工资的发放标准,目前有两种方式:一种是不管是工人还是干部,统一规定一个相同的基础工资额;另一种是按照本人原标准工资的一定比例作为基础工资,由于标准工资不同,基础工资也就有高有低。实行这种办法,对标准工资过低者,还规定有基础工资的最低额。

②职务(岗位、技术)工资。职务工资是按照各个不同职务(岗位)的业务技术要求、劳动条件、责任等因素来确定,即担任什么职务,确定什么工资标准。工作变动,职务工资也会随着变动。一般以"一职一薪"为宜。

③工龄工资。工龄工资又叫年功工资,以工龄为主,结合考勤和工作业绩来确定。

④浮动工资(奖励工资)。浮动工资也叫业绩工资,根据企业经营效益的好坏、个人的业绩的优劣来确定。这部分工资在工资构成中所占比例有日益增长之势,但具体计算方法各企事业单位有较大差别。有的是规定几个等级,每个等级有确定的工资额;也有的与个人业绩挂钩,上不封顶,下不保底。

(2)结构工资的优点。结构工资是一种较好的工资制度,考虑因素较全面,主要有以下几个优点:

①较好地体现了工资的几种不同功能。劳动有潜在、流动、凝固三种形态。工龄、学历、职务主要反映劳动的潜在形态;劳动态度、劳动条件主要反映劳动的流动形态;劳动成果(贡献)和工龄(积累贡献)主要反映劳动的凝固形态。而职工的最低工资则保障劳动者的基本生活需要。结构工资全面地反映了这些因素,并且选取较为合理的比例。

②有利于促进工资的分级管理,为工资分配制度的改革开辟了道路。

③能够适应各行各业的不同特点。

4. 岗位技能工资制

岗位技能工资就是按照工人的实际操作岗位及技术水平来规定工资标准。它适用于专业化程度较高、分工较细、工种技术比较单一、工作对象等级比较固定的产业或企业。岗位工资将工资、技术和工作成绩三者密切结合起来,能够更好地贯彻多劳多得、同工同酬的原则,特别是有利于调动中青年员工的工作积极性。

在不同行业、企业中,岗位技术工资的等级和标准各有不同,有的一岗一级、一岗一薪,有的一岗多级、一岗多薪。它具有一定灵活性,使岗位技能工资制适应性较强。制造业和采掘业中广泛地采用了这种工资形式。

除了上述四种工资制度,还有一些工资制度,如效益工资制等。

(四)工资形式

我国现行的工资形式主要有两种:一是计时工资,二是计件工资,还有一种是作为补充形式的奖金和津贴。

1. 计时工资制

计时工资制的特点:一是直接以劳动时间计量报酬,适应性强;二是考核和计量容易实行,具有较强的可行性;三是具有明显的不足,即不能反映劳动强度和劳动效果。如果对计时工资辅以超额计件工资,即可避免上述缺点。计时工资制又可分为小时工资制、日工资制、月工资制三种。

(1)小时工资制。小时工资制的计算公式为:

$$小时工资标准 = 月工资标准/月法定工作小时数$$

（2）日工资制。日工资制的计算公式为：

$$日工资标准＝月工资标准/月计算日数$$

（3）月工资制。即根据规定的月工资标准来计算工资。

2.计件工资制

计件工资制是指依据工人生产合格产品的数量或完成的工作量，以劳动定额为标准预先规定计件单价来计算劳动报酬的一种形式。计件工资的优点是把工人的劳动成果与报酬直接挂钩，有利于提高劳动生产率，同时增加工人的收入。其缺点是容易导致忽视产品质量等一些短期行为。

3.奖金和津贴

奖金和津贴是一种辅助的工资形式。

奖金是对劳动者提供的超额劳动的报酬，必须从企业的超额利润中提取。奖金的分配以计分法最好，奖金不封顶，但应征收奖金税。奖金分综合奖（月奖、季度奖、年中奖、年终奖等）和单项奖（质量奖、节能奖、安全奖、节约原材料奖、全勤奖、技术革新奖、合理化建议奖等）。

津贴是对劳动者提供特殊劳动所作的额外劳动消耗的一种补偿，是工资的一种辅助形式。其效用是保护职工的身体健康，稳定特殊岗位、艰苦岗位、户外工作岗位的职工队伍。其主要的津贴形式有地区津贴，野外作业津贴，井下津贴，夜班津贴，流动施工津贴，冬季取暖津贴，粮、煤、副食品津贴，高温津贴，职务津贴，放射性或有毒气体津贴等。

（五）最新的绩效薪酬形式

1.按功付酬

按功付酬即与员工基础工资挂钩的绩效薪酬形式，要求在评价员工个人绩效的基础上对薪酬进行分配。它是最常用的绩效薪酬形式，其好处在于可以根据企业的战略目标灵活定义绩效概念。如企业在需要提高产品质量时，可以把受投诉案件的数量、顾客满意度调查数量和顾客评分等作为绩效评价的主要项目，并根据需要设定相应的权数；在以降低成本为主要目的时，则把与成本有关的项目作为评价的对象，根据员工在成本降低而作出的贡献方面决定其薪酬等级。在这种形式下，员工的薪酬取决于其绩效得分，所以，绩效评价的准确性和公正性是很重要的。

2.销售佣金制

销售佣金制是专门针对企业销售人员设计的一种绩效薪酬形式。实际操作中企业常用的销售佣金形式有三种：一是完全佣金制，即完全根据销售额的完成情况决定销售人员的报酬。二是均衡佣金制，由于市场的季节性，完全根据销售额来决定报酬会造成销售人员淡季收入过低，从而影响工作的积极性，为避免这种情况可以制定一个最低佣金水平，当销售人员的佣金低于该水平时可以向企业要求预支以后的部分佣金，使自己本期收入达到最低标准。企业会从销售人员日后的佣金收入中扣除前期预支部分。三是底薪加佣金制，即在保障销售人员的基本生活的基础上，根据完成的销售额情况发放薪酬。这种销售激励形式在企业中更为普遍。

3.股权分配

股权分配是一种以管理人员为主要激励对象的绩效薪酬形式。它以约定的价格允许管理者在一定时期买入本公司约定数数的股票,这种股票本身不可转让也不能任意变现,但享有分红、配股权,且只有在规定的期限内方可获取。它将企业长期利益与管理者个人利益有效地结合起来,限制了企业经营者的短期行为,有效地吸引和优选管理人才,一定程度上可以留住优秀人才。在我国比较大的企业里可以采用此种方法。

4.动态股权激励计划

动态股权激励计划即在预先划定每位员工所享有的静态股权比例(或初始股权比例)的基础上,按照其所负责业务给组织带来的贡献率超过其初始股权的部分进行直接计算的激励形式,是一种股权分配与绩效薪酬相结合的方法。这种动态股权分配比例,每年根据每一个员工当年的贡献和股权只计算一次,是一种直接对股权和当年业绩的回馈,不能延续到下一年。

动态股权激励模型的计算公式如下:

动态股权比例 ＝［(负责项目的净利润/公司所有项目的净利润－该员工的静态股权比例)×所作贡献的分配率＋静态股权比例］/全体员工动态股权比例之和

某员工应享有的净利润＝公司净利润×该员工当年的动态股权比例

公司净利润＝公司当年各项目的总净利润－当年发生的期间费用

动态股权激励模型是建立在传统按股分红基础上的分配模型,是一种对传统股权分配模式的改良。因此,动态股权激励模型的存在有其广泛的意义。它不光适用于股份制企业等现代意义上的大公司,而且适用于合伙企业、个体企业等传统意义上的小公司;不仅可用于对企业管理人员的考核与激励,而且可用于对企业的其他人员的激励,如技术人员、营销人员。

本章小结

人员配备就是管理者根据组织结构中所规定的职务的数量和要求,对所需人力资源进行选聘、培训、考核、薪酬管理等工作,其目的是为了配备合适的人员去充实组织中的各项职务,以保证组织活动的正常进行,进而实现组织目标。选聘工作必须依据人员配备计划,以职位分类和定编定员为基础。人员选聘主要有内部征召和外部招聘两种途径,两者各有利弊。人员选聘主要有笔试、面试、心理测验和评价中心等方法。人员培训是指组织为适应业务发展和人才培育的需要,对员工进行有计划、有针对性的培养和训练。培训的具体内容主要包括思想素质培训、业务知识培训、能力培训等三方面。培训工作也要遵循一定的程序,采用科学的方法进行开展。人员考核在人员配备工作中占据重要地位,就其基本内容,人员考核主要包括德、能、勤、绩四个方面。考核方法多种多样,如排序法、评定量表法、关键性事件方法、评语法、目标考核法、小组评价法、情景模拟法等。薪酬制度也是人员配备过程中不可忽视的重要问题,薪酬制度的设计要遵循一定的原则,正确处理好国家、单位和个人之间的利益关系。现行的工资制度主要有技术等级制、职务等级制、结构工资制和岗位技能工资制等。

案例讨论

如何满足组织不断发展所提出的人员需要?

A企业是一家从事汽车零配件生产的民营企业,在企业成立的前五年中,企业主要是为一些汽车维修企业提供若干品种的汽车零配件产品。随着企业新品种的不断开发和质量的不断提高,业务对象也开始扩展到汽车组建厂,成为一些汽车组件厂的定点配件企业。随着企业业务量的不断增长,企业开始感受到现有人员素质的不适应和企业人手的不足。

在过去,为了降低产品成本和减少风险,企业对人手的控制一直都比较紧,绝大多数新增工作都通过分配给现有员工的方式加以解决,所以企业中一人兼数岗的情况比较普遍,个人的岗位职责也不是很清楚,通常凡是某个员工可以做的工作就分配给这一员工,而不太在意他原来做的是何种性质的工作。这一人员控制策略在企业发展初期是与企业的低成本市场进入战略相匹配的。只是近年来,随着业务量的急剧扩张,企业开始发现原有的员工也不像以前那么能干了,做事丢三落四,分配给他的任务常常不能及时完成;相互之间扯皮现象增多,做事情你推我我推你,出了问题相互推卸责任,常常是要等到老总亲自过问才能有所行动;许多事情常常是大会小会经常说,领导思想上很重视,却总是停留于口头,而无法贯彻落实。

面对企业发展中出现的这些现象,企业老总找到了一位管理学教授进行咨询。管理学教授经过分析后认为,这些问题的出现根源在于没有预见到企业的迅速发展,以至于当企业迅速发展时,企业的组织结构和人员配备跟不上企业发展的需要,从而导致了老总所描述的种种现象。

企业经过内部讨论,认可了教授的分析,认为上述问题的出现在很大程度上确实与没有遇见到企业会发展得这么快有关,并就改变组织结构设置,加大人员引进力度和聘请咨询公司协助做好组织结构设置与人员引进达成了共识。

讨论题:

如果你是企业聘请的协助解决这一问题的顾问,你如何解决下面所列的问题:

1. 你会提出怎样的整体解决方案来解决该企业目前所面临的问题? 请列出你所建议的整体方案的要点。

2. 当企业就实际工作中通过何种途径获得企业所需要的中高层管理人员或技术人员征求你的意见时,你会提供怎样的建议?

3. 当企业询问你,应该怎样做才能避免在今后的迅速发展中再次出现人员供应跟不上企业发展需求时,你又会提出怎样的解决方案?

4. 如果在企业中出现不能适应企业发展所需要的人员,需要精简人员或淘汰不合格员工时,你会建议企业在实现通过怎样的手段,建立怎样的人员淘汰制度,以进一步提高人员配备与企业发展的适应度?

❓复习思考题

1. 现代企业为什么越来越重视人力资源管理?

2. 人力资源培训的方法有哪些? 同时请说明每一种方法的优缺点。

3. 请阐述使用人力资源应遵循的原则。

4. 人力资源考核的内容有哪些?

5. 请阐述薪酬设计的流程以及每一个步骤的主要职责。

第八章

领导职能

案例导入

管理风格

某市建筑工程公司是个大型施工企业,下设一个工程设计研究所,三个建筑施工队,研究所由 50 名高中级职称的专业人员组成。施工队有 400 名正式职工,除少数领导骨干外,多数职工文化程度不高,没受过专业训练。在施工旺季还要从各地招收 400 名左右农民工补充劳动力的不足。

张总经理把研究所的工作交给唐副总经理直接领导、全权负责。唐副总经理是位高级工程师,知识渊博,作风民主,在工作中,总是认真听取不同意见,从不自作主张,硬性规定。公司下达的施工设计任务和研究所的科研课题,都是在全所人员共同讨论、出谋献策取得共识的基础上,作出具体安排的。他注意发挥每个人的专长,尊重个人兴趣、爱好,鼓励大家取长补短、相互协作、克服困难。在他领导下,科技人员积极性很高,聪明才智得到了充分发挥,年年超额完成创收计划,科研方面也取得显著成绩。

公司的施工任务,由张总经理亲自负责。张总是工程兵出身的复员转业军人,作风强硬,对工作要求严格认真,工作计划严密,有部署,有检查,要求下级必须绝对服从,不允许自作主张、走样变形。不符合工程质量要求的,要坚决返工、罚款;不按期完成任务的扣发奖金;在工作中相互打闹、损坏工具、浪费工料、出工不出力、偷懒耍滑等破坏劳动纪律的都要受到严厉的批评、处罚。一些人对张总的这种不讲情面、近似独裁的领导方式很不满意,背地骂他"张军阀"。张总深深地懂得,若不迅速改变职工素质低、自由散漫的习气,企业将难以长期发展下去,于是他亲自抓职工文化水平和专业技能的提高。在张总的严格管教下,这支自由散漫的施工队逐步走上了正轨,劳动效率和工程质量迅速提高,第三年还创造了全市优质样板工程,受到市政府的嘉奖。

张总经理和唐总经理这两种完全不同的领导方式在公司中引起了人们的议论。

思考：

1.你认为这两种领导方式谁优谁劣？

2.为什么他们都能在工作中取得好成绩？

第一节 领导职能概述

一、领导概念的界定

(一)领导的含义

从管理学意义上来讲,领导的定义可概括为:领导是指管理者依靠其影响力,通过激励、沟通、指挥等手段,带领被领导者或追随者,去实现组织目标的活动过程。其基本含义可以从以下几个方面理解:

(1)领导包含领导者和被领导者两个方面。领导者是指能够影响他人并拥有管理的职位权力、承担领导职责、开展领导工作的人。领导者一定要有领导的对象,如果没有被领导者,领导者将变成"光杆司令",领导工作就失去意义,领导职能也就不复存在。在领导过程中,下属都甘愿追随领导者并接受领导者的指导。

(2)领导是一种活动,是引导人们的行为过程,是领导者带领、引导和鼓舞下属去完成工作、实现目标的过程,是管理的一项重要职能。

(3)领导的基础是领导者的影响力。领导者拥有影响被领导者的能力或力量,它既包括由组织赋予的职位权力,也包括领导者个人所具有的影响力。一个领导者如果一味地行使职权而忽视社会和情绪因素的影响力,就会使被领导者产生逃避或抵触行为。当一个领导者的权力不能使下属跟随领导者时,领导工作是无效的。

(4)领导施加影响力的方式或手段主要有激励、沟通和指挥。激励是指管理者通过作用于下属来激发其动机、推动其行为的过程。沟通是指管理者为有效开展工作而交换信息、交流感情、协调关系的过程。指挥是管理者凭借权力,直接命令或指导下属行事的行为。

(5)领导的目的是为了实现组织的目标。不能为了领导而领导,不能为了体现领导的权威而领导。领导的根本目的在于影响下属为实现组织的目标而努力。

(二)领导与管理的联系与区别

1.联系

从行为方式看,两者都是一种在组织内部通过影响他人的协调活动,是实现组织目标的过程。从权力的构成看,两者也都是组织层级的岗位设置的结果。

2.区别

从本质上看,管理是建立在合法的、有报酬的和强制性权力基础上的对下属命令的行为。而领导则可以建立在合法的、有报酬的和强制权力基础上,也可以并且更多地是建立在个人影响权和专长权以及模范作用的基础上,且两者所担负的工作内容不同。领导与管理的具体区别如表8-1所示。

表 8 - 1　管理和领导的区别

比较项目	管 理	领 导
从职能上看	管理的范围大	领导行为是属于管理的范围
从岗位上看	管理者未必是领导者	领导者必定是管理者
制订计划	为达成目标,制定出详细的步骤和计划进度,进行资源分配	展现未来的前景与目标,指明达到远景目标的战略
组织和人员配备思路	组建所需组织结构及配备人员,规定权责关系,制定具体政策和规程,建立一系列的制度监督下属的工作状况	重在指导人员;同协作者沟通,指明方向、路线;帮助人们更好理解目标、战略及实现目标后的效益;引导人们根据需要组建工作组、建立合作伙伴关系
执 行	在执行中强调采用控制的方式来解决问题;通过具体的详细的计划监督进程和结果	一般采取鼓动和激励的方式;在思想上动员和鼓励人们克服工作中的障碍与困难,推动各项工作顺利开展
效 果	一般只能发挥组织成员的现有能力	可充分挖掘组织成员的潜在能力

(三)领导的实质

领导实质上是一种对他人的影响力,即管理者对下属及组织行为的影响力,这种影响力能改变或推动下属及组织的心理与行动,为实现组织目标服务。这种影响力可以称为领导力量或者领导者影响力,管理者对下属及组织施加影响力的过程就是领导的过程。领导者对下属及组织的影响力来自两方面:一是权力(又称为制度权力)影响力,二是非权力(又称为个人权力)影响力。

1. 权力影响力

(1)权力影响力。权力影响力包括法定的权力、强制的权力、奖励的权力。它由组织正式授予管理者并受组织规章的保护。这种权力与特定的个人没有必然的联系,只同职务相联系。权力是管理者实施领导的基本条件。没有这种权力,管理者就难以有效地影响下属,实施真正的领导。

①法定的权力来自于上级的任命。组织正式授予领导者一定的职位,从而使领导者占据权势地位和支配地位,使其有权对下属发号施令。这种支配权,是管理者的地位或在权力阶层中的角色所赋予的。

②强制的权力是和惩罚权相联系的迫使他人服从的力量。在某些情况下,领导者是依赖于强制的权力与权威施加影响的,对于一些心怀不满的下属来说,他们不会心悦诚服地服从领导者的指示,这时领导者就运用惩罚权迫使其服从。这种权力的基础是下属的惧怕。这种权力对那些认识到不服从命令就会受到惩罚或承担不良后果的下属的影响力是最大的。

③奖励的权力是在下属完成一定的任务时给予相应的奖励,以鼓励下属的积极性。这种奖励包括物质奖励,如奖金等,也包括精神的奖励,如晋升等。依照交换原则,领导者通过提供心理或经济上的奖酬来换取下属的遵从。

(2)影响权力影响力的主要因素。权力影响力的影响因素主要如下:

①传统观念。几千年的社会生活,使人们对领导者形成心理观念,由此产生了对领导者的服从感。由于这种传统观念从小就影响着每一个人的思想,从而增强了领导者言行的影响力。

②职位因素。由于领导者凭借所授予的指挥他人开展具体活动的权力,可以左右被领导者的行为、处境,甚至前途命运,从而使被领导者对领导者产生敬畏感。领导者的职位越高,权力越大,下属对他的敬畏感越甚,领导者的影响力也越大。

③资历的影响。一个人的资历与经历是历史性的东西,它反映了一个人过去的情况。一般而言,人们对资历较深的领导者,心目中比较尊敬,因此其言行也容易在人们的心灵占据一定的位置。

权力是通过正式的渠道发挥作用的。当领导者担任管理职务时,由传统心理、职位、资历构成的权力的影响力会随之产生,当领导者失去管理职位时,这种影响力将大大削弱甚至消失。

2. 非权力影响力

(1)非权力影响力。非权力影响力包括专长影响力和品质的影响力,具体如下:

①专长影响力是指领导者具有各种专门知识和特殊技能或学识渊博而获得同事及下属的尊重和佩服,从而在各项工作中显示出的在学术上或专长上的举足轻重的影响力。这种影响力的影响基础通常是狭窄的,仅仅被限于专长范围之内。

②品质影响力是指由于领导者优良的作风、思想水平、品德修养,而在组织成员中树立的德高望重的影响力。这种影响力是建立在下属对领导者承认的基础之上的,它通常与具有超凡魅力或名声卓著的领导者相联系。

(2)构成非权力影响力的主要因素。非权力影响力的影响因素有以下几方面:

①品格。品格主要包括领导者的道德、品行、人格等,优秀的品格会给领导者带来巨大的影响力。因为品格是一个人的本质表现,好的品格能使人产生敬爱感,并能吸引人,使人模仿。下属常常希望自己能像领导者一样。

②才能。领导者的才干是决定其影响力大小的主要因素之一。才干通过实践来体现,主要反映在工作成果上。一个有才干的领导者,会给事业带来成功,从而使人们对他产生敬佩感,吸引人们自觉地接受其影响。

③知识。一个人的才干是与知识紧密地联系在一起的。知识水平的高低主要表现在对自身和客观世界认识的程度。知识本身就是一种力量。知识丰富的领导者,容易取得人们的信任,并由此产生信赖感和依赖感。

④感情。感情是人的一种心理现象,它是人们对客观事物好恶倾向的内在反映。人与人之间建立了良好的感情关系,便能产生亲切感;相互的吸引力越大,彼此的影响力也越大。因此,一个领导者平时待人和蔼可亲,关心体贴下属,与群众的关系融洽,他的影响力就往往较大。

由品格、才干、知识、感情因素构成的非权力影响力,是由领导者自身的素质与行为造就的。在领导者从事管理工作时,它能增强领导者的影响力。在领导者不担任管理职务时,这些因素仍会对人们产生较大的影响。

领导工作有效性的核心内容就是领导者影响力的大小及其有效程度。管理者要实施有效的领导,最关键的就是要增强其对下属及组织影响力的强度与有效性。如何提高影响力的机制与途径,一般有三种最常见的手段,即激励、沟通、指挥,将会在本章以后内容具体谈到。

二、领导职能的作用

(一)带领组织成员共同实现组织目标

领导工作的一个重要作用就在于引导组织中的全体人员有效地理解和领会组织目标,协调组织成员的关系和活动,使组织成员充满信心、步调一致地朝着共同的目标前进。

(二)指挥作用

在组织活动中,需要有高瞻远瞩、运筹帷幄的领导者,帮助组织成员认清所处的环境和形势,指明组织活动的目标和达到目标的途径。领导者通过激励、沟通、指挥、指导活动,推动组织成员最大限度地实现组织的目标。在整个活动中,要求领导者作为带头人来引导组织成员前进,鼓舞人们去奋力实现组织的目标。只有这样,才能真正发挥指挥的作用。

(三)有利于调动组织成员的积极性

从事社会活动的人是具有不同的需求、欲望和态度的。人的身上蕴藏着任何一个组织所需要的生产力。领导就可以诱发这一力量,通过领导工作就能够调动组织中每个组织成员的积极性、主动性和创造性,使其以高昂的士气自觉、自动地为组织作出贡献。

(四)有利于个人目标与组织目标趋于统一

人们的个人目标有很多,并且也不统一,有的为了获得高收入,有的是为名望,有的是为工作的挑战性,有的是为得到上级领导的认可与肯定,有的为了实现自我价值,等等,不一而足。一旦他们加入某个组织工作时,就会想方设法去努力实现自己的个人目标,但是,个人目标与组织目标就不见得一致,长此以往,将不利于组织目标的实现。通过领导工作,就可以去帮助他们认识个人对组织、对社会所承担的义务,让他们体察到个人与组织的密切关系,进而使他们主动地放弃一些不切实际的要求,自觉地服从于组织目标。所以,领导者也要创造一种环境,在实现组织目标的同时,在条件允许的范围内,满足个人的需求,使人们对组织产生自然的信赖和依赖的感情,从而为加速实现组织目标而作出努力。

第二节 领导方式和领导理论

一、领导方式

领导方式指领导者与被领导者之间发生影响和作用的方式。按照不同的标准可对领导类型进行不同的划分。

(一)按权力控制程度划分

按权力控制程度划分,领导可分为集权型领导、分权型领导和均权型领导。

(1)集权型领导是指工作任务、方针、政策及方法,都由领导者决定,然后布置给下属执行。

(2)分权型领导是指领导者只决定目标、政策、任务的方向,对下属在完成任务各个阶段上的日常活动不加干预。领导者只问效果,不问过程与细节。

(3)均权型领导是指领导者与工作人员的职责权限明确划分。工作人员在职权范围内有自主权。这种领导方式主张分工负责、分层负责,以提高工作效率,更好地达成目标。

(二)按领导重心所向划分

按领导重心所向划分,领导可以分为"以事为中心"的领导、"以人为中心"的领导、"人事并重式"的领导。

(1)"以事为中心"的领导者认为,是以工作为中心,强调工作效率,以最经济的手段取得最大工作成果,以工作的数量与质量及达成目标的程度作为评价成绩的指标。

(2)"以人为中心"的领导者认为,只有下属是愉快的、愿意工作的,才会产生最高的效率、最好的效果。因此,领导者尊重下属的人格,不滥施惩罚,注重积极的鼓励和奖赏,注意发挥下属的主动性和积极性,注意改善工作环境,注意给予下属合理的物质待遇,从而保持其身心健康和精神愉快。

(3)"人事并重式"的领导者认为,既要重视人,也要重视工作,两者不可偏废。既要充分发挥主观能动性,也要改善工作的客观条件,使下属既有饱满的工作热情,又有主动负责的精神。领导者对工作要求严格,必须按时保质保量地完成工作计划,创造出最佳成果。

(三)按领导者的态度划分

按领导者的态度划分,领导可分为体谅型领导、严厉型领导。

(1)体谅型领导是指领导者对下属十分体谅,关心其生活困难,注意建立互相依赖、互相支持的友好关系,注意赞赏下属的工作成绩,提高其工作水平。

(2)严厉型领导是指领导者对下属要求十分严厉,重组织、轻个人,要求下属牺牲个人利益服从组织利益,明确每个人的责任,执行严格的纪律,重视监督和考核。

(四)按决策权力大小划分

按决策权力大小划分,领导可分为专断型领导、民主型领导、自由型领导。

(1)专断型领导是领导者把决策权集于一人手中的一种领导方式。这种领导方式可以说是权威式的以行政权威推行工作,下属无权参与,没有自主权,完全处于被动的地位;重视行政手段,严格规章制度,缺乏灵活弹性。由于决策错误或客观条件变化,贯彻执行发生困难时,不查明原因,多归罪下级。对下级奖惩缺乏客观标准,只是按领导者的好恶决定。

(2)民主型领导是一种权力集中在集体,重大决策和政策均由集体成员参与讨论决定,共同执行的领导方式。领导者同下属互相尊重,彼此信任。领导者通过交谈、会议等方式同下属交流思想,商讨决策,注意按职授权,注重使下属能自主发挥应有的才能。奖惩有客观标准,不以个人好恶行事。

(3)自由型领导是一种自由放任、各行其是、各自为政的领导方式。这种领导方式是领导者对工作关心不多,任其自然,所以,又称放任型领导方式。领导者有意分散领导权,给下属以极大的自由度。

二、领导理论

选用什么样的人作为领导者?领导者如何进行领导才最有效?这是管理心理学中需要解决的一些重要问题。围绕这些问题,管理学家、心理学家从不同的侧面开展了研究,并提出了不同的领导理论。通过对这些理论的了解,对于提高领导活动效率,具有重要的意义。

现有的领导理论大致有三种,即领导特性理论、领导行为理论和领导权变理论。

(一)领导特性理论

领导特性理论又叫领导品质理论或领导特质理论,是以研究领导者个性特征为主要内容的一种领导理论。领导特性理论是最古老的领导理论。管理学家长期地进行了对领导者特性的研究,他们关注领导者个人性格,并试图确定能够造就伟大管理者的共同特性。这实质上是对管理者素质进行的早期研究。

1.传统领导特性理论

管理学家的研究主要集中在三个方面:①身体特征,如领导者的身高、体重、体格健壮程度、容貌和仪表等;②个性特征,如领导者的魅力、自信心和心理素质等;③才智特征,如领导者的判断力、语言表达才能和聪慧程度等。

传统领导特性理论强调领导者的个性品质是与生俱来的,显然,这种认识是不全面的,因为不能简单地说领导是天生的。

2.现代领导特性理论

现代领导特性理论认为,领导者的特性和品质不是天生的,是在实践中逐渐形成的,并且可以通过教育和培训而造就。

在领导的特性理论研究中,不同的研究者可以提出不同的领导者素质条件。由于领导者的素质特性包罗万象,因此要得出一个大家公认的领导者的素质条件也不是很容易的。然而研究表明,领导者素质与领导有效性之间是有一定必然联系的,具有高度的聪明才智、广泛的社会兴趣、强烈的成功愿望、对员工尊重与信任的领导,取得成功的概率是比较高的。

尽管一些杰出的领导者的特性差异很大,很难确定几条完全统一的公认特性,但到20世纪90年代,特性理论研究者还是提出了一些反映有效领导者特性的个性特点,具体如下:

(1)努力进取。成功的领导者必须具有对成功的强烈欲望,勇于进取,奋斗不息。

(2)领导动机。有强烈的权力欲望,在领导他人取得成功的过程中满足和自我激励。

(3)正直。领导者必须胸怀正义,言行一致,诚实可信。

(4)自信。面对挑战与困境,领导者都能充满自信,并能坚定其下属的信心。

(5)业务知识。高水平的领导必须有很高的业务素质。

(6)感知别人的需要与目标,并具备善于有针对性地调整自己领导方式的能力。

3.对领导特性理论的评价

领导特性理论强调了良好的个人特性或品质对于领导工作与提高领导效能的重要意义。一些研究表明,个人品质与领导有效性之间确实存在着某种相互联系,特性理论系统地分析了领导者所应具有的能力、品德和为人处事的方式,向领导者提出了要求和希望,有助于选拔和培养领导人才。但该理论也有局限性,具体如下:

(1)不同的环境对合格领导者提出的标准是不同的。对于领导者应当具有哪些特性,不同的研究者得到的结论并不相同。

(2)不少学者提出证据,认为领导者的特性与非领导者的特性没有质的差别,同时领导者的特性与领导效能的相关性并不大。

(3)也有人认为该理论只对领导者的品质作静态分析,忽略了其活动过程和被领导者与环境因素的作用,因而有较大的片面性。

（二）领导行为理论

领导行为理论主要研究领导者的行为及其对下属的影响，以期寻求最佳的领导行为，也就是要回答一个领导人是怎样领导他的群体的。领导行为理论中最有影响力的是领导行为连续统一体理论、领导行为四分图理论、管理方格图理论等。

1.领导行为连续统一体理论

1958 年，美国学者坦南鲍母（R．Tannenbaum）与施密特（W．H．Schmidt）在《哈佛商业评论》上发表了《怎样选择一种领导模式》一文，提出了领导方式的连续统一体理论。他们指出领导风格并不是指由专制和民主这两种极端方式，而是在这两种极端之间，以领导者为中心还是以下属为中心程度不同而存在着一系列领导方式。这些领导方式因以领导者授予下属的权力大小的差异而不同，构成了一个连续的统一体，如图 8-1 所示。

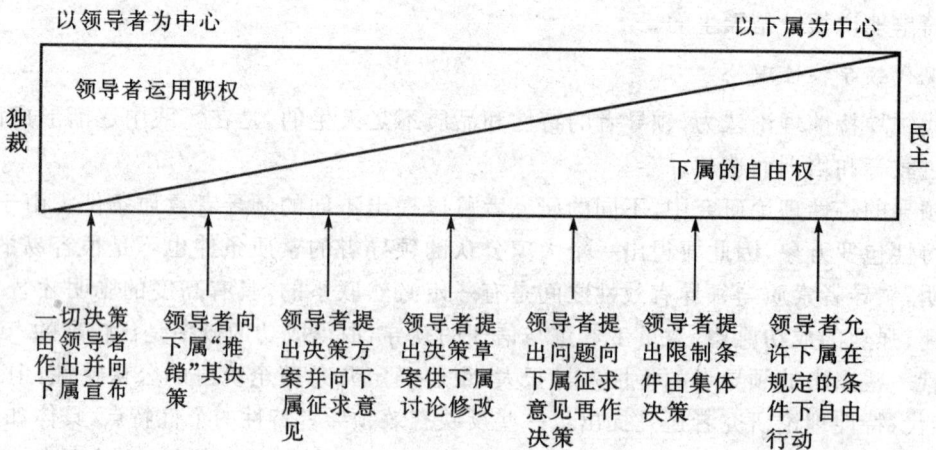

图 8-1　领导行为作连续统一体

从图 8-1 中可以看出，领导者的领导行为或作风可有七种选择，其中有两种极端类型的领导作风。

一种以领导者为中心（在连续统一体的左边），这样的领导者具有独裁的领导作风，往往自己决定所有的政策，对下属保持严密的控制，只告诉下属他们需要知道的事情并让他们完成任务。另一种以员工为中心（在连续统一体的右边），这样的领导者具有民主的领导作风，允许下属对所从事的工作有发言权，不采取严密的控制，鼓励下属参与决策、自我管理。从左到右领导者行使越来越少的职权，而下属人员得到越来越多的自主权。模型中列举了七种有代表性的领导风格。

领导行为连续统一体理论描述了从主要以领导为中心到主要以下属为中心的一系列领导方式的转化过程，这些方式因领导者授予下属的权力大小的差异而不同。这一理论很好地说明了领导风格的多样性和领导方式所具有的随机制宜的性质。

坦南鲍姆和施米特认为，对上述七种领导方式，不能说哪一种总是正确的，或哪一种总是错误的，在这个意义上，连续统一体理论也是一种情景理论。人们究竟应当采取哪一种领导方式，不能一概而论，应主要考虑三个方面的相关条件而定：①领导者方面的条件。该条件包括领导者自己的价值观念，对下属的信任程度，他的领导个性（是倾向于专制的，还是倾向于民主的)等。②下属方面的条件。该条件包括下属人员独立性的需要程度,是否愿意承担责任,对有关问题的关心程度,对不确定情况的安全感,对组织目标是否理解,在参与决策方面的知识、经验、能力等。③组织环境方面的条件。该条件包括组织的价值标准和传统、组织的规模、集体的协作经验、决策问题的性质及其紧迫程度等。

总之,领导者必须全面考虑以上各方面的条件,才能确定一种适当的领导方式。但是,有人也批评这个模式只是描述性的,对实际工作没有很大的帮助。

2.领导行为四分图理论

1945年美国俄亥俄州立大学工商研究所在罗尔夫· M.斯托格蒂尔(Ralph M.Stogdill)和卡罗· 沙特尔(Carron L.Sharde)两位教授的领导下,开始了领导行为的研究。他们首先提出了1800项标志领导行为特征的因素,然后经过反复筛选、归纳,最后概括为"抓工作组织"和"关心人"(体贴)两大主要因素。

"抓工作组织"的内容包括:设计组织结构,明确职责、权力,确定工作目标和要求,制定工作程序、方法和规章制度,给下属成员分配任务等。总之,"抓工作组织"是要求领导者运用组织手段,通过确定目标、分配任务、制定政策和措施,使其下属成员的行为纳入预定的轨道,以严密的组织和控制来提高工作效率。

"关心人"的内容包括:倾听下属成员的意见和要求,注意满足下属的需要,以友好、平易近人的态度对待下属等。总之,"关心人"要求领导者与其下属成员之间建立友谊、信任、体谅的关系,以良好的人际关系调动员工的积极性。

以上两个因素不是互相排斥的。只有二者结合起来,才能实现有效的领导。这两种因素可以有多种结合方式,形成不同的领导行为类型,如图8-2所示。图8-2中强"工作组织"和强"关心人"是高效的领导方式。

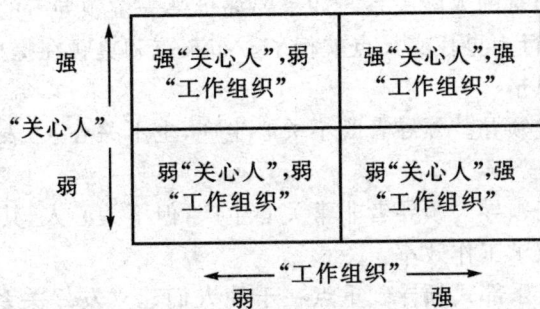

强	强"关心人",弱"工作组织"	强"关心人",强"工作组织"
弱	弱"关心人",弱"工作组织"	弱"关心人",强"工作组织"

"关心人" 纵轴(强/弱)；"工作组织" 横轴(弱←→强)

图8-2 领导行为四分图

3.管理方格图理论

管理方格图理论是1964年由美国管理学者布莱克(Robert R.Blake)和莫顿(JaneS.Mouton)研究提出的,他们用纵坐标表示"对人的关心"程度,横坐标表示"对生产的关心"程度,并将两个坐标轴划分为九等份,于是便形成了81种领导方式,如图8-3所示。

关心生产是指领导者对许多不同的事项所持的态度,如政策决定的质量、程序和过程,研究工作的创造性,职能人员的服务质量、工作的效率以及产量等。

关心人是指个人对实现目标所承担的责任,保持工人的自尊,基于信任而非服从的职责,

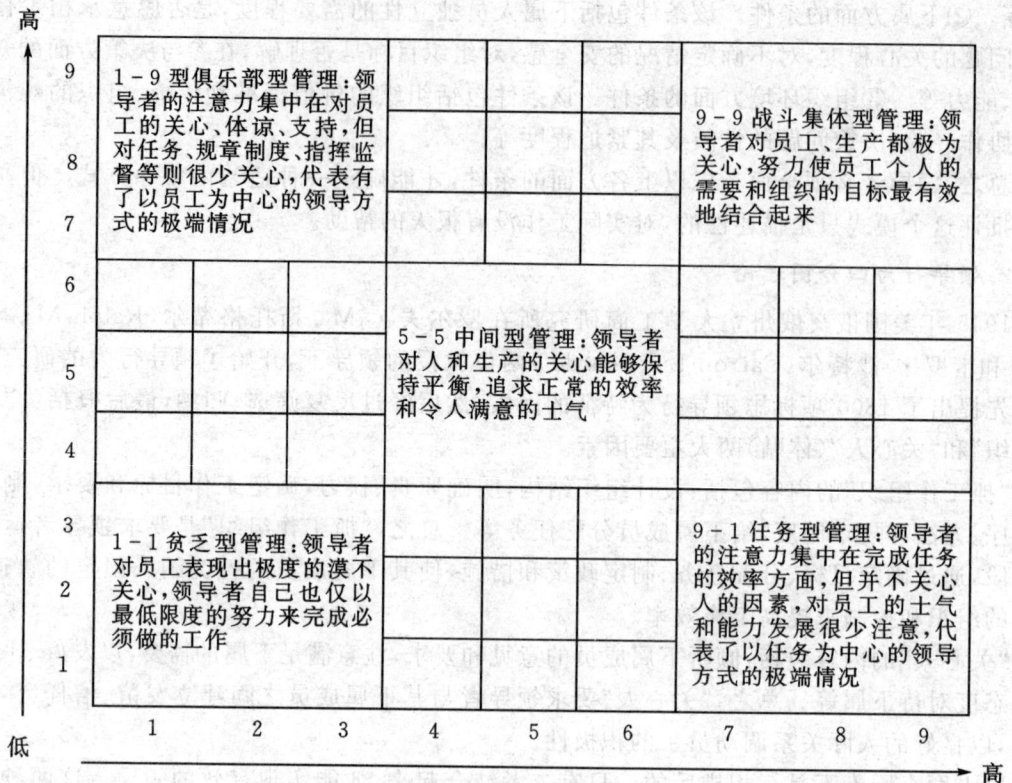

图 8-3　管理方格图

保持良好的工作环境及满意的人际关系。如果要评价某一位领导者的领导方式,只要在"管理方格图"中按照他的两种行为寻找交叉点就行了。布莱克和莫顿在提出方格图理论的同时,还列举了五种典型的领导风格。

(1)(1-1)型:贫乏式领导。领导者既不关心生产,也不关心人,表现为只作最低限度的努力来完成任务和维持士气。

(2)(9-1)型:任务式领导。领导者非常关心生产,但不关心人,其特征是把工作安排得使人的干扰因素为最小来谋求工作效率。

(3)(1-9)型:乡村俱乐部式领导。重点在于使人们建立友好关系,领导者重视对职工的支持和体谅,导致产生了轻松愉快的组织气氛和工作节奏,但很少考虑如何协同努力去达到企业的目标,生产管理松弛。

(4)(9-9)型:战斗集体式领导。领导者不但注重生产,而且也非常关心人,把组织目标的实现与满足职工的需要放在同等重要的地位。既有严格的管理,又有对人的高度关怀和支持。通过沟通和激励,强调工作成就来自献身精神,以及在组织目标上利益一致、相互依存,从而导致信任和尊敬的关系。

(5)(5-5)型:中间式领导。兼顾工作和士气两个方面来使适当的组织绩效成为可能,使职工感到基本满意。

在这五种类型的管理形态中,布莱克和莫顿认为(9-9)型是最有效的管理,其次是(9-1)型,再次是(5-5)型、(1-9)型,最次是(1-1)型。最有效的领导风格并非一成不变,而要依实际工作情况而定。管理方格图理论能够使领导者较为明确地认识到自己的领导风格,找到改进领导风格的努力方向,也可以用来培训未来的领导者。

管理方格在识别和区分管理作风方面是一个有用的工具,但它没有解释一名管理者为什么会采用不同的领导方式。这是因为它只从两个侧面分析领导方式,而没有考虑环境对领导行为的影响。

(三)领导权变理论

领导特性理论、领导行为理论分别从不同角度探讨了有效领导问题,但这三种理论都无法解释为什么具有同样特征或采用相同领导方式的领导者会导致不同的结果。20 世纪 60 年代之后,随着权变理论的出现,又产生了领导权变理论或情景理论。该理论主要是探讨各种处境因素怎样影响领导者特征及领导者行为与领导成效的关系。领导特性理论和行为理论都假设了成功的领导者有特别的特征和行为,但权变理论则认为在不同的处境下需要不同的特征和行为才能达到有效的管理。

领导权变理论,又叫情景理论。该理论认为领导的有效性不单纯取决于领导者的个人行为,某种领导方式在实际工作中是否有效主要取决于具体的情景和场合。没有一种领导方式对所有的情况都是有效的,没有一成不变的、普遍适用的"最好的"管理理论、领导方法理论,管理者做什么,怎样做完全取决于当时的既定情况,领导方式应随被领导者和具体环境的不同而变化。即:

$$S = f(L, F, E)$$

领导方式 S 是领导者特征 L、追随者特征 F 和环境 E 的函数。

领导权变理论是在领导特性理论、领导方式理论、领导行为理论的基础上发展起来的。

领导权变理论有以下几个要点:①人们参加组织的动机和需求是不同的,采取什么理论应该因人而异。②组织形式与管理方法要与工作性质和人们的需要相适应。③管理机构和管理层次,即工作分配、工资分配、控制程序等,要依工作性质、管理目标和被管理者的素质而定,不能强求一致。④在一个管理目标达到后,可继续激发管理人员勇于实现新的更高目标。

这就要求管理人员要深入研究、分析客观情况,使特定的工作由合适的机构和合适的人员来管理和担任,以发挥其最高效率,提高管理水平。

典型的领导权变理论主要有菲德勒模型、途径—目标理论和领导生命周期理论三种,具体内容如下。

1. 菲德勒模型的主要内容

目前,在权变领导理论方面最具影响力的当属美国管理学家弗雷德·菲德勒(F.E.Fidler)提出的权变理论,它被视为较完整的情景领导理论,并受到许多人的肯定和认同。菲德勒认为并不存在一种普遍适用各种情景的领导模式,然而在不同的情况下都可以找到一种与特定情景相适应的有效领导模式。

(1)两种领导风格。

菲德勒确认了两种领导风格:一种为任务导向型(类似于以工作为中心和主导型结构行为),另一种为关系导向型(和以职工为中心及关心型的行为相似)。他还认为,领导行为的方式是领导人个性的反映,基本上不大会改变。所以,一个领导人的领导风格究竟是任务导向还是关系导向是可以确定的。

菲德勒设计了一种"你最不喜欢的同事"（LPC）的问卷，让被测试者填写。一个领导者如对其最不喜欢的同事仍能给予较高的评价，那说明他关心人，对人宽容、体谅，提倡人与人之间的友好关系，是宽容型的关系导向型领导，属于民主式的领导风格，他的LPC值就较高。如果对其最不喜欢的同事给予很低的评价，则是以工作任务为中心的领导者，领导风格是专制型的，惯于命令和控制，他的LPC值就较低。

（2）三种环境因素。

菲德勒还分析了环境因素，通过大量研究，他认为任何领导形态均可能有效，其有效性完全取决于是否适应所处的环境。环境影响因素主要有三个方面：①上下级关系。上下级关系是指领导者和下级的关系，包括领导者是否得到下属的尊敬、信任和喜爱，是否对下属具有吸引力，使下属主动追随他。②任务结构。任务结构是指工作团体的任务是否明确，是否有详细的规划和程序化，有无含糊不清的地方。③职位权力。职位权力是指领导者的职位能否提供足够和明确的权力，能否获得上级和整个组织的有力支持。

（3）菲德勒模型。

菲德勒提出了一个"有效领导的权变模型"，将三个环境因素任意组合成八种情况，在对1200多个团体进行调查和数据收集的基础上，找出了不同环境类型下最适应、最有效的领导类型。

菲德勒研究结果说明，对于各种领导情景而言，只要领导风格能与之适应，都能取得良好的领导效果：在对领导者最有利（1、2、3）和最不利（8）的情况下采用任务导向型其效果较好；在对领导者中等有利（4、5、6、7）的情况下，采用关系导向效果较好，如图8-4所示。

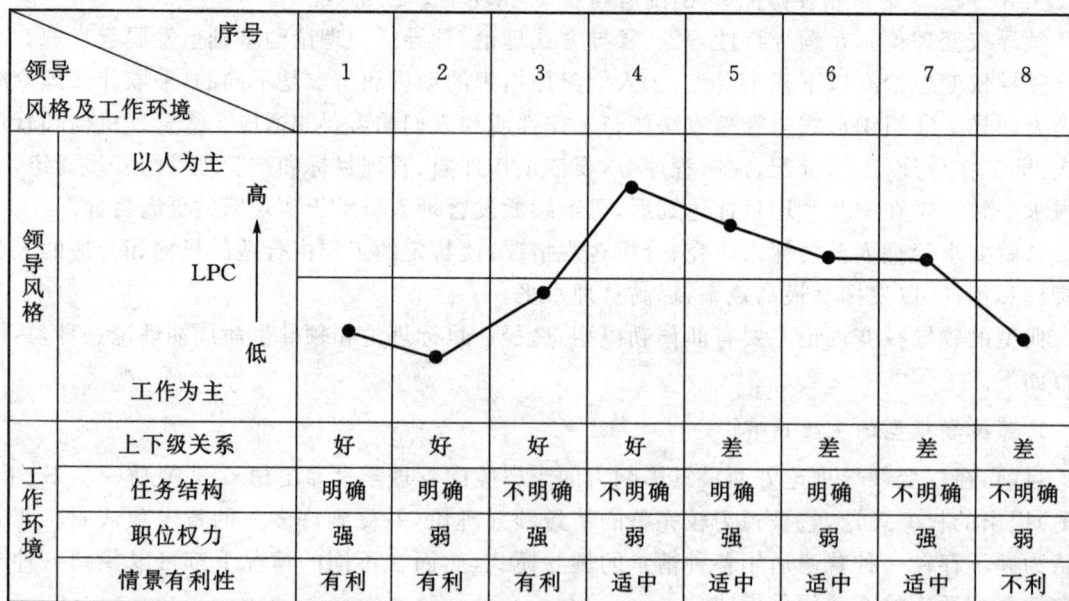

领导风格及工作环境		序号	1	2	3	4	5	6	7	8
领导风格	以人为主　高　LPC　低　工作为主									
工作环境	上下级关系		好	好	好	好	差	差	差	差
	任务结构		明确	明确	不明确	不明确	明确	明确	不明确	不明确
	职位权力		强	弱	强	弱	强	弱	强	弱
	情景有利性		有利	有利	有利	适中	适中	适中	适中	不利

图8-4　菲德勒模型

菲德勒主张，要提高领导的有效性，应从两方面着手。一是先确定某工作环境中哪种领导者工作起来更有效，然后选择具有这种领导风格的管理者担任领导工作，或通过培训使其具备工作环境要求的领导风格；二是先确定某管理者习惯的领导风格，然后改变他所处的工作环境

（即在上下级关系、任务结构、职位权力等方面作些改变），使新的环境适合领导者自己的风格。

同时，菲德勒认为第一种方法（即让管理者改变自己的领导作风以适应工作）是传统的人员招聘和培训方式，而第二种方法（即按照管理者自己固有的领导风格分配他们担任适当的领导工作）可能比第一种方法更容易做得到。这说明，通过组织设计和变革（即改变组织环境）可能成为一种非常有用的工具，使得管理阶层的领导潜能得以更充分的利用和发挥。

（4）菲德勒模型理论的意义。

菲德勒模型理论一般有以下几种意义：

①该理论特别强调效果和应该采取的领导方式，这无疑为研究领导行为指出了新方向。

②该理论将领导行为和情景的影响、领导者和被领导者之间关系的影响联系起来，指出并不存在一种绝对好的领导形态，必须和权变因素相适应。

③该理论指出了选拔领导人的原则，在最好的或最坏的情况下，应选用任务导向的领导，反之则选用关系导向的领导。

④该理论指出，必要时可以通过环境改造以适应领导者。

2.途径—目标理论

领导者是使下属获得更好的激励、更高的满意度和工作成效的关键人物，在整个领导过程中担当着重要的角色，基于这一点，加拿大多伦多大学教授罗伯特·豪斯（R．J．House）以激励期望理论及领导行为四分图为依据，提出领导的主要职能是为下属在工作中提供获得满足需要的机会，并为下属搞清哪些行为能导致目标的实现并获得有价值的奖励，即领导应指明达成目标的途径。

（1）四种领导行为。

1974年豪斯与米切尔发表的论文中提出了四种领导行为，具体如下：

①指示型。这种类型的领导者明确指示下属，告诉下属任务的具体要求，做什么，怎么做，工作日程、决策都由领导作出，下属不参与。

②支持型。这种类型的领导者能够考虑下属的需要，与下属友善相处，平易近人，关心下属的福利，公平待人，用心营造宽松愉快的组织氛围，当下属遇到困难和产生不满意时，这种领导方式有助于他们提高和改善业绩。

③参与型。这种类型的领导者在作决策时与下属商量，征询、采纳下属的建议，允许下属对上级的决策施加影响，参与决策，并通过此种方式对下属起到激励的作用。

④成就型。这种类型的领导者往往提出有挑战性的目标，希望下属充分发挥潜力，力求有高水平的表现，鼓励下属并对下属的能力表示出充分的信心。

（2）有效的领导必须考虑环境因素，关注两类情景因素。

豪斯认为"高工作"和"高关心"的组合不一定是最有效的领导方式，还须考虑环境因素。该理论特别关注两类情景因素，一类是下属的个人特点，另一类是工作场所的环境因素。

①员工个人特点。每个员工都具有自身的特点，如教育水平、灵敏度、责任心、对成就的需求等。自我评价较高的员工，充分相信自我行为主导未来，而不是环境控制未来，对周围的人和事往往有较强的影响力，更乐于接受参与性的领导方式；而一些缺乏主见的员工，往往把发生的结果归因于运气、命运或"制度"，认为自己能力不强，他们更喜欢指令型领导。反之，有的人自视甚高，则可能对指令型的领导行为表示不满。管理者对下属的个人特点是难以影响和改变的，但是管理者对于环境的塑造及针对不同的个性采取不同的领导方式是完全可能的。

②环境因素。环境因素非下属所能控制,它包括工作性质、权力结构、工作群体等情况。当工作任务很明确时,一般要强调"高关心人"的领导方式,而如果采用指令型领导行为效果就差,人们会对上司喋喋不休地吩咐感到厌烦。而在工作任务不十分明确时,则应强调"高组织"的领导方式。另外,如果组织中正式职权都规定得很明确,则下属会更欢迎非指令性的领导行为。此外,工作群体的性质会影响领导行为,如果工作群体为个人提供了社会上的支持和满足,则支持性的领导行为就显得多余了;反之,个人则会从领导人那里寻求这类支持。

(3)途径—目标理论与费德勒理论的区别。

途径—目标理论认为领导人的风格和行为是能改变的,并使之适应特定的情景。有时领导人根据不同的情况可分别采用不同的领导方式。如一个新上任的项目经理,开始他可用指令型的方式,建立明确的任务结构,并明确告诉下属做些什么;随后他可采取支持型的行为来增强群体的凝聚力和形成积极的群体氛围;当项目小组成员对任务更熟悉并遇到新问题时,则可让下属一起参与作出一些决定;最后则可运用成就导向型行为来鼓励下属不断取得更高的成就。

(4)途径—目标模型的启示。

领导人的行为会影响下属的工作动机,而个人特点和环境因素也会影响这种关系的性质。途径—目标领导理论是一种动态的理论,目前看来尚不够完善,此理论的原意是以一般的术语来表达的一种理论框架,以便能更进一步探索其相互间的各种关系,随着将来研究中的新发现,这种理论也将得到修正。

3. 领导生命周期理论

领导生命周期理论也叫领导寿命循环理论。这个理论是由美国俄亥俄州州立大学的心理学家科曼(Karman)1966 年首先提出来的,后由保罗·赫西(P. Hersey)和肯尼斯·布兰查德(K. Blanchard)予以发展。这个理论把领导行为四分图理论与不成熟—成熟理论结合起来,创造了三维空间领导效率模型,如图 8-5 所示。

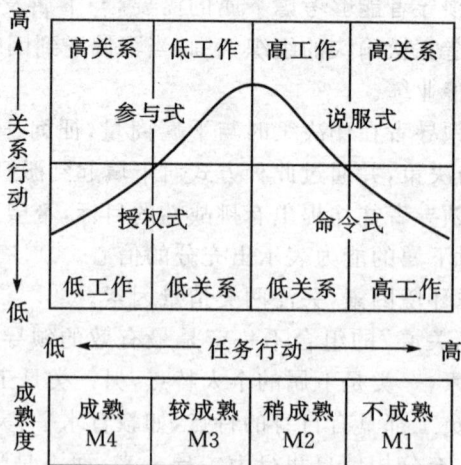

高关系 低工作		高工作 高关系	
参与式		说服式	
授权式		命令式	
低工作 低关系		低关系 高工作	

纵轴:关系行动(高—低)
横轴:低 ← 任务行动 → 高

成熟度	成熟 M4	较成熟 M3	稍成熟 M2	不成熟 M1

图 8-5 领导生命周期理论

他们也画出一个方格图,用横坐标为任务行为,纵坐标为关系行为,在下方再加上一个成熟度坐标,从而把原来由布莱克和莫顿提出的由以人为主和以工作为主构成的二维领导理论,发展成由关系行为、任务行为和成熟度组成的三维领导理论。在这里,任务行为是指领导者和下属为完成任务而形成的交往形式,关系行为是指领导者给下属以帮助和支持的程度。他们提出了四种领导方式,即命令式、说服式、参与式、授权式。

(1)命令式(高工作—低关系):领导者对下属进行分工并具体指点下属应当干什么、如何干、何时干等,它强调直接指挥。

(2)说服式(高工作—高关系):领导者既给下属一定的指导,又注意保护和鼓励下属的积极性。

(3)参与式(低工作—高关系):领导者与下属共同参与决策,领导者着重给下属以支持,促其搞好内部的协调沟通。

(4)授权式(低工作—低关系):领导者几乎不加指点,由下属自己独立地开展工作,完成任务。

赫塞和布兰查德提出的应变领导模式理论把注意力放在对下属的研究上,认为成功的领导者要根据下属的成熟程度选择合适的领导方式。赫塞和布兰查德认为,所谓成熟度,是指人们对自己的行为承担责任的能力和愿望的大小。成熟度取决于两个方面,即任务成熟度和心理成熟度。任务成熟度是相对于一个人的知识和技能而言的,若是一个人具有无须别人的指点就能完成其工作的知识、能力和经验,那么他的工作成熟度就是高的,反之则低。心理成熟度是指做事的愿望或动机的大小,如果一个人能自觉地去做,而无须外部的激励,则认为他有较高的心理成熟度。

同时,赫塞和布兰查德把成熟度分成四个等级,即不成熟、稍成熟、较成熟、成熟,分别用Ml 、MZ 、M3 、M4 来表示。①M1:下属缺乏接受和承担任务的能力和愿望,既不能胜任又缺乏自觉。②M2:下属愿意承担任务但缺乏足够的能力,有积极性但没有完成任务所需的技能。③M3:下属具有完成领导者所交给任务的能力,但没有足够的积极性。④M4:下属有能力而且愿意去做领导者要他们做的事。

根据下属的成熟度和组织所处的环境,赫塞和布兰查德提出了应变领导模式理论,认为随着下属从不成熟走向成熟,领导者不仅要减少对活动的控制,而且也要减少对下属的帮助。当下属成熟度为Ml 时,领导者要给予明确而细致的指导和严格的控制,采用命令式领导方式;当下属的成熟度为M2 时,领导者既要保护下属的积极性,交给其一定的任务,又要及时加以具体的指点以帮助其较好地完成任务;当下属成熟度处于M3 时,领导者主要是解决其动机问题,可通过及时的肯定和表扬,以及一定的帮助和鼓励树立下属的信心,因此以采用低工作—高关系的参与式为宜;当下属的成熟度为M4 时,由于下属既有能力又有积极性,因此领导者可采用授权式,只给下属明确目标和工作要求,由下属自我控制和完成。

应变领导模式理论形象地反映了领导工作行为和下属的成熟程度的关系,对领导行为有一定指导作用,但是,不能教条地搬用这个理论,在现实的领导过程中,也不一定要求必须沿着这条曲线进行。

第三节 领导艺术

一、决策的艺术

领导者在作决策时,除需遵循科学的决策程序外,还必须讲求决策的艺术。

1. 对信息的确认

决策是建立在正确的信息基础之上的,因此领导者在作决策之前,必须注重对信息,尤其是重要信息的确认与去伪存真工作。对信息的确认可以通过咨询、调查、考察等多种渠道来进行。对信息确认的经验也非常重要,平时注重留主去次、去伪存真经验的积累。

2. 广泛征求意见

对决策方案的形成及选择,领导者必须充分征求包括有关专家、相关部门主管人员和群众的意见。这样一来,领导者既可以集思广益,群策群力,获得更多的信息、有创意的思路和方案,开阔思路和眼界,使自己考虑问题较为全面、深入,所作的决策更为科学与完备,又可以树立民主工作作风的形象,此外还有利于上下级统一思想认识,从而使决策方案得以顺利实施。

3. 充分重视反面意见

没有反面意见、一致通过的决策,往往是有问题的决策。"真理有时会掌握在少数人手里",所以,领导者必须充分重视反面意见。除了在会议上鼓励和支持发表反面意见外,必要时,领导者还可以采用私下个别谈话的方式征求反面意见。

4. 重视经验,又不局限于经验

自己和他人的经验对于处理同类决策问题是十分有益的,经验一般可以作为处理同类决策问题的基础,应该予以充分借鉴。但经验毕竟是过去的,他人经验的背景与自己所要决策的问题所处的背景多多少少存在着这样或那样的不同。因此,在决策中,领导者既要借鉴有益的经验,又要充分考虑到经验背景的可比性,必须在经验的基础上有所创新,切不可原封不动地套用经验。

5. 决策意向的吹风

领导者在对决策问题有一意向方案时,为了在更大的范围征求意见,或是测试他人对这一意向方案的支持度与承受力,可以采用吹风的方式,发布信息,然后再根据收集到的反馈信息,调整决策方案,或是作出对这一意向方案实施或放弃的决策。

6. 决策方案的试点

对于那些涉及面宽的、争议较大且一时难以把握正确与否的重大问题的决策,可以采用对中选方案小范围试点的方式进行运作。这样做,既可以降低因决策失误带来的风险,又可以为中选方案的修正与大范围的全面实施积累经验。

二、用人艺术

1.善于发现人才

不断发现和启用新人是组织保持生机与活力的关键所在。正所谓千里马易找,伯乐难寻,在任何组织中都会存在这样或那样的人才,关键是领导者能否做到慧眼识才。领导者要想发现人才,就必须做到深入基层,有针对性地与人接触,深入了解;不偏听偏信对一个人的评价;不以老眼光固定对一个人的看法,即不以一时一事论英雄,对任何人都应持"士别三日,当刮目相看"的观点;在组织中建立岗位竞争机制,营造员工积极向上的气氛,给人才以招聘、毛遂自荐、试用等脱颖而出的机会,所谓"千里马既是识出来的,更是跑出来的"正是这个道理。

2.用能人,不用完人

金无足赤,人无完人。但凡能人往往会存在这样或那样的毛病与缺点,作为领导者不应求全责备。只要工作需要,这个人具有业务能力与岗位要求的相关能力,具有良好的职业道德,敬业勤业,具有基本的做人品行,领导者就应考虑使用。事实上,在现实中并不存在所谓的完人。当然,当能人的毛病与缺点有碍于工作时,领导者应予以指出,使其收敛或是改正,以有利于其更好地开展工作。

3.用人所长,避其所短

尺有所短,寸有所长。有的人业务能力强,但有些骄傲;有的人原则性强,办事果断,但与别人的协作能力弱一些;有的人能团结同事,协作能力强,但缺乏主见;有的人组织能力强,但业务能力弱。人才是由其长处所决定的,领导者用人首先要考虑一个人的长处,才可能充分发挥人力资源的效用。"智者取其谋,愚者取其力,勇者取其威,怯者取其慎"是古人对充分发挥人力资源效用的精辟概述。所以在用人中必须注重弃人所短,用人所长,因其材以取之,审其能以任之。

4.疑人不用,用人不疑

领导者选用人才时,需要对人才加以多方面考核。对于那些能力有限、德行不好、综合素质不高的,对其顾虑重重的人选,要果断地不予录用。否则,会一直使领导者分心,最终还有极大可能要为其"收拾残局",并给工作带来重大损失;而对那些基本条件具备,特长突出的人选,则要大胆地予以录用,授之以权,委之以任,给予充分的信任,使其能够自主地、大胆放手地开展工作。"以信任换忠诚"是领导者在用人上应铭记的训言。

5.培养、爱护人才与激励人才

领导者对人才要加强指导与培训,及时指出他们的缺点,以使他们迅速成长起来,胜任工作岗位职务。领导者要积极地为他们开展工作创造有利条件,及时、充分地肯定他们的成绩,允许他们在工作中犯一些错误,同时还要帮助其分析问题的症结,指出前进的方向,并帮助其树立信心,改正错误。此外,还要通过激励机制的建立与实施,给予成绩突出的人大力表彰、物质奖励和晋级提拔,使其更加努力工作,并通过其示范作用,在组织中形成比学赶超、积极向上的氛围,从而使组织充满活力。

6.尊重人才,但不迁就人才

尊重人才就是指领导者重视和重用人才,尊重人才的人格、工作方式、做事方法、生活方式,给予人才充分的信任。只有尊重人才,才能有效地调动起人才的工作积极性,使上下级之间相互尊重、信任与合作,同心同德、协调一致地做好工作。但尊重人才并不意味着一味地迁就他们的缺点与错误。搞一团和气,只会助长他们的脾气和缺点,使他们积小错为大错,反而对他们有害。因此,从关心与爱护人才的角度出发,领导者对待人才该坚持原则的就要坚持原则,该批评指正的就要批评指正。当然在其过程中更需讲究方式方法。此外,还必须通过岗位竞争机制、培训制度培养人才后备力量,以保持对在位人才的竞争压力,促使他们积极向上、改正缺点与错误。

7. 用人适度

用人适度主要体现在三个方面:①在工作岗位人员的配置上,同一团队成员的能力需拉开层次,同一层次人才的使用不要集中。不拉开层次,能人就会感到屈才,就会不稳定,同类、同水平的人才集中,会浪费人力资源,增加人力资源的使用成本,还容易因相互的不服气,而产生内耗,反而降低人才使用的效能。②在工作岗位的人选安排上,要选择最合适的人,而不一定是最优秀的人。最优秀的人的能力水平可能高于该工作岗位的要求,选最优的人,会造成大材小用,浪费人力资源和人力资源的使用成本,使组织的能级层次不合理、不稳定。③在工作岗位的人员配置与任务安排上,不勉为其难于能力差的人员,那样不仅起不到人才培养作用,还会给工作带来损失。

三、授权艺术

1. 集权有道

大权独揽,小权分散;统一指挥,分级管理。领导者要掌握对重大问题的决策权,如经营战略、人事、财务的决策权,而将重大问题的执行权和非重大问题的决策权与执行权授予副手或下级部门负责人。如此,才能保证领导者对组织或团队重大问题的控制,才能从繁杂的事务性工作中解脱出来,更有效地履行其应尽的职责。同时,也才能使副手或下级部门负责人具有履行职责所必须的权力,提高其工作的积极性。

2. 分权有序

分权有序体现在:一是要逐级授权,上级领导只对直接下级授权,而不干扰下级的再授权。二是要考虑到下级的能力,若其能力尚处于成长过程中,就要考虑逐步授权。

3. 授权有章

授权要有规章制度,不得随意授权。所授出的权力的性质与大小要与下级履行职责的性质与范围相称,而且一般要以书面形式加以明确,并当众宣布。

4. 用权有度

对所授出的权力要保持控制,要制定明确的考核办法、报告制度与监控机制,以防止权力授空,或下级滥用职权。对临时性的授权,一旦工作事项结束,就应立即收回所授之权。一旦发现下属不合理行使或滥用职权,就应及时加以指正,必要时则收回所授之权。

5. 信赖有加

"将能而君不御",将权力授给有能力正确行使权力的人,领导者就应给予下属充分的信任,而不要干预下属在工作中的用权(除了必要的监督与纠偏以外),要鼓励与支持下属大胆用权,放手开展工作。

6.授权培训

在授权之前,需对下属进行必要的培训和交代,使他们明确授权的意义和要求,了解自己的目标、职务、责任和权力的具体内容以及它们之间的关系,以便下属明确领导的意图,有效地使用权力。

四、协调艺术

协调艺术是一门学问,是领导者必须掌握的实用艺术。协调方法和技巧的运用发展到高级阶段,就形成协调艺术。协调艺术的体现归结起来主要有以下几个方面:

1.虚怀若谷

作为一名领导者,一是不可擅权,不能把领导分工当做个人权。二是不可傲才,不能自以为是,认为是个人能力强才当上领导的,应意识到是集体和组织培养的结果。三是不要"落寞",要有群体意识,要把协调共进作为领导者必须具备的一项基本素质。虚怀若谷、海纳百川是协调艺术运用的基础。

2.以诚相待

以诚相待体现在:一要开诚布公,使别人对自己感到可信、可亲。二要替别人着想,多想想上级、同级和下属。三要平等待人,特别是对下属,要平等待人,与人为善,与人为友。

3.循循善诱

领导者要搞好协调,既要善于改变对方的意见,又要保全对方的面子,实事求是地做好转化工作。也就是说,在改变对方意见的同时,还应采取相应的办法表示对对方的肯定与尊重,使之乐于接受协调又不在思想上留后遗症。

4.刚柔相济

刚柔相济也就是要做到原则性与灵活性的统一。讲究协调艺术,一方面要以柔为主,但另一方面也要讲原则,柔要以刚为基础,刚要寓于柔之中。

5.朴实无华

协调要注重形式,但不能搞形式主义。它应更注重内容,要实实在在,讲求实效。领导者进行协调时一定要心胸宽,态度好,方法得当,注重实效。

6.因势利导

因势利导就是要求领导者巧妙地运用智慧,诱发事物内部矛盾及矛盾的各个方面的积极因素,使其作用得到充分发挥;同时,巧妙地抑制、削弱或转换事物内部矛盾及事物各方面的消极因素,使其转化为有利因素,促使事物向好的方向发展。

五、处事艺术

处理事务是领导者的本职,不同人处事的效果不大相同。有的领导者习惯于事必躬亲,事无巨细,而明智的领导者只抓大事不问琐事,把自己从繁杂琐细的事务中解脱出来,充分表现出处事果断、精明干练的现代领导者气派,上级欣赏,下级敬佩。究其原因,就在于领导者处理事务的艺术水平不同,以下两个方面的要求有助于提高领导者处事的艺术水平。

1. 领导者要干领导者的工作

决断和发动是现代领导者的基本职能和基本原理。把它应用于领导活动的实践,那就是只管两头不管中间,又可叫抓大事不问琐事的领导方法。什么是"只管两头不管中间"呢？根据这一理论,领导者通过信息的输入、输出进行领导,即领导者只给执行部门(下属)输入决策指令,并了解输出情况(执行情况),至于执行部门(下属)如何去执行及其具体执行过程,领导者可以不问。把这一理论应用于领导活动中,领导者必须坚持两个原则:一是领导者要干自己的事;二是领导者不干别人能干的事。

2. 领导者要专心于正业

正业是领导者的主要工作。只有抓住了主要工作,专心于正业,才能使领导步入有条不紊的轨道。虽然领导者每天要面对各种各样的问题,但是只要掌握正确的领导艺术,关键的问题就迎刃而解。第一步,就是把问题找出来,进行分类处理;第二步,运用A、B、C分类法,分清问题的轻重缓急。优秀的领导者工作的时候就是抓住关键,掌握重点,集中精力解决重点问题,因而工作效率高,成绩优秀。

🐾 本章小结

领导是一种活动过程,领导者是领导行为的主体,领导的实质在于影响力,通过领导职能的发挥,影响下级追随其实现组织目标。从20世纪初,西方国家就开始了对领导理论的研究,这些研究主要集中于领导行为模式方面。其发展过程大致经历了领导特性理论、领导行为理论和领导权变理论三个阶段。其中,较有影响的领导理论有领导行为连续论、四分图理论、管理方格理论、权变理论等。领导者必须掌握高超的领导艺术,一般主要表现为领导决策艺术、用人艺术、人际交往艺术、时间管理艺术、创新艺术和处理紧急事件的艺术等。

🌐 案例讨论

王厂长的等级链

王厂长总结自己多年的管理实践,提出在改革工厂的管理机构中必须贯彻统一指挥原则,主张建立执行参谋系统。他认为,一个人只有一个婆婆,即全厂的每个人只有一个人对他的命令是有效的,其他的是无效的。如书记有什么事只能找厂长,不能找副厂长。下面的科长只能听从一个副厂长的指令,其他副厂长的指令对他是不起作用的。这样做中层干部高兴,认为是解放了。原来工厂有十三个厂级领导,每个厂级领导的命令都要求下边执行就吃不消了。一次有个中层干部开会时在桌子上放一个本子、一支笔就走了,散会他也没回来。事后,王厂长问他搞什么名堂,他说有三个地方要他开会,所以就放一个本子,以便应付另外的会。此事不能怨中层领导,只能怨厂级领导。后来工厂规定,同一个时间只能开一个会,并且事先要把报告交到党委和厂长办公室统一安排。现在工厂实行固定会议制度。厂长一周两次会,每次两小时,而且规定开会迟到不允许超过五分钟。所以会议很紧凑,每人发言不许超过15分钟,超过15分钟就停止。

"上下级领导界限要分明。副厂长是我的下级,我作出的决定他们必须服从。副厂长和科长之间也应如此。厂长对党委负责,我要向党委打报告,把计划、预算、决算弄好后,经批准就按此执行。所以我跟党委书记有时一周一面也不见,跟副厂长一周只见一次面,我认为这样做是正常的。我们规定,报忧不报喜,工厂一切正常就不用汇报,有问题来找我,无问题各忙各的事。"

王厂长认为,一个人管理的能力是有限的,所以规定领导人的直接下级只有 5~6 个人。"我现在多了一点,有 9 个人(4 个副厂长,2 个顾问,3 个科长)。这 9 个人我可以直接布置工作,有事可直接找我,除此以外,任何人不准找我,找我也一律不接待。"

讨论题:

你对王厂长的做法有何评论?

复习思考题

1. 勒温的领导方式有哪几种类型? 分别有什么特点?

2. 描述几种领导权变理论的主要内容。

3. 在管理实践中如何运用领导生命周期理论。

4. 通过领导理论的学习,你认为在实际工作中用哪种领导方式更有效?

第九章

激励

本章要点

◇ 激励的过程

◇ 内容型激励理论

◇ 过程型激励理论

◇ 行为改造型激励理论

◇ 调整型激励理论

案例导入

德国大众公司的动态薪酬体系

德国大众是当今世界排名第五的跨国大型汽车工业公司,在美国《财富 Fortune》杂志按营业额评选的世界 500 强中排名前 30 位。大众汽车 2014 年全球汽车交付量同比增长 4.2%,实现销售收入 2,025 亿欧元,达到创纪录的 127 亿欧元。尽管受"排放门"影响,该公司 2016 年全球销量仍保持增长。2017 新车伊始,新一届的世界年度车评选备受车企与消费者期待。从美国媒体 Motor1 获悉,2017 世界年度车十强入围名单公布,其中大众集团旗下共有五款车型上榜。

大众的人力资源管理的核心即"两个成功"。第一个成功是指使每个员工获得成功,人尽其才,个人才能充分发挥;让员工提合理化建议,增强主人翁意识,参与企业管理。第二个成功是指企业的成功,使企业创造出一流的业绩,使企业像雪球一样越滚越大。两个成功互为前提,相辅相成,在员工实现自身价值的同时,最大限度地保证企业成功。

他们认识到员工应当自由支配一生中的工作时间,对每个员工都应有灵活的安排,通过使员工与其所能适应的工作位置相匹配,实现员工的自身价值,最大限度地激发工的积极性和创造力;防止辞退现象,保证位置的存在,做到公司不景气时不发生辞退现象,不能遇到困难就辞退职工了事。大众公司强调企业要承担应有的社会责任,要建立动态的薪酬制度,以适应经济状况的变动,使企业成为在市场经济海洋中"有呼吸的企业"。所谓动态薪酬体系,一是根据公司生产经营和发展情况,以及其他有关因素变动情况,对薪酬制度及时更新、调整和完善;二是根据调动员工积极性的需要,如调动管理人员、科研开发人员和关键岗位员工积极性的需要,随时调整各种报酬在报酬总额中的比重,适时调整激励对象和激励重点,以增强激励的针对性和效果。这其中包括基本报酬、参与性退休金、奖金、时间有价证券、员工持股计划、企业补充养老保险等六项。

大众汽车从组织结构可分为很多具体岗位,如内勤、质量、产品开发、机械工程师、装配工、测试、焊接工、油漆工、物流师、财务、工艺、项目管理、技术翻译、数控、模具、销售等,每一个具体岗位有岗位职责说明与分级考核,达到哪个级别,就动态提升薪酬。

基本报酬是动态薪酬体系中的基本报酬部分,采取了岗位工资制度形式。保持相对稳定,体现劳动力的基本价值,保证员工家庭基本生活。

员工参与性退休金于 1996 年建立,员工自费缴纳费用,相当于基本报酬的 2%,滞后纳税,交由基金机构运作,确保增值。员工参与性退休金属于员工自我补充保险。

奖金于 1997 年建立,一为平均奖金,每个员工都能得到,起保底奖励作用;二是绩效奖金,起进一步增强激励力度作用。奖金使员工能分享公司的新增效益和发展成果。

时间有价证券于 1998 年建立。

员工持股计划于 1999 年建立,体现员工的股东价值。

企业补充养老保险于 2001 年建立,设立养老基金。企补充养老保险相当于基本报酬的 5%。

大众汽车 2016 年为在德国西部工厂的约 12 万名工人加薪。这些工人的薪资从 2016 年 9 月 1 日起上调 2.8%,到 2017 年 8 月 1 日再上调 2%。另外,每名工人还将获得 200 欧元的养老金补贴。

动态薪酬体系有一个优点,把薪酬细分为几个部分,给员工带来了多元化的薪酬福利与股权激励。大众汽车公司动态薪酬激励或有可借鉴之处。

思考:

大众的动态薪酬体系包括哪些内容? 从哪些方面起到激励员工的作用?

第一节 激励概述

一、激励的定义

激励一词来源于古代拉丁语"movere",该词的本义是"使移动"。

从心理学角度看,激励是指人的动机系统被激发后,处于一种活跃的状态,对行为有着强大的内驱力,促使人们为期望和目标而努力。美国管理学家贝雷尔森(Berelson)和斯坦尼尔(Steiner)指出:"一切内心要争取的条件、希望、愿望、动力等都构成了对人的激励,它是人类活动的一种内心状态。"所以激励也是一种精神力量或状态,它对人的行为产生激发、推动、加强的作用,并且指导和引导行为指向目标。

从诱因和强化的观点看,激励是将外部适当的刺激转化为内部心理的动力,从而增强或减弱人的意志和行为。

我们把激励定义为:激励是指创造满足人的各种需要的条件,持续地激发人的动机和内在动力,使其心理过程始终保持在亢奋的状态中,鼓励人朝着所期望的目标采取行动的心理过程。这也就是说,激励在本质上就是激发、鼓励和努力调动人的积极性的过程。

构成激励的主要要素包括外部刺激、需要、动机和行为。其中,激励的核心要素就是动机,需要是激励的起点和基础,外部刺激是激励的条件,而行为则是激励的目的。这四个要素相互组合与作用,构成了对人的激励。

1.需要

需要是指人类或有机体缺乏某种东西的状态。管理中的需要特指人对某种事物的渴求与欲望。

需要是一切行为的原动力,是人们积极性的源泉和实质,是激励的起点和基础。

2.动机

动机是推动人们从事某种活动并指引这些活动去满足一定需要的心理准备状态。动机在激励行为的过程中具有以下功能。

(1)驱动功能。驱动功能指动机具有唤起和驱动人们采取某种行动的功能。

(2)导向和选择功能。导向和选择功能指动机总是指向一定目标,具有选择行动方向和行为方式的功能。

(3)维持和强化功能。维持和强化功能指长久稳定的动机可以维持某种行为,并使之持续进行。

3.外部刺激

外部刺激主要指管理者为实现组织目标而对被管理者所采取的种种管理手段及相应形成的管理环境。

4.行为

管理学中的行为是指在激励状态下,人们为动机驱使所采取的实现目标的一系列动作,行为的方向是寻求目标、满足需要。

德国心理学家勒温提出了著名的行为公式,把人的行为(B)看成是其自身特点(P)及其所处环境(E)的函数,即:

$$B = f(P, E)$$

因此,为了引导人的行为达到激励的目的,领导者既可在了解人的需要的基础上,创造条件促进这些需要的满足,也可以通过采取措施,改变个人行动的环境。

二、激励过程

激励的基本组成因素是外部刺激、需要、动机和目标导向的行为。以上从心理学的角度分析了人的行为是由动机所支配的,动机是由需要引起的,而需要则是由外部刺激产生的,行为的方向是寻求目标、满足需要。为探讨激励四要素的联系,我们有必要介绍激励的心理过程,即人的行为模式。

(一)激励过程模式

人在受到外界环境的某种刺激后,便会产生某种需要,这种需要未得到满足时,就会引起人的欲望——想满足这种需要,它促使人处在一种不安和紧张状态之中,这种紧张不安的心理就会转化为实现其目标的内在驱动力,心理学上把这种驱动力称为动机。动机产生以后,人们就会寻找、选择能够满足需要的目标和途径,而一旦策略确定,就会进行满足需要的活动,产生一定的行为。行为的结果可能发生两种情况,具体如下:

(1)实现了目标,满足了需要,紧张消除,产生一个反馈,告诉人们原有的需要已经满足,于是在新的刺激下,又会产生新的需要,引起新的动机和行为。

（2）行为没有实现目标，就会引起挫折感，这时又可能产生两种行为：一是可能采取建设性的行为，以继续实现目标；二是可能采取防御性的行为，降低或放弃原有的目标。

激励过程模型如图 9-1 所示。

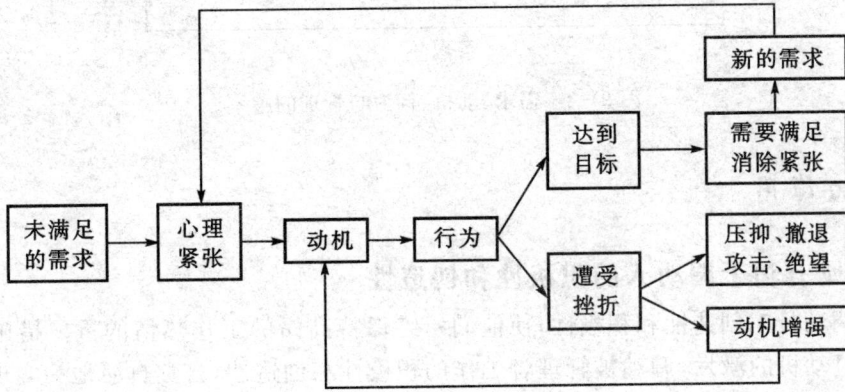

图 9-1　激励过程模型

由此可见，行为的结果使作为行为原动力的需要得到满足，则人们往往会被自己的成功所鼓舞，新的需要随之出现，紧张也接踵而来，从而使该过程重复重现。人类对美好生活的永恒追求就是一个很好的例子。因此，从需要的产生到目标的实现，人的行为是一个周而复始、不断进行、不断升华的循环过程。

(二)需要、动机与行为的关系

（1）需要引起动机，动机导致行为，行为指向一定的目标。当一种目标实现后，又产生新的需要，引起动机，指向新目标。这是一个循环往复、连续不断的过程。

（2）需要是动机和行为的基础。只有在这种需要具有某种特定的目标时，需要才能产生动机，动机才会成为引起人们行为的直接原因。

（3）只有起主导作用的动机才会引起人们的行为。每个动机都可以引起行为，但并不是每个动机都必然引发行为。只有起主导作用的动机才会引起人们的行为。

需要、动机与行为的关系如图 9-2 所示。

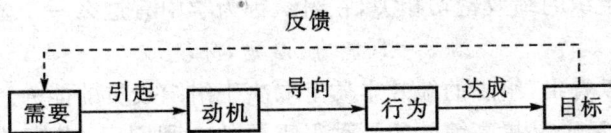

图 9-2　需要、动机与行为的关系

(三)需要、动机、行为与管理的关系

一个组织中，研究需要、动机与行为的关系，就是为了制定合理的管理措施，满足员工的需要，激发员工的动机，控制和促进人的行为，以实现组织目标。需要、动机、行为与管理的关系如图 9-3 所示。

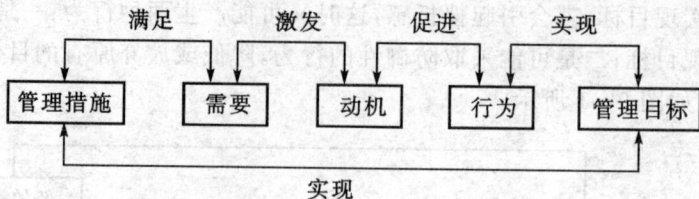

图 9-3 需求、动机、行为与管理的关系

三、激励的作用

(一)激励有利于调动人的积极性和创造性

激励是调动员工创造性和积极性,使他们始终保持高昂的工作热情的重要措施。它的主要作用是通过动机的激发,调动被管理者工作的积极性和创造性,自觉自愿地为实现组织目标而努力,其核心作用是调动人的积极性。

激励的过程直接涉及员工的个人利益,直接影响到能否调动员工的积极性。一般来说,每一位员工总是由一种动机或需求而激发自己内在的动力,努力去实现某一目标的。当达到某一目标后,他就会自觉或不自觉地衡量自己为达到这个目标所做的努力是否值得。因此,绝大多数人总是把自己努力的过程看做是为获得某种报酬的过程。如果他的努力得到了相应的报酬,那么,就有利于巩固和强化他的这种努力。因此,激励的目的就是要调动员工的积极创造性,并使这种积极创造性保持和发挥下去。

(二)激励有利于发挥人的能动作用

激励作为一种管理手段,其最显著的特点就是内在驱动性与自觉自愿性。由于激励是起源于人的需要,它的功能就在于以个人利益和需要的满足为基本作用力,是被管理者追求个人需要满足的过程,因此,激励不仅可以提高人们对自身工作的认识,还能激发人们的工作热情和兴趣,使成员对本职工作产生强烈的积极的情感,并以此为动力,动员自己全部精力为达到预定的目标而努力,从而充分发挥员工的能动性。

(三)激励有利于挖掘人的潜力,提高工作效率

员工的积极性与组织的绩效密切相关,在组织行为学中有这么一个公式:

$$绩效 = f(能力,激励,环境)$$

从这个公式中可以看出,组织的绩效本质上取决于组织成员的能力、被激励的情形和工作环境条件。由此可见,激励是提高绩效的一种很重要的有利因素,当然,能力和环境也都是不可或缺的。

(四)激励有利于增强企业凝聚力

企业是由若干员工个体、工作群体组成的,为保证企业作为一个整体协调运行,除了用严密的组织结构和严格的规章制度进行规范外,还需通过运用激励方法,满足员工的多种心理需求,调动职工工作积极性,协调人际关系,进而促进内部各组成部分的协调统一,增强企业的凝聚力和向心力。

在市场经济条件下,树立"服务制胜"的意识,已经成为许多公司、工厂、商店、宾馆等企业

文化建设的目标。我们奖励优异服务行为的同时,也就是激励和强化了服务意识;批评和惩罚恶劣服务的同时,也就是从反面对服务意识的强化。正负强化的交错使用可以有力地促进企业文化建设。

第二节 激励理论

自 20 世纪 30 年代以来,国外许多管理学家、心理学家和社会学家从不同角度对怎样激励人的问题进行了大量的研究,并提出了许多激励理论。对这些理论可以从不同的角度进行归纳和分类。比较流行的分类方法是按其所研究激励的侧面不同及其与行为的关系不同,把各种激励理论归纳和划分为内容型、过程型和调整型三大类。

一、内容型激励理论

内容型激励理论又叫需要型激励理论,是指针对激励的原因与起激励作用的因素的具体内容进行研究的理论。这种理论着眼于满足人们的需要,即:人们需要什么就满足什么,从而激起人们的动机。

这种理论从激励过程的起点(人的需要)出发,从静态分析的角度来探讨激励的问题。内容型激励理论很多,这里主要介绍需要层次理论、双因素理论、成就需要理论三种。

(一)需要层次理论

需要层次理论是由美国著名心理学家马斯洛于 1943 年在《人类动机理论》一书中第一次提出的,在《调动人的积极性的理论》和《激励与个性》中作了详尽的阐述。从此,该理论在世界各地广泛应有,成为最普遍、最主要的激励理论之一。

1. 主要观点

马斯洛把人的需要概括为五个层次,如图 9-4 所示。

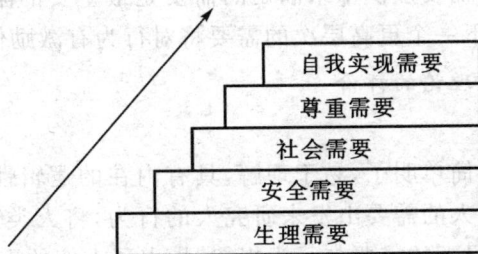

图 9-4 马斯洛的需求层次模型

(1)生理需要。

生理需要是人类为了维持其生命最基本的需要,即生存需要,也是需要层次的基础。若衣、食、住、行、空气和水等这类需要得不到满足,人类的生存就成了问题。从这个意义上来说,这些基本的物质条件是人们行为最强大的动力。马斯洛认为,当这些需要还未达到足以维持人们的生命之时,其他需要将不能激励他们,所以在经济不发达的社会,一般必须首先研究并满足这方面的需要。

（2）安全需要。

安全需要即指有关人类免除危险和威胁的需要。这不仅要考虑到眼前，而且要考虑到今后。例如，要求摆脱失业的威胁，要求在生病及年老时生活有所保障，要求工作安全，希望免除不公正的待遇，等等。

（3）社交需要。

社交需要也称感情和归属方面的需要。当生理及安全的需要得到相当的满足之后，社交的需要便占据主导地位。因为人类是有感情的动物。他希望与别人进行交往，希望与伙伴和同事之间和睦相处关系融洽；他希望归属于一个团体以得到关心、爱护、支持、友谊和忠诚。这种需要比前两种需要更细致，需要的程度因每个人的性格、经历、受教育程度不同而异。

（4）尊重需要。

尊重需要即希望别人对自己的工作、人品、能力和才干给予承认并给予公平的评价，希望自己在同事中间有一定的威望和声誉，从而得到别人的尊重并发挥一定的影响力；尊重的需要还包括自尊，自尊心是驱使人们奋发向上的强大推动力。

（5）自我实现需要。

自我实现需要就是要实现个人理想和抱负，最大限度地发挥个人潜力并获得成就，实现自我价值。这种需要往往是通过胜任感和成就感来获得满足的。所谓胜任感是指希望自己担当的工作与自己的知识能力相适应，工作能取得好的结果，自己的知识与能力在工作中也能得到增长。所谓成就感表现为进行创造性的活动并取得成功。具有这种特点的人，一般会给自己设立相当困难但经过努力可以达成的目标，而且往往把工作中取得的成就本身看得比成功以后所得到的报酬更为重要。

马斯洛还将这五种需要划分为高低两级。一般而言，生存和安全需要属于较低层次的、物质方面的需要；社交、尊重和自我实现的需要，则属于较高层次的、精神方面的需要。马斯洛认为，人的需要遵循递进规律，这五种需要是由低到高依次排列的，只有排在较低层次的需要得到了满足，人才能产生更高一级的需要。他还指出，一旦一种需要得到满足后，这种需要就不会再成为一种激励的因素。需要层次中未满足的需要是最主要的激励因素，如果低层次的需要得到满足后，需要层次中下一个更高层次的需要将对行为有激励作用。

2. 对马斯洛的需要层次理论的评价

（1）主要贡献。

马斯洛的需要层次理论简单明了，易于理解，具有内在的逻辑性，因而得到了管理实践者的普遍认可。其贡献在于从人的需要出发来研究人的行为，将人类千差万别的需要归纳为五类，揭示了一般人在通常情况下的需要与行为规律，指出了人们的需要从低级向高级发展的趋势，这符合心理发展的过程，对激励实践很有实用价值。

同时，该理论还揭示出人的需要是多种多样的，激励方式也是多种多样的。不仅要给人以物质的满足，而且要给人以精神的满足。特别是低级需要得到一定的满足以后，精神需要更为重要，因为满足人的高级需要将具有更持久的动力。

（2）存在的缺陷与不足。

该理论对于需要层次的划分过于简单、机械，因为人的需要并不一定完全依等级层次而循序上升，且人的需要是随着环境和个体情况的变化而同时存在着若干种。他没有提出衡量各层次需要满足程度的具体标准，也没有考虑到一种行为的结果可能会满足一种以上的需要的情况(如适当的薪酬不仅能满足生理和安全的需要,也能满足自尊的需要)。最主要的一点是该理论缺乏实证基础,众多的研究并未对他的理论提供实证性的支持,仅有的几项支持其理论观点的研究也缺少说服力。

虽然马斯洛的需要层次理论存在着不足,但还是为我们提供了一个研究人类需要的参照样本。管理者应认识到下属工作的动机,根据这些动机的不同,采用不同的激励方法来激励他们努力工作。通过这样做,管理者将个人和组织的利益结合在一起,如果员工的所作所为对组织有利,他们应该获得能够满足他们需要的结果。表9-1列举出了在企业中可用来满足各层次需要的常用方法。

表9-1 马斯洛的需要层次理论在企业中的应用

需要层次	应用
自我实现的需要	富有挑战性的工作、工作的自主权和决策权
尊重的需要	职衔、优越的办公条件、当众受到称赞
社交的需要	上司的关怀、友善的同事、联谊小组
安全的需要	工作保障、退休保障、福利保障
生理的需要	足够的薪资、舒适的工作环境、适度的工作时间

此外,随着经济的全球化,管理者有必要认识到,不同国家的公民对通过工作来满足的需要有所不同。比如,有些研究表明,日本人和希腊人特别会受到安全需要的激励,而瑞士人、挪威人和丹麦人特别会受到归属需要的激励。在生活水平较低的贫穷国家,生理和安全的需要似乎是首要的激励因素。当国家变得比较富裕和有较高的生活标准时,与个人的成长和成就有关的需要(如尊重和自我实现)就会变成重要的激励因素。

3. 不同种类的需求对行为产生的影响

(1)上述五种需要是按次序逐级上升的,下一级的需要基本得到满足后,追求上一级的需要就成为行为的主要驱动力,这五种需要不可能完全满足,愈到上层,满足的百分比愈少。

(2)生理需要和安全需要是人的最基本的需要,对人行为产生的影响也最迫切、最强烈,而尊重需要和自我实现需要对人行为产生的影响最持久、最稳定。

(3)人的行为是受多种需要支配的,所以同一时期内,可以同时存在几种需要。但是,每一时期内总有一种需要是占支配地位的,决定人的行为。

(4)任何一种需要并不因为下一个高层次需要的发展而消失,各层次的需要相互依赖与重叠,高层次的需要发展后,低层次的需要仍然存在,只是对行为影响的比重有所减轻而已。

(二)双因素理论

双因素理论是美国心理学家赫兹伯格创立的。他在1959年出版的《工作的激励因素》一书中,在马斯洛需要层次理论的基础上,把人的需要归纳为两大类——保健因素和激励因素。

1. **两类因素的内容**

保健因素和激励因素的主要内容如表9-2所示。

表9-2 双因素理论

保健因素(外在因素)	激励因素(内在因素)
组织的政策与行政管理 技术监督系统 人事关系(与上级主管之间的、同级之间的、下级之间的关系) 薪资水平 个人的生活 职务、地位 工作上的安全感	工作上的成就感 工作中得到认可和赞赏 工作本身的挑战意识和兴趣 工作职务上的责任感 工作的发展前途 个人成长、晋升的机会

2.主要观点

(1)保健因素没有激励作用,它不能增强职工的积极性,但它可以维持激励在"零"的水准,可以避免反激励现象发生。如果这些因素得到满足,职工就不会不满;得不到满足,职工则会产生强烈不满。

(2)激励因素能提高职工的工作效率和积极性。如果这些因素得到满足,会对职工有很大的激励作用;得不到满足,职工不会有太大的不满。

3.需要层次理论与双因素理论的比较

(1)区别。需要层次理论针对人类的需要和动机,而双因素理论则针对满足这些需要的目标和诱因。

(2)联系。激励因素主要是满足高层次需要,它与尊重需要和自我实现需要相对应;保健因素主要是低层次需要,它与生理、安全和社会需要相对应。

马斯洛理论与赫兹伯格理论的比较如图9-5所示。

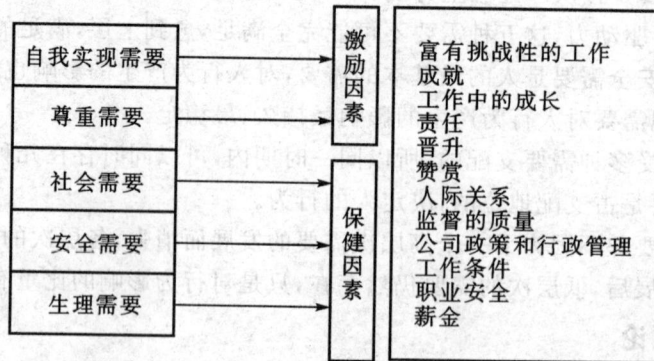

图9-5 马斯洛理论与赫兹伯格理论的比较

4. 双因素理论的启示

组织中,管理者不仅应重视解决保健因素,还要重视解决激励因素,使职工的积极性得到充分的调动;如果组织中的领导者只注意提供某些条件来满足职工"保健"性的需要,那么这个组织只是平淡地处于一种稳定环境中,上不努力、下不落后维持正常的作业;如果组织能在具备了"保健"性因素的基础上,注入激励机制,营造一种创新、改革、发展、挑战的氛围,使每一个职工有紧迫感、竞争意识和你追我赶的效益速度,这样的组织才有士气和活力,才能真正在市场经济的环境中发展壮大。

(三)成就需要理论

美国著名心理学教授戴维·麦克利兰(David C . McClland），在 1955 年对马斯洛理论的普遍性提出了挑战,对该理论的核心概念"自我实现"有无充足的根据也表示怀疑。他经过 20 多年的研究得出结论说,人类的许多需要都不是生理性的,而是社会性的,而且人的社会性需求不是先天的,而是后天的,得自于环境、经历和培养教育等。很难从单个人的角度归纳出共同的、与生俱来的心理需要。时代不同、社会不同、文化背景不同,人的需求当然就不同,所谓"自我实现"的标准也不同。马斯洛的理论过分强调个人的自我意识、内省和内在价值,忽视了来自社会的影响,失之偏颇。

麦克利兰通过试验研究,归纳出三大类社会性需要,即对成就的需要、对(社会)交往的需要和对权力的需要,尤其对成就需要和权力需要进行了较为详细的论述。

1. 主要观点

(1)权力的需求者热衷于"承担责任",喜欢竞争性强存在地位取向的工作环境,希望影响他人,控制向下、向上的信息渠道,以便施加影响、掌握权力,他们对政治感兴趣,而不像高成就需要的人那样关心改进自己的工作。这样的人一般十分健谈、好争、直率、头脑冷静、善于提出要求、喜欢讲演,并爱教训人。

(2)具有社交需要的人通常从友爱中得到快乐,并总是设法避免因被某个团体拒之门外带来的痛苦。作为个人,他们往往关心保持一种融洽的社会关系,与周围的人保持亲密无间和相互谅解,随时准备安慰和帮助危难中的伙伴,并喜欢与他们保持友善的关系。

(3)凡具有成就需要的人都有以下的行为特征。

① 渴望将事情做得更加完美,相信自己的能力,敢于作出决断,愿意承担责任,对成功有一种强烈的要求,同样也强烈担心失败。

② 有进取心,愿意接受挑战,为自己树立具有一定难度的目标。

③ 敢冒一定的、可以预测出来的风险,但不是去进行赌博,而是采取一定现实主义的态度。

④ 密切注意自己的处境,对正在进行的工作情况,希望得到明确而又迅速的反馈,以了解自己的工作和计划的适应情况。

⑤ 重成就、轻金钱,工作中取得成功或者攻克了难关,从中得到的乐趣和激情胜过物质的鼓励。

⑥ 一般喜欢表现自己。

2. 成就需要理论在实际中的应用

(1)麦克利兰认为,一个国家,乃至一个企业的兴旺发达,取决于具有成就需要的人的多寡。例如:英国 1925 年时经济情况良好,拥有高度成就需要的人数在 25 个国家中名列第 5 位;第二次世界大战后英国经济走下坡路,1950 年再作调查,其拥有高度成就需要的人数在 39 个国家中只占第 27 位。

(2)成就需要与企业的绩效直接相关。

① 只有高成就需要才能导致高绩效的行为。研究表明,高成就需要的企业家会使企业得到高的利润,而低成就需要的企业家只会使企业获得低的利润。

② 成就需要是一种更为内化了的需要,这种需要是导致国家、企业取得高绩效的主要动力。

(3)成就需要可以创造出富有创业精神的人物,促进社会经济的发展。全社会都应当认识到这一问题的重要性,鼓励人们努力建功立业,取得成就。

(4)成就需要和权力需要都会使人们有杰出的表现,但二者还是有区别的。在对高成就需要的人当中,很少产生率领众人前进的领导者,原因非常简单:成就需要强烈的人习惯于独自解决问题,无须他人。一个高成就需要的人,未必能领导企业取得成就,因为经理的责任是激励众人取得成功,而不是只顾自己的工作成就。激发他人的成就感,需要有完全不同的动机和技巧。

如果说成就需要对应着创业精神,那么权力需要就对应着各种领导,因为领导者的首要任务是影响别人,对权力的需要显然是他们的主要性格特征之一。

麦克利兰的理论是马斯洛理论的重要发展和补充,对指导组织的激励工作,更具有现实的意义。

(四)X、Y 理论

在关于人性的研究中,有一个基本的分类,即人的积极性究竟是主动的还是被动的,实际上是"人究竟有没有积极性"。这个问题类似于哲学史上关于人性的善恶之争。倾向于性善论者认为,职工有内在的积极性,只要通过适当的激励方式,即可使职工自觉地去实现组织目标;倾向于性恶论者认为,职工没有内在积极性,如果没有外在压力,他们是不会为组织作出贡献的。

1. X 理论

1957 年美国心理学家道格拉斯·麦格雷戈(D．McGregor)从理论上归纳了传统管理者的人性观。他认为传统管理者之所以对职工进行强制性管理,是因为他们受传统的理论指导,麦格雷戈把这种理论称为 X 理论。其要点有以下几个:

(1)多数人生来懒惰,总想少工作。

(2)多数人没有工作责任心,宁可被别人指挥。

(3)多数人以我为中心,不关心组织目标。

(4)多数人缺乏自制能力。

结论是,多数人不能自我管理,因此需要另外的少数人从外部施加压力。

2. Y 理论

麦格雷戈提出的 Y 理论,其要点有以下几个:

(1)工作和娱乐一样,都是人的活动,人是否喜欢工作,要看工作条件如何。

(2)人不仅会接受责任,而且会主动要求责任。

(3)人能够自我控制和自我指导。

(4)个体目标与组织目标没有根本冲突,若有条件,个体会自觉地把个体目标与组织目标统一起来。

显然以 X 理论为指导和以 Y 理论为指导的管理方式正好是相反的。

X 理论类似于哲学史上的性恶论,强调"人之初,性本恶,要他干,就得压"。X 理论假设和中国古代荀子的"性恶论"有相近之处。荀子说:"人之性恶,其善者伪也。"认为人的本性是恶的。Y 理论类似于性善论,强调"人之初,性本善,引导好,努力干"。Y 理论假设与中国古代孟子的"性善论"相近。孟子认为"人之性善,犹水之趋下也",表达了其性善是人之自然本性的主张。现代管理实践越来越倾向于 Y 理论。从 X 理论到 Y 理论的变化,与从"经济人"到"自我实现人"假设的变化趋向是一致的。

从上面的讨论中可以看到,在各种不同的假设和模式中,有许多是相似的。如"经济人"假设与 X 理论相似;"自我实现人"假设与 Y 理论相似,等等。但任何一种单独模式都不足以解释清楚人性和个人行为。人的需求是复杂的,因此,没有哪一种模式是"唯一正确"的。重要的是要认识到:为了企业的最宝贵的人力资源的使用达到最大的效益和效率,在不同的情况下需要采用不同的管理方法。管理者的责任就是创造一种环境,诱导在那里工作的人们去为企业的目标作出贡献。

二、过程型激励理论

过程型激励理论是在需要型理论的基础上发展起来的。该理论研究从人的动机的产生到行为反应这一过程中,有哪些重要因素对人的动机与行为发生作用,即有哪些因素激励人的积极性。该理论是从动态分析的角度来研究激励问题的。了解从对行为起决定作用的某些关键问题出发,掌握这些因素之间的相互关系,以达到预测或控制人的行为的目的。过程型激励理论主要包括期望理论和公平理论等。

(一)期望理论

期望理论是美国心理学家弗鲁姆在 1964 年《工作与激励》一书中提出的。弗鲁姆认为:只有当人们预期某一行为能给个人带来吸引力的结果时,个人才会采取这一特定行为。

1. 主要观点

(1)人们之所以能够从事某项工作并达到组织目标,是因为这些工作和组织目标会帮助他们达到自己的目标,满足自己某方面的需要。

(2)某一活动对于调动某一个人的积极性,激发出他的内部潜力的激励力(M)的强度,取决于达到目标后对于满足个人需要的价值大小——效价(V)乘以他根据以往的经验和能力进行判断能实现该目标的概率——期望值(E)。

用公式表示为:

$$M = V \cdot E$$

式中:M 为激励力量,指调动人的积极性,激发人内部潜力的强度;V 为效价(目标价值),指达到目标后对于满足个人需要的价值大小,取值范围为 +1 ～ -1;E 为期望值(期望概率),指一个人对某个目标能够实现的可能性大小(概率)的估计,取值范围为 0～+1。

2. 理论分析

马斯洛的需要层次论、赫茨伯格的双因素理论及麦克莱兰的成就理论都是把各种激励因素较为机械的分成若干类别,与实际不一定完全相符。而期望值理论不存在这种人为分类,比较综合和适用,具体表现如下。

(1)对公式中的效价应当理解为综合性的。它可以是精神的,也可以是物质的;可以是正的,也可以是负的,还可以为零;它不仅包含了某一结果的绝对值,而且还包括了相对值;它不仅指某一单项值,而且还指各种效价的总和。

(2)对同一个目标,由于各个人的需要不同,所处的环境不同,兴趣不同,价值观不同,使他对该目标的效价也往往不同;即使是同一个人,在不同的时候效价也是不一样的。例如:

①一个人希望通过努力工作得到晋升的机会,这就表明晋升在他心目中的效价很高,$V>1$;

②若他对晋升漠不关心、毫无要求,升官的效价便等于零,$V=0$;

③若他对晋升不仅毫无要求,且害怕晋升,那么,晋升对他来说,效价为负值,$V<0$。

(3)效价和期望值都是个人的一种主观判断,即对人的行为的激励力涉及三部分心理过程:报酬本身是否能够吸引人们为之付出努力?付出努力的行为是否能够取得预期的结果?努力和工作绩效的结果能否带来期望的报酬?

(4)一个人对实现某个目标,根据估计其可能性的大小,即期望值的大小也不同:

① 如果他估计完全有可能实现,即 100% 的可能,这时 $E=1$,也就是最大;

② 他估计目标完全不可能实现,这时 $E=0$,也就是最小。

③ 通常情况下,往往是具有不同程度的可能性,这时的期望值在 0 与 1 之间,即 $0\leqslant E\leqslant 1$。

当 $E=0$ 时,无动力;

当 $E>0$ 时,有一定的动力;

当 $E=1$ 时,动力最大。

(5)目标价值(V)和期望概率(E)的不同结合,决定着不同的激励程度:

① E 高且 V 高——M 高(强激励);

② E 中且 V 中——M 中(中激励);

③ E 低且 V 高——M 低(弱激励);

④ E 高且 V 低——M 低(弱激励);

⑤ E 低且 V 低——M 低[无激励(极弱激励)]。

(6)效价和平均的个人期望概率相互影响。平均概率小,效价相对大;平均概率大,效价相对小。

3.期望理论在实际中的应用

期望理论告诉我们,在进行激励时,要处理好三方面的关系,这也是调动人们工作积极性的三个条件。

(1)努力与绩效的关系。

人总是希望通过一定的努力能够达到预期的目标,如果个人主观认为通过自己的努力达到预期目标的概率较高,就会有信心,就可能激发出很强的工作热情,但如果他认为再怎么努力目标都不可能达到,就会失去内在的动力,导致工作消极。但能否达到预期的目标,不仅仅取决于个人的努力,还同时受到员工的能力和上司提供支持的影响。这种关系可在公式的期望值这个变量中反映出来。

(2)绩效与奖励的关系。

人总是希望取得成绩后能够得到奖励,这种奖励既包括提高工资、多发奖金等物质奖励,也包括表扬、自我成就感、同事的信赖、提高个人威望等精神奖励,还包括得到晋升等物质与精神兼而有之的奖励。如果他认为取得绩效后能够得到合理的奖励,就可能产生工作热情,否则就可能没有积极性。

（3）奖励与满足个人需要的关系。

人总是希望获得奖励能够满足自己某方面的需要。然而由于人们各方面的差异，他们的需要的内容和程度都可能不同。因而，对于不同的人，采用同一种奖励能满足需要的程度不同，能激发出来的工作动力也就不同。

后两方面的关系可以从公式中的效价这个变量上体现出来。弗鲁姆把这三方面的关系用框图表示出来，如图9-6所示。

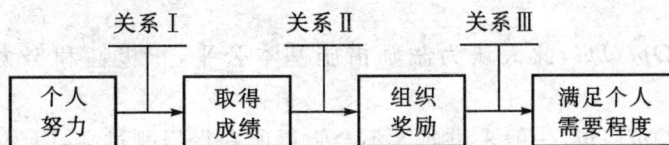

图9-6　期望理论三方面的关系

期望理论提示我们，管理者如果处理好了以上三个关系，便可有效地提高下属的工作积极性。例如，在处理努力与绩效关系方面，管理者可以在员工招聘时选择有能力完成工作的人，或向员工提供适当的培训；在他们工作时，向他们提供足够的支持；在处理绩效与奖励的关系方面，管理者应尽量做到以工作表现来分配各种报酬，并向员工清楚解释分配各种报酬的原则和方法，而最关键的是奖励要公平；在处理奖励与满足需要的关系方面，管理者应了解各员工不同的需要，尽量向员工提供他们认为重要的回报。

（二）公平理论

公平理论又称社会比较理论，是美国心理学家亚当斯（J．5．Adams）在20世纪60年代首先提出来的。该理论主要讨论报酬的公平性对人们工作积极性的影响。

1. 主要观点

（1）报酬多少虽然是影响职工积极性的因素，但报酬分配是否公平、合理，则对激励的影响更大。

（2）职工的工作动机，不仅受其所得的绝对报酬的影响，而且更受到相对报酬的影响，人们通常通过两个方面比较来判断其所获报酬的公平性，即横向和纵向比较。

（3）横向比较，即将"自己"获得的"报酬"与"投入"的比值与组织内的其他人做比较，从而对比较作出相应的反应。若：

$$Qp/Ip = Qx/Ix$$

其中：Qp——自己对所获报酬的感觉；

Qp——自己对别人所获报酬的感觉；

Ip——自己对所投入量的感觉；

Ix——自己对别人所投入量的感觉。

则此人觉得报酬是公平的，他可能会因此而保持工作的积极性和努力程度。需要说明的是：①投入量包括个人所受到的教育、能力、努力程度、时间等因素，报酬包括精神和物质奖励以及工作安排等因素。②其他人包括组织中的其他人以及别的组织中与自己能力相当的同类人。

如果$Qp/Ip > Qx/Ix$，则说明此人得到了过高的报酬或付出的努力较少。在这种情况下，他一般不会要求减少报酬，而有可能会自觉地增加投入量。但过一段时间他就会通过高估自己的投入而对高报酬心安理得,于是其产出又会恢复到原先的水平。

如果 $Qp/Ip < Qx/Ix$,则说明此人对组织的激励措施感到不公平。此时他可能会要求增加报酬,或者自动地减少投入以便达到心理上的平衡。当然,他甚至有可能离职。管理人员对此应特别注意。

(4)纵向比较,即存在着自己的目前与过去的比较。如果以 Qpp 代表自己目前所获报酬,Qpl 代表自己过去所获报酬,Ipp 代表自己目前的投入量,Ipl 代表自己过去的投入量,则比较的结果也有三种:

①$Qpp/Ipp = Qpl/Ipl$,此人认为激励措施基本公平,积极性和努力程度可能会保持不变;

②$Qpp/Ipp > Qpl/Ipl$,一般来讲此人不会觉得所获得报酬过高,因为他可能会认为自己的能力和经验有了进一步的提高,其工作积极性因而不会提高多少;

③$Qpp/Ipp < Qpl/Ipl$,此人觉得很不公平,工作积极性不会下降,除非管理者给他增加报酬。

2. 公平理论在管理实践中的应用

尽管公平理论提出的基本观点是客观存在的,但在实际应用中很难把握。因为员工是凭借"感觉"来判断报酬的公平性的,因此个人的主观判断对此有很大影响。人们总是倾向于过高估计自己的投入量,而过低估计自己所得到的报酬,对别人的投入量及所得报酬的估计则相反。因此管理者在运用该理论时应更多地注意实际工作绩效与报酬之间的合理性。

(1)管理者应了解员工对各种报酬的主观感觉。

(2)为了使员工对报酬的分配有较客观的感觉,管理者应让员工知道分配的标准。

(3)应加强与下属的沟通,在心理上减低他们的不公平感。当然,对于有些具有特殊才能的人,或对完成了某些复杂工作的人,应更多地考虑到其心理的平衡。

(4)各级领导者和管理者要尽量做到公正无私地对待每个成员。在我国生活水平还不很高的情况下,各级领导者和管理者要尽量做到公正无私地对待每个成员,在物质分配上的公平合理,产生的激励效果可能比激励所花费的物质本身产生的效果还要大。

(5)抓好思想政治工作,打破平均主义。在公平与激励的同时,还要抓好思想政治工作,引导职工进行全面、客观地比较,打破平均主义,最大限度地避免和纠正分配不公的问题,以激发广大职工的积极性。

(6)合理解决公平理论中的难点。在评定绩效时,如何才能做到客观、公正,如何处理好数量与质量、工作的复杂程度与付出的劳动量、工作态度与业绩的关系等,这些与公平有关的问题,要成为管理者重点解决的课题。

三、调整型激励理论——强化理论

调整型激励理论着重研究如何通过激励来调整和转化人们的行为。这种理论观点主张对激励进行有针对性的刺激,主要看员工的行为与其结果之间的关系,而不是突出激励的内容和过程。如果这种刺激对他有利,则这种行为就会重复出现;若对他不利,则这种行为就会减弱直至消失。因此,管理要采取各种方式,以使人们的行为符合组织的目标。这里我们主要介绍斯金纳的强化理论。

强化理论是由美国心理学家和行为学家斯金纳（B. F. Skinner）20 世纪 50 年代首先提出来的，又称为"行为修正理论"。这个理论是从动物实验中得出来的。现在，强化理论被广泛地应用在激励和人们的行为改造上。

（一）主要观点

1. 人的行为与环境对他的刺激相关

如这种刺激对一个人有利，则这种行为就会重复出现，使这种行为的频率增加，这种状况即称做强化刺激。能增强这种行为发生频率的刺激物称作强化物；如对他不利，则这种行为就会减弱直至消失。

2. 人的行为是强化刺激的函数

人的行为会随着强化刺激的增强而增强，也会随着强化刺激的减弱而减弱，人们就可以通过控制强化物来控制行为，引起行为的改变。

由于这一理论的中心思想在于通过强化刺激来改变人们的行为方向，故又称做行为改变理论。管理人员可以通过强化手段，营造一种有利于组织目标实现的环境和氛围，使组织成员的行为符合组织的目标。

（二）强化的方式

根据强化措施的不同，可分为如下四种方式，如表 9-3 所示。

表 9-3　强化理论表

激励目的		强化措施
使所希望的行为更多发生	强化	正强化（鼓励）：使人得到合意的结果
		负强化（趋避）：使人力图避免得到不合意的结果
使不希望的行为更少发生	弱化	惩戒（惩罚）：使人得到不合意的结果
		自然消退（冷处理）：不采取任何措施

1. 正强化

正强化是指鼓励行为重复发生的强化。一般表现为对某种行为的认可，奖赏、表扬、增加工资、晋升等都是正强化的因素。

2. 负强化

负强化是指预先告知某种不合要求的行为或不良绩效可能引起的后果，从而减少或削弱所不希望出现的行为。

3. 惩罚

惩罚是指用某种带有强制性、威胁性的结果，如批评、降职、降薪、罚款、开除等，使行为者感受到利益的损失和精神的痛苦，以示对某种不符合要求的行为的否定。

4. 自然消退

自然消退是取消强化（正强化或负强化），对某种行为不予理睬（冷处理），以表示对该行为的轻视或者某种程度的否定。这样，一种行为长期得不到正强化，就会自然消退。

(三)强化理论的启示

强化理论较多地强调外部因素或环境刺激对行为的影响,忽视了人的内在因素和主观能动性对环境的反作用,具有机械论的色彩。但该理论的一些具体做法对我们是有用的,强化理论的启示和应用原则可归纳为以下几点。

1.明确强化的目标

要明确强化的目的或目标,明确预期的行为方向,使被强化者的行为符合组织的要求。

2.选准强化物

每个人的需要不同,因而对同一种强化物的反应也各不相同。这就要求具体分析强化对象的情况,针对他们的不同需要,采用不同的强化措施。可以说,选准强化物是使组织目标同个人目标统一起来,以实现强化预期要求的中心环节。

3.及时反馈

为了实现强化的目的,必须通过反馈的作用,使被强化者及时了解自己的行为后果,并及时兑现相应的报酬或惩罚,使有利于组织的行为得到及时肯定,促使其重复,不利于组织的行为得到及时制止。

4.尽量运用正强化的方式

避免运用惩罚的方式。斯金纳发现,"惩罚不能简单地改变一个人按原来想法去做的念头,至多只能教会他们如何避免惩罚"。事实上,过多地运用惩罚,往往会造成被惩罚者心理上的创伤,引起对抗情绪,乃至采取欺骗、隐瞒等手段来逃避惩罚。

四、综合型激励理论——波特—劳勒模式

综合型激励理论理论是美国心理学家、管理学家波特(L.W.Porter)和劳勒(E.E. Lawler)以期望理论为基础,导出的一种本质上更加完善的激励模式。该模型比较全面地说明了整个激励的过程,如图9-7所示。

1.主要观点

(1)个人是否努力以及努力的程度不仅仅取决于奖励的价值,而且还受到个人觉察出来的努力和受到奖励的概率的影响。但所需作出的努力和实际取得奖励的概率,又要受到实际工作业绩的影响。显然,如果人们知道他们能做或者曾经做过这样的工作,则他们便可更好地判断所需的努力并更好地知道获得奖励的概率。

(2)个人实际能达到的绩效不仅取决于其努力的程度,还受到个人能力的大小以及对所要完成特定任务的了解和理解程度深浅的影响。特别是对于比较复杂的任务,就显得更为重要。

(3)个人所应得的奖励应当以实际达到的绩效为前提。要使个人看到,只有完成了组织的任务或达到目标时,才会受到奖励,而不应先有奖励,后有努力成果。这样,奖励才能激励个人努力去达到组织目标。这些奖励可以是外在的,如奖金、工作条件和地位;也可以是内在的,如成就感或自我实现感。

(4)个人对于所受的奖励是否满意以及满意的程度如何,取决于受激励者对所获报酬的公平感。如果受激励者感到公平,就会导致满意;否则,则相反。

(5)个人是否满意以及满意的程度将会回馈到其完成下一个任务的努力过程中。满意会

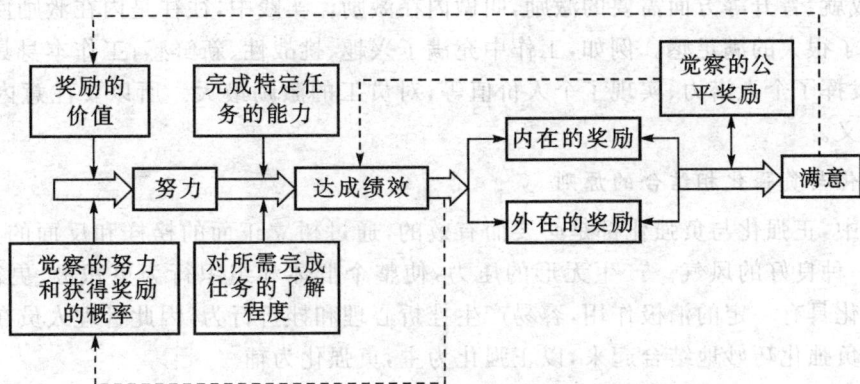

图 9-7　波特—劳勒的激励模式

导致进一步的努力,而不满意则会导致努力程度的下降甚至离开工作岗位。

2. 波特—劳勒模式的启示

波特—劳勒模式是激励系统一个比较恰当的描述,它主要包括以下两点。

(1)激励和绩效之间并不是简单的因果关系。要使激励能产生预期的效果,必须考虑到奖励内容、奖励制度、组织分工、目标设置、公平考核等一系列的综合性因素。

(2)管理者应将目标—能力—绩效—奖励—满意的体系,渗透到整个管理工作中去。

第三节　激励的原则和方法

在讨论了各种激励理论之后,人们可能会问,领导者在实际激励时应遵循哪些原则和方法?虽然激励问题是一个复杂、因人而异的问题,也不存在唯一的最佳答案,但我们仍可以讨论一些一般常用的激励原则和方法。

一、激励的原则

1. 组织目标与个人目标相结合的原则

在激励中设置目标是一个关键环节。目标设置必须以体现组织目标为要求,否则激励将偏离组织目标的实现方向。目标设置还必须能满足员工个人的需要,否则无法提高员工的目标效价,达不到满意的激励强度。只有将组织目标与个人目标结合好,才能收到良好的激励效果。

2. 物质激励与精神激励相结合的原则

员工存在物质需要和精神需要,相应的激励方式也应该是物质与精神激励相结合。随着生产力水平和人员素质的提高,应该把重心转移到满足较高层次需要即社交、自尊、自我实现需要的精神激励上去,但也要兼顾好物质激励。物质激励是基础,精神激励是根本,在两者结合的基础上,逐步过渡到以精神激励为主。

3. 外在激励与内在激励相结合的原则

凡是满足员工对工资、福利、安全环境、人际关系等方面需要的激励,叫做外在激励;满足员工自尊、成就、晋升等方面需要的激励,叫做内在激励。实践中,往往是内在激励使员工从工作本身取得了很大的满足感。例如,工作中充满了兴趣、挑战性、新鲜感;工作本身具有重大意义;工作中发挥了个人潜力、实现了个人价值等,对员工的激励最大。所以要注意内在激励具有的重要意义。

4. 正强化与负强化相结合的原则

在管理中,正强化与负强化都是必要而有效的,通过树立正面的榜样和反面的典型,扶正祛邪,形成一种良好的风气。产生无形的压力,使整个群体和组织行为更积极、更富有生机。但鉴于负强化具有一定的消极作用,容易产生挫折心理和挫折行为,因此管理人员在激励时应把正强化和负强化巧妙地结合起来,以正强化为主,负强化为辅。

5. 按需激励的原则

激励的起点是满足员工的需要,但员工的需要存在着个体的差异性和动态性,因人而异,因时而异,并且只有满足最迫切需要的措施,其效价才高,激励强度才大。因此,对员工进行激励时不能过分依赖经验及惯例。激励不存在一劳永逸的解决方法,必须用动态的眼光看问题,深入调查研究,不断了解员工变化了的需要,有针对性地采取激励措施。

6. 客观公正的原则

在激励中,如果出现奖不当奖,罚不当罚的现象,就不可能收到真正意义上的激励效果,反而还会产生消极作用,造成不良的后果。因此,在进行激励时,一定要认真、客观、科学地对员工进行业绩考核,做到奖罚分明,不论亲疏,一视同仁,使得受奖者心存感激,受罚者心服口服。

二、激励实务

1. 物质利益激励法

物质利益激励法就是以物质利益(如工资、奖金、福利、晋级和各种实物等)为诱因对员工进行激励的方法。最常见的物质利益激励有奖励激励和惩罚激励两种方法。奖励激励是指组织以奖励作为诱因,驱使员工采取最有效、最合理的行为。物质奖励激励通常是从正面对员工引导。组织首先根据组织工作的需要,规定员工的行为,如果符合一定的行为规范,员工可以获得一定的奖励。员工对奖励追求的欲望,促使他的行为必须符合规范,同时给企业带来有益的成果。物质惩罚激励,是指组织利用惩罚手段,诱导员工采取符合组织需要的行动的一种激励。在惩罚激励中,组织要制定一系列的员工行为规范,并规定逾越了行为规范的不同的惩罚标准。物质惩罚手段包括扣发工资、奖金、罚款、赔偿等。人们避免惩罚的需求和愿望促使其行为符合特定的规范。

实施物质激励要注意保持组织成员的公平感,充分体现"多劳多得,少劳少得"的分配原则。虽然这种激励是直接满足组织成员的低级需要的,但也能间接地满足组织成员的高级需要,因为物质利益可以当成自己受到尊重,或自己的成就为组织所赏识的标志。

2. 目标激励方法

管理中常说的目标管理,不仅是一种管理活动,也是一种有效的目标激励方法。所谓目标激励方法就是给员工确定一定的目标,以目标为诱因驱使员工去努力工作,以实现自己的目标。任何组织的发展都需要有自己的目标,任何个人在自己需要的驱使下也会具有个人目标。

目标激励必须以组织的目标为基础,要求把组织的目标与员工的个人目标结合起来,使组织目标和员工目标相一致。

目标管理通过广泛的参与来制定组织目标,并将其系统地分解为每一个人的具体目标,然后用这些目标来引导和评价每个人的工作。在目标管理中目标是最重要的,组织目标是组织前进的目的地,个人目标则是个人奋斗所实现的愿望。目标管理的特点之一是把组织的目标分解为各个行动者的目标,而分解过程又充分吸收了行动者参与。按照这一特点,只要使个人的目标及奖酬与个人的需要一致起来,就提高了目标的效价。而实现目标信心的增加也就是实现目标的期望的提高。目标管理充分发挥每个人的最大能力,实行自我控制,更容易发挥每个人的潜能和创造力,增加激励力量。

3. 榜样激励法

榜样激励法是指通过组织树立的榜样使组织的目标形象化,号召组织内成员向榜样学习,从而提高激励力量和绩效的方法。

运用榜样激励法,首先要树立榜样,榜样不能人为地拔高培养,要自然形成,但不排除必要的引导。选择榜样时要注意榜样的行为确实是组织中的佼佼者,这样才能使人信服。其次,要对榜样的事迹广为宣传,使组织成员都能知晓,这就是使组织成员知道有什么样的行为才能荣登榜样的地位,使学习的目标明确。还要给榜样明显的使人羡慕的奖酬,这些奖酬中当然包括物质奖励,但更重要的是无形的受人尊敬的奖励和待遇,这样才能提高榜样的效价,使组织成员学习榜样的动力增加。

使用榜样激励方法时还需要注意两点:①要纠正打击榜样的歪风,否则不但没有多少人愿当榜样,也没有多少人敢于向榜样学习;②不要搞榜样终身制,因为榜样的终身制会压制其他想成为榜样的人,并且使榜样的行为过于单调,有些事迹多次重复之后可能不复具有激励作用,而原榜样又没有新的更能激励他人的事迹,就应该物色新的榜样。

4. 内在激励法

日本著名企业家道山嘉宽在回答"工作的报酬是什么"时指出"工作的报酬就是工作本身",这句话深刻地指出了内在激励的重要性。尤其在今天,当企业解决了员工基本的温饱问题之后,员工就更加关注工作本身是否具有乐趣和吸引力,在工作中是否会感受到生活的意义;工作是否具有挑战性和创新性;工作内容是否丰富多彩,引人入胜;在工作中能否取得成就,获得自尊,实现价值等。要满足员工的这些深层次需要,就必须通过分配恰当的工作来激发员工内在的工作热情,加强内在激励。

5. 形象与荣誉激励法

一个人通过视觉感受到的信息,占全部信息量的80%,因此,充分利用视觉形象的作用,激发员工的荣誉感、成就感、自豪感,也是一种行之有效的激励方法。常用的方法是照片、资料张榜公布,借以表彰企业的标兵、模范。在有条件的企业,还可以通过闭路电视系统传播企业的经营信息,宣传企业内部涌现的新人、新事、优秀员工、劳动模范、技术能手、爱厂标兵、模范家庭等。这样可以达到内容丰富、形式多样、喜闻乐见的效果。

6. 信任关怀激励法

信任关怀激励法是指组织的管理者充分信任员工的能力和忠诚,放手、放权,并在下属遇到困难时,给予帮助、关怀的一种激励方法。这种激励方法没有什么固定的程序,总的思路是为下属创造一个宽松的工作环境,给员工以充分的信任,使其充分发挥自己的聪明才智;时时关心员工疾苦,了解员工的具体困难,并帮助其解决,使其产生很强的归属感。这种激励法是通过在工作中满足组织成员的信任感、责任感等需要达到激励作用的。

7. 兴趣激励法

兴趣对人的工作态度、钻研程度、创新精神的影响是巨大的,往往与求知、求美、自我实现密切联系。在管理中只要能重视员工的兴趣因素,就能实现预期的精神激励效果。国内外都有一些企业允许甚至鼓励员工在企业内部双向选择,合理流动,包括员工找到自己最感兴趣的工作。兴趣可以导致专注,甚至于入迷,而这正是员工获得突出成就的重要动力。使工作丰富化:在决定工作方法、工作秩序和速度等方面给员工更大的自由权,鼓励下属参与管理和鼓励人们之间的相互交往,使员工对自己的工作有责任感,使员工能看到自己的工作对公司或部门所作出的贡献。

业余文化活动是员工兴趣得以施展的另一个舞台。许多企业组织并形成了摄影、戏曲、舞蹈、书画、体育等兴趣小组,使员工的业余爱好得到满足,增进了员工之间的感情交流,感受到企业的温暖和生活的丰富多彩,大大增强了员工的归属感,满足了社交的需要,有效地提高了企业的凝聚力。

8. 培训教育激励法

通过思想文化教育和技术知识培训,提高职工素质,来增强其进取精神。

本章小结

有效的领导者必须能充分调动员工的积极性,使其潜能最大限度地发挥出来。内容型激励理论着眼于研究组织应该提供什么方面的激励因素,使其同员工的内在需要相匹配并发生共鸣,以产生激励作用。过程型激励理论研究的是从动机产生到采取行动满足需要的内在心理和行为过程。期望理论、公平理论是其中代表性的理论。调整型激励理论是从激励的终点,即需要的满足状态来探讨激励问题。管理者在激励过程中,要遵循组织目标与个人目标相结合、物质激励与精神激励相结合、外在激励与内在激励相结合、正强化与负强化相结合、按需激励、客观公正等原则,把物质利益激励、目标激励、榜样激励、内在激励、形象与荣誉激励、信任关怀激励、兴趣激励、培训教育激励等方法结合起来。

案例讨论

盛田昭夫的激励方式

有一天晚上,索尼董事长盛田昭夫按照惯例走进职工餐厅与职工一起就餐、聊天。他多年来一直保持着这个习惯,以培养员工的合作意识,并与他们建立良好关系。这天,盛田昭夫忽然发现一位年轻职工郁郁寡欢,满腹心事,闷头吃饭,谁也不理。于是,盛田昭夫就主动坐在这名员工对面,与他攀谈。几杯酒下肚之后,这个员工终于开口了:"我毕业于东京大学,之前有一份待遇十分优厚的工作。但是,当时对索尼公司崇拜得发狂,认为进入索尼,是我一生的最佳选择。但是,现在才发现,我不是在为索尼工作,而是在为课长干活。坦率地说,这位课长是个无能之辈,更可悲的是,我所有的行动与建议都得课长批准。对于我的一些小发明与改进意见,课长不仅不支持、不解释,还挖苦我癞蛤蟆想吃天鹅肉,有野心。我十分泄气,心灰意冷。

这就是索尼？这就是我崇拜的索尼？我居然放弃了那份优厚的工作来到这种地方！"这番话令盛田昭夫十分震惊，他想，类似的问题在公司内部员工中恐怕不少，管理者应该关心他们的苦恼，了解他们的处境，不能堵塞他们的上进之路，于是产生了改革人事管理制度的想法。之后，索尼公司开始每周出版一次内部小报，刊登公司各部门的"求人广告"，员工可以自由而秘密地前去应聘，他们的上司无权阻止。另外，索尼原则上每隔两年就让员工调换一次工作，特别是对那些精力旺盛、干劲十足的人才，不是让他们被动地等待工作，而是主动地给他们施展才能的机会。在索尼公司实行内部招聘制度以后，有能力的人才大多能找到自己较中意的岗位，而且人力资源部门可以发现那些"流出"人才的上司所存在的问题。

讨论题：

试用所学的激励理论来分析上述案例。

？复习思考题

1. 目前关于人性有哪些假设？它们的含义是什么？
2. 马斯洛的需要层次理论的主要内容是什么？
3. 赫兹伯格的双因素理论的主要内容是什么？
4. 期望理论的内容是什么？根据此理论，应如何激发员工的工作积极性？
5. 公平理论及强化理论的基本内容是什么？
6. 激励的原则是什么？主要有哪些方法？

第十章

沟通

本章要点

◇沟通的含义、意义与作用
◇沟通的不同形式
◇沟通的过程
◇有效沟通的障碍及其克服

案例导入

阿维安卡空难

1990年1月25日晚上7点40分,阿维安卡52航班飞行在南新泽西海岸上空11277.7米处的高空。飞机上的油量可以维持近2个小时的航程,在正常情况下飞机降落至纽约肯尼迪机场仅需不到半个小时的时间,看上去飞机正常降落没有问题。然而,出现了一系列的耽搁。首先,晚上8点整,肯尼迪机场管理人员通知52航班由于出现了严重的交通问题,他们必须在机场上空盘旋待命。晚上8点45分,52航班的副驾驶员向肯尼迪机场报告他们的燃料快用完了。管理员收到了这一信息,但在晚上9点24分之前没有批准飞机降落。遗憾的是,阿维安卡机组成员再也没有向肯尼迪机场传递任何十分危急的信息,但飞机座舱中的机组成员却相互紧张地通知他们的燃料供给出现了危机。

晚上9点24分,52航班第一次试降失败。由于飞机高度太低以及能见度太差,因而无法保证安全着陆。当肯尼迪机场指示52航班进行第二次试降时,机组成员再次提到他们的燃料将要用尽,但飞行员却告诉管理员新分配的飞行跑道"可行"。晚9点32分,飞机的两个引擎失灵,1分钟后,另两个引擎也停止了工作,耗尽燃料的飞机于晚上9点34分坠毁于长岛,机上73名人员全部遇难。

空难发生后,当调查人员考察了飞机座舱中的磁带并与当事的管理员交谈之后,他们发现导致这场悲剧的原因主要在沟通上。由于没有沟通到位,没有表达清楚,导致了73条人命全部遇难的巨大悲剧。

思考:

1.飞行员、地面控制人员之间的沟通障碍在哪里?

2.不同对象的心理特点是如何影响沟通的?

3.如何解决这些沟通障碍?

第一节 沟通概述

一、沟通概述

(一)沟通的概念

沟通是指信息、思想和情感在个人或群体间传递并被理解的过程。如果信息或想法没有被传送到,则意味着沟通没有发生。比如,说话者没有听众,或者写作者没有读者,这些就都不能构成沟通。没有人与人之间的沟通就不可能实行领导,领导者只有通过向部属传达感受、意见和决定,才能对其施加影响;部属也只有通过沟通,才能使领导者正确地评估自己的活动,并使领导者关注部属的感受与问题。良好的沟通是组织管理中非常重要的一个方面。

(二)沟通的四大要素

(1)沟通主体。沟通主体又称为信息沟通的发送者。在一个沟通的过程中,总有一方是信息的主动发送者。

(2)沟通对象。沟通对象又称为信息的接受者,即在信息沟通过程中处于被动地接受信息的一方。不过,在沟通的不断循环过程中,信息的发送者和信息的发出者的身份会不断改变,特别是在双向沟通中,无论是哪一方,都既要充当信息发送者,又要充当信息的接受者。

(3)沟通内容。在沟通的过程中,所传递的信息包含的内容是多种多样的。

(4)沟通渠道。渠道是由信息发送者选择的,借以传递信息的媒介物。不同的沟通渠道其沟通效果是不同的,不同的信息内容应当选用不同的沟通渠道。

(三)沟通的作用

沟通之所以重要,是因为沟通无处不在。沟通的内容包罗万象,开会、谈话、对下属进行考核、谈判,甚至指导工作等都是在进行沟通。信息沟通的重要作用至少有以下三个方面。

(1)沟通是协调组织中各个体、各要素之间的关系,使组织成为一个整体的凝聚剂由于各成员的地位、利益、知识、能力以及对组织目标的理解和掌握信息的不同,就会产生不同的个人目标,要使组织目标能顺利实现,就需要相互交流意见,统一思想。没有沟通就没有协调,也就没有组织目标的实现。

(2)沟通是领导者激励下属,实现领导职能的基本途径。领导者要引导追随者为实现组织目标而共同努力,追随者要在领导者的带领下,在完成组织目标的同时实现自己的愿望,而这些都离不开相互之间的沟通。

(3)沟通也是企业与外部环境之间建立联系的桥梁。企业必须与外部环境进行有效的沟通。企业为了适应环境的变化,也必须与外界保持持久的沟通。

(三)沟通的过程

一般来说,信息沟通由以下几个步骤组成。

(1)信息发送者明确要进行沟通的信息内容。信息发送者发出信息是因为由于某种原因而希望接受者了解某些事,因此首先要明确信息内容。

(2)把信息译成一种双方都了解的符号(编码),如语言、文字、姿势等。要发送的信息只有经过编码,才能使信息通过信道得以传递。

(3)通过某种手段传递给对方,如口头交谈、书面文件、电话等。信息的传递主要是以语言为主要形式来展开的,在相互沟通中,存在着文件、会议、电话、面谈等多种具体形式。

(4)接收者对收到的信息进行解码,即了解和研究所收到的信息的内容和含义。这个解码过程关系到接收者是否能正确理解信息,如果搞得不好,信息就会被误解。

(5)接收者把所收到的或所理解的信息反馈到发送者那里供发送者核查。发送者和接收者对信息的理解和接受程度,受到各自专业水平、工作经验及环境等多种因素的影响,对同一个信息,不同的人常会有不同的理解。为了核查和纠正可能发生的偏差,就要借助反馈。一般来说,沟通过程中存在着许多干扰和扭曲信息传递的因素,我们通常将这些因素称为噪声。例如,信息的发送者使用模棱两可的符号可能造成编码错误,因接收者的漫不经心而可能造成接收错误,因为各种成见可能妨碍理解,等等,都属于信息沟通中的噪声。正是因为有噪声的存在,使得沟通的效率大为降低。因此,信息发送者了解信息被接收者理解的程度是十分必要的,通过反馈构成了沟通中的信息双向流动。

(6)发送者根据反馈回来的信息再发出信息,肯定原有的信息传递,或指出已发生的某些偏差并加以纠正。

(7)接收者按所接收到的信息采取行动,或作出自己的反应。信息传递的目的是发送者要看到接收者采取其所希望的正确行动,如果这个目的达不到,则说明沟通出现了问题。

信息沟通过程模型如图 10-1 所示。

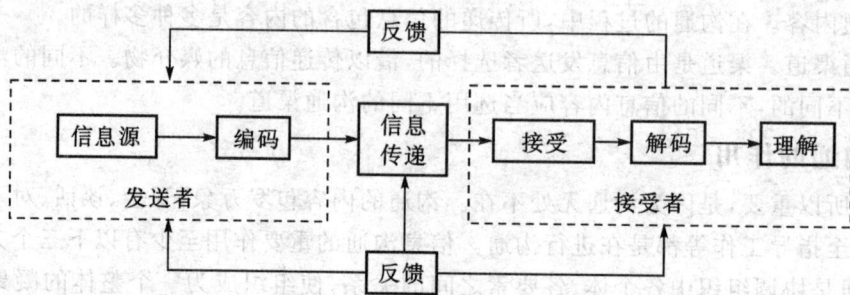

图 10-1　信息沟通过程的模型

(四)沟通的方式

人们在工作和生活中,会采用不同的沟通方式,而用的最多的是语言,这是我们人类特有的一个非常好的沟通方式。除了语言之外,有时我们还会用眼神、面部表情和手势等与人沟通。归纳起来,我们的沟通方式有两种,即语言的沟通和非语言的沟通。通过这两种不同方式的沟通,我们可以把信息、思想和感情传递给对方,并争取达成相互理解。

1.语言的沟通

语言沟通是建立在语言文字基础上并以其为载体的沟通形式,又分为口头沟通和书面沟通。

口头沟通是指以语言为媒介的信息传送,主要包括交谈、讲座、讨论会、电话等。其优点是信息传递速度快,并能及时得到反馈;其缺点是在信息口头传递的过程中有较大失真的可能性。书面沟通是指以文字为媒介的信息传递,主要包括报告、文件、书面合同等。它具有有形展示、长期保存、易于复制传播以及可作为受法律保护的依据等优点。相对于口头沟通,书面沟通有其缺点,如花费的时间较长、同等的书面沟通不如口头沟通传递的信息多、不能及时提供信息反馈等。

2.非语言的沟通

非语言沟通是指通过某些媒介而不是语言或文字来传递信息,包括身体语言、语调、对物体的运用等形式。人们往往习惯用非语言沟通的方式,比如面部表情、语音、语调等来强化语言沟通的效果。通过非语言沟通,可以更好地强化语言沟通的效果,但有时也能起到相反的作用,关键在于沟通人员对它的掌握和运用水平。

二、人际沟通与组织沟通

(一)人际沟通

人际沟通是指两个或两个以上的人之间的信息沟通,它是群体沟通和组织沟通的基础。管理者在一个组织中充当着各种不同的角色,进行着各种不同的人际沟通。

1.对人际沟通的理解

人际沟通含有多层意思,可以是传达、联系、交流,也有磋商、对话、谈判之意,它是人们相互之间通过交换语言和非语言信号来分享信息和相互影响的互动过程。

人际沟通的外观是信息的相互传递,沟通正是借助于信息为载体而得以进行的,没有信息就不会有沟通。在沟通过程中,信息的传递是相互的,双方在各自向对方提供一定信息的同时,也从对方那里获得一定的信息。

在沟通的过程中,相互之间交换信息只是沟通的表层现象,并不意味着相互之间已经理解对方的意图,更不意味着相互接受对方的观点。沟通的深层目的是相互影响和相互促进,它是一个互动过程,最终追求达成双方的共识。

2.个体行为对沟通的影响

人际沟通涉及两个或两个以上的人,沟通效果如何与所进行沟通的人的思维能力、情感、动机、精神状况和态度密切相关。个体行为对沟通的影响主要表现在以下几个方面。

(1)理解接受能力。

理解接受能力是指一个人从环境中接受信息情报的整个过程中所表现出来的感知能力,它是一个人认识周围客观事物的能力。一个人的理解接受过程包括听、看、感觉、观察、分析和追踪等方面能力发挥的过程。

同样的事物,不同的人有不同的看法,表明了不同的人的知觉过程和理解能力是不同的。在信息沟通过程中,接收者的个性、发送者的行为、传递的方式、信息传递时所处的环境都会影响接收者对信息的理解,而理解能力又在很大程度上影响着接收者接收信息后所采取的行为。对同一信息,由于人们理解力的不同,会产生不同的理解,从而产生不同的行为。

(2)个人的态度。

这里的态度是指一个人对他所接触到的人或事所采取的接受或反对的态度。研究表明,人们总是倾向于消除态度与行为之间的不一致。心理学家认为,人的态度包含着三个基本方面:①情感方面的因素。也就是说,每个人都有自己所喜欢的人和事,也有自己不喜欢的人和事。人们对于自己感兴趣的东西会比较关注,而对自己不喜欢的事物会加以反对或采取疏远的态度。这些行为都会使人对外界的信息接收打折扣,从而影响沟通的效果。②认知方面的因素。也就是一个人对某事物或人的了解程度及由此而产生的信任度。例如,你对某人或事比较了解和信任,那么对与此相关的信息你会比较关注并乐于接受;而对你不了解的人或事的信息的交流与沟通总会打些折扣。③行为的倾向性。每个人都有不同的个性特点,而不同的个性会影响其行为方式和沟通的效果。例如,权力欲强的人在与人沟通的过程中所考虑的重点往往是如何制服对方;自我感觉比较好的人常常刚慢自用,听不进别人的意见;比较刻板的人则常不允许哪怕是很小程度的含糊不清,对每件事都要求有精确的表述。这些都会影响到与他人的沟通。

管理者所在的组织是由一群人所组成的,了解人,注重个体行为对沟通的影响,对于提高沟通的有效性是非常重要的。忽视这一方面常常是人际沟通和组织沟通不良的基本原因。

(二)人际沟通的分类

1.单向沟通和双向沟通

从发信者与接收者是否有角色交换的角度看,人际沟通可分为单向沟通和双向沟通。

(1)单向沟通是在沟通过程中,发信者和接收者之间地位不变的沟通,如作报告、发指示、作演讲等。它们虽然也是一种交流活动,但主要是为了传播某些意见、思想,并不重视反馈。单向沟通往往具有速度快、秩序好、干扰少、条理清的优点。意见十分明确,不必讨论,又急需让建议者知道时,宜采取单向沟通方式。

(2)双向沟通是在沟通过程中,发送信息者与接受信息者之间的地位不断变换、发信息与反馈往返多次的沟通活动,如讨论、交谈、协商等。双向沟通是标准沟通,它调动了双方的积极性,有利于发展沟通关系,增加沟通容量,并使沟通的信息更加准确,是正确决策、增进良好的人际关系、加强群体凝聚力的重要手段。

2.告知型沟通、征询型沟通和说服型沟通

根据沟通的目的不同,人际沟通可分为告知型沟通、征询型沟通和说服型沟通。

(1)告知型沟通是以告知对方自己的意见为目的的沟通,一般以语言沟通方法进行。要求准确、明了,否则有可能会产生歧义。信息发送者的语气、语调和语速都有可能会影响沟通的效果。

(2)征询型沟通是以获得期待的信息为目的的沟通,一般以发问的方式进行。要求发问者谦虚、真诚、有礼貌。

(3)说服型沟通是以改变态度为目的的沟通,主要用说理的方法进行。说服型沟通具有较大的难度,因为它必须改变他人的观点、思想、情感、态度,而不是仅仅以传达到或被人接收到为结束。批评、规劝、调解与争议等都属于说服型沟通。

(三)组织沟通

人际沟通是指人与人之间的沟通,组织沟通则是指在组织内部进行的信息交流、联系和传递活动。在一个组织内部,既存在着人与人之间的沟通,也存在着部门与部门之间的沟通。组织沟通是以人际沟通为基础的,又比单纯的人际沟通更为复杂。

1.组织沟通的类型

在一个组织的内部,通常既有非正式的人际关系,又有正式的权力系统。因此,组织沟通

也可分为两大类,即正式沟通和非正式沟通。

所谓正式沟通,是指通过正式组织系统进行的沟通与信息交流。例如,当管理者要求某一员工完成某项任务时,他就是在进行正式沟通。员工将某一问题提交和上报给他的主管时,也是在进行正式沟通。任何发生于组织中既定的工作安排场合的沟通,都可称为正式沟通。正式沟通的优点是沟通效果较好、约束力强、保密性较高,可以使信息沟通具有权威性。其缺点是信息传递速度慢,在传递中可能出现失真或被扭曲。

所谓非正式沟通,是指通过组织正式途径之外的渠道进行的信息传递与交流。例如,员工们在餐厅或过道里的交谈或者在公司体育锻炼场所中的沟通都属于非正式的沟通。这种沟通与组织内部规章制度无关,它的沟通对象、时间及内容都是未经计划的,随机性较大,而且沟通中通常带有一定的感情色彩。非正式沟通一方面可满足组织成员社交的需要,另一方面可弥补和改进正式沟通的不足,因为非正式沟通比正式沟通传播速度快、传播范围广、信息比较准确。通过正式沟通渠道需要经过几个层次、花几天时间才能得到回复的信息,通过非正式沟通渠道,可能很快就可得到回复。但由于非正式沟通不负有正式沟通所具有的责任感,也不必遵循一定的程序,有可能会被夸大、曲解,造成失真,有时也会给组织带来一定的危害。

(1)正式沟通的类型。

正式沟通主要包括下行沟通、上行沟通、横向沟通和斜向沟通四种形式,如图 10-2 所示。

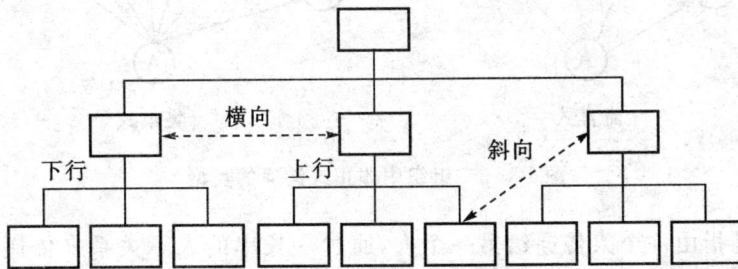

图 10-2　组织中正式沟通的类型

①下行沟通,是指在组织职权层次结构中,上级将信息传达给下级,信息从高层成员向低层成员流动。这种沟通常用于通知、命令、指导、协调和评价下属。当管理者给下属设置目标、布置任务、通报组织的有关政策和规定、指出需要注意的问题或者评估他们的业绩时,用的都是由上而下的沟通方式。

这种沟通增强了组织结构,但易形成权力气氛,影响下级积极性的发挥,且在沟通中缺乏对信息的反馈。

②上行沟通,是指信息从下属到上司、从较低的组织层次向比较高的组织层次传递的沟通形式。例如,下属提交的工作绩效报告、合理化建议、员工意见调查表等都属于这种沟通。组织中使用上行沟通方式的程度,与该组织的文化有关。如果管理者能够创造一个相互信任和尊重以及参与式决策并向员工授权的氛围,则组织中会有许多的上行沟通。而在一种高度刻板、专权的环境中,上行沟通虽然仍会发生,但是在沟通的风格和深度方面都会受到很大的限制。

③横向沟通,是指在组织内部同级或同层次成员之间的信息沟通。一个组织是由多个部门组成的有机整体,各部门之间存在着有机联系或依赖,通过有效的横向沟通,可以增强相互

之间的了解和工作上的协作配合,有利于组织目标的实现。在当今多变的环境中,为节省时间和促进协调,组织常需要横向的沟通。不过,要是员工不向管理者通报他们所作出的决策或采取的行动,则会造成冲突。

④斜向沟通,是指发生在组织中不同部门和跨组织层次的人员之间的信息沟通。例如,当信用部门的信用分析师,就某顾客的信用问题,直接与地区销售经理沟通时,就属于斜向沟通的情形,因为沟通的双方既不在同一部门,也不属于同一组织层次。从效率和速度角度看,斜向沟通是有益的。电子邮件的普遍使用更促进了斜向沟通。现在在许多组织中,一个员工可以通过电子邮件与任何其他的员工进行沟通,不论他们的工作部门和组织层次是否相同。然而,与横向沟通一样,要是员工不报告他们的管理者,斜向沟通也有可能造成问题。

(2)非正式沟通的类型。

组织中的非正式沟通也有四种不同的传递形式,即单线式、偶然式、集束式和流言式,如图10-3所示。

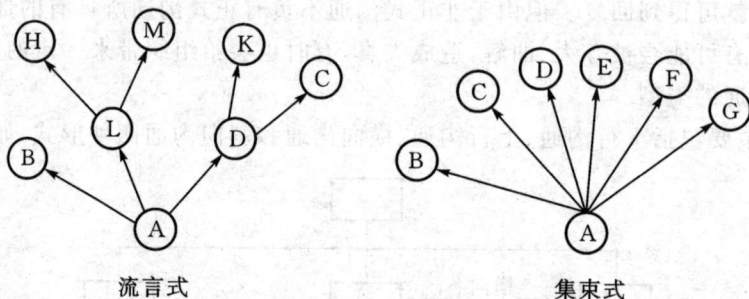

图10-3　组织中非正式沟通的类型

①单线式,是指由一个人传递给另一个人,通过一长串的人际关系来传递信息,而这一长串的人之间并不一定存在着正规的组织关系。

②偶然式,是指每一个人都是随机地将信息传递给其他人,信息通过一种随机的方式传播。"道听途说"就是其中的一种形式。

③集束式,是指信息发送者有选择地寻找一批对象传播信息,这些对象大多是一些与其亲近的人,并且这些对象在获得信息后又传递给自己的亲近者。

④流言式,是指信息发送者主动寻找机会,通过闲聊等方式向其他人散布信息。

非正式沟通的主要功能是传播职工所关心的相关信息,它取决于职工的个人兴趣和利益,与组织正式的要求无关。非正式沟通的存在有它的客观必然性,管理人员不能阻止它的发生,而只能引导它、利用它。例如,管理人员可以通过非正式沟通途径有计划地传递某些信息给特定的个人,也可利用非正式沟通散布一些待决定的问题或计划出台的措施,通过观察员工的反应来进一步修改或决定,从而避免与员工的正面冲突等。

2.组织沟通网络

信息的沟通都是通过一定的渠道进行的,由各沟通渠道所形成的结构形式称为沟通的网络。信息沟通的有效性与所选用的沟通网络有直接的关系。沟通的网络有以下几种基本形式,如图10-4所示。

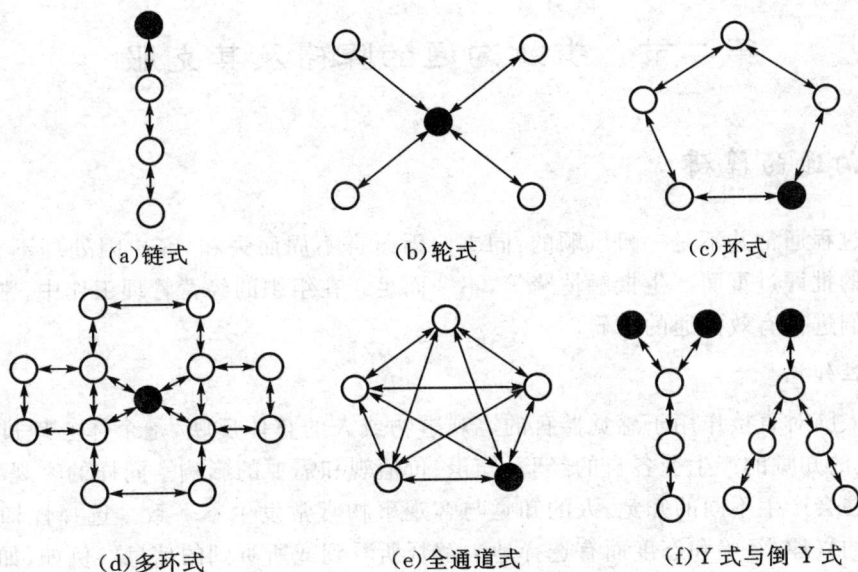

图 10-4 信息沟通网络示意图

在链式信息沟通网络中,信息按层次逐级传播,信息的交流与贯通可以自上而下进行,也可以自下而上进行。居于两端的人只能与其相邻的一个成员联系,而居于中间的人可分别与两端的人沟通信息。这表达的是典型的上下级权力关系与沟通方式。

在轮式信息沟通网络中,可以由处于中心地位的人跟周围的人进行交流与沟通,也可以由周围的人跟处于中心地位的人进行信息交流。在这样的网络中,所有信息都要通过管理者,管理者是各种信息的聚焦点与传递中心,其他下属之间不互相沟通。

在环式沟通网络中,信息可以由某人向左右两边的人进行交流,也可以由左右两边的人向某人进行传递,但不能跨越这一层次与其他成员联系。环式沟通也可以发展为多环式沟通。

在全通道式信息沟通网络中,允许组织中的每一个成员与其他成员自由沟通。这就像一个委员会,每一个人都可以自由地发表意见,拥有同等的权力,且沟通中无明显的中心人物。

在 Y 式信息沟通网络中,信息可以由两位上级通过一个人或部门逐级进行沟通,这一成员或部门是沟通的中心,是沟通的媒介。

在倒 Y 式信息沟通网络中,一位管理者通过一个人或部门同两个部门进行逐级的沟通,这就要求作为"瓶颈"的成员要善于沟通。

从沟通的效果看,每种沟通都有各自的优势。链式沟通过程中,层次分明,但两个相距较远的人之间只能进行间接沟通;轮式网络沟通的速度快,也容易控制,但周围的人缺乏沟通;环式网络沟通中,沟通的人都有与其他人进行沟通的机会,但沟通的速度比较慢;Y 式与倒 Y 式网络沟通的速度比较快,但上(下)面的两个人又都缺乏沟通;全通道式沟通网络无疑是所有网络中民主色彩最浓的,人人都参与沟通,而且是全方位的信息沟通,但缺乏一个信息中心,沟通有时会显得杂乱无章。因此,组织要根据实际需要来选择合适的沟通网络,使信息沟通更加有效。要是组织比较关注成员的满意度,则全通道式最佳;要是组织认为有一个强有力的领导人很重要,则轮式网络会更好;要是认为准确性最为重要,则链式和轮式更好。

第二节　有效沟通的障碍及其克服

一、有效沟通的障碍

沟通的过程通常并不是一帆风顺的:同事们因语言不周而失和,客户因处理不当而投诉,下级因上级的批评过重而产生抵触情绪等,不一而足。在组织的经营管理工作中,常常会面临许多影响人们进行有效沟通的障碍。

1. 选择性知觉

知觉是人脑对直接作用于感觉器官的客观事物或人的整体反映,是个体心理过程的主要成分之一,人的知觉的产生受各自的经验、知识、价值观和需要的影响。同样的客观事物,对于不同的人往往会产生不同的知觉,人的知觉与客观事物常常发生不一致。选择性知觉是指人们根据自己的兴趣、经验和态度而有选择地去解释所看到或所听到的信息。例如,如果一名负责面试的主考官主观上认为一般的女性总是重家庭而轻事业的,那么他就可能在女性求职者中突出这种信号,无论该求职者是否真的认为自己是这样的人。了解知觉的这一特征后,我们在与人沟通时,就应认真地了解对方的经历、兴趣、身份,并进行认真的分析研究,在我们发表意见时,就能使对方不至于产生理解上的误读,以使沟通顺利地进行。

2. 情绪

人总是带着某种情绪状态参与沟通活动的。一个人在高兴或痛苦的时候,会对同一信息作出截然不同的解释。极端的情绪更可能阻碍有效的沟通。比如,人在感情冲动时往往不易听进不同的意见。又比如,不能摆脱心情压抑状态的人大多数表现出孤僻、不愿与人交往的倾向,在公共场合很少说话,对别人的话也不感兴趣,对某些信息甚至会产生厌恶感。还有情绪偏颇,如急躁情绪、猜疑心理、妒忌心理等也会束缚沟通。与此相似,面对威胁,不管是真正存在的还是想象中的,人们都会表现出神情紧张,心理上处于防卫状态,并且歪曲理解信息。

3. 角色意识

"角色"一词原意是指演员在戏剧舞台上依照剧本所扮演的某一特定人物的专门术语。引进到社会学中,是指每个人作为社会的一分子,在社会大舞台上都扮演着角色,都得按照社会对这些角色的期待和要求,服从社会行为规范。但是,人们在实际沟通中,若自我角色意识太强,则会给沟通带来障碍。比如,素不相识的甲、乙两人在公园里相遇,通过攀谈双方本来都有好感,但经过深谈之后,甲得知乙是大学教授,因而肃然起敬,乙也得知甲是工厂工人,此时由于职业的不同和层次的差距,出现自我角色意识障碍:甲可能觉得自己与大学教授相比显得渺小,难以产生共鸣;而乙也可能自命不凡而拒绝与甲深谈。因此,甲、乙两人虽进行了接触,但未能达到更深层次的沟通。

4. 过滤

人们会对信息进行过滤,过滤是指人们对信息的操纵和筛选。比如,当有人向上级汇报的信息都是该管理者想听的信息时,这个人就是在过滤信息。这种现象普遍地存在于一些组织的沟通中:信息从一个人传到另一个人的一系列传递过程中,由于损失、遗忘和曲解等会造成信息沟通中的过滤现象。特别是在组织层次过多的企业里或传递环节过多的情况下,据一项研究表明,通常每经过一个中间环节信息就将丢失30%左右。企业董事会的决定经过五个等级的信息过滤后,信息损失可达80%。其中,副总裁这一级的保真率为63%,部门主管为56%,工厂经理为40%,第一线工长为30%,等传达到职工,就仅剩下20%的信息了,如图10-5所示。

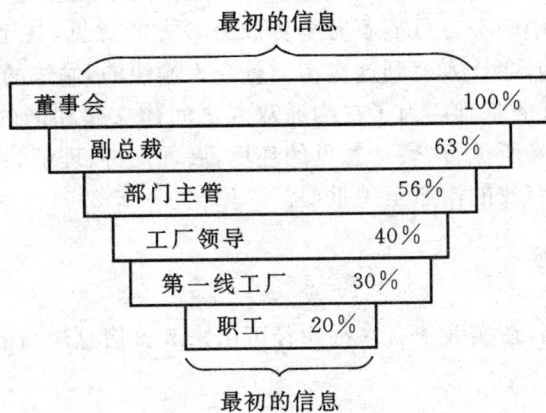

最初的信息

董事会	100%
副总裁	63%
部门主管	56%
工厂领导	40%
第一线工厂	30%
职工	20%

最初的信息

图 10-5 信息失真情况实例

5.语言

语言是人类最重要的沟通工具之一,然而语言又是一种极其复杂的工具。从表面上看,我们说的是同一种语言,但不同的人在语言的使用上却并不一致。同样的词汇,对不同的人来说,含义是不一样的。年龄、教育和文化背景是三个最明显的因素,它们影响着一个人的语言风格以及他对词汇的界定。在一个组织中,员工常常有着不同的背景,有着不同的言语习惯。即使是在同一组织但不同部门中工作的人员,有时也会有各自沟通中所用的专业术语。而信息发送者却常常误认为自己所用的词汇和短语在接收该信息的人心中也有同样的含义。这种错误的假设,会造成沟通的障碍。

此外,组织机构的不合理、文化习俗的不同或缺乏信息沟通的计划性等,都有可能成为有效沟通的障碍。

二、有效沟通的原则

进行有效的信息沟通是组织中所有人的职责。下列几项原则可以帮助我们克服沟通中的障碍。

1.要强调沟通的双向性

只传递而没有沟通的情况屡见不鲜,但信息只有为接收者所理解了,沟通才算真正完成。除非发送者得到反馈,否则他就不知道信息是否为对方所理解。可以通过提问、去信询问以及鼓励信息接收者对信息有所反应等方式来取得反馈。好的沟通绝不是你说我听,而应该是双向的,是双方互动的一个过程。

2.要考虑信息接收者的需要

信息只有为接收者所注意、理解、认同,才会产生良好的沟通效果。首先,信息的内容安排对接收者来说应是适用的、是有价值的,信息的内容应该同信息接收者的知识水平和组织气氛相适应;其次,信息发送者要用接收者熟悉的编码来传递信息,尽量避免使用不必要的专业术语;最后,传递信息所用媒介应是接收者容易和喜欢接触的媒介。

3.要强调沟通双方愉快的感受

信息沟通的职能不只是传递信息而已,它还涉及双方的心理感受,甚至是感情问题。如果在信息沟通之后,尽管其中的一方可能不完全赞成另一方的意见,甚至保留了自己的意见;但若双方的谈话是建设性的,会让人感到这次沟通是令人愉快的,愉快的感受将为双方以后的进一步沟通与合作奠定良好的基础。为了在沟通双方之间建立起和谐的人际关系,在沟通过程中,塑造一个让双方可以畅所欲言、表达意见的环境,展现支持、理解、肯定的态度,彼此尊重对方的情绪及意见,对达成有效的沟通至关重要。

三、有效沟通的途径

遵循有效沟通的原则,在实践中有多种途径可用来改善信息沟通的效果。

1.积极倾听

如何改善人们的沟通行为,一个至关重要的方面在于积极倾听。向别人倾诉是人的重要精神需求,而倾听别人的谈话对于参与沟通的人来说是一项必备的素质。倾听是对含义的一种主动的搜寻,单纯的听则是被动的接收。在倾听时,信息的发送者和接收者都在进行着思索。积极的倾听可以使自己获得更多的信息,可以给对方留下谦虚的印象,可以帮助自己准确理解对方的意图,以便作出进一步决策。

积极的倾听是指不带先入为主的判断或解释的对信息完整意义的接收,也就是设身处地地站到对方的立场和观点,去理解所接收到的信息。因此,它要求听者要全神贯注。这样,主管就必须避免打断下属的话,还要避免使他们处于防范心理状态,由此来获得更真实的信息和更和谐的气氛。

积极的倾听是有技巧可以应用的。以下的几条总结可以帮助我们更好地倾听别人:多问开放式的问题;适当地保持沉默:让谈话者无拘无束;向讲话者表现出有兴趣倾听他的谈话;克服心不在焉的现象;在适当的时候说出自己的理解;以设身处地的同情态度对待谈话者;要有耐心,不要过早地对对方的谈话作出判断;与人争辩或批评他人时态度要平和、宽容。

2.有效表达

由于语言可能成为沟通的障碍,因此,参与沟通的双方应选择好措辞,并注意表达的逻辑,使发送的信息清楚明确,易于被接收者理解。

(1)要遵循对事不对人的原则进行表达。该原则也可以用另外一句话来代替,即"谈行为而不谈个性"。行为指的是说过什么或做过什么。个性指的是一个人的特点和品质。谈个性很容易引起对方的误解,产生逆反心理,从一开始就建立一个比较负面的基础,沟通中的冲突也往往因此而起。如果换一种谈行为的方式,可能就不存在这样的问题。谈行为一是保证客观,二是让对方听起来也比较容易接受,所谈的内容是比较准确的信息。

(2)要充分发挥语言的魅力。在沟通的过程中,还需要充分发挥语言的魅力。比如:要把"你"和"你们",变成"我"和"我们",这样,沟通的双方可以变得更贴近。把"应该"变成"可能",不是说"你应该把这件事完成",而是说"如果可能的话,你是否可以怎么样怎么样"。措辞变了,对方接受起来会更加容易。

(3)要简化用语。参与沟通的双方要考虑到信息所指向的听众,以确保所用的语言能适合于该类信息的接收者。有效的沟通不仅需要信息被接收,而且需要信息被理解。通过简化用语,尽量使用与接收者一致的言语方式来发送信息,可以增进理解。

3.注重反馈

很多沟通问题是直接由于误解或理解不准确造成的。如果参与沟通的双方在沟通过程中能很好地运用反馈,则会减少这些问题的产生。反馈一般包括正面反馈、修正性反馈、负面反馈和没有反馈四种。

(1)正面反馈就是肯定对方,尤其是发现对方做得对或说得好的时候。正面的认知可以鼓励好的行为再度出现。如果一个组织当中无论成员做得好或不好,领导都同样没有表示,下一次他就会降低标准。

(2)修正性的反馈不等同于批评,它是既认可好的一面,同时又指出需要改进之处。通常当工作没有完全达到标准的时候,可以采取修正性反馈方式。

(3)负面的反馈就是批评。组织的领导者对成员要尽量少做负面反馈,负面的反馈会让下属意识到领导不满意,要努力把负面的反馈变成一种修正性的反馈。

(4)没有反馈就是无论对方做得好还是不好,都不告诉对方。没有反馈比负面反馈更糟糕:一方面让做得好的人不知道标准——反正我做得好你也不表扬我,下一次我就降低标准;另一方面,做得不好的人认为领导看见我这么做也没有说什么,就说明我没有问题,可以继续这么做下去。

4.控制情绪

情绪会使信息的传递严重受阻或失真。如果不能有效地驾驭情绪,就会有碍正常的沟通。当沟通的双方或某一方处于情绪偏颇状态时,很可能对所接收的信息发生误解或很难接收进去,在表达信息时也会不够准确和理智。遇到这种情况,最好能控制一下自己的情绪,待恢复平静后再进行沟通。

四、冲突

处理冲突的能力是管理者需要掌握的重要的技能之一。美国管理协会进行的一项对中层和高层经营管理人员的调查表明,管理者平均花费20%的时间处理冲突;冲突管理被认为是比决策、领导或沟通技能更为重要的一项管理技能,即处理冲突的能力与管理的成功成正相关。

(一)冲突的含义

冲突常指的是由于某种抵触或对立状况而感知到的不一致的差异。差异是否真实存在并没有关系。只要人们感觉到差异的存在,则冲突状态也就存在。

对于组织的冲突有着三种不同的观点:①冲突的传统观点。这种观点认为应该避免冲突,冲突本身表明了组织内部的机能失调。②冲突的人际关系观点。这种观点认为冲突是任何组织无可避免的必然的产物,但它并不一定会导致不幸,反而有可能成为有利于组织工作的积极动力。③冲突的相互作用观点。这也是最为新型的观点,认为冲突不仅可以成为组织中的积极动力,而且其中一些冲突对于组织或组织单元的有效运作是绝对必要的。相互作用的观点并不是说所有的冲突都是好的。一些冲突支持组织的目标,它们属于建设性类型,可将其称为功能正常的冲突。而一些冲突阻碍了组织实现目标,它们属功能失调的冲突,并属于破坏性类型。

(二)冲突产生的原因

研究表明,产生冲突的原因多种多样,但总体上可分为三类,即沟通差异、结构差异和人格差异。

1. 沟通差异

沟通差异是指由于语义困难、误解以及沟通通道中的噪声而造成的意见不一致。人们常常认为大多数冲突是由于缺乏沟通造成的,但事实上是,在许多冲突中常常进行着大量的沟通。很多人都将良好的沟通与别人同意自己的观点错误地等同起来。

2. 结构差异

组织中存在着水平和垂直方向的分化,这种结构上的分化导致了整合的困难。其经常造成的结果是冲突。这些冲突并非由于不良沟通或个人恩怨造成,而是植根于组织结构本身。

3. 人格差异

冲突可由个体的特性和价值观系统而引发。

(三)冲突管理的技巧

当冲突过于激烈时,管理者可以从五种冲突解决办法中进行选择,它们是回避、迁就、强制、妥协和合作。

1. 回避

回避即从冲突中退出或者抑制冲突。当冲突微不足道时,当冲突双方情绪极为激动而需要时间使他们恢复平静时,当行动所带来的潜在破坏性会超过冲突解决后获得的利益时,这些情况下采用这一策略十分有利。

2. 迁就

迁就的目标是把别人的需要和考虑放在高于自己的位置上,从而维持和谐关系。

3. 强制

强制是以牺牲对方为代价而满足自己的需要。在组织中这种方式通常被描述为管理者运用职权解决争端。

4. 妥协

妥协要求每一方都作出一定的有价值的让步。在劳资双方协商新的劳工合同时常常采用这种方法。当冲突双方势均力敌时,当希望对一项复杂问题取得暂行的解决方法时,当时间要求过紧需要一个权宜之计时,妥协是最佳策略。

5. 合作

合作是一种双赢解决方式,此时冲突各方都满足了自己的利益。它的典型特点是:各方之间开诚布公地讨论,积极倾听并理解双方的差异,对于利于双方的所有可能的解决办法进行仔细考察。当没有什么时间压力时,当冲突各方都希望双赢的解决方式时,合作是最好的冲突处理办法。

🌸 本章小结

管理沟通是指围绕组织目标,在管理活动中通过信号、媒介等途径有目的地交流观点、信息、情报、意见与感情的行为。管理沟通中包括四个基本要素:信息发送者、信息、通道和信息接收者。人际沟通是指人和人之间的信息传递和情感交流过程。在人际沟通过程中,信息发送者、沟通过程、信息接收者三个环节都可能出现沟通障碍,为了提高沟通效果,必须设法克服这些障碍因素的消极影响。组织沟通是组织内部沟通和组织外部沟通的整合,是组织围绕既定目标,通过各种信号、媒介和途径,有目的地交流观点、信息、意见和情感的行为。

🔍 案例讨论

西门子的内部沟通

西门子为其国际性的文化氛围而自豪。作为一家跨国公司,西门子努力改善管理方式及行为,加强开放式的沟通,建立良好的工作环境与氛围。为此,西门子建立有众多员工沟通渠道。西门子的沟通渠道包括如下几方面:

1. 内部媒体

西门子内部创办有许多媒体,是传达各种信息,进行员工间沟通的重要渠道之一。这些内部媒体包括《西门子世界》《西门子之声》以及各业务集团主办的各种内部沟通杂志。

《西门子世界》是西门子面向全球员工的内部沟通刊物,肩负着沟通西门子全球员工的重任。它包括封面故事、业务、团队、合作伙伴、趋势、家庭等栏目。

《西门子之声》是专门面对西门子中国员工的内部刊物,由西门子中国公司公关部编辑出版。它一般包括视点聚焦、新闻回顾、人物写真、领导才能、创新前沿、万花筒等栏目,起到沟通西门子中国员工的重要作用。

2. 内部网站

西门子内部网站是一个庞大而高效的沟通平台。西门子人事部建立有专门的网页,新员工可以登录了解如何融入公司,还分别为外国员工、合资工厂、各地区开辟专门的链接。其他方面,关于人事上的招聘、培训、出差、发展、投诉等内容一应俱全,一览无遗,并随时更新。

知情的员工的积极性更高。为了让每名西门子员工了解公司的最新信息,西门子为世界各地的西门子员工建立了"今日西门子"在线平台。"今日西门子"不仅包含西门子主题新闻故事和广泛的报道,而且开辟了交互式聊天室、论坛和调查。

3. 员工对话机制

在西门子,每名员工每年至少要与上司有一次非常系统的对话,即结合员工发展计划对话,特别是表现突出的重点、核心员工。通过员工对话,公司可以了解员工的想法,并针对其提出的问题制定解决之道。事实上,员工与上司的对话随时都在进行。

结合员工发展计划对话的内容包括员工的职责范围,业绩回顾与成功及失败原因分析,明年工作目标与任务的设定,分析现在素质与未来工作要求的差距,员工本人对职业发展的看法以及双方共同商定的发展措施等。

4. 员工沟通信息会

公司每年至少进行一次"员工沟通信息会",在公司政策、员工福利、职业发展等众多问题上听取员工的意见,与员工进行双向的沟通。

5.直接与高层沟通

员工在工作上若有不同的意见,也可以越过自己的直接上级向公司高层直接反映,与他们直接进行沟通。

6.新员工导入研讨会

西门子公司为新员工开设了"新员工导入研讨会",公司的CEO会参加每一期"新员工导入研讨会",为新员工介绍企业文化、公司背景等信息。CEO等高层直接面对面地与新员工进行交流。

7.员工培训

无论是新员工培训,还是经理人培训,都为员工之间进行沟通提供了机会。在所有的集体培训上,公司的CEO等高层领导都会亲自参加,与员工进行面对面的交流。

8.员工建议制度

这是让西门子引以为豪的做法。西门子鼓励员工为公司提出合理建议与意见,为改善公司业务与管理而出谋划策。被采纳的建议将迅速在公司中实施与推广,而被提出合理建议被公司采纳的员工,将得到公司从小礼物到10余万元现金不等的奖励。

好建议的标准很简单,包括三方面:节省费用、节省时间、提高质量。通过员工建议,西门子营造了非常活跃的气氛,鼓励大家发挥自己的聪明才智,为公司的业务的发展与组织的健全出谋划策。更重要的是,不论员工的建议是否被公司接受,这种沟通为每一位员工提供了"说话、参与"的机会,大大增强了大家的主人翁意识,真正使每一名员工能够成为西门子"企业内部的企业家"。

9.西门子员工满意度调查

西门子全球各地每年都会进行员工满意度调查,来了解全球员工的想法。通常,由一个12人组成的小组负责员工满意度调查的进行,从启动,到操作与实施,全由小组负责。小组的成员每年都要更新,每年有6个人从小组出来,再补进6个人。

讨论题:

1.试分析西门子公司的内部沟通的特点与作用。

2.西门子公司内部沟通如何改进与完善?

复习思考题

1.阐述一般信息沟通的构成要素与过程。

2.阐述管理沟通的功能、类型与网络。

3.分析人际沟通的特点以及如何克服沟通的障碍。

4.阐述如何有效地进行组织内部的沟通。

5.如何提高组织外部沟通效果?

第十一章

控制

📖 **本章要点**

◇控制的含义

◇有效控制的原则

◇控制的过程

◇前馈控制、反馈控制、直接控制与间接控制、集中控制与分控制之间的差别和重要意义

👥 **案例导入**

汤姆的目标与控制

汤姆担任工厂的厂长已经一年多了。他刚看了工厂有关当年实现目标情况的统计资料,厂里各方面工作的进展出乎意料,他为此气得说不出一句话来。他记得就任厂长后的第一件事情就是亲自制定了工厂一系列计划目标。具体地说,他要解决工厂的浪费问题,要解决职工超时工作的问题,要减少废料的运输问题。他具体规定:在一年要把购买原材料的费用降低10%～15%;把用于支付工人超时工作的费用从原来的11万美元减少到6万美元,要把废料运输费用降低3%。他把这些具体目标告诉了下属有关方面的负责人。

然而,他刚看过的年终统计资料却大大出乎他的意料。原材料的浪费比上年更为严重,原材料的浪费竟占总额的16%;职工超时费用也只降低到9万美元,远没有达到原定的目标;运输费用也根本没有降低。

他把这些情况告诉了负责生产的副厂长,并严肃批评了这位副厂长。但副厂长争辩说:"我曾对工人强调过要注意减少浪费的问题,我原以为工人也会按我的要求去做的。"人事部门的负责人也附和着说:"我已经为消减超时的费用作了最大的努力,只对那些必须支付的款项才支付。"而负责运输方面的负责人则说:"我对未能把运输费用减下来并不感到意外,我已经想尽了一切办法。我预测,明年的运输费用可能要上升3%～4%。"

在分别和有关方面的负责人交谈之后,汤姆又把他们召集起来布置新的要求,他说:"生产部门一定要把原材料的费用降低10%,人事部门一定要把超时费用降到7万美元;即使是运输费用要提高,但也决不能超过今年的标准,这就是我们明年的目标。我到明年底再看你们的结果!"

思考:

1.你认为导致汤姆控制失败的原因是什么?

2.汤姆的控制标准属于什么标准?

3.汤姆所制定的明年的目标能完成吗?为什么?

第一节　控制职能概述

一、控制的含义

"控制"一词最初来源于希腊语"掌舵术",意指领航者通过发号施令将偏离航线的船只驶回正常的轨道上来。由此说明,维持朝向目的地的航向,或者说维持达到目标的正确行动路线,是控制概念最核心的含义。

1.传统的定义

控制从其最传统的定义来说,就是纠正偏差(纠偏),亦即按照计划标准衡量所取得的成果,并纠正所发生的偏差,以确保计划目标的实现。

2.广义的定义

从广义的角度来理解,控制工作实际上应包括纠正偏差(纠偏)和修改标准(调适)这两个方面内容。这是因为,积极、有效的控制工作,不能仅限于针对计划执行中的问题采取"纠偏"措施,它还应该能促使管理者在适当的时候对原定的控制标准和目标作适当的修改,以便把不符合客观需要的活动拉回正确的轨道上来。这种引致控制标准和目标发生调整的行动——简称为"调适",是现代意义下组织控制工作的有机组成部分。就像在大海中航行的船只,一般情况下船长只需对原定的航向调整由于风浪和潮流作用而造成的航线偏离,但当出现巨大的风暴和故障时,船只也有可能需要整个改变航向,驶向新的目的地。

3.管理中的控制职能

作为一种管理职能,管理控制指为了实现组织目标,以计划为标准,由管理者对组织活动过程进行监测,将监测结果与计划目标相比较,找出偏差,分析其产生原因,并予以纠正的一系列活动过程。简单地说,控制就是管理者监督各项活动,以保证这些活动按计划进行,并纠正各种重要偏差的过程。

控制的概念可以从三个方面理解:①控制有很强的目的性,即控制是为了保证组织中的各项活动按计划进行;②控制是通过"监督"和"纠偏"来实现的;③控制是一个过程。

由此可见,控制既是一次管理循环的终点,是保证计划得以实现和组织按既定的路线发展的管理职能,又是新一轮管理循环的起点,要保证组织的活动按照计划进行,控制是必不可少的。

二、控制的重要性

法约尔曾经指出,控制必须施之于一切的事、人和工作。这是因为即使有完善的计划、有效的组织和领导,都不能保证组织目标的自然实现,而需要进行强有力的控制与监督。罗宾斯指出,有效的管理始终是督促他人、控制他人的活动,以保证应该采取的行动得以顺利进行,以及他人应该达到的目标得以实现。控制的重要性可以从以下几个方面来理解:

(一)适应组织环境变化

组织的目标和计划在制定出来后总要经过一段时间的实施才能够实现。在这段实施过程中,组织内部条件和外部环境可能会发生一些变化,如组织内部人员和结构的变化、政府可能出台的政策和法规等。这些变化的内外环境不仅会妨碍计划的实施过程,甚至可能影响计划本身的科学性和现实性。因此,任何组织都需要构建有效的控制系统,帮助管理人员预测和把握内外环境的变化,并对这些变化带来的机会和威胁作出正确、有力的反应。如图 11-1 所示,控制通过其"调适"作用,积极调整原定标准或重新制定新的标准,以确保组织对内外环境的适应性。

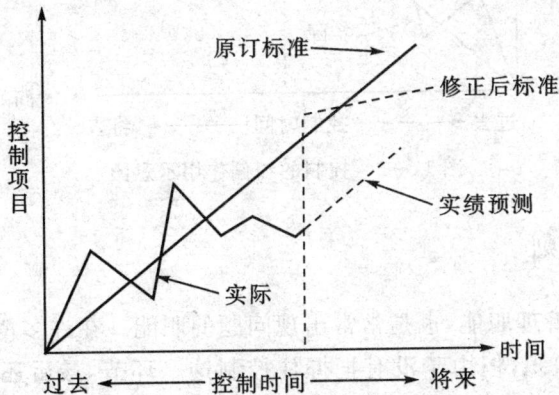

图 11-1　控制的调适作用示意图

(二)适应组织活动的复杂性,保证组织运行的秩序和协调性

随着社会各方面的迅速发展,各类组织的规模和内部结构也在不断趋于庞大和复杂化。每一组织的目标实现,都要经历一系列复杂的环节和艰巨的过程,都同组织结构各个方面的实际活动的秩序、协调、效率和效果紧密相关。组织活动的复杂性,要求组织不仅要制定明确的目标并在组织的各个环节上将其科学地分解,而且在目标的实施过程中,要进行大量的组织和协调工作。为了保证组织各个环节或部门的活动同组织总目标要求相一致,保证每一项具体活动工作顺利进行,有效的组织控制是必不可少的。

(三)限制偏差的积累

一般来说,任何工作的展开都难免要出现一些偏差。虽然小的偏差和失误不会立即给组织带来严重的损害,但是在组织运行一段时间后,随着小差错的积少成多和积累的放大,最终可能对计划目标的实现造成威胁,甚至给组织酿成灾难性的后果。防微杜渐,及早地发现潜在的错误和问题,并及时进行处理,及时地采取矫正偏差的措施,以防止偏差的积累而影响到组织目标的顺利实现,有助于确保组织按预定的轨迹运行下去。如图 11-2 所示,控制通过其"纠偏"作用,使计划执行中的偏差得以防止或缩小,从而确保组织的稳定运行。

(四)降低成本

低成本优势是企业获得竞争优势的一个主要来源,它要求积极建立起达到有效规模的生产设施,强化成本控制,减少浪费。为了达到这些目标,有必要在管理方面对成本控制予以高度重视,通过有效的控制可以降低成本,增加产出。

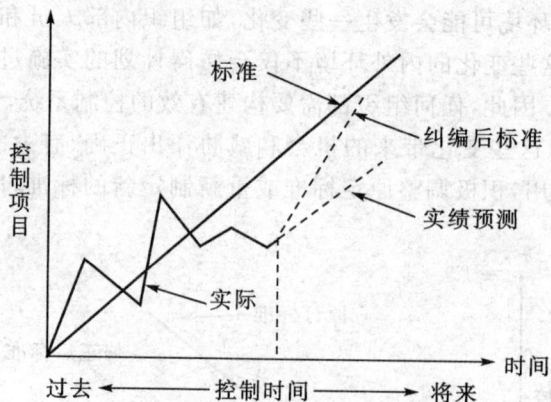

图 11-2　控制的纠偏作用示意图

三、有效控制的原则

控制是一项重要的管理职能,也是常常出现问题的职能。在许多情况下,人们制定了良好的计划,也有了适当的组织,但由于没有把握住控制这一环节,最后还是达不到预期的目的。所以,我们必须认真思考和研究如何有效地进行控制工作。有效的控制必须具备一定的条件并遵循科学的控制原则。下面介绍几种主要的控制原则。

(一)未来导向原则

未来导向的原则,是指控制工作应当着眼未来,而不是只有当出现了偏差才进行控制。由于在整个控制系统中存在着时滞,所以管理人员越是能够有效地预防偏差或及时地采取措施纠正偏差。也就是说,控制应该是面向未来的。实际上这条原则往往被忽视。主要原因是现有的管理工作水平不太容易预测未来的不肯定因素,管理人员一般仍依赖历史数据。但我们要投入更大的精力来从事面向未来的控制,对于增强工作的主动性具有重要的意义。

(二)关键点原则

所谓关键点原则,是指控制工作要突出重点,不能只从某个局部利益出发,要针对重要的、关键的因素实施重点控制。事实上,组织中的活动往往错综复杂,管理者根本无法对每一个方面实施完全的控制,应该将注意力集中于计划执行中的一些关键影响因素上。因此,找出或确定这些关键因素,并建议重点控制,是一种有效的控制方法。控制住了关键点,也就基本上控制了全局。

(三)例外原则

所谓例外原则,是指控制工作应着重于计划实施中的例外偏差(超出一般情况的特别好或特别坏的情况)。这可使管理者把精力集中在重要问题上。但是,只注意例外情况是不够的,对例外情况的重视程度不应仅仅依据偏差的大小而定,同时需要考虑客观实际情况。在偏离标准的各种情况中,有一些是无关紧要的,而另一些则不然,某些微小的偏差可能比某些较大的偏差影响更大。因为在一个特定的组织中,不同工作的重要程度各不相同。例如,在某一企业中,对"合理化建议"的奖励超出 20％可能无关紧要,而产品的合格率下降 1％却可能使所有产品滞销。

（四）及时性原则

控制的及时性是指在控制工作中及时发现偏差,并能及时采取措施纠正。一个有效的控制系统必须能够提供及时的信息。信息是控制的基础。为提高控制的及时性,信息的收集和传递必须及时。如果信息的收集和传递不及时,信息处理的时间又过长,则偏差就不能及时纠正。当采取纠正措施时,如果实际情况已经发生了变化,这时采取的措施如果不变,不仅不能产生积极作用。反而会带来消极影响。

控制信息滞后往往会造成不可弥补的损失。时滞现象是反馈控制系统一个难以克服的困难。较好的解决办法是采用前馈控制,使管理者尽早发现乃至预测到偏差的产生。采取预防性措施,使工作的开展在最初阶段就能够沿着目标方向进行,即使有了偏差,也能及时纠正,把损失降到最低程度。控制要做到及时性,必须依靠现代化的信息管理系统,随时传递信息,随时掌握工作进度,如此才能尽早发现偏差,进而及时采取措施进行控制。

（五）客观性原则

控制的客观性是指在控制工作中,管理者不能凭个人的主观经验或直觉判断,而应采用科学的方法,尊重客观事实。

控制工作的客观性要求控制系统应尽可能提供和使用无偏见的、详细的、可以被证实和理解的信息。同时,还要求必须具有客观的、准确的和适当的控制标准。管理难免有许多主观的因素在内,但是对于下属工作的评价,不应仅凭主观来决定。在整个控制过程中,主观判断不仅可能使绩效的衡量得不出明确的结论,而且还会使纠正偏差的力度难于把握,从而使现实工作更加混乱。

为了保证控制的客观性,就要求尽可能将衡量标准加以量化。量化程度越高,控制越规范。但是,在诸多衡量标准中总有一些是定性的和难于量化的。总之,客观标准可以是定量的,也可以是定性的,但要做到客观,关键问题是使标准在任何情况下都是可测定和可考核的。

（六）准确性原则

一个控制系统要想行之有效,必须具备准确性。一个提供不准确信息的控制系统将会导致管理者在应该行动的时候没有行动,没有出现问题反而采取了行动。基于不准确信息的种种决策,往往是错误的决策,会使整个组织蒙受损失。

现实中由于各种因素的影响,常常将不准确性带入控制系统之中。有时可能是因为衡量绩效的工具精确度不够,使衡量结果的误差过大;有时则可能是工作人员出于个人利益,人为地虚报数据。因此,管理者需要选择适用的、精确的绩效衡量方法和工具来避免产生误差,同时还要采取预防措施,运用先进的管理技能避免出现弄虚作假行为。

（七）经济性原则

控制活动需要经费。是否进行控制,控制到什么程度,都要考虑费用问题。应将控制所需的费用同控制所产生的结果进行比较。当通过控制所获得的价值大于它所需费用时,才有必要实施控制。所以,从经济性的角度考虑,控制系统并不是越复杂越好,控制力度也不是越大越好。控制系统越复杂,控制工作力度越大,意味着控制的投入也越大。而且在许多情况下,这种投入的增加并不一定会导致计划能更顺利地实现。管理者应尝试使用能产生期望结果的最少量的控制。如果控制能够以最小的费用或其他代价来实现预期的控制目的,那么这种控制系统就是最有成效的。

四、控制的内容

美国管理学家斯蒂芬·罗宾斯(Stephen P·Robbins)认为控制的内容包括对人员、财务、作业、信息和组织绩效等五个方面的控制。

(一)对人员的控制

组织的目标任务是由人来完成的,为了使员工按照管理者所制定的计划去实现组织的目标任务,就必须对人员进行有效的控制。对人员进行控制最常用的方法之一就是直接巡视,及时发现问题及时解决;另一方法是对员工工作表现进行评估。通过评估,针对员工的工作表现,进行奖励或惩罚,并对员工存在的问题进行指导、帮助和解决。

(二)对财务的控制

利润是许多组织尤其是企业追求的主要目标之一,为了实现企业的利润目标,必须对财务进行控制。这主要包括审核自身的财务报表,以保证有一定的资金支付各种费用,当然,我们也应对费用进行控制,以保证成本不会提高和各项资产都得到充分有效的利用。

(三)对作业的控制

作业控制就是对企业从生产要素投入到最终产品和服务产出的转换过程的控制。典型的作业控制包括:监督生产活动以保证其按计划进行;评价购买能力,以尽可能低的价格提供所需要的一定质量和数量的原材料;监督企业的产品或服务的质量,以保证满足预定的标准;保证所有的设备得到良好的维护。

(四)对信息的控制

知识和信息在现代的知识经济时代中是重要的资源。准确、及时、适量、经济的信息,会大大提高企业的效率。因此,在企业中对信息的控制显得尤为重要。

(五)对绩效的控制

在企业内部,绩效是高层管理者的控制对象,企业目标是否实现都从这里反映出来。在企业外部,证券分析人员、潜在的投资者、贷款银行、供应商、消费者以及政府部门也十分关注企业的绩效。要有效实施对绩效的控制,关键在于科学地衡量和评价企业绩效。

五、控制的类别

(一)前馈控制、同步控制和反馈控制

控制可以发生在活动开始前、活动进行过程中、或活动完成之后。按控制点的位置不同可分为前馈控制、同步控制、反馈控制,如图 11-3 所示。

前馈控制(feedforward control)是在活动开展之前就认真分析研究进行预测并采取防范措施,使可能出现的偏差在事先就可以筹划和解决的控制方法,叫做前馈式控制,又称预先控制或事前控制,它是最理想的控制类型。同步控制(concurrent control)又称现场控制或现时控制,是指计划实施过程中,于现场及时发现存在的偏差或潜在的偏差,即时提供改进措施以纠正偏差的一种方式,它主要是基层主管人员采取的一种控制工作方法。反馈控制(feedbacks control)是在工作结束或行为发生之后进行的控制,故常称作事后控制。这种控制把注

```
  ┌──────┐      ┌──────┐      ┌──────┐
  │ 输入 │─────→│ 过程 │─────→│ 输出 │
  └──────┘      └──────┘      └──────┘
      ↑             ↑             ↑
   ╭──────╮     ╭──────╮     ╭──────╮
   │前馈式 │     │同步式 │     │反馈式 │
   │控制  │     │控制  │     │控制  │
   │预测可能│     │在问题发│     │在问题出│
   │出现  │     │生时解决│     │现后解决│
   │的问题 │     │      │     │      │
   ╰──────╯     ╰──────╯     ╰──────╯
```

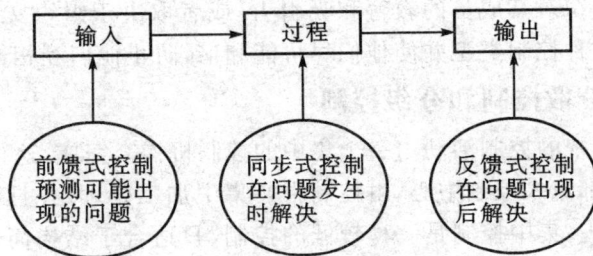

图 11-3 前馈控制、同步控制和反馈控制

意力主要集中于工作或行为的结果上,通过对已形成的结果进行测量、比较和分析,发现偏差情况,依此采取措施,对今后的活动进行纠正。比如,企业发现不合格产品后追究当事人的责任且制定防范再次出现质量事故的新规章,发现产品销路不畅而相应作出减产、转产或加强促销的决定,以及学校对违纪学生进行处罚等,这些都属于反馈控制。

(二)直接控制和间接控制

间接控制是指根据计划和标准考核工作的实际结果,分析出现偏差的原因,并追究责任者的个人责任以使其改进未来工作的一种控制方法,多见于上级管理者对下级人员工作过程的控制。直接控制是相对于间接控制而言的。它是指通过提高管理人员素质,使他们改善管理工作,从而防止出现因管理不善而造成的不良后果的一种控制方式。这种控制方式的特点是通过培训等形式,着力提高管理人员的素质和责任感,并在控制过程中实施自我控制。

(三)预防控制和更正控制

根据控制活动的性质划分控制的种类,可以把控制划分为预防性控制和更正性控制。使用预防性控制是为了避免产生错误又尽量减少今后的更正活动。例如,国家加强法制工作,制定较详细的法律条文并大力宣传,这就是预防性控制措施。一般说来,规章制度工作程序,人员训练和培养计划都起着预防控制的作用。在设计预防性控制措施时,人们所遵循的原则都是为了更有效的达成组织目标。然而,要是这些预防性的规章制度等能够真正被执行,必须有良好的监控机构作为保证。在实际管理工作中更正性控制使用的更普遍一些,其目的是,当出现偏差时,是行为或实施进程返回到预先确定的或所希望的水平。例如,国家发现某些地区走私现象严重,为了改变这种现象,在交通要道和关口设立了一些检查站,以希望减少走私活动。再例如,审计制度增加了管理部门采取迅速更正措施的能力,因为定期对企业进行检查,有助于及时发现问题并及时采取措施解决问题。

(四)正式组织控制、群体控制和自我控制

正式组织控制是对管理人员设计和建立起来的一些正式机构或规定来进行控制。像规划、预算和审计等部门是正式组织控制的典型例子。群体控制基于群体成员们的价值观念和行为准则,它是由非正式组织发展和维持的。群体控制在某种程度上左右着职工的行为,处理得好,有利于达成组织目标;如果处理不好,将会给组织带来很大危害。个人自我控制是个人有意识地去按某一行为规范进行的控制活动。例如,一个职工不愿意把公家的东西据为己有,可能是由于他具有诚实、廉洁的品质,而不单单是怕被抓住遭惩罚。这是有意识的个人自我控制。以上三种控制(正式组织控制、群体控制和个人自我控制)有时是互相一致的,有时又是互

相抵触的。这取决于组织对其成员的教育和吸引力,或者取决于组织文化。有效的管理控制系统应该综合利用这三种控制类型并使他们尽可能和谐,防止他们互相冲突。

(五)集中控制、分散控制和分级控制

集中控制是指全系统的控制活动由一个集中的控制机构来完成,这种形式的特点是:所有信息(包括内部、外部)都流入控制中心,由控制中心集中加工处理,并且所有的控制指令也全部由控制中心统一下达。集中控制是一种较低的控制,只适合于结构简单的系统,例如,小型企业、家庭作坊。分散控制是指系统中的控制部分表现为若干个分散的、有一定相对独立性的子控制机构,这些机构在各自的职责范围内各司其职,各负其责,互不干涉,各自完成自己的目标。当然,这些目标是整个目标体系中的分目标。分级控制又称等级控制,是指系统的控制中心分解成多层次、分等级的控制体系,一般呈宝塔型,同系统的管理层次相呼应。

六、控制与其他管理职能的关系

(一)控制与计划的关系

计划为控制工作提供标准,没有计划,控制也就没有依据。计划起指导性的作用,而控制是为了保证组织的产出与计划相一致,控制到什么程度、怎么控制都取决于计划的要求;计划预先指出了所期望的行为和结果,而控制是按计划指导实施的行为和结果,有时会导致计划的改变;制订有效的计划需要信息,而这些信息多数是通过控制得到的;一些有效的控制方法,如预算、政策、程序、规则等,同时也是计划方法或计划本身。所以,计划越周密、全面,标准越清晰、具体,控制就容易;而控制工作越合理、高效,计划的实现就越有保障。如果只编制计划,而不对其执行情况进行控制,计划目标就很难得到实现。

(二)控制与组织的关系

管理者在设计组织结构时面临的首要问题是建立组织结构和权责关系,以使组织成员最有效地运用资源。管理的组织职能和控制职能是不可分割的,有效的管理者必须学会使它们协调地发挥作用。通过控制,管理者监督和评估组织战略和结构是否在按自己的意图发挥作用,如何改进它们,以及如果它们不能发挥作用,应该如何改变它们。所以从组织控制的角度来说,控制是管理者监督和规范组织的各项活动以保证它们按计划进行并纠正各种重要偏差的过程。然而,控制并不意味着只在事情发生后做出反应。它还意味着将组织保持在正常的运行轨道并预测可能发生的事情。由此可见,管理的控制职能是对组织的管理活动及其效果进行衡量和纠正,以确保组织的目标以及为此而拟定的计划得以实现。

(三)控制与人员配备的关系

人员配备职能的发挥不但为组织计划的贯彻执行提供了充足的人力资源,还为控制职能的发挥奠定了基础。人员选聘、培训和考核工作本身就是人员控制的重要内容,而控制职能则通过对计划执行过程中产生偏差的原因进行分析,对由于人员配备职能的原因造成的偏差采取措施进行纠正。

(四)控制与领导的关系

领导职能的发挥既反映在计划方案的编制中,也反映在组织结构的建立上,同时还反映在控制职能的发挥中。这意味着领导职能的发挥影响到组织控制系统的建立和控制工作的质

量。相应地,控制职能的发挥又有利于改进领导者的领导工作,提高领导者的工作效率。

总之,计划、组织、人员配备、领导职能是控制的基础,控制是在此基础上对具体组织活动的实施进行检查和调整,离开了一定的计划、组织、人员配备和领导,控制就无法正常进行。反过来讲,控制是计划、组织、人员配备、领导有效进行的必要保证,离开了适当的控制,计划、组织、人员配备、领导等职能都可能流于形式,得不到有效执行。因此,控制与其他职能之间的关系密不可分。明确的目标与计划,合理的组织机构与形式,科学的人员配备,英明的领导,这一切是实施控制的基础和保障。同时,控制也会影响到目标与计划的修改、组织机构的设计、人员的调整以及领导方式的改变。

第二节　控制的程序

一、进行控制的前提条件

任何形式的控制都需要一定的前提条件,这些条件影响控制过程的顺利进行。控制的基本前提条件有以下几方面:

(一)要有一个科学的、切实可行的计划

控制就是保证目标和计划的实现,如果没有计划,就无法进行控制。因此,有效控制是以科学的计划为前提的。

(二)要有专门从事控制职能的组织机构

控制工作主要是根据各种信息,纠正计划执行中出现的偏差。要做到这一点,就要有专门控制工作的组织机构,建立健全与控制工作有关的规章制度,明确由何部门、何人来负责何种控制工作。如果没有控制机构,而由各部门自行控制,就难以防止执行部门由于自己的切身利益而出现的掩盖真相、报喜不报忧等情况。或由于忙于贯彻指令,无暇顾及调查研究,分析评价难以反映真实情况。因此,有了控制机构的健全和相应的规章制度,控制工作就能收到预期的效果。

(三)控制要有反馈渠道

控制工作中的一个重要步骤就是将计划执行后的信息反馈给管理者,以便使管理者对预期目标与达到的目标水平进行比较分析。这种信息反馈的速度、准确性如何,直接影响到控制指令的正确性和纠偏措施的有效性。因此,订好了计划,明确了各部门和个人在控制中的职责以后,还必须设计和维护畅通的信息反馈渠道。有了畅通的信息反馈渠道,控制工作才能卓有成效地进行下去。信息反馈渠道的设计要注意两个问题:一要注意与控制工作有关的人员在信息传递中的任务与变化;二要事先规定好信息的传递程度、收集方法和时间要求等事项。

二、控制的步骤

各种不同组织的控制系统都有自己的运行程序,控制的基本程序一般包括确定控制标准、衡量实际业绩和采取纠偏行动三个步骤。

（一）确定控制标准

控制主要是对组织活动加以监督和约束，以求实现所期望的目标，为此必须首先确定一些标准，作为共同遵守的衡量尺度，作为比较的基础。没有科学合理的控制标准，就无法对管理活动进行控制。控制标准的制定要以计划和组织目标为依据，综合考虑控制对象的特点等多种因素，找到关键的控制环节，同时，也离不开制定标准的科学方法。

1. 选择控制目标

管理者在管理过程中一般都会对影响组织实现成果的因素进行全面的控制，但这种全面控制往往是不现实的，也是不经济的。所以，管理者应确定控制的目标，选择那些对实现组织成果有重大影响的因素作为重点控制的对象。

2. 制定控制标准

（1）控制标准的要求。

能在控制过程中发挥应有作用的控制标准需要满足如下基本要求：①关键点控制。②前瞻性。③对标准的量值、单位、可允许的偏差范围要有明确说明，对标准的表述，要通俗易懂，便于理解和把握，即简明性。④建立的标准要有利于组织目标的实现，要对每一项工作的衡量都明确规定有具体的时间幅度和具体的衡量内容与要求，以便能准确地反映组织活动的状态，即适用性。⑤管理控制工作覆盖组织活动的各个方面，制定出来的各项控制标准应该彼此协调，不可相互冲突，所以建立的标准应尽可能地协调一致、公平合理，即一致性。⑥因为建立标准的目的，是用它来衡量实际工作，并希望工作达到标准要求。所以，控制标准的建立必须考虑到工作人员的实际情况，包括他们的能力、使用的工具等。如果标准过高，人们将因根本无法实现而放弃努力；如果标准过低，人们的潜力又会得不到充分发挥，即可行性。⑦标准要便于对实际工作绩效的衡量、比较、考核和评价，要使控制便于对各部门的工作进行衡量，当出现偏差时，能找到相应的责任单位，即可操作性。⑧控制标准应该具有足够的灵活性，以适应各种不利的变化，或把握各种新的机会。

（2）制定控制标准的过程。

控制标准的制定是一个科学决策过程。这一过程的展开，首先要明确控制对象，然后选择好控制点，再确定具体的控制标准。

①确立控制对象。进行控制首先遇到的问题是"控制什么"，这是在决定控制标准之前首先需要解决的问题。组织活动的成果应该优先作为管理控制工作必须考虑的重点对象。对此，管理者需要明确分析组织活动想要实现什么样的目标，提出详细规定组织中各层次、各部门人员应取得什么样的工作成果。按照该目标体系的要求，管理者就可以对有关成果指标的完成情况进行考核和控制。

②选择关键控制点。关键控制点一般有以下特征：会影响整个工作运行过程的重要操作与事项；能在重大损失出现之前显示出差异的事项；能反映组织主要绩效水平的时间与空间分布。

③制定控制标准。由于控制的对象不同，控制标准的类型很多。因此，以计划过程中形成的可考核的目标直接作为控制标准；通过一些科学的方法将某一计划目标分解为一系列具体可操作的控制标准。

3.制定标准的方法

(1)统计方法。

根据组织的历史资料和其他单位的资料来确定控制标准。根据历史资料确定标准,需要有比较系统的、准确的统计资料,并充分考虑到各种因素变化的情况。所采用的统计资料越全面、系统,准确度越高,各种变动因素考虑得越周到,制定出来的标准就越合理。历史的统计资料作为某项工作确定标准的依据,具有简便易行的好处,但是据此制定的工作标准可能低于同行业的先进水平。

(2)工程技术方法。

在客观分析工作状况的基础上,利用准确的技术参数和实测数据来制定工作标准。这种方法比较科学,测定的标准也较为可靠,但需要的工作量较大,也比较复杂。

(3)经验估计法。

根据经验和判断来估计预期结果,建立标准的方法。这种方法比较简单,它主要是根据管理者的经验和主观判断来确定标准,因而又称为主观标准。越是复杂的任务,采用主观标准就越多。因此,要注意利用各方面的管理人员的知识和经验,综合大家的判断,列出一个相对先进合理的标准。

(二)衡量实际业绩

为了确定实际业绩,管理者必须得到有关的信息。所以控制的第二步就是衡量。衡量的结果一般来说有两种,或者事情正在按计划进行,或者事情的进程与计划存在着差距。假如事情正在按计划进行,保持继续进行就可以了。假如事情没有按计划进行,就意味着实际的进程与计划之间存在着偏差,就要分析偏差产生的原因,然后进行第三步工作。

衡量实际业绩,就是要采集实际工作的数据,了解和掌握工作的实际情况。在衡量的过程中,管理者应注意以下三个问题:①通过衡量业绩,检验标准的客观性和有效性,是要分析通过对标准执行情况的测量能否符合控制需要的信息。②确定适宜的衡量频度控制过多或不足都会影响控制的有效性。一般情况下,需要控制的对象可能发生重大变化的时间间隔是确定适宜的衡量频度所需考虑的主要因素。③建立信息反馈系统应该建立有效的信息反馈网络,使反映实际工作情况的信息适时地传递给适当的管理人员,使之能与预定标准相比较,及时发现问题。

1.确定衡量方式

(1)衡量的项目。

衡量什么是衡量工作的起点和前提,管理者应该针对决定实际工作成效好坏的重要特征项目进行衡量。但实际中容易出现一种趋向,即侧重于衡量那些易衡量的项目,而忽视那些不易衡量、较不明显但实际相当重要的项目。实绩衡量应该围绕好绩效的主要特征项来进行,而不能够偏向那些易衡量的项目。

(2)衡量的方法。

要获得实际工作绩效方面的资料和信息,管理者可通过如下几种方法:观察、报表与报告、抽样调查、召开会议、推断等。以上几种方法各有利弊,在运用时应该多种方法结合使用,以保证所获信息的准确性。

(3)衡量的频度。

衡量的频度也即衡量实绩的次数或频率,通俗地说就是间隔多长时间衡量一次。当然,对不同的衡量对象,应该有不同的衡量频率。适宜的衡量频率是有效控制的体现,衡量频率过高,不但会增加成本,而且还可能影响有关人员的积极性;但控制频率过低,则可能无法及时发现重大偏差,从而影响组织目标的实现。

(4)衡量的主体。

衡量实际工作成效的人可以是工作者本人,还可以是同一层级的其他人员、上级主管人员或职能部门的人员等。衡量的主体不同,会对控制方式和效果产生不同影响。有效的控制应该采取三者结合并以自我控制为主的方法。

(5)建立信息反馈系统。

斯蒂芬·罗宾斯认为在衡量实际业绩时有四种最常用的信息来源:亲自观察、统计报告、口头报告和书面报告。上述的四种信息来源最好能把它们进行综合使用。这样,既能增加输入信息来源的数量,又能提高获得可靠信息的可能性。管理控制工作的有效性对信息有如下要求:①信息的及时性。一是对那些事过境迁后不能追忆和不能再现的重要信息要及时记录;二是信息的加工、检索和传递要快。②信息的可靠性。它除了与信息的精确程度有关外,还与信息的完整性成正比关系。通常要求在信息的可靠性与及时性之间作出折衷选择。③信息的适用性。应提供尽量精炼而又能满足控制要求的有用信息。

2.通过衡量成绩,检验标准的客观性和有效性

衡量工作成效是以预定的标准为依据来进行的。如果偏差是在标准执行中出现的问题,那么需要纠正执行行为本身;如果是标准本身存在的问题,则要修正和更新预定的标准。这样利用预定标准去检查各部门、各阶段和每个人工作的过程就同时也是对标准的客观性和有效性进行检验的过程。

(三)采取纠偏行动

对实际工作成效加以衡量后,下一步就应该将衡量的结果与标准进行对比。如果有较大的偏差,则要分析造成偏差的原因并采取纠正措施;如果没有偏差,则宜首先分析控制标准是否有足够的先进性,在认定标准水平合适的情况下,将之作为成功经验予以分析总结,以用于今后的或其他方面的工作。这一步骤是控制过程的关键。

我们还可把纠偏行动分为立即纠偏行动和根本性纠偏行动。立即纠偏行动(immediate corrective action)又称补救性纠偏行动,是指立即纠正出现的问题,使业绩回到设定的轨道上来。根本性纠偏行动(basic corrective action)是指找出偏差是如何出现的、为何出现等问题的答案,然后采取行动纠正偏差的根源。

采取纠偏行动这一步骤反映了控制的强制性。为了保证纠偏措施的针对性和有效性,必须在制定和实施纠偏措施的过程中注意下述问题:

1.找出偏差产生的主要原因

实际上并非所有的偏差都会影响企业的最终成果,有些偏差可能是由于计划本身和执行过程中的问题造成的,而另一些偏差则可能是由于某些偶然、暂时、局部性的因素引起的,从而不一定会对组织活动的最终结果产生重要影响。因此,在采取纠偏措施之前,必须首先对反映偏差的偏差的信息进行评估和分析。首先,要判断偏差的严重程度,是否构成对组织活动效率的威胁,从而值得去分析原因,采取纠正措施;其次,要探寻导致偏差产生的主要原因。纠正措施的制定是以偏差原因的分析为依据的。

2.确定纠偏措施的实施对象

在管理控制过程中,需要予以纠偏的可能不仅是企业的实际活动,也包括指导这些活动的计划或事先确定的衡量这些活动的标准。纠偏措施的实施对象可能是组织所进行的活动,也可能是衡量的标准,甚至是指导活动的计划。预定计划或标准的调整是由两种原因决定的:一是原先的计划或标准制定的不科学,在执行中发现了问题;二是由于内外部环境发生了变化,原来正确的计划和标准,不再适应新形势的需要。

第三节 控制的方法

一、预算控制

(一)预算控制的概念

1.预算控制的含义

预算是对未来一段时期内将组织的决策目标及其资源配置规划加以定量化并使之得以实现的内部管理活动或过程,简单地说,是某一个时期具体的、数字化的计划。确定预算数字的方法可以采用统计方法、经验方法或工程方法。因此,它或是按财务项目(例如收入和费用以及资金等),或是按非财务项目(例如直接工时、材料、实物销售量和生产量等)来表明组织的预期成果。

2.预算的作用

预算是各种领域的管理者最基本的一种控制工具。无论是企业还是政府机关、文化组织等,都需要运用预算来进行控制。

(1)预算是一种计划的工具,编制预算能使确定目标和拟定标准的计划工作得到改进。预算是主要控制手段之一。编制预算实际上就是控制过程的第一步——建立标准。由于预算是以数量化的方式来表明管理工作的标准,从而本身就有可考核性,因而有利于根据标准来评定工作的成效,衡量业绩(控制过程的第二步),并采取纠正措施,纠正偏差(控制过程第三步)。

(2)预算也是一种控制手段,有利于改进组织的协调和控制工作。当为组织的各个职能部门都编制了预算时,就为协调组织的活动提供了基础。同时,由于对预期结果的偏离将更容易被查明和评定,预算也为控制工作中的纠正措施奠定了基础。

(二)预算的种类

预算的种类很多,对企业而言,主要有:①收支预算。这是一最基本的预算形式,使用金额表示的,例如销售及相应费用预算。②现金预算。这主要反映计划期间预计的现金收支的详细情况,在完成了初步的现金预算后,就可以知道企业在计划期间需要多少资金,财务主管人员就可以预先安排和筹措,以满足资金的需求,如现金流量表。③投资预算。这是对企业的固定资产的购置、扩建、改造更新等,在可行性研究的基础上编制的预算,它具体反映在何时进行投资、投资多少、资金从何处取得、何时可获得收益、需要多少时间回收全部投资等,如基本建设预算。④资金平衡预算。这是控制企业经济活动的一种重要手段,主要对企业的资产、负债、所有者权益及其相互关系进行预测,如企业的资产负债表。除此之外,还有一些反映物资设备、人事规划、市场开发等方面支出的各种专项预算。

随着社会的发展,出现了许多现代预算控制方法,如弹性预算、零基预算等。

1. 弹性预算

(1)弹性预算的概念。

所谓弹性预算就是按不同的生产量编制不同的预算。企业按照预算期内不同经营活动水平,考虑了固定成本、变动成本与经营活动水平的关系而编制的一种预算,这种预算方法比较符合实际,能有效地控制费用支出。以生产企业为例介绍一下:制造费用等间接费用包含有固定成分,也有变动成分,它会随产量而变,但又不与产量成正比。所以编制制造费用预算,确定制造费用标准时就应该考虑到这个因素,通常采用弹性预算来处理这个问题。选择适当的生产量计量单位来衡量制造费用是很重要的。否则,费用的变动性不易掌握,预算费用就不可靠。一般而言,产品单一的车间可用生产量;多品种车间因产品加工不同,可选用劳动定额工时;动力车间供应能源,可使用电度量或煤炭量、蒸汽量等;修理车间提供劳务,可用修理工时;服务部门,可用企业共同的工作量计量单位。

(2)弹性预算编制步骤。

弹性预算的具体编制步骤是:①选择和确定与预算内容相关的业务量计量标准和范围。如产销量、材料消耗量、直接人工小时、机器工时和价格等。②计算、确定各经济变量之间的数量关系,预测计划期或预算期可能达到的各种经营活动业务量。③计算各种业务量的财务预算数额,并以列表、图示或公式等方式表示。弹性预算方法实际上仅指出变动成本具有弹性。

弹性预算一方面能够适应不同经营活动情况的变化,扩大了预算的适用范围,更好地发挥预算的控制作用,避免在实际情况发生变化时,就要重编预算或作修改。另一方面能够使预算的实际执行情况的评价和考核,建立在更加客观的基础上。为了加强预算控制,企业应根据自身情况选择相应的项目编制弹性预算。

2. 零基预算

(1)零基预算的含义。

零基预算,是指以零点为基础而制定的预算。也就是排除过去和现实中存在而又可以避免的种种消极因素的影响,把各项生产经营业务视为从头开始的新工作加以安排,客观考虑其获取收益、发生开支和实现利润的可能性,并据以制定预算。

(2)零基预算的优势。

①零基预算作为一种预算模式,能提高费用使用效益,每项费用数额要依据成本——效益分析确定,这就要求合理分配资金,充分发挥每项费用的使用效益。

②采用零基预算可以调动各级管理人员的积极性,零基预算不受原有开支水平的限制,没有框框,需要各级管理人员充分发挥主观能动性和创造性,根据具体情况制订方案。

(3)零基预算的编制程序。

①拟订方案。根据企业的预算总目标和总方针,制定本部门每一项独立的生产经营业务活动的拟订方案,确定活动目标,计算需要支出和费用。

②评定方案。对每一项业务活动所需要的费用进行成本——效益分析,计算每一项支出和费用可能取得的效益,根据费用项目的性质来权衡轻重、排列顺序、区别等级。

③落实方案。根据可动用的资金或企业分给本部门所能使用的资金,结合对每项费用的

评价,按照排列顺序分配资金、落实方案。

(4)零基预算编制的缺点。

在编制零基预算时,其目的仍与上一年相同,并在此基础上对增量进行调整。因此,企业管理人员只会关注其中与上一年不同的地方,这等于又回到增量预算上了。第二,从企业内部选择的管理人员多是基层提拔上来的,他们掌握着以前所从事工作方面的知识和信息,对基础预算已经非常了解,所以现在只需熟悉基础预算的变动就可以了。因此,在实际工作中,零基预算很可能犹如画圆,费了半天劲,由终点又回到了起点。

(三)预算的优缺点

1. 预算的优点

(1)可以对组织中复杂纷繁的业务大都采用货币来加以控制,便于对各种不同业务进行综合比较和评价。电视广告、原材料数量以及债务和保险等都可以用成本与收益在预算中反映出来。货币语言有其局限性,但是,它却是适于进行总结和比较。货币,与企业、政府或甚至于军事部门管理中的任何其他衡量手段相比,更能被应用在广泛的领域内。财政预算正是利用了货币单位的这种独特性质。

(2)有利于日常的工作记录和信息系统的改善。例如,为了进行税款申报、财政报告以及内部管理,必须保持精细的会计记录。在进行预算中我们利用这一系统,而不是另用一套新的记录。有关过去情况的数字很可能早已有了。可能会附加一些新的核算或报告,但是基本的情报系统已经存在而且很易于利用。

(3)有利于节约成本。预算内所列的都是将影响到所记录的利润或亏损的东西。因此,在预算中受到控制的项目很容易地节约费用,获取更多的利润。

(4)可以有效地激励管理人员。作为对其他有效的管理活动的激励因素,预算具有重大的作用。采用了预算控制,这些活动的管理人员的积极性和主动性可以充分地调动起来。

2. 预算的缺点

预算是一种有效的控制手段,但是,预算工作中存在着一些使预算控制失效的危险倾向,这就是预算的缺点。主要表现在以下几个方面:

(1)预算过繁。由于对细微的支出也作了琐细的规定,致使管理人员管理自己部门所必要的自由都丧失了。所以,预算究竟应当细微到什么程度,必须联系授权的程度进行认真酌定。过细、过繁的预算等于使授权名存实亡。

(2)预算工作存在让预算目标取代组织目标的危险。在这种情况下,管理人员只是热衷于使自己部门的费用尽量不超过预算的规定,但却忘记了自己的首要职责是千方百计地去实现企业的目标。例如,某个企业的销售部门为了不突破产品样本的印刷费预算,在全国的订货会上只向部分参加单位提供了产品样本,因此丧失了大量的潜在用户,失去了可能的订货。

预算目标取代组织目标通常是由两个方面的原因引起的:①没有恰当地控制预算的度,例如预算编制得过于琐细,或者是制定了过于严厉的制裁规则以保证遵守,还可能制定了有较大吸引力的节约奖励措施,以刺激管理人员尽可能地压缩开支;②为职能部门或作业部门设立的预算标准,没有很好地体现计划的要求,与企业的总目标缺乏更直接的、更明确的联系,从而使得这些部门的管理人员只是考虑如何遵守预算和程序的要求,而不是从企业的总目标出发来考虑如何做好自己的本职工作。

(3)预算工作存在鼓励虚报、保护落后的危险。预算有一种因循守旧的倾向,过去所花费的某些费用,可以成为今天预算同样一笔费用的依据;如果某个部门曾支出过一笔费用购买物料,这笔费用就成了今后预算的基数。此外,管理人员常常知道在预算的层层审批中,原来申请的金额多半会被削减。因此,申报者往往将预算费用的申请金额有意扩大,远远大于实际需要,所以必须有一些更有效的管理方法来扭转这种倾向,否则预算很可能会变成掩盖效率低下的管理人员的保护伞。

二、非预算控制

非预算控制是采用非预算方式进行的控制方法,主要有人员行为控制、经济分析、报告与视察、审计法、时间网络分析、市场控制、目标管理和价值工程等方法。现主要介绍以下几种:

(一)人员行为控制

管理控制中最主要的方面就是对人员的行为进行控制,这是因为任何组织当中最关键的资源都是人,任何高效的组织都配备着有能力、高效地完成指派任务的优秀人才,这可以从周围许多组织的情况得到证明。怎样选择人员、怎样使职工的行为更有效地趋向组织目标,这就涉及人员行为的控制问题。常用的绩效评定方法有鉴定式评价法、强选择列等法、成队列等比较法以及偶然事件评价法。

1.鉴定式评价法

这种方法是最简单最常用的绩效评价办法。具体做法是,评价人写一篇针对被评价者长处和短处的鉴定,管理者根据这种鉴定给予被评价者一个初步的估计。这种方法的基本假设是评价人确切地知道被评价者的优缺点,对他有很好的了解,并且能够客观地撰写鉴定。然而,在实际工作当中,上述基本假设有时并不完全满足。况且,由于鉴定的内容不同,标准也不一致,所以用此种方法只能给人一种初步的估计,完全依赖这种办法往往会造成评价的失误。这种方法适用于调换或任免等人事方面的决策工作。

2.强选择列等法

这种方法是为了克服偏见和主观意念,建立比较客观的评价标准。做法是管理者列出一系列有关被评价者的可能情况,然后让评价者在其中选择最适合被评价者的条目,并打上标记。管理者据此加权评分,得分高者就是好的,得分低者就是差的。这种方法比较准确,但它只限于应用在性质类似或标准的工作,超出这个范围其准确性将大为降低。

3.成队列等比较法

这种方法基点是把要评价的人员两两进行比较,即每个人都同所有的人比较一次,然后按照某种评价标准进行选择。比如,被评价的人员一年来对企业的贡献,或在工作中的开拓和进取精神等。在两两比较时,选择较好的一个打上标记。当全部比较完毕,标记最多者就是根据所定标准最出色的一人,而无标记者则是最差的一人。但是,这种方法有一个缺陷,就是比较标准只是单一项。如果要有多种标准进行综合衡量,只能对每种标准都进行一次比较,然后给出每个标准一个权数,然后再进行加权比较来确定次序。这样就使工作量进一步加大,特别是在要被评价的人数较多时更是如此。此外这种方法由于是依据主观的判断进行,有时能产生较大误差,这时最好有几个人同时单独进行评价工作,最好取平均值以减少这种误差。这种方法和强选择列等法都适用于平定工资、奖金等方面。

4.偶然事件评价法

采用此种方法时,管理人员要持有一份记录表,随时记录职工积极或消极的偶然事件,根据这种记录以便定期对职工的工作绩效进行评价。根据这种偶然事件进行评价比较客观,但关键是能否把职工的所有偶发事项全部记录下来。另外,对职工来说都有各种责任制,如果责任制所规定的工作标准得到职工的赞同,这种方法就能有效地调动职工的积极性,否则职工还会有不公平感。这种方法和目标管理配合起来使用,可以有效地监控职工的工作。

上述方法的基本原则都是要尽量客观、准确地对人员绩效进行评价,以满足组织各方面工作对人的要求。然而,人的行为是由人的思想、性格、经验、社会背景等多种因素综合作用的结果。而这些因素本身又很难用精确的方法加以描述,这就使对人员的行为控制成了管理控制中相当复杂和困难的一部分,在这部分控制过程中,对人的行为和绩效进行评价最为困难。

对人员的行为和绩效进行评价之所以如此困难,主要因为对许多人员来说很难既客观又简明地建立起绩效判断的标准。对于生产物质产品的人,如装配工人、机械加工工人可以按照他们所生产的产品数量和质量来衡量他们的绩效。但对于生产精神产品的人,如企业的管理人员、大学教师、政府工作人员等,有时候就无法对他们的工作规定得十分清楚。因而,相当大的一部分评定过程几乎完全根据评定者的主观判断,这种判断极易产生评定偏差,最后导致人员行为的失控。

对绩效评定的另一个困难,是多数工作都需要有两个或两个以上的标准来衡量。比如一个工人生产的产品数量可能超过了标准,但有些产品质量不合格;大学教师要做三方面的工作,即教学、科研和育人。某人在某些方面可能相当出色,而在其他方面又逊色较多,而且他的成绩随时间变化。这一段时间好些,那一段时间又可能差些。因此,对人员的控制,应考虑许多方面的因素,综合运用多种方法。

(二)经济分析

利用经济学方法对组织活动进行经济分析,是管理控制的重要手段。损益平衡分析、贴现收益分析法和财务报表分析是常用的经济分析方法。

1.盈亏平衡分析

盈亏平衡分析,既是一种决策方法,又是一种控制方法。它能用来控制在不同的生产和销售水平下将会实现的利润额,也可应用于测定各种产品的成本和产销量的关系,为控制各种产品的成本和赢利能力提供标准。盈亏平衡的原理及其计算在决策职能里已有详细论述。

2.贴现收益分析法

贴现是企业向银行取得贷款的一种形式。企业或者个人为了早日取得现金,持未到期的票据向银行请求贴现,银行按市场利息率照票面金额扣除自贴现日起至票据到期日止的利息后,将现金付给请求贴现的企业或个人。具体贴现值计算公式如下:

$$贴现值 = 票据到期金额 / (1 + 利润率)^n$$

其中,n 为单位时间(一般以年为单位)。

按贴现计算收益率方法是把上式中的利润率改成收益率,然后经过变换,使式子左边为收益率,即变成下式:

$$收益率＝[(票据到期金额÷贴现值)\times100\%]^{1/n}-1$$

利用上式可以对投资进行控制。例如,目前有现金10万元,如果对某项目投资,预计一年后能收回20万元,利用上式计算出的收益率为100％。然后把这个收益率同正常情况下的收益率进行比较,如果这个收益率高于正常情况下投资的收益率,这项投资就是有利的,否则就不应该投资。这种控制投资的方法是比较科学的,它包括了资金使用的时间价值。

3. 财务报表分析法

财务报表是用于反映企业经营的期末财务状况和计划期内的经营成果的数字表。财务报表分析,又称经营分析,就是以财务报表为依据来判断企业经营好坏,并分析企业经营的长处和短处。它主要包括三种分析:①利润率分析,指分析企业收益状况好坏。②流动性分析,指分析企业负债与支付能力是否相适应;资金的周转状况和收支状况是否良好等。③生产率分析,指分析企业在计划期间内生产出多少新的价值,又是如何进行分配将其变为人工成本、应付利息和净利润的。财务报表分析的控制方法主要有实际数字法和比率法两种,前者是用财务报表中的实际数字来分析,后者是求出实际数字的各种比率再进行分析。由于后者更加容易辨识,所以较常采用。

在比率法中,还可以分为构成比率法、趋势比率法以及相关比率法等,现分述如下:

(1)构成比率法。它的具体做法是,把经济项目中的各个单项占总项目的比率求出来,然后进行分析。比如资产负债率,就是求出流动资产和固定资产占总资产的比率,流动资金和固定资金占企业资金总额的比率等。

(2)趋势比率法。这种方法需要把某一年度作为基础期,并把该年度的各项目金额作为基数,根据这种标准求出以后年度各项目金额的百分比。这种方法可以从前后联系中来分析企业的经营状况。

(3)相关比率法。这种方法是先从资产负债表或损益表中挑选出相关的特定项目,然后计算出相关比率进行分析。这是最常见的分析方法。比如选出净利润和总资金这两个相关项目,然后就可求出总资金利润率。

$$总资金利润率＝(净利润/资金总额)\times100\%$$

对于各种资本项目都可以按照此法计算出相关比率,比如在流动性分析中,可以计算流动资产对负债的比率;现金、应收款项及流动资金和流动负债的比率。此外,还可以把总资产、应收款项、库存资产、固定资产作为分母,求出这几种周转比率,以掌握资金活动状况。

(三)报告与视察

1. 报告

报告是指管理者搜集阅读关于组织系统运行信息的各种分析报告,了解情况,以控制系统正常运行的一种控制手段。主要目的是提供一种必要的、可用于纠正措施依据的信息。实践中人们常采用专题报告来揭示非例行工作的情况。

完善的控制报告应体现有效控制的所有特性。这种报告应当是客观的、公正的、适时的、经济的,必须包括需要的资料,如实反映组织当前的情况和发展趋势,突出有重要价值的关键问题,遵循组织的宗旨、目标和方针,提出改善和纠正的措施。

2. 视察

视察是管理者亲自到工作现场,对组织活动进行直接的巡视、查看,了解组织系统运行状况,衡量工作业绩,发现偏差,立即给予纠正。这种方法适用于从组织中一些关键领域获取控制信息,它是管理人员进行控制、判断和调整措施的一种手段。亲自视察作为获得信息的手段是耗费时间的,而且从个人接触中所获得的第一手信息的价值,还要受到观察者的感知技能和理解能力的限制。尽管如此,亲自视察有利于拉近管理者与被管理者之间的距离,仍然是证实从其他来源所获得的信息的唯一方法,因此,它是其他控制方法所不能替代的。

(四)审计法

审计是常用的一种控制方法,它包括财务审计与管理审计两大类。

1.财务审计

所谓财务审计是以财务活动为中心内容,以检查并核实账目、凭证、财物、债务以及结算关系等客观事物为手段,以判断财务报表中所列出的综合的会计事项是否正确无误,报表本身是否可以信赖为目的的控制方法。通过这种审计还可以判明财务活动是否合法,即是否符合财经政策和法令。

财务审计的主要方法有以下几种:

(1)监督性盘存。监督性盘存是指审计人员监督财产、物资和货币的实际盘点。在盘点过程中,审计人员还应该抽查某些事物的数量和质量。

(2)抽样。在为数众多的审计对象中,抽选某些样本进行审核。

(3)发函询证。向与被审计对象有往来的单位或个人发函询问,来核对应收付款项的余额。

(4)反复对证。以原始凭证为依据,将其同有关实物、单位、个人和其他原始凭据相互对证,而有关的其他原始凭据、实物、单位和个人之间还可以在相互对证。

(5)凭证检查。凭证检查是指对会计凭证、账簿记录和会计报表的检查。管理审计的方法与审计的一般方法基本一致。

2.管理审计

所谓管理审计是检查一个单位或部门管理工作的好坏,评价人力、物力和财力的组织及利用的有效性。其目的在于通过改进管理工作来提高经济效益。此外,审计还有外部审计和内部审计之分,外部审计是指由组织外部的人员对组织的活动进行审计,内部审计是组织自身专门设有审计部门,以便审计本组织的各项活动。

查明事实真相是管理审计工作中最基本的任务,它一般包括以下几个方面:①熟悉被查单位或部门的组织、人事、业务性质、管理制度、业务操作程序以及领导关系等。②确定需要取得的资料。③查明各种业务记录,如单据、合同、函电、账册、会议记录、总结报告等。④向各级管理人员和职工调查,完成书面记录。⑤核实所得材料并进行分析,形成清楚的调查记录。接着就要考虑如何确定客观的评价标准。制定标准要符合审计对象的实际情况,不能太低,也不能太高,最好是处于中上水平,这样被审计对象才有提高管理水平的动力。在具体评价被查对象的管理水平时,可采用比较法,即以查明的实际情况和标准进行比较,利用评分方法表述评价结果。最后综合评价结果提出审计结论。审计结论应在成本效益分析的基础上提出解决管理问题、提高管理水平的具体建议。

(五)网络分析技术

网络分析技术不仅是一种计划编制方法,而且它也可以作为一种控制方法有效地对项目所使用的人力、物力、财力资源进行平衡,能够控制项目的时间,能够在实施出现偏差时找出原因和关键因素,并能从总体上进行调整,以保证按质按量达成目标。具体详细情况,参考本书第四章的"网络计划技术"内容。

本章小结

控制职能是管理的一项重要职能,是监督各项活动,保证它们按计划进行并纠正各种重要偏差的过程。有效的控制要遵循坚持一定的原则,按照一定的步骤进行,控制的基本程序包括确定控制标准、衡量实际业绩和采取纠偏行动三个步骤。控制有多种类型,管理控制的方法可分为预算控制和非预算控制。预算是某一个时期具体的、数字化的计划,弹性预算和零基预算是两种有效的控制方法;非预算控制是采用非预算方式进行的控制方法,主要有人员行为控制,经济分析,报告与视察,审计法,时间网络分析等。

案例讨论

客户服务质量控制

美国某信用卡公司的卡片分部认识到高质量客户服务是多么重要。客户服务不仅影响公司信誉,也和公司利润息息相关。比如,一张信用卡每早到客户手中一天,公司可获得33美分的额外销售收入,这样一年下来,公司将有140万美元的净利润,及时地将新办理的和更换的信用卡送到客户手中是客户服务质量的一个重要方面,但这远远不够。

决定对客户服务质量进行控制来反映其重要性的想法,最初是由卡片分部的一个地区副总裁凯西·帕克提出来的。她说:"一段时间以来,我们对传统的评价客户服务的方法不大满意。向管理部门提交的报告有偏差,因为它们很少包括有问题但没有抱怨的客户,或那些只是勉强满意公司服务的客户。"她相信,真正衡量客户服务的标准必须基于和反映持卡人的见解。这就意味着要对公司控制程序进行彻底检查。第一项工作就是确定用户对公司的期望。对抱怨信件的分析指出了客户服务的三个重要特点,即及时性、准确性和反应灵敏性。持卡者希望准时收到账单,快速处理地址变动,采取行动解决抱怨。

了解了客户期望,公司质量保证人员开始建立控制客户服务质量的标准。所建立的180多个标准反映了诸如申请处理、信用卡发行、账单查询反应及账户服务费代理等服务项目的可接受的服务质量。这些标准都基于用户所期望的服务的及时性、准确性和反应灵敏性上。同时也考虑了其他一些因素。

除了客户见解,服务质量标准还反映了公司竞争性、能力和一些经济因素。比如:一些标准因竞争引入,一些标准受组织现行处理能力影响,另一些标准反映了经济上的能力。考虑了每一个因素后,适当的标准就成型了,所以开始实施控制服务质量的计划。

计划实施效果很好,比如处理信用卡申请的时间由35天降到15天,更换信用卡从15天降到2天,回答用户查询时间从16天降到10天。这些改进措施给公司带来的潜在利润是巨大的。例如,办理新卡和更换旧卡节省的时间会给公司带来1750万美元的额外收入。另外,如果用户能及时收到信用卡,他们就不会使用竞争者的卡片了。

该质量控制计划潜在的收入和利润对公司还有其他的益处,该计划使整个公司都注重客户期望。各部门都以自己的客户服务记录为骄傲。而且每个雇员都对改进客户服务做出了贡献,使员工士气大增。每个雇员在为客户服务时,都认为自己是公司的一部分,是公司的代表。

信用卡部客户服务质量控制计划的成功,使公司其他部门纷纷效仿。无疑,它对该公司的贡献将是非常巨大的。

讨论题:

1.该公司控制客户服务质量的计划是前馈控制、反馈控制还是同步控制?

2.找出该公司对计划进行有效控制的三个因素。

3.为什么该公司将标准设立在经济可行的水平上,而不是最高可能的水平上?

复习思考题

1.现场控制的弊端有哪些?

2.管理人员获得控制信息的途径有哪些?

3.试述控制的程序。

4.简要介绍两种控制方法,并分析它们各自的优缺点。

第十二章
管理创新

本章要点

◇管理创新的含义及特征
◇管理创新的原则
◇管理创新的行为主体
◇管理创新的基本过程、管理创新的方法

案例导入

"小小神童"的成长

青岛海尔集团公司紧紧围绕市场需求及其变化,不断创新,不断推出新产品,改进原来的老产品,"被市场需求搞得团团转"。从"小小神童"的问世到发展可见一斑。

每年6月至8月历来都是洗衣机销售的淡季,但是这段时间也是全国最热的季节,洗衣的次数也最多,但为什么人们不买洗衣机呢?海尔通过市场调查,了解到困扰顾客的一串问题:夏日炎炎,回到家里最烦的就是洗衣服,不洗变味,若用大洗衣机洗又费水费电,怎么办?针对顾客的烦恼,海尔开发出"小小神童"并投放市场,结果市场出现了罕见的排队抢购热潮。"小小神童"获得了成功。

海尔人并没有就此止步,当有人说:"小小神童"虽好,可惜没有甩干功能时,海尔人迅速推出了带有甩干功能的新一代"小小神童",一下子又形成了一个新卖点。接着是不用洗衣粉的"小小神童",海尔综合了不用洗衣粉的"环保双动力"和"小小神童"两大极具市场竞争力的王牌产品创新推出的,不用洗衣粉就可以轻松洗净衣物,洗净比比普通用洗衣粉的洗衣机还提高25%,对各种病菌杀灭率达99.99%,更适合内衣洗涤和夏天衣物洗涤,同时,其外观设计更是独具匠心,操作更加简单、人性化。灵、快、好、省、即时洗,加上不用洗衣粉所带来的独有的健康效果,2004年,海尔不用洗衣粉的"小小神童"一上市,就受到了消费者极大的青睐。

从第一代"小小神童"洗衣机的问世到最新一代不用洗衣粉的"小小神童"的成长,海尔独创的"小小神童"目前已推出了16代,创造市场大蛋糕的"小小神童"全球销量已突破了500万台。

思考:

请根据案例说明海尔集团是怎样致力于管理创新的。

第一节 管理创新概述

管理理论与实践的不断发展演变其实就是一个管理创新的过程,因此,管理创新由来已久,是人类社会发展的巨大推动力,但对于创新的一些基本问题尚处在不断探讨中。

管理创新是企业永恒的主题。经济全球化是当代世界经济的重要特征之一,也是世界经济发展的重要趋势。随着信息技术的迅速发展和市场竞争的日益深化并激烈,企业要以战略高度认识创新,在推进技术创新的同时,也要从管理理念、管理组织、管理方法与手段等多个层面实施创新,努力探索适合自己的管理现代化之路,才能使企业立于不败之地。

一、管理创新的含义

企业是经济活动的主体,也是创新的主体,那么,究竟什么是创新呢? 什么又是管理创新呢?

目前创新并没有一个被一致认同的概念,比较具有代表性的是 1912 年美籍奥地利经济学家约瑟夫·熊彼特提出的创新定义,在他发表的《经济学理论》中从经济学角度指出创新就是建立一种新的生产函数,是企业家对生产要素的新组合,其中任何要素的变化都会导致生产函数的变化,从而推动经济的发展。创新分为五种情况:采用一种新产品;采用一种新的生产方法;开辟一个新市场;控制原料或半成品的一种新的供应来源;实现任何一种工业的新的组合。可见,创新有别于发明创造。发明创造只是一种新概念、新设想或试验品,而创新则是将发明或其他科技成果引入生产体系,利用那些原理制造出市场需要的商品,从而使生产系统产生震荡效应。

熊彼特的这种创新定义很显然属于经济范畴,但随着科学技术的突飞猛进和社会经济的发展,人们的创新意识和水平不断提升,创新概念扩展到各个领域,如科技创新、产业创新、体制创新、管理创新、文化创新等。在此,我们着重了解一些国内外学者对管理创新内涵的界定。

(1)"管理创新是指一种更有效而尚未被企业采用的新的管理方式或方法的引入,是组织创新在企业经营层次上的辐射。""最具代表性的一次管理创新是现代股份公司兴起后,出现的所谓'使用权与管理权的分离'。""管理创新的主要目标是试图设计一套规则和服从程序,以降低交易费用。"

(2)管理创新就是"不断根据市场和社会变化,重新整合人才、资本和科技要素,以创造和适应市场,满足市场需求,同时达到自身的效益和社会责任的目标的过程"。由于这一过程也是管理过程本身,所以"管理过程就是创新过程","产品创新和应变环境都是管理创新"。

(3)"管理创新是指创造一种新的更有效的资源整合范式,这种范式既可以是新的有效整合资源以达到企业的目标和责任的全过程式管理,也可以是新的具体资源整合及目标制定等方面的细节管理。"

(4)管理创新是指"根据市场经济条件下企业生产经营的客观管理和现代科学技术的发展态势,对传统的管理模式及相应的管理范式和方法,进行改进、改革和改造,创建起新的管理模式、方式和方法"。

所以,管理创新是指管理者利用新思维、新技术、新方法,创造出一种新的更有效的整合方式,使各种生产要素有机结合,资源得到优化配置,生产效率不断提高,从而保证企业产品的质量和企业的竞争能力,推进企业管理系统效益的不断提高。美国学者保罗·罗默(Paulo Romer)认为,管理创新是在创造和掌握新知识的基础上,主动适应新的环境,提高组织时代效能,推动生产要素在质和量上发生新的变化和新的综合过程。管理创新是一种有目的的实践活动,不是一种自发性的随机事件,人们完全能够根据客观情况的变化和自身的实际,有计划、有步骤地开展管理创新活动。

二、管理创新的特征

1.风险性与不确定性

管理创新涉及的环节和因素众多复杂,从而使管理创新的过程和结果均呈现不确定性,这意味着管理创新存在较大的风险性。这种风险性主要表现在:①管理创新内容的复杂性。管理创新既要反映人与物的关系,又要体现人与人的关系,还会涉及技术创新和制度创新两大领域,并且具有技术创新和制度创新的某些特点,从而使管理创新变得更为复杂。②管理创新的投入回报具有不确定性。管理创新需要大量的投入,投入能否顺利实现价值补偿,受到许多不确定因素的影响,既有来自管理创新本身的不确定性,也有来自市场、社会、政治等因素的不确定性,这些不确定因素都可能使管理创新的投入难以得到回报。③管理创新效果的难以度量性。管理归根到底是对人的管理,是通过他人来做好工作的职能。管理创新的效果要通过"他人"的行为表现出来,并凝聚了"他人"脑力和体力的支出,从而使管理创新的效果表现出模糊性和间接性,同时又有一定的滞后性。④管理创新的不可实验性。任何管理创新都是在现实的组织中进行的,它不可能像技术创新一样借助于有形具体的实验条件重复进行,这无疑增加了管理创新的风险性。

2.建设性与破坏性

具有积极效应的管理创新,能够通过对生产要素的新的组合实现产出的质的提高和量的增长,具有建设性功能。但是,有时一些管理创新也会产生消极的破坏效应。即企业生产要素的新的组合不仅没有带来质的提高和量的增长,反而导致了质与量的下降,导致企业现有能力和资源的毁坏。这种破坏性的管理创新可能会给企业带来巨大的威胁,有时甚至会使企业在破坏中遭到毁灭。

3.整体性与系统性

管理创新是一个系统工程,它涵盖了企业生产经营活动的整个过程,是一个完整的链条,而不是其中的某一项活动或某一环节,这其中的任何一个环节出现失误,都会对创新的整体结果产生负面影响。所以,在创新过程中,不仅要注意局部的管理方式、方法的创新,更要重视各种社会资源的整合应用。只有通过管理创新实现系统的整体优化,才能发挥管理创新应有的成效。企业的系统性为管理创新寻找着力点提供了可能,同时也为管理创新成果的评价提供了标准。

4.动态性与可持续性

现代企业是一个不断与外界进行物质、能量、信息交换的动态开放系统,在这种动态系统中所进行的管理创新活动也必然具有动态性,它表明管理创新活动的逻辑和轨迹不是一种简单的重复,而是根植于内外环境变化的一种能动性的动态创造过程。正如美国管理学家彼得·德鲁克所指出的:"企业管理不是一种官僚性的行政工作,它必须是创新性的,而不是适应性的工作。"管理创新活动本身就是一个不断维持和创新的动态过程,它不像技术创新那样具有明确的终点,管理创新具有动态性和持续性。

三、管理创新的条件

管理创新的条件很多,但必备条件至少包括创新精神、创新能力、创新氛围、资源条件、创新机会、创新目标等六个方面。

1.创新精神

创新精神要求企业管理层具有科学而理智的冒险精神和锐意进取的创新精神与远见卓识,善于思考,勇于探索,有强烈的责任感和百折不挠的斗志,敢于推陈出新,不怕挫折,能够敏锐地判断企业发展的大趋势,能够在现实的问题中找到关键性东西并能看到其背后的深层原因,从而抓住潜在机会,开拓进取。

2.创新能力

创新能力是直接关系到创新意识是否实施以便最终获得创新成果的问题,要求创新者具备创新的知识、才干和独创能力。具体包括:①敏锐的观察问题、发现机会的能力;②深入分析、把握关键的能力;③自我管理和控制、协调的能力;④良好的记忆力和丰富的想象力;⑤科学的综合创新能力。

3.创新氛围

在良好的创新氛围中,人们思想活跃,能有效发挥创新能力。因此,企业要鼓励员工多提意见,要敢于启用新人,补充新鲜血液。如比尔盖茨在招聘员工时就喜欢用没有工作经验的年轻人,因为他们思想活跃,不僵化,敢于创新,有热情。建立学习型组织是保障创新氛围的关键。在学习型组织中,人们永不满足于现状,不断汲取新的知识,充实自身,超越自我,不断创造、吸收和传播普及新知识、新观念和新方法,并据此进行创新应用,及时转变企业行为,按照新的标准要求行事。

4.资源条件

资源条件主要指资金和人力资源。创新活动一般要花费较多的资金,如果资金不足,也会影响创新活动的顺利开展。当然,人才则是最宝贵的资源,没有创新人才,创新活动就难以开展。因此,企业应有良好的人事管理机制和激励机制,创造良好的环境条件吸引人才。另外,资源条件还包括本企业的特点等。许多创新是结合本企业特点个性化开展的。

5.创新机会

创新机会是指要有大局观念,能把本企业放在市场经济的洪流中统筹分析,运筹帷幄,能结合相关政策审时度势,善于把握时机,关注市场变化,使创新为市场所驱动,并能开拓市场。

6.创新目标

创新目标即创新主体在创新时想要达成的最终结果。这种目标在开始之时便已存在于创新主体的意识中。创新目标一旦设定,就成了管理创新行为的导向,创新行为每向创新目标逼近一步,都能够给创新主体带来成就感,进而激励其采取下一步行动,从而维持管理创新行为的进行。

四、管理创新的原则

管理创新的原则是指产生管理创新创意的行为准则。

彼得·德鲁克在他的《创新与创业精神》一书中,提出了六条创新原则,分别如下:

(1)有目的、有计划的创新,首先就要从分析各种创新机会开始;

(2)走出去观察、询问和倾听,研究潜在用户的期望、价值观和需求;

（3）有效的创新必须简单和集中，最好是只做一件事；

（4）有效的创新开始时要小，只做一件具体事为好；

（5）创新一开始就要树立充当领导潮流的奋斗目标，争取成为未来的发展方向；

（6）要立足现在，即为现在创新，而不要企图为未来创新。

汤姆·彼得斯提出了反向思维原则，他认为："今天成功的企业领导人将是那些头脑最灵活的人。接受新见解、习惯性地向旧见解提出挑战，与反论（反向思维见解）共处的能力，将是这些领导者的首要品质。"他进一步认为，已有的许多正反相同的状况正是反向思维发挥创新作用的条件。

另外，管理创新的原则还包括交叉综合原则和加一加二原则。交叉综合原则是指创新活动的开展或创新意向的获得可以通过各种学科知识的交叉综合得到；加一加二原则是指在自己现有特色管理或在别人企业的思想管理、方式、方法上运行顺应式或逆向式有新意的进一步提高。

五、管理创新的行为主体

1. 管理创新的核心主体——企业家

管理创新离不开企业家的倡导和支持，企业家和企业家精神是管理创新最为活跃的要素。企业家通过自己的感召力、新形象，培育、建立有利于管理创新的企业文化体系。通过自己的管理职能，创造性地运用技术、企业资源开拓企业产品市场，管理企业技术创新，实现企业创新战略目标。

企业家精神包含冒险精神、竞争和创新意识、企业在良好经济效益基础上发展的雄心以及与不断变动的市场经济环境相适应的素质。企业家的创新管理职能包括：①收集与分析四个方面的情报：企业事业目标，技术目标；企业技术活动；企业创新方向；市场竞争。②提出技术创新设想。③不采纳就放弃设想，采纳就进行具体过程。④规划活动，资金筹措，组织管理，社会联系网，成果商业化。⑤创新设想的开展、实施。⑥企业的创新发展。所以，管理创新需要企业家，更需要企业家精神。当然，企业家也需要管理创新。没有管理创新，在科学技术飞速发展、市场竞争日益激烈的今天，企业是难以生存下去的。没有管理创新，企业家也不能真正实现自己的价值。

2. 管理创新的其他行为主体

（1）"内企业家"。内企业家是现代公司的一大产物，他处于公司最高管理层与基层的中间结合部，是连接上面与下面的"过渡层"，是指"那些在现行公司体制内，富有想象力和有胆量的行为者，冒个人风险来促进新事物出现的大公司雇员"。

（2）企业管理人员。在企业管理创新主体中，管理人员的作用不容忽视。在管理层中有许多不同的专业分工，其领域包括生产、营销、财务、物资等许多部门。从事管理工作的任何一个管理者都有可能成为管理创新的主体。

（3）企业员工，特别是知识型员工。企业员工是企业创新的坚实基础，是企业创新力量的源泉，是创新"火花"的提供者、方案实施的操作者及反馈和改进的联系者，当然就是管理创新的主体。

（4）企业外部顾问。企业在激烈、复杂的竞争中，必须借助外部力量为企业提供管理咨询服务。一个典型的例子就是戴明博士。他曾多次以日本工业导师和管理顾问的身份被邀请到日本多家企业推广他的质量管理理论。他的工作使日本的产品质量、生产费用、管理原理产生了一场革命，日本人把他称为是仅次于日本天皇的日本国宝。

第二节 管理创新的基本内容

一、企业管理变化的发展趋势

随着国内外市场供求状况的变化和全球经济一体化、管理信息化步伐的加快，企业管理开始经历新的变革。其发展趋势可以归纳为以下几个方面：

（1）管理对象知识化。企业管理的对象不再是传统的财、物，而重点在于有知识的人。由于知识具有较高的生产率和创造性，因而对于知识的开发和管理成为企业管理的重要组成部分。

（2）经营管理信息化。企业生产中越来越依靠信息的生产、存储、处理、共享等，企业决策逐步信息化。

（3）企业的生产方式一体化。在管理信息系统的基础上出现计算机辅助设计与制造、计算机集成制造系统、清洁生产和绿色制造、适时生产和精细生产以及通过网络协调设计与生产的并行工程等，它们把信息技术革命和管理进步融为一体。

（4）企业营销方式简捷化。由过去的"生产商—分销商—零售商—顾客"的行销模式正在改变为"生产商—分销商—顾客"的模式。

（5）企业的组织结构柔性化。公司组织结构从"橄榄型"向"哑铃型"变化。随着经营和销售方式的改变，企业通过社会化协作和契约关系使企业的中间管理组织设置变得简单，侧重向两头发展；传统的监控型管理转向授权型管理最终转向以潜能开发，人力资本的价值增值为主体；金字塔式的权力型组织结构转向扁平化组织结构、团队式的管理运作模式。

（6）企业兼并、联合在更大规模和更高层次上展开。效益好市场扩张快的企业兼并市场扩张慢的企业；大公司之间通过自主谈判，在反垄断规制条件下实现合并和业务互补，增加竞争优势。

（7）企业由追求利润最大化转向追求整体价值最大化。传统的物力、财力竞争转向企业对市场瓜分能力的竞争，不仅追求生产质量的"零缺陷"和服务质量的"零抱怨"，做到质量、服务一体化，还要通过对顾客服务和信息跟踪深入了解顾客的潜在需求，做到超前开发，在符合社会道德规范的前提下合理引导顾客在更高层次和更新领域的消费。

（8）企业重视"人力资本"开发。进入知识社会以后，人才成为真正紧缺的资源人由"劳动力"转变为"人力资源"，进而成为"人力资本"。这种人才不仅要从学校产生，更要从企业中产生。

（9）从依靠规章制度转向依靠先进的企业文化来集聚企业的向心力。短期激励转向长期和短期激励相结合，物质推动激励转为情感满足，激励员工由被动接受型转向参与管理型，进而转向自我管理型。

二、管理创新的内容

(一)经营理念创新

经营理念大转变最直接最有效的途径就是通过创新企业文化来推进企业管理创新。企业文化是企业在长期经营中形成的共同理想、共同价值观、共同信念和共同行为准则的总和,它对企业发展的影响越来越显著。在知识经济时代企业文化的创新主要包括以下几个方面的内容:

(1)观念创新。观念创新是企业文化创新的前提,是指形成能够比以前更好地适应组织内外部环境变化,并更有效地利用资源的新概念、新看法或新构想的活动。面临新经济和网络时代,企业管理人员必须树立"国际网络、快速反应"的新观念。

(2)战略创新。战略谋划是企业的灵魂,战略管理关乎企业的发展方向。随着经济全球化的推行,企业文化的战略定位和起步必须是全球化的经营战略。

(3)机制创新。企业文化构成要素之间的沟通和协同需要通过企业内部的运行机制来实现,而市场机构本身也要求企业加强自身与外部世界的信息传递、反馈和沟通。

(4)服务创新。随着经济发展、社会进步和全球市场竞争的日益激烈,企业的社会责任受到普遍关注。在生产产品、获取利润的同时必须主动承担对环境、社会和利益相关者的责任。企业推进协调发展。积极承担社会责任改变生产方式整合资源减少对土地等资源占用和浪费加强环境保护,发展循环经济协调企业内外部利益相关者的关系;讲诚信,树立企业公信力使之成为核心竞争力的重要组成部分等,进一步拓宽了管理创新的领域。

(二)制度创新

制度是组织运行的主要原则规定。企业制度主要包括产权制度、经营制度和管理制度三个方面的内容。

(1)产权制度是决定企业其他制度的根本性制度,它规定着企业重要的生产要素的所有者对企业的权力、利益和责任。不同的时期,企业各种生产要素的相对重要性是不一样的。在主流经济学分析中,生产资料是企业生产的首要要素,因此,产权制度主要指企业生产资料的所有制。

(2)经营制度是有关经营权的归属及其行使条件、范围、限制等的原则规定,它表明企业的经营方式,确定谁是经营者,确定谁来组织企业生产资料的占有权、使用权和处置权,谁来确定企业的生产方向、生产内容、生产形式,谁来保证企业生产资料的完整性及增值,由谁来向企业生产资料的所有者负责以及负什么责任。经营制度的创新方向应是不断寻求企业生产资料最有效利用的方式。管理制度是行使经营权、组织企业日常经营的各种具体规则的总称,包括对材料、设备、人员及资金等各种要素的取得和使用的规定。

(3)制度创新就是组织根据内外部环境需求的变化和自身发展壮大的需要,对组织自身运行方式原则规定的调整和变革。制度创新的方向是不断调整和优化企业所有者、经营者和劳动者之间的关系,使各个方面的权力和利益得到充分体现,使组织中的各种成员的作用得到充分发挥。

(三)组织创新

管理组织的创新,主要是指管理组织机构和结构特征的变化。所谓机构,是指组织在构建时根据一定的标准,将那些类似的或为实现同一目标有密切联系的职务或岗位归并在一起形成不同的职能部门,它主要涉及组织的横向分工问题。所谓结构,则是指不同职能部门之间相互关系的界定,它主要涉及组织的纵向分工问题。现代企业已不再将组织看做是一个刚性组织,而认为是一个柔性得有学习能力的有机体。因为僵硬的组织已不能适应知识经济时代的发展状态。近几年来出现的"虚拟组织"就是一种典型的柔性组织结构。

从"直线型"到"扁平型"的企业组织形式,从"职能制"到"事业部制"的机构形式,都是企业管理制度创新的重要成果。组织机构方面的创新主要有:①组织机构的基本形式创新;②部门机构的职责权限设置;③采取分权的新方法;④信息网络的重构及其人际关系安排等。组织结构设置和机构安排创新要以更有利于提高组织运行效率、降低组织运行成本为基本原则。

(四)模式创新

管理模式创新是结合企业的特点或职能部门的特点,创造出全新的管理模式,达到提高工作效率的目的。模式创新主要包括以下四方面:

(1)财务系统全面推行"机构统一""人员统一""资金统一"的"三统一"管理创新模式。所谓"机构统一"就是要理顺财务关系;"人员统一"就是要强化职能作用;"资金统一"就是要提高运营效率。通过"三统一"管理模式的实施,能使企业建立一整套制度统一、步调一致、协调有力的财务管理体系。

(2)存货管理实行 JIT(just in time)管理模式。这种方法主要是以销售为起点倒推至原材料采购,即整个采购生产过程是在销售需求的"拖动"下完成的。这种存货管理模式与传统的由原料购进再逐级输送到各道工序生产,最后产成品实现销售的方向正好相反。这就完全避免了因存货盲目购进及产品生产过剩所造成的存货在各个生产环节的积压,有利于盘活流动资金,减少流动资金占用。

(3)全面推行 OEC(overall every control and clear)管理模式。OEC 管理法的主要目的是"日事日毕、日清日高;人人都管事,事事有人管",每天的事要每天完成,每一天要比前一天提高1%。"OEC 管理法"由目标体系、日清体系和激励机制三大体系构成。即首先确立目标,再完成目标要求的基础工作,完成的结果必须与正负激励挂钩才有效。"OEC 管理法"能更有效地实现全员、全过程、全方位成本管理,使企业的成本管理 T 工作更上新台阶。

(4)在工序生产过程中全面推行看板管理模式。看板的功能主要包括:传达生产与搬运作业的指令;防止过量生产和搬运;揭露生产中的矛盾,防止出现废品;进行"目视管理"的工具。实行看板管理时,后道工序按照看板到前道工序领取制品。前道工序根据看板只生产后道工序领取的种类和数量,没有看板时不生产不搬运。同时,看板必须挂在实物上,不把不合格品送到后道工序。看板管理是暴露问题、改进库存的有效工具;也是企业向"零库存"目标迈进的有效通道。

(五)经营创新

经营创新是企业为实现战略经营目标而采取相宜的管理活动的创新过程,主要包括经营思路创新和营销创新。

(1)经营思想创新。要求企业要善于观察和分析经济现象发展的规律性,学习和总结人类历史上先进的管理思想,为企业发展制定理论前提。经营思想创新的形式主要有:新的经营方针及战略;新的经营观念及推行;新的经营战略的创造和实施;资本运营的新思路等。

(2)营销创新。营销是一种社会行为,是企业将其人力、物力、财力等资源要素有效地组合,满足顾客需求和欲望的过程。营销创新不是对原有产品或服务的细微改进,而是为顾客提供与以前不同的经济满足。它可以是一种更新的营销方式,如网络营销、数据库营销等;也可以是某个产品、某个营销环节或者局部范畴的具体活动模式的创新与更新,如品牌创新、广告创新等。其创新形式一般包括营销观念创新、营销模式创新、营销手段创新、营销策略创新等。

(六)理论与方法创新

21世纪出现了许多关于现代企业创新发展战略的新思想、新理论和新制度。比如:市场营销理论、组织行为管理、CIS(企业形象识别系统)理论、ERP(企业资源计划)实务、股份制改造、现代人力资源理论等内容。管理者要结合企业实践,广泛吸收新的管理信息,加强学习,不断提高管理专业知识和能力,为管理创新打下一个坚实的基础。

管理方法创新就是指在企业管理活动中新手段的创造和运用。其主要内容有:①对人的管理方式的发展和创新;②激励理论与手段的创新;③生产方式的新发明;④新的管理手段的运用;⑤管理风格的创新;⑥管理信息技术的创新;⑦物流技术创新;⑧项目管理技术创新。

第三节　管理创新的过程

创造性活动是人类智能活动的最高体现,创新思维也是一个极为复杂的过程,要更好地开发、促进创新思维,更好地从事创新工作,就应该了解创新工作的过程。管理创新工作大体上可分为以下六个步骤,即创新准备—寻找创新机会源—提出构想—付诸实践—不断完善—形成模式。

(一)准备阶段

创新不是纯粹的偶然的"奇思妙想",在偶然的背后有必然的因素在起作用。一般来讲,创新需要具备一定的前提条件:①广博的知识和经验的积累;②强烈的主观客观压力和危机感;③强烈的好奇心;④敢于推陈出新的勇气;⑤接受失败与挫折的思想准备;⑥终身学习的态度。这些都是管理创新的必备条件。

(二)寻找创新的机会

管理创新的机会是企业获得管理创新火花的导火索,是各种主客观因素在特定时空条件下形成的一种有利偶合。它既是管理创新的有效切入点,也是实现管理创新成功的前提和关键。其来源途径可以是企业内部,也可以是企业外部。创新者要善于抓住这些机遇适时提出构想。

1.来源于企业内部的机会

(1)意外情况。意外情况主要包括三种:①意外成功。常常能够引起一系列的管理创新成功的连锁反应,而且开发利用这种机会的投资少、风险小。②意外失败。这种意外失败往往暗示了潜在的变化,意识到这种变化也就预示着发现了新的创新机会。③外部意外情况。这是来自企业经营管理范围以外的管理创新机会,开发利用这种创新机会,往往是本企业业务的延伸,不仅需要管理创新,还要求技术创新和市场创新。

(2)不一致。所谓不一致是指实际情况与"应有的"情况不相符、不协调,或者是实际情况与人们想象的情况不相符、不协调。不一致之所以能够引发管理创新机会,是因为不一致暗示了一个隐伏的"断层",这种断层形成一种不稳定状态,或者说形成了一种杠杆作用,只要稍微用力,就能产生较大的管理创新效果。

不一致有多种情况:①经济实际情况不一致。如经济效益不能随着产品和服务的增长而提高,成本不能随着效率的提高而下降等。②客观实际与主观行为不一致。③企业对价值和期望的看法与顾客的观点不一致。④过程的节奏不一致等。

(3)流程需要。由流程需要引发的管理创新机会,其表现形式是完善原有的流程,或者是把流程的薄弱环节充实加强,或者是利用新的科学技术知识对原有流程进行重新设计。一般来说,要想取得流程创新的成功,需要具备以下条件:流程是相对独立的;流程存在一个薄弱环节或缺失环节;流程具有明确的目标;具有解决流程存在的问题的具体办法和要求。

2.来源于企业外部的机会

(1)工业和市场结构变化。新旧行业的更迭交替必然导致工业结构和市场结构的变化,而变化正是蕴藏创新的机遇。

(2)人口的变化。人口规模、年龄结构、组成成分、就业情况、教育程度等必然影响需求结构和需求数量的增减。对此进行科学预测就能带来管理创新机会。

(3)观念的变化。不同的观念带来不同的行为,特别是消费者的观念会带来许多创新机会。

(4)新知识。以新知识为基础的创新在历史上占有非常重要的地位,是创新中的超级明星。因此,企业要能把握和利用新知识所引发的机遇。

(三)提出构想

针对上述机遇,在察觉到机会到来后,要透过现象研究原因,并据此分析和预测这些因素的未来变化趋势,估计它们可能给组织带来的积极和消极后果,然后设法利用机遇将威胁转化为机会,提出创新的构想。

(四)迅速付诸实践

构想提出后必须立即付诸实施,以免错失良机,或者让别人捷足先登。

(五)不断完善

创新在开始行动以后,必须坚定不移地继续下去,不断探索,不断总结行动中的经验教训,对当初的构想不断修正、完善,否则,便会前功尽弃。

(六)形成模式

经过在实践中的不断完善,组织将形成一整套适应新环境的新观念、新方法、新体制。创新往往最初是从组织的某个局部开始的,所以组织还需要把它由点到面地推广开来,以使组织最大限度地适应新环境。

第四节 管理创新的方法

经世界各国创造工程学家和管理学家的共同努力,现在已有上百种创新技术应用于世界上许多国家,下面介绍几种有代表性的管理创新方法。

一、头脑风暴法或智力激荡法

头脑风暴法是由美国创造工程学家艾利克斯·奥斯本（Alex Faickney Osborn）于1939年首创的。其做法就是召开一种别开生面的小组畅谈会,在较短的时间内充分发挥群体的创造力,从而获得较多的创新设想。当一个新的设想提出时,会激发小组内其他成员的联想,各种联想就会像燃放鞭炮一样,点燃一个,引爆一串。这种方法的规则有以下几个方面:

(1)参加者6～12人,最好有不同的背景,可以从不同的角度分析观察问题,但最好是同一层次的人。时间限制在20分钟至1小时。

(2)鼓励参加者提出疯狂的、别出心裁的和极端的想法,或者想入非非的主张,提出的改进设想越多越好。允许相互之间的矛盾。

(3)集中注意力,针对目标,不私下交谈,不干扰别人的思维活动。

(4)鼓励修改,补充并结合他人的想法,提出新建议。

(5)不允许对别人的意见进行批评或反驳,任何人不作判断性结论。

(6)参加会议者不分上下级,平等相待,不允许以集体意见来阻碍个人的创造性设想。

这种方法的目的在于创造一种自由奔放的思考环境,诱发创造性思维的共振和连锁反应,产生更多的创造性思维。提案的数量很重要,通过较多的数量以求得质量。因此,问题提示的设计要考虑能引出较多的答案。该方法适用于问题较单纯、目标较明确的决策。

这种方法的主要作用是给予鼓励,允许畅所欲言,给成员中富于创造力的人提供新的、适当的或间接的联想。因此,会议主持人必须执行阻止批评这一规定,必须反对为某设想进行主观评价。主持人要能调节现场气氛,当会议出现冷场时,他应提出自己的想法,或把问题引向一个新的方向来活跃气氛。当大家感到疲惫时,则应结束会议。

头脑风暴法在运用中又发展出"反头脑风暴法",又称"挑剌法",其做法与"头脑风暴法"相反,对一种方案不提肯定意见,而是专门挑毛病、找茬。这两种方法一正一反,可以互相补充。

二、形态方格法

形态方格法又称形态学分析法,是美国加州理工大学瑞士籍美国人茨维基（Zwicky）博士于1948年首创的一种方法。他把一种数学处理技术以定性的方式,对一些复杂的问题或系统进行系统研究。此技术现以被应用于很多方面,比如产品设计、技术创新、市场研究和社会问题分析。

形态方格的核心思想认为:许多发明创造的成果并非什么全新的内容,只不过是旧事物的新组合。因此,它研究如何把问题所涉及的所有方面、因素、特性等尽可能详尽地罗列出来,或者把不同因素联系起来,通过建立一个系统结构来求得问题的创新解决。

形态分析的具体步骤如下:①弄清所要解决的问题;②确定与问题相关的重要独立要素或方面,列出各要素方面的所有可能形态及其属性;③将各独立要素及可能形态排列成矩阵形式;④从各要素及属性中选取可能状态作为任意组合,从而产生出解决问题的可能构想;⑤对各构想作比较、评价,并选出最佳构想。

这一创新技术是产生大量构思的理想工具,对于一些探索性或寻求机会性质的问题最为适用。在应用该方法时应注意两个问题:①因为形态方格法要求对问题进行系统分析,并借此确定出影响创新解的重要独立要素及其可能形态,这就要求有较高程度的有关问题的专门知识,如果不是内行就难以做到。所以,无论是选择个人还是小组来编制形态方格,只能挑选那些对问题堪称行家的人。②通过形态方格的编制,能否得出重要的创造性的构想,或者说能否保证重要创造性构想不致被遗漏,完全取决于要素确定得如何。因此,确定要素是应用此方法的关键性步骤。

三、综摄法或类比法

综摄法是由美国学者戈登(Cordon)1952年提出的。他观察了几个人的创造活动,并推断了创造活动的心理过程,发现在创造中有几种心理状态反复出现,如迷恋、清醒、拖延、退想、超脱、快感等。人们只有达到这种精神境界才能产生更大的创造力。这些心理过程同样也适用于集体创造活动,通过集思广益,其创造效率会更高。

这一方法的基本观点假设如下:①人人都有创新能力,它并非少数人特有的神秘东西;②人类的创造活动有共同的心理过程,这些心理过程是可以描绘的;③在创造活动过程中,非理性和不自觉的感情因素比理智的理性因素更为重要;④这种心理过程可以通过适当的方法加以训练并驾驭;⑤集体的创造过程可模仿个人的创造过程。

综摄法主要运用两大操作机制:①变陌生为熟悉。即对不熟悉的事物用熟悉的事物和知识去分析对待它。此机制主要是让人们能以新的方式观察问题,以便更好地理解它。可具体化为:给定问题;分析;问题的重新表述;简单分析和排列。②变熟悉为陌生。这是综摄法的核心,是指对熟悉的事物、方法、原理和知识以不熟悉的态度来观察分析,从而启发出创造性的设想来。主要目的是让解决问题者能超脱问题本身,以发现更具创造性的解决办法。可具体化为:远离问题;强行结合;方案的认可。

四、类比创新法

类比创新法的共同特点是,由于两个或两类事物在某一或某些方面具有相同或相似的特点,因而期望通过类比把某类事物的特点复制在另一类事物上以实现创新,以达到异中求同,同中求异,产生新成果的目的。其方法主要如下:

(1)个人类比。即把自己想象为自己的工作对象,并融入个人的情感和感觉,以求得对问题的洞察。

(2)直接类比。即把某一领域的事实、信息、知识和技术用于另一领域。在运用这一手段时,人们的经验和知识越丰富越好,以找出与手中问题相类似关系的现象。模仿生物界是直接类比的材料宝库。

(3)象征类比。即以事物的抽象的象征物来表达事物的本质。例如,绿色会使人联想到生命。当然并非人人都有类似的感觉,且绿色和生命之间并没有必然的逻辑关系,但关键是它能触发由此而引起的联想。

(4)幻想类比。即用幻想表达个人所希望的、最理想的解决问题的方法。这是基于弗洛伊德的观点,即人的创造性思维与希望完成创造的意愿有强烈的相关性。

(5)因果类比。即根据已经掌握的事物的因果关系与正在接受研究改进事物的因果关系之间的相同或类似之处,去寻求创新思路的一种类比方法。

另外还有模拟类比、相似类比、剩余类比等方法。

五、列举创新法

列举创新法是创意生成的各种方法中较为直接的方法。按其列举对象的不同可分为如下四种：

（1）特性列举法。该法是通过对研究对象进行分析，逐一列出其特性，并以此为起点探讨对研究对象进行改进的方法。在使用该法进行创新时，所列举的特性应当具体、明确，以便于有针对性地予以改进。

（2）缺点列举法。该法是通过对研究对象进行分析，逐一列出其缺点，然后针对这些缺点寻求改进方案。

（3）希望点列举法。该法是通过对研究对象的需要或希望，通过列举服务对象的希望点，来寻求满足他们的需要或希望的方法，从而实现创新。

（4）列举配对法。该法是通过对研究对象进行分析，把其中不同的组成部分任意组合以寻求创新，如组合式家具等。

总之，在运用创新方法时，不同的企业应该依据市场需求的发展状况，结合本企业的实际，充分利用和发挥本企业的创新优势，选择合适的创新方法提高创新的效果，促进企业的发展。

第五节　影响中国的几大管理创新

一、设计创造价值

通过更好的设计使产品获得更高的价值，这早已被国外的诸多大型企业所认识和应用。韩国三星对这方面的孜孜以求，使其确立了现代工业设计杰出代表的地位。意大利的设计无疑是前沿潮流的代表。家居企业博洛尼认为，橱柜行业也跟时装、汽车等时尚产品一样，有自己独特的风向标，该企业从意大利聘请了首席设计师，让博洛尼披上了意大利时尚设计的外衣，品牌效应随之凸显。现在的博洛尼已成为中国中高端家居进军国际市场的领头军。

很长一段时间，设计在中国遭受冷遇——从制造商到消费者，大家对设计的认识还是很狭隘，特别是有些制造企业，并不把设计者看成一门管理或一项必要的投资，而是一味地强调低成本。这使不少中国企业交了高昂的学费。"设计创造价值"理念企业的成功，至少给人们这样的启示：要使设计体现价值，首先要认识到设计的价值！只有将关注设计融入企业的DNA，以产品卓越的性能为基础，满足人们对视觉审美的品味，才能使产品整体表现得以飞跃，使产品附加值和品牌力得以提升。

二、外包获利

业务外包是指企业根据投入产出效益最大化的原则，将某些部门或业务转包给更加擅长和专业的企业进行管理和经营的行为，强调企业将主要精力集中于关键业务上，最大限度地降低成本，提高效率。业务外包涉及产品外包、设计外包、研发外包、人力资源外包、物流外包，以及IT外包等多种形式。汽车制造行业零部件多，自己去做采购物流，要费很多时间，上海通用就将物流外包给专业的第三方物流公司中远集团。中远按照通用要求的时间,把原材料直接送到通用的生产线上。这不但使上海通用的生产线基本做到了零库存,包装成本也大幅下降。

业务外包是一种有效竞争手段。惠普这样的跨国公司,甚至已经形成了"连环包",即在承揽别的企业业务的同时,也将自身弱势的业务和部门外包出去。上海通用将物流外包的模式,对国内的制造型企业,尤其是做零库存的生产企业是非常实用的。在实施业务外包时,企业应认真分析,挖掘竞争对手难以获得和复制的资源和优势,将其演变为企业的核心竞争力。这种扬长避短的业务外包,才能够使企业真正获益。

三、强强并购

强强并购是指强势企业联手,以谋求在行业内的绝对霸主地位。这种并购方式是基于资源缺口的战略并购,以横向并购为主,并购成本大,支付形式也多种多样。国美和永乐的合并是国内家电连锁业最大的并购案,持续了近5个月、耗资52.68亿元。新集团采用国美和永乐"双品牌"运营。永乐在上海、长三角等地区具有较强的优势,国美的全国整体实力优势明显,在网络布局上双方具有较强互补性,这在很大程度上能避免资源浪费,在中国市场形成"一盘棋"格局。

强强并购最大的问题,还是并购后的整合。并购、重组可能意味着从战略管理到运营管理、到绩效管理等企业控制权的接管,企业文化的差异将导致企业管理制度的变革、对重叠业务的精简、高级管理人员去职等等。所以,如果在企业文化上,并购双方不能彼此认同,那么越是经营状况好的强势企业间进行并购重组,抵制的力量将会越大。

四、供应链整合

供应链管理涉及对物流、信息流和资金流的管理,其中的利益关系涉及消费者、供应商、生产商和分销商。其重点内容包括供应链信息整合、成员企业合作协调和创建成员企业利益机制这三大方面。联想收购IBM的PC业务后,怎样将IBM的全球销售网络和联想本身的供应链配合起来?联想先对计划的流程、物流运作的流程,以及订单交付的流程进行改造和完善,并增加了供应链的弹性。为支持多种业务模式,联想的供应链采用了交易型客户和关系型客户的双模式。这种整合仍在进行,但已使联想的供应链效率得到了有效提高。

从联想的案例可以看出,供应链整合并非易事。在整合过程中,首先应该进行思想的整合。因为流程整合的过程,是与供应商博弈的过程,要先通过沟通,与上下游结为伙伴关系。如果做不到这一点,则存在前功尽弃的可能性。

五、扁平化管理

扁平化管理是指在决策层和操作层之间的中间管理层越少越好,它较好地解决了等级式管理层次重叠、冗员多、组织机构运转效率低下等弊端。决策层许多好的经营理念、决策意图很容易传达到操作层,基层员工许多好的想法也可以很快传到决策层。这方面的典型案例有:由于垂直式的科层管理与生产的协同制造、大规模定制之间存在着矛盾,早在几年前,知名家电企业格兰仕就进行了一场组织架构扁平化的内部管理变革,砍掉了集团内部层层架构的设置,最终形成了决策、管理、执行三层结构制,由 8 位副总各分管 8 个领域,"把一个集团变成了一个工厂",使整个企业的反应能力迅速提高。

扁平化管理的好处显而易见,但这种管理方式并非对所有企业都适用。扁平化管理削弱中层管理者的权限,可能会遭到他们的抵制,使变革的努力被削弱和抵消,甚至中途夭折。要想使扁平化管理得到真正落实,必须调动基层人员的主动性。

六、标杆管理

标杆管理是指企业将自己的产品、服务和经营管理方式同行业内或其他行业的领袖企业进行比较和衡量,从而提高自身产品质量和经营管理水平,增强企业竞争力。由于中国企业的管理水平相对落后,与其他管理方法相比,标杆管理拥有更广阔的操作空间。国内各行业最优秀的企业可将国际一流企业作为自己的标杆;中小企业又能把行业内的优秀企业作为自己的标杆。武汉钢铁公司的能源消耗费用约占制造成本的 25% 以上,降低潜力很大。为使这部分成本最大限度地可控,武钢通过大量的数据分析,确定了以宝钢为"标杆",运用标杆管理法来挖掘节能潜力。他们先认真分析了自己与标杆企业的差距及优势,然后采取了一系列的赶超措施,使污染物排放量减少,能耗指标不断降低。

在标杆管理中,有几点应该引起中国企业的重视:①比较目标一定是能为企业提供值得借鉴的信息,规模不一定同自己的企业相似,但在标杆比较方面是世界一流做法的领袖企业。②战略不同的企业,选用的标杆也不同。譬如一个企业的战略是以创新制胜,另一个是以低成本占领市场,这两个企业就无法对标。另外,在实际应用中,企业必须将标杆管理方法同顾客和市场的分析方法结合起来,达到不断满足消费者需求的目的。

七、品牌再造

品牌定位要随着市场竞争形势而变。品牌再造,解决的正是品牌年轻化的问题——只有不断设计出符合时代需求的品牌,重新擦亮品牌,企业才能保持品牌永远领先的鲜活形象。

品牌再造是复杂而具有科学性的过程。从战略高度看,它需要同之前的品牌形象保持一致,同时又具备推动消费者购买行为的能量;从内容和执行过程看,它需要管理者投入相当的时间、拥有充分的市场调研数据、良好的执行技巧及资金的支持。另外,企业平时就应该具备忧患意识,不能非得等到品牌光环褪去,才开始思考如何再造品牌。

八、雇主品牌塑造

雇主品牌是指企业在人力资源市场上的定位,它包括公司人力资源的外部品牌和内部品牌两个部分。外部品牌是企业人力资源在潜在雇员中形成的品牌;内部品牌则是企业人力资源在现有雇员中形成的品牌。

过去,企业对人才紧缺状况的第一反应就是投钱,提供远高于市场价位的工资。然而,一旦竞争对手效仿,此招立即失灵,人员留用状况未得到改进,经营成本却大幅攀升。其实,雇主品牌与产品品牌、服务品牌一样,是企业品牌建设工作的重要因素,"以人为本"是其核心。雇主品牌建设,也是每个具有全球视角、长远发展战略的中国企业必做的功课。

九、微信营销

微信是当下最火热的互联网聊天工具之一,微信营销是伴随着微信的火热而兴起的一种网络营销方式。微信营销主要体现在以移动客户端进行的定位营销,商家通过微信公众平台,展示商家微官网、微会员、微推送、微支付、微活动,已经形成了一种主流的线上线下微信互动营销方式。

微信作为时下最热门的社交信息平台,也是移动端的一大入口,正在演变成为一大商业交易平台,其对营销行业带来的颠覆性变化开始显现。微信营销最重要的是要找对受众,并与用户时刻保持互动。用户订阅自己所需的信息,商家通过提供用户需要的信息,推广自己的产品,从而实现点对点的营销。

微信有着得天独厚的社交属性。微信营销的优势是有着庞大的腾讯用户基数。随着智能手机的越来越普及,微信已经慢慢走向大众化,微信已具有很强的互动及时性,无论你在哪里,只要你带着手机,就能够很轻松地同你的未来客户进行很好的互动。

基于微信的种种优势,借助微信平台开展客户服务营销也成为继微博之后的又一新兴营销渠道。

微信关注的是人,人与人之间的交流才是这个平台的价值所在。如果不顾用户的感受,强行推送各种不吸引人的广告信息,会引来用户的反感。凡事理性而为,善用微信这一时下最流行的互动工具,让商家与客户回归最真诚的人际沟通,才是微信营销真正的王道。

本章小结

经济全球化和知识经济已成为 21 世纪世界经济发展的主要趋势。以信息技术为主导的高新技术发展日趋快速化、综合化、深入化和广度化,使信息成为经济发展的一种重要的资源,并成为 21 世纪世界高新技术发展的核心,人类社会在信息技术的推动下将进入全新的知识经济新时代,这使中国的经济管理几十年来所依托的环境正在发生根本性的变化。为此,必须积极实施全方位的管理创新,随着知识经济的日新月异和经济全球化发展,管理创新显得尤为重要。本章介绍了管理创新的含义、特征以及原则,提出管理创新的基本内容和过程,介绍了管理创新的方式与方法。

案例讨论

短短 5 年,华为手机已成为新领军

2015 年,华为手机出货突破 1.08 亿部,成为中国首个跻身全球手机第一阵营的品牌,成为与三星、苹果并列的三巨头。

2011—2014 年,中国手机出尽风头的企业是小米,凭借多年的 IT 行业积累,和做互联网投资的积累,2011—2014 年实现了惊人的发展速度,四年时间骤升到 6112 万台,创造了一个惊人的业绩,也登上了它的巅峰时刻。

2016 年一季度,华为手机出货超过 2830 万部,小米出货 1480 万部,华为手机整体销量已达小米 1.91 倍。

短短 5 年,华为手机从国内 10 名开外走到了国产第一,这个过程中它是如何一步步做到的? 它究竟做对了什么? 以下是对华为如何成为国产手机第一的详细分析。

(一)在华为手机发展历程中,两个安排极为重要

1.内部业务分拆

华为在手机领域没有取得运营商领域相应的品牌影响力,用相差悬殊来形容一点也不为过。2011年,华为内部业务分拆,变成运营商、企业业务和终端消费者业务三大板块,手机才正式独立出来。在华为手机分拆成独立业务板块后,对以往的战略进行了很多大胆的改进,从以前针对运营商的"机海战略"转为"精品战略",从运营商贴牌机市场退出,全面向自主品牌和中高端产品加速转型。这种转型一度也承受了很大的压力,从2012年到2013年,华为在欧洲运营商的订制机合作伙伴从15家骤然降至为1家,也招致了内外部的极大争议。但最终证明了这一转型的正确。

2.成功完成从B2B(运营商)到B2C(大众消费者)的转型

华为之前所针对的客户运营商属于B2B领域,而做手机属于B2C领域,这是两种不同的业务模式,华为手机业务必须完成一个艰难转型——从B2B模式转向B2C,难度极大。这也是华为手机并没有很早就走红的原因,当时华为手机更多是为运营商定制,虽然量也不错,但是单价低、利润低,而且缺乏大众影响力,品牌影响力极弱。

以往做运营商服务B2B模式,偏重于内敛的工程师文化,不喜欢张扬的传播、广告的方式运作,往往重点是技术和服务。而做大众消费业务,属于B2C模式,要直接面对消费者,产品要炫,而且要多传播、多做广告,这是两种不同的操作模式。

(二)2013—2014年,华为完成了3个突破

(1)用荣耀产品实现了运营推广的演练,成功完成B2B向B2C传播推广转型。在第一阶段,华为学习小米的营销推广——完成从B2B到B2C的营销推广模式转型。在产品方面,紧逼1999元的小米,推出了1888元的荣耀4,荣耀3C紧逼红米,红米799元,荣耀3C定价798元,而当小米出了699元的红米1S后,华为出了599元的荣耀畅玩。

(2)用华为P6(Ascend P6)成功打开中端市场。华为最初与国内其他对手在产品上区别不大,大多集中在中低端领域。2013年,华为手机通过P6进行中端市场突围,凭借超薄纤美的设计,P6的销售达到400万部。2014年5月,华为P7发布,销售比上一代大幅提升,达到700万部,成功巩固了中端阵地。在第二阶段,华为开始创新自己的特色——用华为产品技术驱动模式矫正手机行业,成为中国手机新的标准、标杆。

(3)用华为Mate7成功打开中高端市场。2014年9月华为发布Mate7,进行了中高端市场突围,上市之初,售价一度超过4000元,所获得良好反响也超出想象,Mate7的成功,意味着华为打开了中高端市场的大门,也再次把华为的形象大幅拉升。

这三个突破,一方面,完成了华为手机营销推广转型;另一方面,华为完成了产品线覆盖中低端、中端、中高端三个市场。

(三)在渠道上成功回避线上、线下互博

线上、线下,成为困扰很多企业的问题,如果解决不好,对两个渠道都会有影响。

实际上,这两个渠道还是有区别,线上消费群体偏年轻、更注重于价格,而线下注重体验、价格敏感度相对低的群体。2013年12月,华为将荣耀品牌独立,作为专门的电商品牌,定位针对于电商人群的中低端品牌,回避线上线下品牌的互搏,这种设置后来也为其他企业所借鉴。如酷派、联想等都在模仿这种分拆模式。

同时,而荣耀的独立运作,也实现了荣耀这个子品牌业绩的暴涨,2016年5月8日,荣耀发布了新旗舰级荣耀V8,再次获得巨大成功,标志着荣耀系列走向成熟。另外,华为的中端、中高端产品P系列、Mate系列侧重于线下渠道运作,都取得了不错的成绩。今天,华为的这一"线上、线下子品牌"的模式已经被国内众多同行所学习和借鉴。

华为手机崛起过程中所付出的努力和创新精神,特别是对技术驱动的信奉,对技术领先的积累和追求精神,也是它成为国际通信第一、国产手机品牌第一的奥秘,这一切都值得中国企业认真学习和思索。

讨论题:

1.试从管理创新的角度分析华为如何在短短5年之内发展成为国产手机领军品牌。

2.你认为我国企业管理创新面临哪些问题和挑战?

复习思考题

1.什么是管理创新,其有何特征?

2.管理创新应具备哪些条件,其行为主体包括哪些?

3.管理创新包括哪些基本内容?

4.简述管理创新的原则。

5.管理创新的主要方法有哪些?

参考文献

[1]周三多,陈传明,鲁明泓.管理学:原理与方法[M].上海:复旦大学出版社,2008.

[2]斯蒂芬·P·罗宾斯.管理学[M].孙建敏,等,译.北京:中国人民大学出版社,2004.

[3]崔生祥,等.管理学[M].武汉:武汉理工大学出版社,2005.

[4]郭咸纲.西方管理思想史[M].北京:经济管理出版社,2004.

[5]郭跃进.管理学[M].北京:经济管理出版社,2005.

[6]杜栋.管理控制学[M].北京:清华大学出版社,2006.

[7]周鸿.管理学:原理与方法[M].北京:机械工业出版社,2007.

[8]罗珉.管理学[M].北京:机械工业出版社,2008.

[9]理查德·L·达夫特.组织理论与设计[M].王凤彬,张秀萍,等,译.北京:清华大学出版社,2002.

[10]陈树文.组织管理学[M].大连:大连理工大学出版社,2005.

[11]吴翔华,钟萍萍,蒋黎眶,陈江红.管理学概论[M].北京:化学工业出版社,2007.

[12]杨文士,焦叔斌,张雁,等.管理学[M].北京:人民大学出版社,2009.

[13]彼得·德鲁克.管理:任务、责任和实践[M].余向华,陈雪娟,张正平,译.北京:华夏出版社,2008.

[14]姚裕群.人力资源管理[M].北京:中国人民大学出版社,2004.

[15]张一驰.人力资源管理教程[M].北京:北京大学出版社,1999.

[16]张中华.管理学通论[M].北京:北京大学出版社,2005.

[17]吴亚平,谢勇.管理学原理教程[M].武汉:华中科技大学出版社,2007.

[18]余秀江,张光辉.管理学原理[M].北京:中国人民大学出版社,2004.

[19]杨孝伟,赵应文.管理学——原理方法与案例[M].武汉:武汉大学出版社,2004.

[20]单宝,周立公.管理学——理论·过程·方法[M].上海:立信会计出版社,2005.

[21]李作战.组织变革理论研究与评述[J].现代管理科学,2007(4).

[22]段立新.营造企业组织变革中的执行力文化[J].冶金企业文化,2007(6).

[23]朱传杰.环境变化与当代企业的组织变革[J].市场周刊,2007(2).

[24]林昭文,陈樟楠.组织变革与观念重组[J].经营与管理,2007(5).

[25]金延平.人力资源管理[M].大连:东北财经大学出版社,2004.

[26]彼得·德鲁克.卓有成效的管理者[M].许是祥,译.北京:机械工业出版社,2006.

[27]童敏.基于知识的组织变革和企业竞争力提升[J].商场现代化,2008(1).

[28]徐佳.试论我国中小企业的组织变革[J].中小企业管理与科技,2008(1).

[29]孙健.海尔的人力资源管理[M].北京:企业管理出版社,2002.

[30]夏光.人力资源管理教程[M].北京:机械工业出版社,2004.

[31]金润圭.国际企业管理[M].北京:中国人民大学出版社,2005.

[32]V·K·纳雷安安.技术战略与创新:竞争优势的源泉[M].北京:电子工业出版社,2002.

[33]杜文中.论跨国投资[M].北京:中国财政经济出版社,2005.

[34]王璞.企业文化咨询实务[M].北京:中信出版社,2003.

[35]孙明强.制度胜于一切[M].北京:新华出版社,2007.

[36]托马斯·卡明斯,克里斯托弗·沃里.组织发展与变革精要[M].李剑锋,等,译.北京:清华大学出版社,2003.

[37]曲慧梅.古典组织理论与现代组织理论评述[J].哈尔滨商业大学学报,2008(4).

[38]陈小华.组织理论的发展及其比较分析[J].甘肃农业,2006(9).

[39]张文泉,李泓泽.组织理论的演进与发展[J].工业工程与管理,2000(5).

[40]吴丽娟.组织理论的发展、转向及现实价值[J].党政干部学刊,2006(9).

[41]吴春.组织理论的发展概述[J].新疆大学学报,2002(1).

[42]吴丽民,袁山林,张襄英.组织理论演进评述[J].西北农林科技大学学报,2001(5).

[43]任凤玲,彭启山,曾俊.关于组织理论的系统研究[J].商业时代,2005(12).

[44]孙佳敏.组织理论研究的范式演变及其理论见解[J].科技咨询导报,2007(16).

[45]余超,郭雪姣,周雅俊.组织结构模式的比较分析[J].华商,2008(20):150.

[46]杨春华,徐江荣.知识经济时代企业组织结构变革展望[J].商业研究,2001(11).

[47]陈燕.公司组织与管理[M].北京:首都经济贸易大学出版社,2008.

[48]徐世伟.论信息时代的企业组织变革[J].财经科学,2007(10).

普通高等教育"十三五"应用型本科系列规划教材

经济学基础	人力资源管理概论
管理学基础	国际贸易概论
会计学基础	物流管理概论
经济法	公共关系学
运筹学	会计电算化
组织行为学	财务管理
市场营销	现代管理会计(第二版)
计量经济学	商务礼仪
应用统计学	外贸函电
电子商务概论	商务谈判
金融学	微观经济学
供应链管理	宏观经济学
企业管理	数据库原理及应用实验教程
管理学	数据库原理及应用(SQL Server 2008)

欢迎各位老师联系投稿!

联系人:李逢国

手机:15029259886　办公电话:029—82664840

电子邮件:1905020073@qq.com　lifeng198066@126.com

QQ:1905020073(加为好友时请注明"教材编写"等字样)

图书在版编目(CIP)数据

管理学/蔡世刚主编. —西安:西安交通大学
出版社,2016.12
　ISBN 978-7-5605-9213-8

　Ⅰ.①管… Ⅱ.①蔡… Ⅲ.①管理学 Ⅳ.①C93

中国版本图书馆 CIP 数据核字(2016)第 291189 号

书　　名	管理学
主　　编	蔡世刚
责任编辑	李逢国

出版发行　西安交通大学出版社
　　　　　（西安市兴庆南路 10 号　邮政编码 710049）
网　　址　http://www.xjtupress.com
电　　话　（029)82668357　82667874(发行中心)
　　　　　（029)82668315(总编办)
传　　真　（029)82668280
印　　刷　陕西时代支点印务有限公司

开　　本　787mm×1092mm　1/16　　印张 18.375　　字数 462 千字
版次印次　2017 年 4 月第 1 版　　2017 年 4 月第 1 次印刷
书　　号　ISBN 978-7-5605-9213-8
定　　价　42.00 元

读者购书、书店添货、如发现印装质量问题,请与本社发行中心联系、调换。
订购热线:(029)82665248　(029)82665249
投稿热线:(029)82668133
读者信箱:xj_rwjg@126.com